總策畫 林慶彰 劉楚華
主編 翟志成

景印香港新亞研究所

# 新亞學報

第一至三十卷

第二四冊・第十四卷

# 景印香港新亞研究所《新亞學報》（第一至三十卷）

景印香港新亞研究所《新亞學報》（第一至三十卷）

黃進興　廖伯源　羅志田

饒宗頤

執行編輯　李啟文　張晏瑞

（以上依姓名筆劃排序）

# 景印香港新亞研究所《新亞學報》第二四冊

## 第十四卷　目次

# 新亞學報

第十四卷

新亞研究所

# 新亞學報編輯略例

（一）本刊宗旨專重研究中國學術，只登載有關中國歷史、文學、哲學、教育、社會、民族、藝術、宗教、禮俗等各項研究性的論文爲限。

（二）本刊由新亞研究所主持編纂，外稿亦所歡迎。

（三）本刊年出兩期，以每年二月八月爲發行期。

（四）本刊文稿每篇以五萬字爲限；其篇幅過長者，當另出專刊。

（五）本刊所載各稿，其版權及翻譯權，均歸本研究所。

# 新亞學報第十四卷目錄：

# 修正殷歷譜的新觀念和新設計

勞榦

## 一　論殷歷譜的根據及其修訂

對於商周年歷問題，許多年來，因爲我一直做漢簡和漢代歷史的工作，未曾兼顧到這個問題，一直認爲西元前一一一一年，是一個比較上最方便的里程碑，來決定商周的年代。直到民國六十二年（一九七三年）何炳棣先生在中文大學學報發表『周初年代平議』，確實給商周年代問題一個震撼。使我不能不獨立的，平心靜氣來重新考慮商周年歷這一個複雜問題。何先生的兩個原則：(一)應當從雷海宗先生的提議以西元前一○二七年爲武王伐紂之年；(二)董作賓過去所作的工作是毫無價值的。針對這兩點就不能不下些功力作一個進一步的檢討，不能聽任把這個問題作爲懸案，一直拖下去。

關於第一點董先生和雷先生主要年歷的基石，都是從先決定武王伐紂的年份出發。而且都是號稱溯源於舊本竹書紀年的。但是同樣的一部竹書紀年，爲什麼就可以具有兩種絕不相同的武王伐紂年代？那就只有從審核史料下手。在比較之下，發現（一）竹書紀年是逐漸殘缺，以致遺失的，雷先生根據的前一○二七，是出於史記的裴駰集解，而董先生根據的前一一一一，是出於新唐書歷志轉引的僧一行歷議。裴駰是劉宋時人（五世紀初），僧一行是唐開元時人（八世紀初），相差三百年。在那個手寫書籍的時代，自以越早越可靠。（二）就史料的忠實性來說，史記集解是抄自竹書紀年原書，爲的只是旁徵博引，使得內容更豐富些。和裴松之三國志注，李善文選注等目的相同。其中叙述方式是素樸的，是比較上保存原文眞像的，未曾用自己意思加以變更的，所以其可信度較高。反之，在僧一行的歷議中，完全是他自己說他自己的見解，並無一句是忠實的徵引竹書紀年原文。其中『庚寅』二字只表示他從竹書紀年算出的結果。這個庚寅用干支記歲的方式，是從東漢以後才開始的，不可能在戰國時的竹書紀年發現。即使庚寅年眞從竹書紀年算出，其可信度也大成問題，因爲其中還夾雜有僧一行自己的看法在內。何況此文還是出於新唐書刪削整理過，其中不可信的程度，又增加了一些。就史學方法的原則說，間接史料對於直接史料，是不能相比的。

所以就這兩條加以決擇，顯然的，只可以用史記集解所引來否定新唐書歷志所述，決不可以用新唐書歷志所述來否定史記集解所引。再進一步說，如其竹書紀年可信，只能取史記集解那一條（即武王伐紂在西元前一〇二五），而不能取新唐書那一條（即武王伐紂在西元前一一一一）。如其竹書紀年不可信，那就兩條都不能用，而前一一一一這一個年代，是在任何情形之下，不應該考慮到的。

史記集解這條和新唐書這條，僅用本身的證據比較，優劣已十分明顯，若再用和竹書紀年毫無關係，而年代可以追溯到周召共和以前的，就還有史記魯世家各公的年代，可以追溯到魯公伯禽後的一代。從第二代考公算起，到周召共和共爲一百五十七年。若武王伐紂在前一〇二七，那就在共和以前爲一百八十六年，第一代伯禽在位不過二十多年，是可能的。若認爲武王伐紂在前一一一一，那就在共和以前爲二百七十年，第一代伯禽在位時間就要超過一百年，是不可能的。也就是史記魯世家和史記集解引竹書的西周年數相符，更證明了前一〇二七年這一年的可靠性。只是前一〇二七這一年和武王伐紂的干支無法配合，因此還得做一點小的修正。

關於第二點，董作賓先生對於商周歷法的研究，確實功力很深。他的看法雖然有得有失，也只能把他的成績，當作一個基石，再進一步的追求眞實，却不可以認爲毫無可取。凡屬任何學術的進展，前人一定有疏漏，甚至於有錯誤。但是『功不唐捐』，不論如何的疏漏，如何的錯誤，在學術的發展史上，總應當占一席之地。董先生對於殷周歷法，原則方面是正確的。他的貢獻極大，他在殷歷上的開山地位，是不容磨滅的。只是誤認了前一一一一年，爲武王伐紂之年，把這一年當作全部歷法的基點。這就使全部歷譜都受到不利的影響。至於「無節置閏」的原則，也是爲著適應前一一一一年爲基準而推演出來的。如其把受到這個基準的地方清除掉，其未曾根據這個基準的，還有很多。這許多成績仍然還可以用，只是看怎樣安排。

董先生殷歷譜的核心，是「祀譜」。祀譜是按甲骨的記載，把五種不同的祭祀，依照商代先公先王的干支排比下去。從這些祭祀的循環，就可以把各王的年月干支順次排列出來。在殷商後期的紀年，就只有靠這個方法，來在眞實的合於天象的歷譜中，規定一個位置。這確實是董先生作「甲骨斷代研究例」以後的一個大收穫。

只是同樣的各年中干支排列方式，大約一百年中可以重現兩次。如要應用，還需要一個基本定點才能決定。董先生的基本定點是前一一一一年，他就要找和前一一一一年最爲合適的各年來應用。依照董先生整理出來的祀譜，以前一一一一爲基準來排，則祖甲元年爲前一二七三，廩辛元年爲前一二四〇，康丁元年爲前一二三四，武乙元年爲前一二二六，文武丁元年爲前一二二二，帝乙元年爲前一二〇九，帝辛元年爲前一一七四。其中顯然的具有問題的是帝辛有六十三年。

在竹書紀年原文中，有「文丁殺季歷」一條。這條的可靠性還值得商酌（因爲可能原書據戰國時的雜說）。不過在竹書中文丁和季歷同時是沒有問題的。也就是文王元年當在文丁末年。假設文丁最後一年（前一二二〇年）爲文王元年，減去武王伐紂以前十一年，則文王最後一年當爲前一一二三年，文王就要在位八十七年，與尚書無逸所述，文王在位五十年一事不合。所以這種安排，除去前一一一一這個根據很不充分以外，又對於竹書紀年多一番衝突。前一一一一既然號稱根據竹書紀年，若再加一項和紀年的衝突，就表示其不可信據了。

若以從前一〇二七年改訂的前一〇二五年爲基準，那就比較以前一一一一年爲基準的，更爲合理。依照新的基準祖甲元年爲前一一四九年，廩辛元年爲前一一一六年，康丁元年爲前一一一〇年，武乙元年爲前一一〇二年，文丁元年爲前一〇九八年，帝乙元年爲前一〇八五年，帝辛元年爲前一〇五〇年。算到前一〇二六年，爲帝辛的二十四年。減去武王十一年，則文王當卒於帝辛十三年，也就是前一〇三七年，從此年上溯五十年，則文王元年爲前一〇八六年。此年爲文丁十三年，即文丁最後一年。所以文王的時代，和文丁（文武丁）時代洽好相接。就與竹書原文毫無衝突了。

各年干支記日排列的重演，也只能說大致是相符的，而不是百分之百相符。因爲只是在這一個系列之中，每月中的各日所記的干支彼此相符。而不是冬至夏至所在的日，彼此相符。換言之，就是凡是在重現的兩個系列，是陰歷各月的干支重現，而不是和陽歷相應的日子重現。這就會影響到閏月所在，使得彼此之間，有所不同。也就是不可能把殷歷譜向後搬一下，就算了事。而是除去搬後一百二十四年以外，還要遇有不合殷歷譜原有解釋以外，再作別的解釋。

## 二　祖甲時期祀譜和置閏法的改定

殷歷譜最重要的部分，是在祀譜方面。祀譜共有三個，第一爲祖甲祀譜，第二爲帝乙祀譜，第三爲帝辛祀譜。這三個祀譜，實在是殷歷重建的基礎。現在把這三個祀譜的重要部分抄列於下，再就其中所引起甲骨，加以討論。

| 殷上年代 | 董先生擬定的年代 | 一月朔日及十二月朔日 | 此年所用的祭祀 |
|---|---|---|---|
| 祖甲元年 | 一二七三B.C. | 正月庚午朔十三月乙未朔 | 彡翌祭 壹劦 |
| 祖甲二年 | 一二七二B.C. | 正月甲子朔十二月己丑朔 | 彡翌祭壹劦彡 |
| 祖甲三年 | 一二七一B.C. | 正月己未朔十三月癸丑朔 | 彡翌祭 壹劦彡翌 |
| 祖甲四年 | 一二七〇B.C. | 正月癸未朔十二月戊申朔 | 翌祭壹劦彡翌祭壹劦翌 |
| 祖甲五年 | 一二六九B.C. | 正月丁丑朔十二月壬寅朔 | 翌祭壹劦彡翌祭壹 |
| 祖甲六年 | 一二六八B.C. | 正月辛未朔十二月丙寅朔 | 祭壹劦彡翌祭壹劦 |
| 祖甲七年 | 一二六七B.C. | 正月乙未朔十二月癸亥朔 | 彡祭壹劦翌祭壹劦彡 |

| | | | |
|---|---|---|---|
| 祖甲八年 | 一二六六B.C. | 正月庚寅朔十二月乙卯朔 | 彡翌祭壹𠭯彡 |
| 祖甲九年 | 一二六五B.C. | 正月甲申朔十三月戊寅朔 | 翌祭壹𠭯彡翌 |
| 祖甲十年 | 一二六四B.C. | 正月戊申朔十二月癸酉朔 | 祭壹𠭯彡翌祭壹 |
| 祖甲十一年 | 一二六三B.C. | 正月壬寅朔十三月丁酉朔 | 祭壹𠭯彡翌祭壹𠭯 |
| 祖甲十二年 | 一二六二B.C. | 正月丙寅朔十二月辛卯朔 | 彡翌祭壹𠭯彡 |
| 祖甲十三年 | 一二六一B.C. | 正月辛酉朔十二月乙酉朔 | 彡翌祭壹𠭯彡 |
| 祖甲十四年 | 一二六〇B.C. | 正月乙卯朔十三月己酉朔 | 彡翌祭壹𠭯彡翌 |
| 祖甲十五年 | 一二五九B.C. | 正月己卯朔十二月甲辰朔 | 翌祭壹𠭯彡 |
| 祖甲十六年 | 一二五八B.C. | 正月癸酉朔十二月戊戌朔 | 祭壹𠭯彡翌祭壹𠭯 |
| 祖甲十七年 | 一二五七B.C. | 正月戊辰朔十二月壬戌朔 | 祭壹𠭯彡翌祭壹𠭯彡 |
| 祖甲十八年 | 一二五六B.C. | 正月辛卯朔十二月丙辰朔 | 彡翌祭壹𠭯彡 |
| 祖甲十九年 | 一二五五B.C. | 正月丙戌朔十二月庚戌朔 | 彡翌祭壹𠭯彡翌 |
| 祖甲二十年 | 一二五四B.C. | 正月庚辰朔十三月乙亥朔 | 翌祭壹𠭯彡壹翌祭 |
| 祖甲二十一年 | 一二五三B.C. | 正月甲辰朔十二月己巳朔 | 祭壹𠭯彡翌祭壹𠭯 |
| 祖甲二十二年 | 一二五二B.C. | 正月己亥朔十二月癸巳朔 | 壹𠭯彡翌祭壹𠭯彡 |
| 祖甲二十三年 | 一二五一B.C. | 正月壬戌朔十二月丁亥朔 | 彡翌祭壹𠭯彡 |
| 祖甲二十四年 | 一二五〇B.C. | 正月丁巳朔十二月壬午朔 | 彡翌祭壹𠭯彡 |
| 祖甲二十五年 | 一二四九B.C. | 正月辛亥朔十二月丙午朔 | 翌祭壹𠭯彡翌 |

| | | | |
|---|---|---|---|
| 祖甲二十六年 | 一二四八B.C. | 正月乙亥朔十二月庚子朔 | 祭壹劦彡翌祭壹劦 |
| 祖甲二十七年 | 一二四七B.C. | 正月己巳朔十二月甲午朔 | 祭壹劦彡翌祭壹劦 |
| 祖甲二十八年 | 一二四六B.C. | 正月甲子朔十二月戊午朔 | 祭壹劦彡翌祭壹劦彡 |
| 祖甲二十九年 | 一二四五B.C. | 正月戊子朔十二月癸丑朔 | 彡翌祭壹劦彡 |
| 祖甲三十年 | 一二四四B.C. | 正月壬午朔十二月丙子朔 | 彡翌祭壹劦彡 |
| 祖甲三十一年 | 一二四三B.C. | 正月丙午朔十二月辛未朔 | 彡翌祭壹劦 |
| 祖甲三十二年 | 一二四二B.C. | 正月辛丑朔十二月乙丑朔 | 彡翌祭壹劦 |
| 祖甲三十三年 | 一二四一B.C. | 正月乙未朔十二月己丑朔 | 彡翌祭壹劦 |

以上是按照董氏以前一二七三年爲祖甲元年的標準記下來的，照這個標準，董氏嵌入祀譜再來配列祖甲時的甲文，都還相合。若要改前一一四九年，爲祖甲元年，也要能夠把董先生擧出的甲骨文配合好才可以。不過這裏却有一個問題，就是前一一四九年，和前一二七三年的季節完全不同，也就是陰歷和陽歷的對應點完全不同。因而各年閏月的所在以及各年有無閏月也完全不同。在祖甲的三十三中，以前一二七三年，爲祖甲元年，其中有閏月的是：祖甲三年，祖甲六年，祖甲九年，祖甲十一年，祖甲十四年，祖甲十七年，祖甲二十年，祖甲二十二年，祖甲二十五年，祖甲二十八年，祖甲三十年，祖甲三十三年。若以前一一四九年，爲祖甲元年，其中有閏月的爲祖甲元年，祖甲四年，祖甲七年，祖甲十年，祖甲十二年，祖甲十五年，祖甲十八年，祖甲二十年，祖甲二十三年，祖甲二十六年，祖甲二十八年，祖甲三十年。在這種閏月完全不同情形之

下，縱然各月朔干支同在一個系統之中，但因閏月而使其中月建不同，使得前一二七三年，和前一一四九年及以後各年很有差異。董氏所學以前一二七三年，爲祖甲元年的所有適合的甲骨文，也就無法適合以前一一四九年，爲祖甲元年的各項日期，除非把置閏的原則改變一下，這個新的設計也就無法適應。

董先生的殷歷譜是認爲商代是「無節置閏」的，也就是必需認爲商代已經有了「二十四氣」的分別，然後才能把二十四氣之內，其中十二氣認爲中氣，另外十二氣認爲節氣。這二十四氣的創立，經過是非常複雜的。第一步是決定冬夏二至，第二步是觀察到晝夜平分之點，爲春秋二分。這個二至二分，是世界上諸歷法所共有的。就這四個基點來說，創立四分歷即已夠用了。第三步是把冬至到春分，春分到夏至，夏至到秋分，秋分到冬至，在這四段之中，平均分配的把每一個段落再各分爲兩個段落。就從四個段落，變成爲八個段落。這些新畫出來的分段點，就被叫做立春，立夏，立秋，立冬。這只是中國歷法所特有的，在西方歷法，就沒有這種設計。

但是這八個段落，依舊對於一年的十二月不能適相配合，於是在第四步就找出來八和十二的最小公倍數，二十四這個數目，把這每一段再分爲三段。這樣就可以每個月佔有兩段，恰好把節氣和月份平均分配。（又再從二十四氣更進一步，擴展成爲七十二候。）在這二十四氣之中，若從立春算起，單數的包括四立在內，被稱做節氣，雙數的包括兩至兩分在內，被稱做中氣。這一層一層的發展，其完成時期不會太早，是很明顯的。如其在甲骨文找不出來有二十四氣的確證，就不可以認爲商代有一個節氣與中氣的觀念在那一個時代存在過。

二十四氣的觀念最早只能推溯到戰國晚期，呂氏春秋的時代。以前都是模糊不清的。「夏小正」是戰國較早時期的書，此書中就沒有憑日至來分節氣定農時的想法，完全憑星象的位置來定農時。這是早期的看法。至於詩經豳風七日雖有『春日載陽』，『春日遲遲』，『爲此春酒』等句，但什麼是春？並不清楚，其用時自應已有四季的觀念。但並非有『立春』這個節氣，到了立春以後才算春。看來只是過了新年就是春，春夏秋冬是跟着月朔走的，而不是跟著節氣走的。在古代禮節之中，『告朔』的禮是一個重要的事，天子也只聽見過用『頒朔』，而不聞『頒春』。至於「先春三日，大史謁之天子曰，某日立春，盛德在木」，立春之日，天子迎春東郊。只是『月令』篇中最重要的一條，不能上溯。商代是十分重祀的，每祀必卜。如其有立春，迎春，這些禮節，何以在甲骨文中一點痕跡也沒有？

春秋隱公元年「元年，春，王正月」，這個「正月」是周歷的正月，也就王的正月，是遵照周王頒定的正月，也就是建子之月。建子之月尚未「立春」，此處認爲是春，和月令不合，這就表示著，在春秋時期，春是從正月開始，既已過年，就是新春，並沒有立春節這個說法。也就顯然的表示，在春秋時代並不用二十四氣這種新設計。春秋時代既然還未曾用二十四氣的新設計，又怎樣能證明遠在商代就已採用『月令』的主張，用二十四氣說？又利用二十四氣分爲節氣和中氣，再採用「無節置閏」的方法？

殷歷譜以爲殷代是「無節置閏」的，其基本觀點，必需證明殷代一年中有「節」這一個制度才可以。其中主要的根據，是在左傳昭公十七年，「玄鳥氏司分者也，伯趙氏司至者也。青鳥氏司啓者也，丹鳥氏司閉者也」，分和至指的是春秋分和冬夏至應當不成問題。至於啓和閉據杜注說：「青鳥鶬鴳也，以立春鳴，立夏止。」「丹烏鷩雉也，以立秋來，立冬去。」孔氏正義說：「立春立夏謂之啓」，「立秋立冬謂之閉。」董先生認爲古代既已有立春立秋，也當然有節氣，有節氣也就有二十四氣，所以無節置閏，在商代是有證明的。不過現在看來，郯子是魯昭公時人，已在春秋晚期，只能證明春秋晚期的看法，並不能確實推到商代。況且杜注已到了晉代，而孔氏正義更晚到唐代。郯子所說已經不十分淸楚，更不可以根據晉代到唐代的看法，就認爲是商代的制度。再以內容來說，杜注只指明爲春秋二季，其中並不含有立春及立秋兩個節的定點，指明立春與立秋的，是孔穎達。這種「增字解經」的辦法，不能認爲是證據的。所以「無節置閏」在文獻上並無法證明。

無節置閏的辦法，既然在本身上並無堅强依據，只是一個假設，也可以說是一個巧妙的假設。對於以前一一一一年爲主要基點的殷代年歷解決不少的難題。如其不採用這個假設，殷代歷譜中用前一一一一年做基點，就無法排下去。現在既然知道前一一一一年這一個基點不可靠，那麼這一個假設也就用不著保留下去了。當前的問題，只是如其不用無節置閏這一個假設，究竟有什麼更好的辦法來代替。如其用「無中置閏法」還是採用「二十四氣說」，縱使好些，也是「五十步笑百步」。也就是必需把「二十四氣」的成分擺脫掉，方才可以談商代的置閏法，不致爲成見所拘限。

如其討論商代的置閏法，第一步先要看一看商代和後代的置閏法究竟有什麼不同。凡是和後代相異的，都得顧及到依文化演變的程序，有無可能性。對於商代的置閏法，做一種假設當然是可以的，不過總要能找到根據，看一看是否可能，要避免一種全憑主觀的臆斷。依照殷歷譜整理甲骨閏月的結果，商代閏月計有兩個系統，一種是年終十三月爲閏月，另一種是在閏年中有閏三月，閏六月，閏九月（還另外有可能閏十二月）。卻未發現到閏二月，閏四月，閏五月，閏七月，閏八月，閏十月，閏十一月（有些是誤認的）。這個意義，是不平凡的，是應當特別留意的，因爲其中可能藏著一個問題。而這一個問題又可能是解決商代閏法的一個關鍵，不能就此忽略下去。

商代的三月是什麼?是春分所在的那一個月。六月是什麼?是夏至所在的那一個月。九月是什麼?是秋分所在的那一個月。十二月是什麼?是冬至所在的那一個月。如其在那一個時期，除去二分和二至以外，沒有設計到別的節氣。那就會如其在三月裏面沒有春分，便將三月以後那個月算作閏月，那就閏月內就含有春分了。如其在六月裏面沒有夏至，便將六月以後那個月算作閏月，那就閏月內就有夏至了。九月對於秋分的關係，以及十二月對於冬至的關係，也是一樣的來決定有無閏月。如其不是這樣，就無法來解釋爲什麼商代的閏月．是閏到三月，六月，九月，以及可能的十二月。

至於十三月的出現，那就更爲簡單，只要這一年十二月內還未遇到冬至，那就把十二月以後的那個月算作「十三月」。在「十三月」之內就一定含有冬至了。當然這種以「十三月」來作爲閏月的辦法，比閏三月閏六月閏九月再閏十二月的辦法還要粗疏些。不過專以氣候來說其中影響不會太大。尤其閏六月和閏九月都已在夏秋之際，對本年更換衣着，沒有太大的問題，對於下一年，和用十三月的辦法，完全一樣。

這兩種辦法，其中用三、六、九月（以及十二月）來置閏的，可以稱做「無二分二至置閏法」，其中在年終加置十三月的，可以稱做「無冬至置閏法」。這兩種辦法雖然是「無中置閏」的初步，卻不能算做「無中置閏」，因爲既未曾有「節氣」，怎樣能把二分二至算做「中氣」？只是從「無二分二至置閏法」進一步變成了「無中置閏」，是非常自然的。「無節置閏」創始極不自然，若從「無節置閏」再變爲「無中置閏」就不可想像了。

依董先生的考訂，祖甲時代應當屬於三六九月置閏時期。現在做一個修訂，以西元前一一四九爲祖甲元年（董先生以一二七三B.C.爲祖甲元年），將平年及閏年的情況，錄在下面：

| | | | |
|---|---|---|---|
| 祖甲元年 | 一一四九B.C. | 正月庚午朔十二月乙未朔 | |
| 祖甲二年 | 一一四八B.C. | 正月甲子朔十二月己丑朔 | |
| 祖甲三年 | 一一四七B.C. | 正月己未朔閏六月丙辰朔 | 十二月癸丑朔 |
| 祖甲四年 | 一一四六B.C. | 正月壬午朔十二月丁未朔 | |
| 祖甲五年 | 一一四五B.C. | 正月丁丑朔十二月壬寅朔 | 閏十二月辛未朔 |
| 祖甲六年 | 一一四四B.C. | 正月辛丑朔十二月丙寅朔 | |
| 祖甲七年 | 一一四三B.C. | 正月乙未朔十二月庚申朔 | |
| 祖甲八年 | 一一四二B.C. | 正月庚寅朔十二月甲寅朔 | 閏十二月甲申朔 |
| 祖甲九年 | 一一四一B.C. | 正月癸丑朔十二月戊寅朔 | |
| 祖甲十年 | 一一四〇B.C. | 正月戊申朔十二月癸酉朔 | |
| 祖甲十一年 | 一一三九B.C. | 正月壬寅朔閏六月己亥朔 | 十二月丁酉朔 |

| | | | |
|---|---|---|---|
| 祖甲十二年 | 一一三八B.C. | 正月丙寅朔十二月辛卯朔 | |
| 祖甲十三年 | 一一三七B.C. | 正月庚申朔十二月乙酉朔 | |
| 祖甲十四年 | 一一三六B.C. | 正月甲寅朔閏三月癸未朔 | 十二月己酉朔 |
| 祖甲十五年 | 一一三五B.C. | 正月戊寅朔十二月癸卯朔 | |
| 祖甲十六年 | 一一三四B.C. | 正月癸酉朔閏九月戊戌朔 | 十二月丁卯朔 |
| 祖甲十七年 | 一一三三B.C. | 正月丙申朔十二月辛酉朔 | |
| 祖甲十八年 | 一一三二B.C. | 正月辛卯朔十二月丙辰朔 | |
| 祖甲十九年 | 一一三一B.C. | 正月乙酉朔閏六月壬午朔 | 十二月庚辰朔 |
| 祖甲二十年 | 一一三〇B.C. | 正月己酉朔十二月甲戌朔 | |
| 祖甲二十一年 | 一一二九B.C. | 正月癸卯朔十二月戊辰朔 | |
| 祖甲二十二年 | 一一二八B.C. | 正月戊戌朔閏三月丙寅朔 | 十二月壬辰朔 |
| 祖甲二十三年 | 一一二七B.C. | 正月壬戌朔十二月丁亥朔 | |
| 祖甲二十四年 | 一一二六B.C. | 正月丙辰朔十二月辛巳朔 | 閏十二月辛亥朔 |
| 祖甲二十五年 | 一一二五B.C. | 正月庚辰朔十二月乙巳朔 | |
| 祖甲二十六年 | 一一二四B.C. | 正月甲戌朔十二月己亥朔 | |
| 祖甲二十七年 | 一一二三B.C. | 正月己巳朔閏九月乙丑朔 | 十二月癸亥朔 |
| 祖甲二十八年 | 一一二二B.C. | 正月癸巳朔十二月丁巳朔 | |

| | | | |
|---|---|---|---|
| 祖甲二十九年 | 一一二一B.C. | 正月丁亥朔十二月壬子朔 | |
| 祖甲三十年 | 一一二〇B.C. | 正月壬午朔閏三月庚戌朔 | 十二月丙子朔 |
| 祖甲三十一年 | 一一一九B.C. | 正月丙午朔十二月庚午朔 | |
| 祖甲三十二年 | 一一一八B.C. | 正月庚子朔十二月乙丑朔 | 閏十二月甲午朔 |
| 祖甲三十三年 | 一一一七B.C. | 正月甲子朔十二月己丑朔 | |

以上祖甲元年至三十三年，用「無二分二至置閏法」推算的結果，對於閏年的安置，以及對於甲骨的適合，也並不感到任何的困難。不過還有若干差異。譬如祖甲三年閏三月董氏以爲閏九月，祖甲五年閏九月董氏則在祖甲六年閏六月；祖甲八年閏九月，董氏則在祖甲九年閏三月；祖甲十一年閏六月，董氏則在十一年閏十二月；祖甲十四年閏三月，董氏則在十四年閏九月；祖甲十六年閏九月，董氏則在十七年閏五月；祖甲十九年閏六月，董氏則在二十年閏正月；祖甲二十二年閏三月，董氏則在二十二年閏十月；祖甲二十四年閏十二月，董氏則在二十五年閏七月；祖甲二十七年閏九月，董氏則在二十八年閏三月；祖甲三十年閏三月，董氏則在三十年閏十二月；祖甲三十二年閏十二月，董氏則在三十三年閏九月。其中閏月仍然沒有一個相同的。所幸的是各年正月的月朔，以前一一四九年，爲祖甲元年的（用無二分二至置閏法）和以前一一七三年，爲祖甲元年的（用無節置閏法）大致還相符合（以前一一四九年爲元年，用無節置閏法，就差不多全不相符）。這樣董先生所學甲骨文中的證據，也一樣的可用。

當然，也還有一點小問題，還要進一步去追索。以前一一四九年爲元年的和前一二七三年，爲元年的兩者比較，雖然大部分符合，但是其中的祖甲六年，用新擬定的是正月辛丑朔而董氏卻是正月辛未朔。祖甲十七年新擬定的是正月丙申朔，而董氏卻是正月戊辰朔。祖甲十九年，新擬定的是正月乙酉朔而董氏是正月丙戌朔。二十年是正月己酉朔而董氏是正月庚辰朔。二十五年新擬定的是正月庚辰朔而董氏的是正月辛亥朔。二十八年新擬定的是正月癸巳朔而董氏的是正月甲子朔。三十三年新擬定的正月甲子朔，而董氏的是正月乙未朔。這些不同就要看是否會影響到甲骨文的證據。如其影響到了，那就關係相當的大；如其影響不到，那就新擬定的辦法，自然可以有進一層的保障。

第一，關於祖甲六年一項，董先生是有一片甲骨作爲證據的：

癸未卜，王在豐貞。旬亡𡆥，在六月。甲申，工典，其酒翌。

（癸巳）卜，（王貞，旬），亡𡆥。在（六月甲）午酒（翌自上）甲。（後上，一五，九。）

這是祖甲時代的卜辭，而且依祀譜來推，非在祖甲六年不可。（加上翌祭，無可移動。）但董表此年有閏月，並且就是閏六月。在董表中，是放在閏六月，而按新擬的，卻仍是在六月。和這段甲骨文仍然全然符合。

第二，關於祖甲十七年，董氏沒有甲骨文證明，可以不論。

第三，關於祖甲十九年，乙酉是丙戌的頭一天，甲骨文中只用干支紀日不用數字計日。反正只要這一天在這一月就夠了，沒有什麼問題。

第四，關於祖甲二十年，董氏表在這一年閏正月，正月庚辰朔，閏正月庚戌朔。己酉是庚戌的頭一天。董先生表中，閏正月小，而新擬的以前一一三〇年爲祖甲二十年，正月大。所以新擬的與董氏舊擬的，同爲二月己卯朔，這就沒有問題了。

第五，關於祖甲二十五年，這是新擬定和董氏原擬很不一致的一年。不過這一年董先生卻未找到甲骨文中可用的證明，此年可以存而不論。祖甲二十八年，三十三年，也是同樣的情形，在甲骨文中並無證據。這就不妨擬新擬定置閏方式的提出了。（註一）

## 三　祖甲時期歷譜的新擬定

殷歷譜中所舉和新擬定的方式相合的，卻全部可用，沒有例外。除祖甲六年一條已經在前面舉出外，現在再把其餘各條列下。

(1)癸卯（卜，㞢）貞。旬（亡囚）甲辰（工典，其翌）在四月。

癸丑卜，㞢貞。旬亡囚，在四月。甲寅，酒翌自上甲。

癸亥卜，㞢貞。旬亡囚。乙丑，翌日于大乙，在五月。

癸酉卜，王（貞，旬亡）囚，（甲戌翌日）大甲。

二年四月癸巳朔，五月癸亥朔。翌祭先王，亦合。（佚，九〇六）。

(2)癸巳卜，囗貞，旬亡囚。甲午，彡上甲，在十二月。（六W三五）。

二年十二月己丑朔。有癸巳及甲午，有彡祭，與此相合。

(3)乙酉卜，旅貞。㞢其田于囗，往來亡巛。在一月。出乙酉。彡于祖乙，又（勺）歲。（金一二三。）

年正月己未朔，乙酉在正月十三日，有彡祭。與此相合。

(4)癸亥，（王卜貞，翌）甲子三酒，翌日。自上甲衣至多后。卜𠕁，三月。

丙子卜，行貞。翌丁丑，翌日于大丁。不冓雨。在三月。（粹八五，金七）。

庚辰卜，即貞。翌（辛巳）翌日于小（辛亡）壱。五月。

甲申卜，即貞。翌乙酉。翌日于小乙，亡壱。五月。

（丙）戌卜，即貞。翌（丁亥，翌日于）父丁亡（壱）。五月（粹二八八，誠一五七）。

三年三月戊午朔四月丁亥朔五月丁巳朔。丙子，丁丑在三月，庚辰，辛巳，甲申，乙酉，丙戌，丁亥均在五月，三月丙子翌大丁五月乙酉翌小乙，丁亥翌父丁。亦皆與歷譜相合。

(5)癸卯卜，王貞，乙巳其酒祖乙。彡，亡壱。在七月。（卜，上，二〇）

註一：關於祀譜問題，可能引起懷疑，是否如以前一一四九爲祖甲元年，可以把以前一二七三爲祖甲元年的祀譜完全用上去？答覆是這樣的，因爲每三年一閏，總日數完全一樣，商代祭祀是以旬爲單位去配的，編製時不涉年月，年月是後配上去的。如其祖甲元年正月朔爲庚午日，那就只要找到一個正月庚午朔的，作爲元年正月朔，後面的祀譜，彼此間的差異，就非常小。

這是五年七月卜的，有彡祭祖乙，與卜辭合。

(6)（甲申卜）尹（貞翌）乙酉咎于大乙，亡壱，在八月。
丙子卜，尹貞，翌于丑，咎于祖丁，亡壱，在十月。（珠，三六九）。
這是七年八月和十月的卜辭，祀譜和年歷相合。
(7)庚辰（卜，即）貞，王賓兄庚彡，亡尤在二月。（珠，三七三）。
祀譜七年二月彡祭祖庚與此相合。

(8)甲戌卜，尹貞，E賓大乙，彡夕，亡囚。貞亡尤在十月。（卜，下，二四）。

祀譜八年十月乙亥，彡大乙。甲戌夕爲乙亥的前夕，所以稱「彡夕」。與卜辭合，此年秋分不在九月，本應閏九月。據此卜辭，知此年未閏九月，因冬至仍不在十二月，當爲閏十二月。

(9)癸亥卜，尹貞，旬亡囚，在十一月，乙丑翌日小乙。丁卯翌日父丁（柬，八）。
（癸巳）卜，旅（貞）旬亡囚，（在）十二月，遘癸未祭，甲午賣上甲。（前，一，二，六）。
癸亥（卜，E）貞，旬亡（囚），在三月。乙（丑）咎小乙，丁卯，咎父丁。
癸酉（卜，E）貞，旬亡囚。在四月。中戌，工典，其酒彡。
癸未（卜），E貞，旬亡囚，在四月，甲申，酒（彡）上甲。
癸巳卜，E貞，旬亡囚在四月。冓示癸彡，乙未彡大乙。
癸卯卜，E貞。旬亡囚。在五月。甲辰，彡大甲。
癸丑卜，E貞，旬亡囚。在五月，甲寅，彡小甲。（七P.七八）（後下，一〇，七）。

前兩條是有關祖甲十年的，這一年正月戊申朔，十一月癸卯朔，十二月癸酉朔。十一月有翌祀，十二月有祭和壹祀。與此相合。至於祖甲十二年，正月壬寅朔，二月壬申朔，三月辛丑朔，四月辛未朔，五月庚子朔，三月有劦祭，四月和五月有彡祭。均與卜辭相合。這一年新擬的應當閏六月，不過甲骨只到五月爲止，未到閏六月。

(10)甲辰卜，行貞。王賓戔甲劦，亡尤，在十月。

乙亥卜，行貞。王賓小乙劦，亡尤，在十一月。

丁丑卜，行貞。王賓父丁劦，亡尤。

己卯卜，行貞。王賓兄己劦，亡尤。

庚辰卜，行貞，王賓兄庚劦，亡尤。

新擬的及董氏原定，祖甲十二年均爲正月丙寅朔，無閏月。十月均有甲辰，十一月均有乙亥，丁丑，己卯和庚辰。並且按週排下，十月及十一月均有劦祭，與卜辭完全相合。尤其這一片甲骨具有父丁（武丁）兄己（祖己）兄庚（祖庚），亦正與祖甲卜辭相合。

(11)癸酉卜，（旅）貞，翌甲（戌）三酒劦于上甲，其蕣又勹歲二宰，貞五宰在七月。

丙戌卜，旅貞，翌（丁）亥（劦于大丁亡壱）。

丙申卜，行貞，王賓外丙劦，亡尤，在八月。

己亥卜，旅貞，翌庚子，劦于大庚。亡壱。（在）八月。

辛丑卜，行貞。王賓大甲奭妣壬。咎亡尤。

壬寅卜，行貞。王賓叙，亡尤，在八月。

壬子卜，行貞。王賓大戊奭妣壬，咎，亡尤。

丙辰卜，旅貞。翌丁巳咎于中丁，衣，亡壱。在八月。

己巳卜，行貞。王賓祖乙奭己咎，（亡尤）。

庚（升卜，行）貞，（王賓）祖辛（爽妣庚咎，亡尤。（後上；二、七；三、四）

此爲祖甲十三年，新擬爲前一一三二年，與新擬及董譜均合。一一三二董氏以爲有閏月，不合，照「無二分二至置閏法」無閏月，即相合。丙辰卜一行依董氏丙辰在八月但丁巳在九月，董先生注「丙戌七月晦，丙辰八月晦凡繫月皆以卜之日爲準」，但以一一三二 B.C. 爲準，九月爲戊午朔，丙辰丁巳皆在八月，無此疑問。爽即奭，意同匹配的配，衣祭即是殷祭亦即大祭。

⑿丁巳卜，（旅）貞。王（賓）祖丁（彡），亡（尤）在正（月）。

（庚午）卜，旅（貞，王）賓（般庚）彡（亡）尤（在正）月。

乙亥（卜，旅）貞。王（賓）后祖乙，彡，亡尤（在正月）。

己卯卜，旅貞，王賓兄己彡，亡尤，在正月。（金六）。

癸酉卜，行貞。王賓中丁爽妣癸翌日，亡尤，在三月。（庫一二〇四，一一八三）。

祖甲十四年新擬的是甲寅朔，董氏爲乙卯朔，其中俱有丁巳，庚午，己亥，己卯各日祀典亦無問題。三月新擬的爲癸丑朔，董氏爲甲寅朔，其中俱有癸未日，也沒有問題。

(13)甲戌卜，尹貞，王賓夕福。亡囚，在六月。

乙亥卜，尹貞。王賓大乙祭亡囚。（粹一三七）。

壬申卜，旅貞。王賓外壬昚，亡尤在八月。（金七九）。

乙酉卜，行貞。王賓匚乙彡，亡尤在十月。（金三四〇）。

丙戌卜，行貞。王賓匚丙彡，亡尤，在十一月。（金二六〇）。

此兩片董氏附注說「此兩殘片之拚合，得知十一月之朔日爲丙戌。乃祖甲祀譜中年歷與祀統安排之重要基點。」

甲辰（卜，行）貞。翌（乙）巳（彡于小）乙，亡壱。

丙午卜，行貞。翌丁未，彡于父丁。亡壱在正月。（前一三〇、八）

祖甲十八年爲祖甲歷譜最重要的一年。在此年中找到了月朔和祀譜符合的一點。這一年的朔日是不能改動的。依董氏祀譜祖甲十八年正月辛卯朔，六月己未朔，八月戊午朔，十月丁巳朔，十一月丙戌朔，完全和甲骨文符合。依照新擬的，當爲前一一三二年，本來董氏年歷譜是正月辛酉朔，其中有一個閏三月。不過用「無二至二分置閏法」重排。這一年無閏月，閏月在十六年，正月爲辛卯朔，六月爲己未朔，八月爲戊午朔，十月爲丁巳朔，十一月爲丙戌朔，與董氏擬的前一二五六年，爲祖甲十八年的，完全相同。

至於十九年正月朔，新擬的爲乙酉朔，其中含有甲辰及丙午兩日，也沒有問題。

(14)癸未卜，王貞。（旬）亡㞢，在八月甲申，彡戔甲。

癸巳卜。王貞。（旬亡）㞢，（在八月）甲（午彡）羌甲。（零，七）。

依新擬的，祖甲二十年正月己酉朔（董氏年歷譜前一一三〇年）正月爲庚辰朔。因爲新擬的，是前一一三一年閏六月，下推一月，所以正月爲己酉朔，與董氏所定閏正月庚戌只相差一日，沒有什麼關係。八月與董氏所擬的（一二五四B.C.）完全相合。所以這一條也不成問題。

(15)癸丑卜，王曰貞。翌甲寅，三酒𥃝。自上甲，衣至多后，余一人亡㞢。茲一品祀。在九月。冓示祭壹𢦏。（金，一二四）。

這是祖甲二十二年的卜辭。董氏祀譜，此年正月己亥朔。九月己未朔，其中有癸丑日。並有𦎫祭及壹祭。新擬的在前一一二八年，正月戊戌朔，早己亥一日，大致相符。只是此年如採用「無二分二至置閏法」，應當有一個閏三月。如有一個閏三月，那就九月是甲子朔，其中無癸丑和甲寅。只有沒有這個閏月，而是用「無冬至置閏法」，將閏月擺在年終，那就九月爲甲午朔，其中有癸丑和甲寅，並且祭祀也是𥃝上甲，壹示癸。因此，再對照以前的第(8)條，可知祖甲中期以後，似乎還一度仍舊採用年終置閏的辦法。當然這一年是一定有閏月的，因爲在下一條看出十月應當爲戊子朔。那就在二十二年時閏月已經閏過了。

(16)癸丑卜（即）貞。翌甲（寅），上甲彡，勺囗，其告。貞，从告。十月。（粹八四）。

依照新擬的及董氏祀譜二十三年俱是正月壬戌朔。十月戊子朔，與此相合。

(17)甲戌卜，王貞。翌乙亥，彡于小乙，亡㞢，在正月。（錄三〇五）。

新擬的爲祖甲二十四年正月丙辰朔，董氏祀譜爲正月丁巳朔，正月俱有乙亥與此相合。

(18)庚辰卜，行貞，翌辛巳，彡于祖辛。亡壱。

丙戌卜，行貞，翌丁亥（彡）于祖丁。亡壱，在十二月。

這是在祖甲二十五年。依董譜二十五年閏七月。依新擬的二十四年閏十二月。此爲二十五年十二月。俱和二十四年各月，中間隔了一個閏月。董譜此年十二月丙午朔，新擬的爲乙巳朔，朔日早一天，所有的日子也只差一天，卜辭中的庚辰，辛巳，丙戌，丁亥，都在十二月內，沒有問題。

(19)甲戌卜，行貞，翌乙亥，祭于祖乙，亡壱，在八月。

丙戌卜，行貞。翌丁亥，祭于祖丁，亡壱在九月。

（甲）辰（卜），行貞，翌乙巳，祭于小乙，亡壱，在九月。（庫一〇三二）。

這是祖甲二十九年的卜辭。董譜，八月甲寅朔，九月甲申朔。新擬的是八月甲寅朔，九月癸未朔，都是在八月有甲戌和乙亥，九月有甲辰和乙巳，彼此相合。

(20)庚寅卜，（行）貞。翌辛卯，劦于祖辛，亡壱。在九（月）。

丙申卜，行貞，翌丁酉，劦于祖丁。亡壱。（續一、一八、五）。

這是祖甲三十年的卜辭，董譜九月戊寅朔，新擬的九月也是戊寅朔（這是前一一二〇年），董氏年歷譜，此年閏五月，則九月爲丁未朔，八月才是戊寅朔。但若依「無二分二至置閏法」或「無冬至置閏法」，則此年沒有閏五月，九月爲戊寅朔，與此相符。

(21)乙巳卜，尹貞。王賓大乙彡，亡尤，在十二月。
丁未卜，尹貞。王賓大丁彡，亡尤。
甲寅卜，尹貞。王賓大甲彡，亡尤，在正月。
庚申卜，尹貞。王賓大庚彡，亡尤。
丁丑卜，尹貞。王賓中丁彡，亡尤。
乙酉卜，尹貞。王賓祖乙彡，亡尤。
辛卯卜，尹貞。王賓祖辛彡，亡尤。
丁酉卜，尹貞。王賓祖丁彡，亡尤。在二月。
丁巳卜，尹貞。王賓父丁彡，亡尤，在三月。（粹二〇七、一七六、二六八）。

這是祖甲三十年到三十一年的卜辭，也就是新擬的前一一二〇年及前一一一九年兩年的卜辭。依照董氏中國年歷譜，前一一一九年的正月爲乙巳朔，乙巳日不在前一一二〇年，這就有點問題。按前一一二〇年，七月大，八月小，九月大，十月小，十一月大，十二月小。前一一一九年正月大，二月大，三月小。正月和二月是連大月，十一月和十二月不是連大月。完全是按照現代歷象知識計算出來的。古代歷象知識無法做一個正確的決定（即就近代來說，六十七年，一九六八年，九月二日，臺灣日歷爲陰歷七月三十日，香港日歷則爲八月初一日，此因香港方面據萬年歷，而臺灣是重新推算的，故有此差異）。今據此處甲骨，所以正月仍應爲丙午朔，亦即是七月大，八月小，九月大，十月小，十一月，十二月大，正月小，二月大，三月小，四月大。

亦即乙巳在十二月，丁未，甲寅，庚申，丁丑，乙酉，辛卯俱在正月。丁酉在二月，丁巳在三月，均與卜文相合。

(22)丙午卜，（行）貞。王賓匚丙彡，亡（尤），在正月。（卜，一五八）。

此爲祖甲三十二年卜辭，董譜正月辛丑朔，依新擬前一一一八年正月庚子朔，正月均有丙午日，與卜辭相合。

祖甲時代的年歷，在殷歷譜中是一個關鍵的段落。把祖甲的歷譜排好以後，以這一段爲基礎，才可以上溯到武丁時代，下推到帝乙及帝辛時代。以上爲關祖甲時代的工作，依照最簡單而比較更原始的置閏法，就可以把祖甲時代幾個關鍵性的卜辭，完全放得進去，毫麼遺憾。這一個初步工作是具有特別意義的。以下再根據祖甲時代的基準，來推算帝乙及帝辛時代的年歷，就可以和西周的武王初年銜接了。

## 四　帝乙時期歷譜的新擬定

以下先將帝乙時代和帝辛時代兩種不同的年歷加以比較，然後再討論甲骨文中相符的各點，先列入帝乙時代各年，以下前列的是董譜，後列的是新擬。

| 年數 | 董氏原擬 | | | | 新擬 | | | |
|---|---|---|---|---|---|---|---|---|
| | 西元前 | 正月朔 | 閏月朔 | 十二月朔 | 西元前 | 正月朔 | 閏月朔 | 十二月朔 |
| 元祀 | 一二〇九 | 戊子 | | 癸丑 | 一〇八五 | 戊子 | （十二）癸未 | 癸丑 |

| | | | | | | | | |
|---|---|---|---|---|---|---|---|---|
| 二祀 | 一二〇八 | 癸未 | （三）辛亥 | 丁丑 | 一〇八四 | 壬子 | | 丁丑 |
| 三祀 | 一二〇七 | 丁未 | | 壬申 | 一〇八三 | 丁未 | | 壬申 |
| 四祀 | 一二〇六 | 辛丑 | （十二）丙寅（當閏） | 丙申 | 一〇八二 | 辛丑 | 失閏（三）庚午 | 丙寅 |
| 五祀 | 一二〇五 | 乙未 | | 庚申 | 一〇八一 | 乙未 | | 庚申 |
| 六祀 | 一二〇四 | 庚寅 | | 乙卯 | 一〇八〇 | 庚寅 | | 乙卯 |
| 七祀 | 一二〇三 | 甲申 | （十）庚戌（當閏） | 己酉 | 一〇七九 | 甲申 | 失閏（十二）己卯 | 己酉 |
| 八祀 | 一二〇二 | 己卯 | | 癸酉 | 一〇七八 | 己卯 | 補（十二）癸酉 | 癸卯 |
| 九祀 | 一二〇一 | 壬寅 | | 丁酉 | 一〇七七 | 壬寅 | （十二）丙申 | 丁卯 |
| 十祀 | 一二〇〇 | 丙寅 | （六）甲子 | 辛酉 | 一〇七六 | 丙寅 | 補（十二）辛酉 | 辛卯 |
| 十一祀 | 一一九九 | 庚寅 | | 乙卯 | 一〇七五 | 庚寅 | | 乙卯 |
| 十二祀 | 一一九八 | 乙酉 | | 己酉 | 一〇七四 | 乙酉 | （六）壬午 | 己卯 |
| 十三祀 | 一一九七 | 己卯 | （二）戊寅 | 癸酉 | 一〇七三 | 己酉 | | 癸酉 |
| 十四祀 | 一一九六 | 癸卯 | | 戊辰 | 一〇七二 | 癸卯 | | 戊辰 |
| 十五祀 | 一一九五 | 丁酉 | （十一）壬戌 | 壬辰 | 一〇七一 | 丁酉 | （三）丙寅 | 壬辰 |
| 十六祀 | 一一九四 | 辛酉 | | 丙戌 | 一〇七〇 | 辛酉 | | 丙戌 |
| 十七祀 | 一一九三 | 丙辰 | | 庚辰 | 一〇六九 | 丙辰 | （九）壬子 | 庚戌 |
| 十八祀 | 一一九二 | 庚戌 | （七）丁丑 | 甲辰 | 一〇六八 | 己卯 | | 甲辰 |

| 祀 | | | | |
|---|---|---|---|---|
| 十九祀 | 一一九一 | 甲戌 | | 己亥 |
| 二十祀 | 一一九〇 | 戊辰 | | 癸巳 |
| 二十一祀 | 一一八九 | 癸亥 | (八)己未 | 庚辰 |
| 二十二祀 | 一一八八 | 丁亥 | | 辛亥 |
| 二十三祀 | 一一八七 | 辛巳 | | 丙午 |
| 二十四祀 | 一一八六 | 乙亥 | (失閏) | 庚子 |
| 二十五祀 | 一一八五 | 庚午 | | 甲子 |
| 二十六祀 | 一一八四 | 癸巳 | (九)己未 | 戊子 |
| 二十七祀 | 一一八三 | 丁巳 | | 壬午 |
| 二十八祀 | 一一八二 | 壬子 | | 丁丑 |
| 二十九祀 | 一一八一 | 丙午 | (五)甲戌 | 辛丑 |
| 三十祀 | 一一八〇 | 庚午 | | 乙未 |
| 三十一祀 | 一一七九 | 甲子 | | 己丑 |
| 三十二祀 | 一一七八 | 己未 | (正)戊子 | 癸丑 |
| 三十三祀 | 一一七七 | 癸未 | | 丁未 |
| 三十四祀 | 一一七六 | 丁丑 | (十)壬申 | 辛未 |
| 三十五祀 | 一一七五 | 辛丑 | | 丙寅 |

| | | | |
|---|---|---|---|
| 一〇六七 | 甲戌 | | 己亥 |
| 一〇六六 | 戊辰 | (九)甲午 | 癸亥 |
| 一〇六五 | 癸巳 | | 丁巳 |
| 一〇六四 | 丙戌 | | 辛亥 |
| 一〇六三 | 辛巳 | (失閏，)戊寅 | 丙午 |
| 一〇六二 | 乙亥 | | 庚子 |
| 一〇六一 | 庚午 | 補(十二)甲子 | 甲午 |
| 一〇六〇 | 癸巳 | (十二)戊子 | 戊午 |
| 一〇五九 | 丁巳 | | 壬午 |
| 一〇五八 | 壬子 | (九)戊申 | 丙午 |
| 一〇五七 | 丙子 | | 庚子 |
| 一〇五六 | 庚午 | | 乙未 |
| 一〇五五 | 甲子 | (六)壬戌 | 己未 |
| 一〇五四 | 戊子 | | 癸丑 |
| 一〇五三 | 癸未 | | 丁未 |
| 一〇五二 | 丁丑 | (十二)辛未 | 壬寅 |
| 一〇五一 | 辛丑 | | 丙寅 |

帝乙時期的閏月是置的相當紊亂的，從甲骨材料中表示出來，很清楚的有失閏和補閏的情形。這是與任何一種置閏方法都不能適合的。這種情形只有用董先生的「殷代制度中兩派」的說法來解釋。這是說祖甲是一個熱心的改革者。從祖甲時期開始，甲骨文的書法顯然經過了一番整理。同時置閏的方法也從十三月法（應即是用的「無冬至置閏法」）改爲年中置閏法（三、六、九、十二月置閏法，應即是無二分二至置閏法），這使歷法更精細些，確是一種進步。當然從三、六、九、十二月置閏法，過渡到「無中置閏法」需要一步更深的改革，若從無中置閏再過渡到「無節置閏法」就要作最深那一步的改革。（實際上「無節置閏」，確比「無中置閏」更爲進步，可惜歷來改革陰歷的各種方式之中，沒有人想到這個最進步的方法，而安於「無中置閏」的現狀。直到董先生做殷歷譜時，才因爲需要而推想到這個方式，但激烈討論改革陰歷的時期早已過去了。）

祖甲的這種改革，到了武乙文武丁時代，因爲還幻想武丁時代龐大國力的再現（祖甲是個賢君，勤政愛民，但他的成就似乎只是內政方面，在國力方面，成就不夠輝煌）。可惜這些好大喜功的國王們，只是在表面上學到了武丁的形式，實質上還是成就有限，所以到了帝乙時期，又考慮恢復祖甲時的舊制，這是出於客觀的立場，而採用更爲進步的方式。不過祖甲舊制廢棄已久，而商代觀測又比後世爲疏闊（周公測量臺設在登封，是周初開始建造的，商代沒有），重新恢復進步的舊制，一定有許多困難，這就成爲失閏和補閏的原由，業經董氏指出來的。因而在帝乙祀譜中，董先生用無節置閏法，我用無二分二至置閏法，對於這種歧異紛紜的狀況，都不能完全適用。只有依甲骨情形，推定其中失閏及補閏大致所在的月份。

爲了帝乙時的置閏法相當紊亂，對於甲骨文時期的認明，也相當費事。現在把各條一一擧例如下：

(1)癸未，王卜貞，酒，彡日，自上甲至于多后。衣。亡壱自畎，在四月。隹王二祀。（前三、二七、六）。

此段具有日名，祀典，先王名，月祀，在甲骨文中爲極重要的材料。依年歷譜此爲前一〇八四年。這一年正月壬子朔，四月辛巳朔，對於此段甲骨恰恰符合。另外有關這一年的有兩段：

癸酉卜貞，王旬亡畎，在五月，甲戌，彡日戔甲（珠，三、七六）。

癸酉王卜貞，旬亡畎，在十月又（一）甲戌，祭上甲，王乩（曰大）吉，（前，四、一九、一）。

這一年五月庚戌朔，十一月戊申朔。也都有甲戌日，與卜辭合。

(2)癸卯，王卜貞，旬亡畎，在二月，（王）乩曰，大吉，祭祖甲，劦虎甲。（庫，一六一九）。

癸巳，王卜貞，旬亡畎，王乩曰吉，在六月。甲午，彡羌甲，隹王三祀。（續，一、二三、五）。

癸未，卜（貞）。王旬亡畎，在十月。甲申，翌日羌甲。（續，一、二三、四）。

癸酉，王卜貞。旬亡畎，王乩曰吉，在十月又一，甲戌妹，工典，其茍，隹王三祀。

癸未，王卜貞。旬亡畎，（王乩）曰吉。（在十）又二，（甲午）壹上甲。

（癸巳），王卜（貞，旬）亡畎，（王乩）曰吉。（在十）月又二（甲午）壹上甲，（續，一、五、一）。

癸亥（王卜貞）。旬亡（畎在）正月（甲子）壹小甲（劦大甲，）（後，上，一九、一二）。

(3)（癸）卯，王卜貞。其（酒彡自上甲至）于多后。衣（亡壱亡畎在五）月隹王四祀（善，三五六一）。

癸丑，王卜貞。旬亡畎，王乩曰吉，在五月。

癸亥，王卜貞。旬亡畎。王乩曰吉。在五月。甲子，彡大甲。

癸酉，王卜貞。旬亡畎。在六月。甲戌彡小甲。王乩曰吉。

癸未。王卜貞。旬亡畎。王乩曰吉。在六月。

癸巳，王卜貞。旬亡畎，王乩曰吉。在六月。甲午，彡戔甲。

癸卯，王卜貞。旬亡畎。王乩曰吉。在七月，甲辰，彡羌甲。（珠，二四、三）。

癸丑，王卜貞。旬亡畎。王乩曰吉。在七月。甲寅彡虎甲。隹王四祀。（續，一、五一、二）。

這兩段甲骨是帝乙三年到四年的卜辭，帝乙元祀是前一〇八五年，這一年正月戊子朔，十二月癸丑朔。還有一個閏月，應當是十三月癸未朔。到帝乙二祀正月壬子朔，十二月丁丑朔。到帝乙三祀，正月丁未朔，二月丙子朔，三月丙午朔，四月乙亥朔。五月乙巳朔，六月甲戌朔，七月甲辰朔，八月癸酉朔，九月癸卯朔，十月壬申朔，十一月壬寅朔，十二月壬申朔。至於帝乙四祀，那就是一月辛丑朔，二月辛未朔，三月庚子朔。應當是閏三月庚午朔。因爲失閏，成爲四月庚午朔，五月己亥朔，六月己巳朔，七月戊戌朔，八月戊辰朔，九月丁酉朔，十月丁卯朔，十一月丙申朔，十二月丙寅朔。依照卜辭，癸卯爲二月二十八日，癸未爲六月十日，癸酉爲十月二日，癸酉爲十二月二日，癸未爲十二月十二日，癸巳爲十二月二十二日。第二卜辭，癸卯爲五月五日，癸丑爲五月十五日，癸亥爲五月二十五日。癸酉爲六月五日，癸未爲六月十五日，癸巳爲六月二十五日，癸卯爲七月六日，癸丑爲七月十六日。與歷譜全然相合。——以上每月各日用數字來記，只是爲敘述的方便。因爲商代只是有這個事實存在，卻不曾有過用數字記日的辦法，這是不可以誤會的。

(4)癸未（王卜）貞。旬（亡𡆥）在（十二月。甲申，工典其鼎）。

癸巳王卜貞，旬亡𡆥，在十二月。甲午鼎祭上甲。

（癸卯）工卜貞，旬（亡𡆥）在正月，甲辰壹上甲，工典其𢀛。（卜，七八九）。

以上一段卜辭，也是屬於帝乙四年的，此年十二月丙寅朔。癸未爲十二月十七日，甲午爲十二月八日，癸巳爲十二月二十七日，甲午爲十二月二十八日，癸卯爲次年正月（帝乙五祀，前一〇八一年，此年正月乙未朔）初九日。此卜辭也和歷譜相合（在三年三月失閏過一次，照失閏以後按月次計算）。

(5)癸卯，王卜貞。酒，翌日自上甲至多后。衣，亡𢦔自𡆥。在九月，隹王五祀。（後，上，二〇七）。

癸卯，卜貞。王旬（亡𡆥），在十月（又一，甲辰）翌見（羌甲）。（前，三、二八、二）。

癸卯，卜貞。王旬亡𡆥，在正月，甲辰。酒鼎，（祭）上甲。（續，一、五、六）。

癸卯，（王卜貞。）旬亡（𡆥王乩）曰吉。（在三月）甲辰（祭羌甲）壹戔甲。

癸丑，王卜貞。旬亡𡆥。王乩曰吉。在三月。甲寅，祭虎甲，壹祭羌甲，𢀛戔甲。

癸亥，王卜貞。旬亡𡆥，王乩曰吉，在四月。甲子，壹虎甲，𢀛羌甲。

癸酉，王卜貞。旬亡𡆥。（在四）月。甲戌（祭）祖甲。𢀛虎甲。（金，三八二）。

以上一共四段卜辭，前二段屬於帝乙五祀，後二段屬於帝乙六祀。帝乙五祀爲前一〇八一年，帝乙六祀爲前一〇八〇年。爲著帝乙四祀三月失閏（也可能到十二月才正式失閏），從帝乙五祀起就實際上等於建子，所以五祀六祀的月朔要算「建子」的月朔，即五祀正月乙未朔，二月乙丑朔，三月乙未朔，四月甲子朔。五月甲午朔，六月癸亥朔，七月癸巳朔，八月壬戌朔，九月壬辰朔，十月辛酉朔，十一月辛卯朔，十二月庚申朔。至於帝乙六祀是正月庚寅朔，二月己未朔，三月己丑朔，四月戊午朔，五月戊子朔，六月丁巳朔，七月丁亥朔，八月丁巳朔，九月丙戌朔，十月丙辰朔，十一月乙酉朔，十二月乙卯朔。其中五祀九月有癸卯日，十一月也有癸卯日，甲辰日。六祀正月有癸卯日，甲辰日，三月有癸卯日，甲辰日，癸丑日，甲寅日，四月有癸亥日，甲子日，癸酉日，甲戌日，均和卜辭相合。

(6)癸未，王卜貞，（旬亡畎）。王乩曰吉，在五月，甲申賣祖甲，隹王七祀。

癸巳，王卜貞，旬亡畎，王乩曰吉，在五月，甲午劦祖甲。

（癸卯，王卜）貞。（旬亡畎王）乩（曰吉，在五）月。（甲辰，工）典（其酒）彡。（佚，五四五）。

帝乙七祀（前一〇七九）正月甲申朔，三月當閏未閏。所以五月是壬午朔。在五月內有癸未日，甲申日，癸巳日，甲午日，癸卯日，甲辰日。當然這一年也可能在十二月置閏，不過也是當閏未閏。不論在三月失閏或者在十二月失閏。都可能把帝乙八年從實際上「建子」，再進一步變成實際上的「建亥」。

(7)癸酉，王卜貞。旬亡畎，王乩曰弘吉，在二月甲戌祭小甲，賣大甲隹王八祀。

癸未，王卜貞，旬亡畎。王乩曰吉，在三月，甲申賣小甲，劦大甲。

癸巳，王卜貞。旬亡畎，王乩曰吉，在三月。甲午祭戔甲，劦小甲。

（癸）卯，王卜貞。（旬亡）畎。王乩（曰吉）在三月（甲）辰，祭羌甲，賣戔甲。

（庫，一六六一）（新一）

這是帝乙八祀（前一〇七八）的卜辭，這一年因爲兩次失閏的原故。把正月比標準提前了兩個月。就成爲中國有歷史以來第一個建亥年。這一年正月己卯朔，二月戊申朔，三月戊寅朔，癸酉是二月二十六日。癸未是三月六日，癸巳是三月十六日，癸卯是三月二十六日。都相符合。但是兩次失閏，形跡特別顯著。從建丑變成建亥，一年中的寒暑差了三分之二的季節，不可能察覺不出來。董先生從甲骨中找出來失閏的事實，其結論是不可移易的。只是他的解釋，認爲可能爲帝乙恢復舊制，倉卒中忘掉置閏，這就解釋還不夠使人滿意。我的看法是帝乙故意要這樣做。因爲既然稱「祀」不稱「年」，祀的範圍是一祀專以祭祀一周爲限，不必再涉及到天時的年。所以每一個「祀」應當只以十二個太陰月爲限，用不着再參差不齊，失掉了純粹「祀」意義。這就是要把「祀」擺脫「太陽年」的限制，結果把「祀」相當於一個「回回歷」的年，一種純粹的「太陰歷」的年。但是這和一般的風俗習慣相背馳的。結果是第一次「失閏」，還支撐了三年時間，到第二次「失閏」就一年中便補閏了。從此以後，第二年又補閏一次，完全恢復了「建丑」的事實。

(8)癸巳卜，（𢓊）貞，王旬亡（畎），在二月，甲午，祭戔甲，劦小甲。

癸卯卜，𢓊貞，王旬亡畎，在三月，甲辰，祭羌（甲）壹戔甲。

癸丑卜，𢓊貞。王旬亡畎，在三月，甲寅，祭虎甲，壹羌甲，劦戔甲。

癸亥卜，貞，王旬亡畎，在三月。甲子，壹虎甲（劦羌甲）。

癸酉卜，貞，王旬亡畎，在四月，甲戌，祭祖甲，劦虎甲。

（癸未）卜，貞，（王旬）亡吠。在（四月）甲申，（壹祖甲。）（珠，二四五）。

丁未卜貞，父丁日，其牢，在十月又一，茲用，隹王九祀。（珠，三九一）

九祀是前一〇七七年，在八祀年終是補過一次閏月的，如其不補閏，那就九祀正月為癸酉朔，下推各月，與上引的卜辭無一相合，如其補閏過，那就正月為壬寅朔，二月為壬申朔，癸巳為二月二十二日，甲午為二十三日，三月為辛丑朔，癸卯為三月三日，甲辰為三月四日，癸丑為三月十三日，甲寅為三月十四日，癸亥為三月二十三日，甲子為三月二十四日，四月辛未朔，癸酉為四月三日，甲戌為四月四日，癸未為四月十三日，甲戌為四月十四日，各日均相合，至於十一月為丁酉朔，丁未為十一月六日。此段卜辭稱文武丁為父丁，非帝乙時期不可，帝乙九祀（註二），也在卜辭中標明，而日期也和以前的卜辭相合。

帝乙九年應當閏九月（或者閏十二月，結果一樣），這個閏月是照閏的，所以沒有什麼變動，到帝乙十年再補上一個閏月（大約是閏十二月），到帝乙十一年就全部月份復原了。所以在四祀開始，除去八祀等於建亥以外，計有四祀，五祀，六祀，七祀，九祀，十祀，一共有六年的時期，等於用建子的年歷。這也許影響到商朝周圍的各民族。有的就從此改用建子的辦法。周人採用建子，不知道從什麼時候開始，若據猜度，那麼帝乙有一個時期的建子，也許是周人建子的一個開端。當然，這還需要證明的。

以後幾年中沒有卜辭來證明，但顯然恢復了正常的月建，到了帝乙十三祀，就有卜辭證明確已恢復建

註二：祖甲時期也稱武丁為「父丁」，不過祖甲時代稱「年」不稱「祀」，這裏標明「九祀」，自然只能屬於帝乙時期。

丑了，以上就是十三祀那一個卜辭的引證。

(9)癸卯，（王卜）貞，旬（亡畎）王乩曰（吉，在）六月，甲辰，彡虎（甲）。

癸丑，王卜貞，旬亡畎，王乩曰吉，在七月。

癸亥，王卜貞，旬亡畎，王乩曰吉，在七月。

癸酉，王卜貞，旬亡畎，王乩曰吉，在七月。

癸未，王卜貞，旬亡畎，王乩曰吉，在八月，工典其夅。

癸巳，王卜貞，旬亡畎，王乩曰吉，在八月，翌上甲。

（癸卯），王卜貞，旬亡畎，王乩曰吉，在八月。（珠，二四四）。

這一段卜辭是十三祀的卜辭，依照董氏祀譜，帝乙十三祀（前一一九七年）正月爲己卯朔。依「無節置閏法」一應當閏二月，所以六月爲丙子朔，七月爲丙午朔，八月爲乙亥朔，與卜辭相合，若以前一〇七三年爲帝乙十三祀，閏月在前一年（前一〇七四年）已經閏過，正月爲己酉朔，中無閏月，所以六月也是丙子朔，七月也是丙午朔，八月也是乙亥朔，同樣的和卜辭相合。以下帝乙十六祀當有一條卜辭，因爲照董氏的及新擬的均同樣相合，沒有任何問題，所以不再列舉。

(10)（癸卯），王卜貞。（旬亡畎，王）乩曰吉，在二月，甲（辰）彡日祖甲，隹王廿（祀）。

（癸）亥，王卜貞。酒，彡日，自（上甲至）于多后，衣，亡它（在畎，王乩）曰吉，在二月，隹王廿（祀）。

王廿祀，彡日上甲。（卜，二二八）。

癸巳卜，泳貞，王旬亡吠，在六月，工典其𠦪。

癸丑卜，泳貞，王旬亡吠，在六月，甲寅，酒，翌上甲，隹王廿祀。

癸酉卜，泳貞，王旬亡吠，甲戌，翌大甲。

癸巳卜，泳貞，王旬亡吠，在八月。

癸丑卜，泳貞，王旬亡吠，在八月，甲寅，翌日羌甲。

癸酉卜，泳貞，王旬（亡吠）在九（月）。（國，三、八一）（續，六、五、二一）。

這幾段卜辭，標明了「隹王廿祀」，與帝乙二十祀日辰相合，祭祀亦符，自屬帝乙二十祀的記錄。只是其中「癸巳」卜辭，前一個是標明六月，後一個標明八月，實際上前一個癸巳在五月比六月早兩天，後一個在七月，比八月早兩天，董先生附注疑爲寫錯了。不過卜辭爲國王卜的，不可以這樣的疏忽。可能癸巳日卜旬指一旬的吉凶，這一個癸巳所卜的旬，大部分在六月，所以寫爲六月，另一個癸巳所卜的旬，大部分在八月，也就寫做八月了。這幾個卜辭按前一一九〇年或前一〇六六年算，都可以合適。

(11)癸未卜，泳貞，王旬亡吠，在正月，甲申，祭祖甲，𠭯虎甲。

癸卯（卜貞），王旬（亡吠）在四月。

癸丑（卜貞），王旬（亡吠）在四（月，甲寅）彡（日大甲）。

癸亥卜貞，王旬亡吠，在五月甲子，彡日小甲。

癸酉卜貞，王旬(亡)𡆥，在五月。

癸(巳卜貞)，王(旬亡𡆥)在(六月甲)午(彡日羌甲)。

癸丑卜貞，王旬亡𡆥，在六月，甲寅(工)典其夅。

癸酉卜貞，王旬亡𡆥，在七月，甲戌，翌日上甲。(前，一、七一)(續，一、四、三)(國，二、一二、三)。

這是帝乙二十一祀的卜辭，依照置閏的原則，前一〇六六年，十二月應當還有一個閏月，但依前一〇六五年的月份中日辰計算，這一次閏月又是當閏未閏，在前一〇六五年的年終，補閏一個閏十二月，才能完全符合不過這個閏月一定是即時補閏過的。因爲在二十三祀(前一〇六三年)三月及五月均有卜辭，若不補閏，此項卜辭就不能適合，現在可以適合，就證明確已補閏了。

⑿癸未，卜貞，(王)旬亡𡆥，在(三)月，甲申，工(典)其酒彡。

癸未，卜貞，王旬亡𡆥。在五月。在申，彡戔甲。(珠，四九五)。

在帝乙二十三祀(前一〇六三年)，正月辛巳朔，二月庚戌朔，三月庚辰朔，四月己酉朔，五月己卯朔，三月及五月均有癸未，祀典亦符，此年六月(或十二月)當有一個閏月。所以董表因爲二十四年(前一一八六年的正月非是乙亥朔不可，所以在年歷譜中標明此月是當閏未閏，也就是在這祀失閏一次，才能講通，但照前一〇六二年算，此年也是有一個閏月)，乙亥是建子月，所以就以「前一〇六二年」算，也是失閏過。

⒀癸亥，王(卜貞，旬亡𡆥)。王乩曰(大吉，在八月)。

癸酉，王卜貞。旬亡畎。王乩曰大吉。在九月，甲戌，翌戔甲。

癸未，王卜貞，旬亡畎，王乩曰大吉，在九月。甲申翌羌（甲）。

癸巳，王卜貞，旬亡畎。王乩曰大吉，在九月，甲午翌虎甲。

癸卯，王卜貞，旬亡畎，王乩曰大吉，（前，四、六、五。）（前，五、一六、二）。

癸丑，王卜貞。旬亡畎。在十月又二，王乩曰大吉，甲寅，壹小甲，劦大甲。

癸亥，王卜貞，旬亡畎。在十月又二，甲子，祭戔甲，劦小甲。

癸酉，王卜貞，旬亡畎，在正月，王乩曰大吉，甲戌，祭羌甲，壹戔甲。

癸未，王卜貞，旬亡畎，在正月，王乩曰大吉，甲申，祭虎甲，壹羌甲，劦戔甲。（金，五一八）。

這是二十四年（前一〇六二）到二十五年（前一〇六一）正月的卜辭。二十四年正月乙亥朔，八月壬寅朔，癸亥爲二十二日，九月辛丑朔。癸酉爲三日，癸未爲十三日，癸巳爲二十三日，十二月庚子朔，癸卯爲四日，癸丑爲十四日，癸亥爲二十四日。這一年仍未把失閏補起來。在帝乙二十五祀中正月仍是庚午朔。癸酉爲正月四日，癸未爲正月十四日。其補閏應在二十五祀年終，原來十二月甲午朔，再加閏月爲甲子朔。那就在帝乙二十六祀的正月不論是以前一一八四年算或者以前一〇六〇年算就一樣的同爲癸巳朔，照董氏算法，一一八四 B.C. 爲閏六月，新擬的算法，前一〇六〇年爲閏三月（也可能爲閏十二月）。其結果仍是相同的，也就帝乙二十七祀爲壬子朔。

(14) 癸丑卜，徫貞，王旬亡畎，在四月，甲寅，彡日戔甲，曰則祖乙祭。

癸亥卜，𢓊貞，王旬亡畎，在五月甲子。彡日羌甲。
（癸酉卜）𢓊貞。王旬（亡畎在五月甲）戌（彡日）虎甲。（前，一、四二、一）。
癸丑卜（貞）王旬亡（畎）在六月，甲（寅）酒翌上甲。
癸亥卜貞，王旬亡畎在七月。

這是二十七祀的卜辭，四月丙戌朔，五月乙卯朔，六月乙酉朔，七月乙卯朔，和卜辭中的日辰都相合。

(15)癸酉，（王卜貞，旬）亡畎。（王乩曰）吉，在四（月，甲戌）翌上甲。
癸未，王卜貞，旬亡畎，王乩曰吉，在四月。
癸巳，王卜貞，王乩曰（吉），在五月。甲午，翌大甲。（契，一〇六）。
癸丑卜，在渫（貞。）王旬亡畎。（甲）寅，翌虎甲在八月。（菁，一〇、二）。
癸未，王（卜貞），旬亡（畎，在）九月，王乩曰大吉。
癸巳，王卜貞，旬亡畎，在九月。王乩曰大吉，甲午，祭上甲。（金，五七九）。

這些卜辭是帝乙晚期的記錄，前三行是在三十二祀的卜辭，次行是三十三祀的卜辭，又次二行是三十四祀的卜辭，三十二祀新擬的是正月戊子朔，董擬的是正月己未朔，不過董氏認爲閏正月戊子朔，所以四月同爲丁巳朔，五月同爲丙戌朔，都與卜辭相合，三十三祀新擬的爲正月癸未朔，董擬的也同爲正月癸未朔，因而八月同爲己酉朔，也都與卜辭相合。三十四祀正月丁丑朔，九月同爲癸酉朔，（雖然董擬此年閏十月，新擬的此年閏十二月，都與九月無涉），也都與卜辭相合。

## 五　帝辛時期歷譜的新擬定

帝辛時代的歷譜，和帝乙時代的歷譜排法不能相同，因爲董氏認爲帝乙共有三十五年，新擬的未改；至於帝辛時代，董氏認爲有六十三年，可以儘量去排，非常容易適合，但這是不可能的，新擬的只認爲可能爲二十五年，就不能再依董氏的排法了。

| 年數 | 董氏原擬 | | | | 新擬 | | | |
|---|---|---|---|---|---|---|---|---|
| | 西元前 | 正月朔 | 閏月朔 | 十二月朔 | 西元前 | 正月朔 | 閏月朔 | 十二月朔 |
| 元祀 | 一一七四 | 乙未 | | 庚申 | 一〇五〇 | 乙未 | （十二）己丑 | 庚申 |
| 二祀 | 一一七三 | 庚寅 | （七）丙辰 | 甲申 | 一〇四九 | 己未 | | 甲申 |
| 三祀 | 一一七二 | 甲寅 | | 戊寅 | 一〇四八 | 癸丑 | | 戊寅 |
| 四祀 | 一一七一 | 戊申 | | 癸酉 | 一〇四七 | 戊申 | （九）癸卯 | 壬寅 |
| 五祀 | 一一七〇 | 壬寅 | （三）辛未 | 丁酉 | 一〇四六 | 壬申 | | 丁酉 |

| | | | | | | | | |
|---|---|---|---|---|---|---|---|---|
| 六祀 | 一一六九 | 丙寅 | | 辛卯 | 一〇四五 | 丙寅 | | 辛卯 |
| 七祀 | 一一六八 | 辛酉 | （十一）乙酉 | 乙卯 | 一〇四四 | 辛酉 | （六）戊午 | 乙卯 |
| 八祀 | 一一六七 | 乙酉 | | 己酉 | 一〇四三 | 甲申 | | 己酉 |
| 九祀 | 一一六六 | 己卯 | | 甲辰 | 一〇四二 | 己卯 | （十二）甲戌 | 甲辰 |
| 十祀 | 一一六五 | 癸酉 | （九）己亥 | 戊辰 | 一〇四一 | 癸卯 | | 戊辰 |
| 十一祀 | 一一六四 | 丁酉 | | 壬戌 | 一〇四〇 | 丁酉 | | 壬戌 |
| 十二祀 | 一一六三 | 辛卯 | | 丙辰 | 一〇三九 | 壬辰 | （九）戊午 | 丁亥 |
| 十三祀 | 一一六二 | 丙戌 | （六）癸未 | 庚辰 | 一〇三八 | 丙辰 | | 辛巳 |
| 十四祀 | 一一六一 | 庚戌 | | 乙亥 | 一〇三七 | 庚戌 | | 乙亥 |
| 十五祀 | 一一六〇 | 甲辰 | | 己巳 | 一〇三六 | 甲辰 | （六）辛丑 | 己亥 |
| 十六祀 | 一一五九 | 己亥 | （二）戊戌 | 癸巳 | 一〇三五 | 戊辰 | | 癸巳 |
| 十七祀 | 一一五八 | 壬戌 | | 丁亥 | 一〇三四 | 壬戌 | | 丁亥 |
| 十八祀 | 一一五七 | 丁巳 | | 壬午 | 一〇三三 | 丁巳 | （三）乙酉 | 辛亥 |
| 十九祀 | 一一五六 | 辛亥 | （二）癸丑 | 乙巳 | 一〇三二 | 辛巳 | | 丙午 |
| 二十祀 | 一一五五 | 乙亥 | | 庚子 | 一〇三一 | 乙亥 | （十二）己巳 | 庚子 |

| | | | | | | | | |
|---|---|---|---|---|---|---|---|---|
| 二十一祀 | 一一五四 | 己巳 | （七）丙申 | 甲子 | 一〇三〇 | 己亥 | | 甲子 |
| 二十二祀 | 一一五三 | 癸巳 | | 戊午 | 一〇二九 | 癸巳 | | 戊午 |
| 二十三祀 | 一一五二 | 戊子 | | 壬子 | 一〇二八 | 戊子 | （九）癸丑 | 壬午 |
| 二十四祀 | 一一五一 | 壬午 | （四）庚辰 | 丙子 | 一〇二七 | 壬子 | | 丙子 |
| 二十五祀 | 一一五〇 | 丙午 | | 辛未 | 一〇二六 | 丙午 | | 辛未 |

這二十五年的對照，可以看出新擬的和董氏原擬的各月的日辰是大致符合的。再看一看殷歷譜的帝辛祀譜，原和帝乙祀譜相銜接的。如其帝乙祀譜中新擬和董氏舊擬的可以彼此都能符合。那麼帝辛的祀譜也一定互相符合。現在的問題，只是董先生原定的帝辛祀譜是六十五年，而新擬的只有二十五年，在六十五年中可以完全放進去的，那就短短的二十五年就無法容納了。現在重要的一點，就是怎樣才可解決這一個困難問題。

董作賓先生的「征人方日譜」是一個功力極深而材料極好的著作，要想重作一番安排，是一個不可能的事。只是所有的重要材料都集中到十祀以前。而十祀以前的各種安排，凡是用董先生所擬的日期都可以適用的。現在對照一下，用新擬的日期也一樣可以適用。在這一個段落中，是沒有什麼問題的。所有成問題的，只是十一祀以後的各祀。

董先生的祀譜，因爲把六十五祀全排出來，實在過長，他只排到五十二祀，也就很夠用了，他說：

自帝乙元祀，至帝辛五十二祀，凡列祀統八十七，前後八十七年，此八十七年，祀統逐漸前移，以彡祭爲例，帝乙初年，彡祭多在四五月，至帝辛五十一祀，彡上申復退至五月，故所有五種祭祀之在各月份者，幾已可以容納，無須更排至帝辛之六十三祀也。

的確，凡董先生當時能找到的材料都已完全放進去，一點也沒有困難。只是在帝辛祀譜之中，還是空檔太多，給人一個不必排列這樣許多年的感覺。把帝辛祀譜和帝乙祀譜來比，就遠不如帝乙祀譜的緊湊。這就應當修正一下，才算合理。

十一祀正月一日丁酉朔，正值日食。董先生的附注說：

此正月丁酉朔，值定朔。有日食周期可推證。爲本譜中帝辛在位年及殷正建丑之重要基點。

用日食來證明「定朔」是不錯的，其爲「殷正建丑」之基點，也是不錯的。只是定朔和平朔也不過相差一日（也可能不差）。商代並無定朔的知識，這種證據並無太多應用的實際價值，可以不管。

董先生引證了「歷代鐘鼎彝器款識」中的「兄癸彝」，原文是：

丁子（巳）王錫巂关貝。在寒。同作兄癸彝，在九月，惟王九祀。魯日。丙。

董先生附注說：

此銘器，蓋，同文。帝乙九祀九月有丁巳，無魯祭。此有魯祭無丁巳。然此器必屬於乙辛之世，疑日干或有誤記。爲兄癸作彝，其日干或當爲癸巳與？存以待考。

日干不應當誤記，不過在帝乙九年九月，當時是翌祭開始而非劦祭。問題就在這一點，是否除去彡祭以外，都可統稱劦祭？因爲彡祭是主祭，而其他的四種都是副祭。所以在彡祭開始時還要特別標明，「彡日，自自上甲至于多后，衣。」衣祭就是殷祭，也就是一個大祭。表示著只有彡祭是一個大祭。其他的都是輔助的祭祀。

但是四種輔祭，地位似乎還不盡相同。翌祭的規模可能的規模雖然比彡祭應當小，不過翌祭還是每次單獨舉行，不與其他祭祀同日舉行。至於「祭」、「劦」和「壹」那就三種祭祀可能同日舉行，也可能不同日舉行。如其三種祭祀可以一天時間祭畢，就表示三種祭祀的規模不大，禮節不多。不能和衣祭這種大祭相比了。

帝辛十一年七月，是帝辛從征人方返殷之月，而八月甲子朔，正是翌祭的最後一天，也正是一個新的開始。從這一天開始，爲著向商的先王告成功，自有從新大祭的必要。也就是在這一天重計禮節（工典），另外再開始一次彡祭，以示隆重。從這一點來看，也就可以解決帝辛十一祀以後的祀典長期空檔，而從三十七祀開始，又突然多了七年連續不斷祀典卜辭的問題。這裏並不能用十一祀以後的甲骨亡失掉來解釋，因爲十一祀征人方的卜辭具在，而十一祀以後祀典的卜辭卻一片也沒有。除非認爲董譜中三十八祀以後的卜辭就是實際上十二祀以後的卜辭，設有更好的辦法。

十一祀和三十七祀因其日辰是大體相同的，今比較於下：

十一祀　　三十七祀

| | | | | |
|---|---|---|---|---|
| 正月 | 丁酉朔 | 正月 | 丁酉朔 | （中有癸卯癸丑癸亥） |
| 二月 | 丁卯朔 | 二月 | 丙寅朔 | （中有癸酉癸未癸巳） |
| 三月 | 丙申朔 | 三月 | 丙申朔 | （中有癸卯癸丑癸亥） |
| 四月 | 丙寅朔 | 四月 | 乙丑朔 | （中有癸酉癸未癸巳） |
| 五月 | 乙未朔 | 五月 | 乙未朔 | （中有癸卯癸丑癸亥） |
| 六月 | 乙丑朔 | 六月 | 甲子朔 | （中有癸酉癸未癸巳） |
| 七月 | 甲午朔 | 七月 | 甲午朔 | （中有癸卯癸丑癸亥） |
| 八月 | 甲子朔 | 八月 | 癸亥朔 | （中有癸酉癸未癸巳） |
| 九月 | 癸巳朔 | 九月 | 癸巳朔 | （中有癸卯癸丑癸亥） |
| 十月 | 癸亥朔 | 十月 | 壬戌朔 | （中有癸酉癸未癸巳） |
| 十一月 | 壬辰朔 | （閏十月或）十一月 | 壬辰朔 | （中有癸卯癸丑癸亥） |
| 十二月 | 壬戌朔 | （十一月或）十二月 | 辛酉朔 | （中有癸酉癸未癸巳） |

所以董作賓先生放在三十七祀以後的，若認爲在十一祀以後仍可適用。以下是祀譜中三十七祀以後的一些例證，再予以分析。

①（癸亥）卜貞。王旬亡畎。（在）正月，甲子，翌日羌甲。（續，一、二三、三）。

這一個卜辭，董先生是列在三十八祀的。照董譜，三十八祀正月庚申朔，癸亥爲四日，甲子爲五日，可以放得進去。但所以得爲庚申朔的，是董譜三十七祀閏十月。新擬的十一祀，雖同爲丁酉朔，此年卻無閏月。因而十二祀正月爲壬辰朔，月內無癸亥和甲子，因而在十二祀無法插進去，好在董譜四十祀正月己酉朔五日癸丑十五日癸亥。甲子日翌羌甲，和此卜辭也相符合，所以這個卜辭可以認爲係十四祀正月癸亥的卜辭，仍然不生問題。

(2)癸巳，王卜貞。旬亡畎，在十月有二，甲（午），翌日大甲。
癸卯，王卜貞。旬亡畎，在十月有二，甲辰，翌日小甲。
癸丑，王卜貞。旬亡畎，在十月有二。
癸亥，王卜貞。旬亡畎，在正月，甲子，翌日戔甲。（珠，二一七）。
癸酉，（王卜貞，旬亡畎。）王乩（曰吉。在正月甲戌）翌日（羌甲）。
癸未，王卜貞。旬亡畎，王乩曰吉，甲申，翌虎甲。
癸巳，王卜貞。旬亡畎，王乩曰吉，在二月。
癸卯，王卜貞。旬亡畎在二月（甲）辰，翌祖甲。
癸丑，王卜貞，（旬亡畎，在三月）。（續，一、五〇、六）。
癸巳，王（卜）貞，旬亡（畎）在四月，甲（午）祭小甲。壹（大甲）。
癸卯，王卜貞，旬亡畎。在四月，甲辰，壹小甲，劦大甲。
癸丑，王卜貞。旬亡畎，王乩曰，弘吉，甲寅，祭戔甲，劦小甲。（珠，二七四）。

這是十四祀十二月到十五祀四月的卜辭。十祀是前一〇三七，十五祀是前一〇三八。在前一〇三七年，殷正十二月當爲丁亥朔，月中有癸巳，癸卯和癸丑。到前一〇三八年，殷正正月是丙辰朔。中有癸亥，癸酉和癸未。二月丙戌朔，中有癸巳和癸卯。三月乙卯朔，中有癸丑。四月乙酉朔，中有癸巳，癸卯，和癸丑，均與卜辭相合。

(3)癸巳王（卜在）八桑貞，（旬）亡畎，在（四月）甲午，賣小甲，劦大甲。（前，一六、六）。

癸巳卜，在八桑貞。王旬亡畎，在四月。　（後，三、一一、一一）。

癸亥卜，在□貞。王旬亡（畎），在五月甲（子祭）虎甲賣（羌甲）劦戔（甲）。

癸酉卜，在霍貞。王旬亡畎。

癸未卜，在霍貞。王旬亡畎，在六月。甲申，祭祖甲，劦虎甲。

癸巳卜，在霍貞。王旬亡畎，在六月。甲午，賣祖甲。

癸卯卜，在林（貞。王旬）亡畎。　（續，三、二九、三）。

丁卯，王卜貞。今囚巫九备。余其从多田于多白。正盂方白出。叀衣。翌日步，亡尤。自上于㲋示。余受右不曹戋（畎）告于茲大邑商。亡徣在畎。（王乩曰）弘吉。在十月。遘大丁翌。

（甲、二四、一六、三、二、〇二五九，粹、一一八九，後、上、二〇、九）。

按十四祀（前一〇三七），四月己卯朔，中有癸巳。五月戊申朔，中有癸亥及癸酉。六月戊寅朔中有癸未，癸巳及癸卯。都是對的。至於丁卯卜辭，在十月遘大丁翌。此年十月丙子朔，無丁卯。但到前一〇三六（十五祀）十月己亥朔。丁卯日亦正值翌大丁之日，仍與卜辭相合。

(4)癸未（王卜）在潒貞。旬亡吠(王乩曰)弘吉。在三月，甲申，祭小甲。（壴）大甲。隹王來正盂方白㞢。

癸卯，（王卜）在𨛜（餗貞。旬）亡吠（在四月）甲辰。祭（戔甲。）咎小甲。

癸丑。王卜。在𨛜餗貞。旬亡吠。在四月。甲寅，祭羌甲。壴戔甲。

（癸亥），王卜。（在）𨛜餗貞。旬亡吠。王乩曰弘吉。在四月，甲子，祭虎甲。（壴羌甲，咎戔甲）。

癸酉，（王卜，在）𨛜，餗（貞旬亡）吠。王（乩曰）吉。在五（月，甲戌壴）虎（甲咎羌甲）。

癸未，王卜，在𨛜。餗貞。旬亡吠，王乩曰吉。在五月。甲申，祭祖甲，咎日虎甲。

癸巳，王（卜貞。旬亡吠。王乩）曰大（吉。在五月，在𨛜餗）。

（癸卯），王卜貞。旬亡吠。王乩曰弘吉。（在六月）甲辰，咎祖甲。王來正盂方白㞢。（續，三、一九、二；絜，一一一；後，上、一八、六；前，一五、七；後上，一八七；前，二、四、三）。

以上的卜辭，應當屬於十五祀的。當爲前一〇三六年。這一年按歷象應當閏六月。不過事實上卻是閏三月。這可能因爲閏三月是「以無春分之月爲閏月」，應當以晝夜平分之日爲準，觀測稍有不精，就會移前或移後的原故。

這一年殷正正月應爲甲辰朔，二月爲甲戌朔，三月爲癸卯朔。閏三月爲癸酉朔。再望後，四月爲壬寅朔，五月爲壬申朔，六月爲辛丑朔，七月爲辛未朔，八月爲庚子朔，九月爲庚午朔，十月爲己亥朔，十一月爲己巳朔，十二月爲己亥朔。其中各日是都和卜辭相合的。

(5)癸酉，（王卜貞。旬亡畎。）王乩（曰吉。在十一月甲戌）翌日大甲。

癸未，王卜貞。旬亡畎。王乩曰吉，在十一月，甲申，翌日小甲。

癸巳，王卜貞。旬亡畎。王乩曰吉。在十二月。

癸卯，王卜貞。旬亡畎，王乩曰吉。在十月又二。甲辰，翌日戔甲。

癸丑，王卜（貞。）旬亡畎。（王）乩曰吉。（在十月又二），甲寅，（翌日羌）甲。（佚，四二八、正反兩面）。

這是十六祀（前一〇三五）的卜辭。這一年十一月癸亥朔，十二月癸巳朔。和卜辭正相符合。

(6)癸亥，卜貞，王旬亡畎，在十（二）月，甲子，翌日祖甲。

（癸酉），卜貞。（王旬）亡畎。在十二月，（甲戌），工典，其酒其脅。（白瑞華的照片）。

這是二十一祀（前一〇三〇）的卜辭，這年十二月甲子朔，月內有甲子和甲戌，與卜辭相合。

(7)癸巳卜，㞢（貞，）王旬亡畎，在十月。甲（午）翌日戔甲。

癸卯卜，㞢貞，王旬亡畎。（在）十月。甲辰，翌日羌甲。（後，下，二、八）。

這是二十四祀（前一〇二七）的卜辭。這一年十月癸未朔，癸巳和癸卯均在十月以內，和卜辭相合。

(8)癸未卜，令貞。王旬亡畎。在十月，甲申，翌日小甲。

癸卯卜貞。王旬亡畎。在十月，甲辰。翌日戔甲。（金，七四三）。

這是二十三祀（前一〇二八）的卜辭。這一年十月癸未朔，癸未和癸卯都在十月以內，和卜辭相合。

(9)癸亥卜，犕貞。王旬（亡）畎甲子。（祭小甲，壹大甲）。

癸酉卜貞，王旬亡畎，在正月。甲戌，祭戔甲，咎（小甲）。（珠，一二五五）。

這是二十五祀（前一〇二六）的卜辭，此年正月丙午朔，二月乙亥朔。甲戌為正月二十九日，在二十四祀十二月有「癸未——甲申」「癸巳——甲午」「癸卯——甲辰」三旬，而正月有「癸丑——甲寅」「癸亥——甲子」「癸酉——甲戌」三旬。以祀典來排，也可以排作：

| | | | |
|---|---|---|---|
| 十二月 | 癸未甲申 | 祭上甲 | |
| | 癸巳甲午 | 壹上甲 | |
| | 癸卯甲辰 | 祭大甲 | 咎上甲 |
| 正月 | 癸丑甲寅 | 祭小甲 | 壹大甲 |
| | 癸亥甲子 | | |
| | 癸酉甲戌 | 祭戔甲 | 咎小甲 |
| 二月 | 癸未甲申 | | |
| | 癸巳甲午 | 祭羌甲 | |

癸卯甲辰　祭虎甲　壹羌甲　劦戔甲

董先生表中前一段（第(8)段卜辭）屬於五十祀（前一一二五）此段在五十一祀（前一一二四）排入，因爲那年（前一一二四）二月爲甲戌朔，與卜辭在正月的不合。現在改爲二十五祀（前一〇二六）就沒有問題。

(10)癸卯卜貞，王旬亡吠。在五月，在書餗，隹王來正人方。

癸亥卜貞，王旬亡吠，在五月，在書餗。（續三、一八、四）。

己酉戍鈴，隮俎于召。（中略）唯王十祀劦日五。往來東。（歷代鐘鼎彝器款識，卷二，乙酉戍命彝）。

丁巳，王省夒京。王錫小臣艅夒貝。往來征人方。隹王十祀又五，彡日。（殷文存上，二六、七）。

這裏第一條甲骨和第二條及第三條銅器，應不屬於同一年的，第一條甲骨應屬於十一祀五月，往來正人方之時。十一祀五月，也有癸酉，癸丑，癸亥三旬，和此處卜辭一樣。在正人方日譜內，只收有「癸卯卜，黃貞，王旬亡吠，王來征人方」一條，（骨十四之一）又「癸亥（王卜貞），旬亡吠，王來（征）人（方）一條（骨十五之一），卻未收此二條卜辭。因爲此二條在書餗，所以未收入。其實書餗可能在商的附近，與其他卜辭的「兮」接近。而彼此均標明「王來正人方」，也表示正是一回事，而不屬於十五祀的。

至於第二和第三項的銅器。那當然是十五祀，因爲已標出來十五祀了。第二項丁巳的銅器，可能在九月或十一月，其時正有彡祭，也在月內有丁巳日。第三項己酉的銅器，可能在閏三月或五月，因爲當時有劦祭，也有己酉日。

（癸丑王）卜貞。旬亡吠，王乩（曰吉）在正（月），甲寅彡戔（甲）。（粹，一四、六三）。

這是可能在八祀的。八祀爲前一〇四三年，正月當爲乙酉朔，如其當時算作大月，那就三十日爲甲寅，祀典爲彡羌甲。這一點對於合天的歷譜要修改一下。但只有修改一下，才能把這一片卜辭放進去。

⑾戊辰从師，錫𤔲圅卣，責貝。用作父乙寶彝。在十月（在十月一）。隹王廿祀。

𦎫日，遘于妣戊，武乙爽，彘一，旅。（殷文存，上，十九）。

這個銅器是一個引起問題很大的史料。這是帝乙或帝辛時的銅器，沒有問題，可是依照董先生的歷譜，不論帝乙或者帝辛時期，在二十年那年的十一月都沒有戊辰這一天。董先生是十分看重這一個銅器的，並且在殷歷譜內這是一個最爲看重的銅器，因爲和歷譜不合，就不得不把「用作父乙寶彝在十月一」（即是在十一月）改爲「用作父乙寶彝在十月」，把這一個「一」字認爲是銅器上的裂紋而不是字。其實這個銅器不僅字大，而且每一個字都十分清晰，決不像有些銅器不僅字跡細小，而且有銹，往往被剔壞的那樣。當作這個「一」是裂紋，理由很不充分。只因爲董先生的歷譜上帝辛時代「二十年十一月戊辰」，這個日子是不存在的。所以只有認爲是裂紋，才可以講得通。其實在帝乙時代，不論是董先生原設的前一一九〇（或者按新設計的前一〇三〇）都可以在此年十一月內找出戊辰日。但是董先生一定認爲「先妣特祭」一定是要和先王的𦎫祭相接。在帝辛二十年，董先生可以在十一月排出武乙的𦎫祭，而帝乙的二十年卻不能。這就除去改掉銅器上的一個字，沒有其他的好辦法。

無論如何這個很清楚的字是不可以去掉的。事實自事實，理論是要根據事實的，如其發現了事實和理論不符，只能改換理論，卻不便曲解事實。就現存甲骨文的材料說，現存的祭先王的材料足夠整理出一個系統來。而特祭先妣的材料，確實太少，不能只用祭先王的系統來比附。這些個別的現象，只有個別的認定，所以此處不便採用改字辦法，寧可承認事實，認爲是帝乙時代的器物。

當董先生寫殷歷譜的時候，就發現這一條材料太好了。只因爲月份不合。曾經考慮過好幾天，處理這一個棘手的問題。最後因爲其他材料都對於董先生的設計符合。董先生才自信很深，把這個「一」字認爲裂紋，來解決這一個困難。現在時移世變，使得「前一一一一年」這一個基點不能再信，對於這一個基點不能相容的證據也就得加以重視。因而處理方面只有更嚴格一些，不接受刪字或改字的方法。

中央研究院史語所發掘到的「后母戊」大鼎，在現今所知的商周銅器中，是一個最大的鼎。「后母戊」就是母戊生前或死後所作。這個大鼎是不尋常的，也可以看出當時對於妣戊的地位並非一循常例，而是和國王一樣的重要，甚至超過國王的重要。

(12)庚申，王在東閒。王格宰椃从，錫貝五朋。用作父丁尊彝，在六月。唯王廿祀翌又五。

這一條金文董先生認爲只可能在帝辛時期而不可能在帝乙時期的，因爲：

「廿祀翌又五」與「廿祀又五翌」「廿又五祀翌」並同。即廿五祀之翌祭也。帝乙廿五祀六月丁卯朔，無庚申，雖有翌祭不能容此銘文。

按董先生把帝乙廿五祀排到前一一八五年，此年確無法排入六月有庚申日，不過新排的在前一〇六一年，正月庚午朔，二月己亥朔，三月己巳朔，四月戊戌朔，五月戊辰朔，六月丁酉朔。六月是可以有庚申日的。只是按照董先生的祀譜，六月最後一旬爲彡祖甲，還不在翌祭範圍。不過「工典」的排列，董先生有時就排在劦祖甲的後一旬（如二十四祀，三月甲戌劦祖甲）到甲申旬「工典」也有時排在劦祖甲的後二旬（如二十五祀正月甲子劦祖甲，經過一個甲戌空旬，到二月甲申才「工典」）如其依照二十四祀接著一旬就排「工典」那就彡祖甲就提到上旬的甲寅，而甲子旬庚申日就是彡期已過，到了翌祭的開始了。所以這一個銅器銘文，認爲在帝乙二十五祀，還是可以適合的。

## 六　逸周書中的月食問題

逸周書小開篇有一段關於文王三十五年的月食的，說：

維三十五祀，王念曰，多□。正月丙子，拜望，食無時，汝開後嗣謀。

這一段在殷歷譜中是一個非常重要的證據，因爲在甲骨文中誠然有好幾個月食，這些月食也可以算出最大的可能性在那一年，可是都屬於第一期的，還不能決定屬於那一個國王的時代。只有逸周書這一段記載了文王三十五祀的月食，確是一個最好的資料。可惜語辭太簡，解釋還有游移，但是總算可以用的。

這一段董先生根據文王在位五十年，武王十二年伐紂，從前一一一一年算起，文王三十五年是前一一三七年，依照奧泊爾茲的日月食譜（註三）奧氏日月食譜中爲前一一三六年，此年儒略歷一月二十九日，儒略周日一三〇六一六二，標準時十五時十九分月全食，文王在豐加時七時十五分，應爲二十二時三十四分，亦即十時三十四分初虧，所以在周地是乙亥日晚間可見到月食。復圓時間在晚間十二時以前，丙子是第二日，按照「朝日夕月」的祭祀，不可能到第二天晚間才祭月。其中還有疑點。不過除這一個時期可以在奧氏月食表可以查到附近日子中可以有月食以外，其他所有的年代假定，在文王三十五年正月，甚至文王四十五年正月都沒有月食（不論周正或殷正，都是一樣的沒有月食）。這一條對於董先生的自信，是有關鍵作用的。

但是若以前一〇二五爲武王克商之年作爲基準來計算，並且認爲武王伐商在武王十一年，那就照數上推，文王三十五年是前一〇五一年。這一年年前周正十二月十五日確有一個月食。據奧泊爾茲的日月食譜，前一〇五一年（通用年歷爲前一〇五二年）十二月十日，儒略周日一三三七五二四，五時二十三分開始月食。在周都加七時十五分，當爲正午十二點十五分。不能看到月食，所以這一個時間不能用。除此以外，只有前一〇五三年（奧氏譜爲前一〇五二年）一月三十日，儒略周日一三三六八四四正午十二時五十五分有一個月全食。周都加七時十五分，是晚間八時十分，正好看見。這一天應當爲殷正正月十五日，干支爲丁酉。

這一天雖然可用，卻又發生許多要解決的問題。其中所包括的，至少有以下各點：

(1)拜望的日期與月食日期的問題。

(2)文王的訓辭究竟是當晚的還是以後的？

(3)文王的五十年究竟起訖在那些年？武王伐商之年究竟在武王那一年？

(4)周正建子究竟從什麼時候開始？

關於第一點，逸周書所記拜望的日子是丙子，而在前一〇五三月食的日子卻是丁酉。丁酉的前一天是丙申。如其是古文隸定的錯誤，只有丙申可以誤寫爲丙子，而丁酉卻不可能錯成丙子。因爲古文的申字寫作S尤其當戰國時期，字跡潦草，這個申字被誤認爲子字，甚有可能。十四日拜望，那在上古天算不精確的時

註三：**Theador Von Oppolzer:Conon der Finsteruise 1877**

代，把朔望移前移後一天，本是常事。再檢查逸周書這篇的詞句，文王訓誡武王，還是著重在拜望，不僅是月食。月食本來常有，而此次是月食正在拜望之後，拜望未能消弭月食，就發生了應當自行檢討及自行警戒的問題。這也就是只提拜望的日子而不言月食的日子的主要原因。拜望應當只限於正月的，拜望以後，不應當有月食，拜望的次日就發生月食，這個月食是非時的，「食無時」也就是說「食非時」。不然「食無時」三字就不必用了。

關於第二點，一般的清代校逸周書的學者們，多懷疑「王念曰」三字，應當移後。其中陳建衡的逸周書補注，就認爲「王念曰」三字應當移後在下文「嗚呼」二字之前。他說：

「五祀」下舊有「王念曰多□」五字。按「王念曰」當在下文「嗚呼」之上。今移置彼，而衍下「曰」字，並此處「多□」二字。

而朱右曾逸周書集訓校釋，說：

「三」當爲「四」，「王念曰多□」句當在「拜望」句下。望日月相望也。周禮「太僕贊王鼓，日月食亦如之」。春秋傳曰「日食諸侯用幣於社，伐鼓於朝」。月食無文，準太僕之文，當亦用幣故曰拜望也。見月之眚，念德之明。若天詔之，開後嗣謀也。文王四十五祀，以周歷推之。是年商正月癸亥朔，十四日得丙子，古歷疏，有晦而食者，故十四望。

此處包括三個問題：第一是「王念曰」三字當移後，第二是拜望爲的是月食，第三是依三統歷法，文王三十五祀爲前一一四二年，其年正月無丙子，故改爲四十五年（前一一三二年）。朱右曾所據的歷法是錯誤的，董作賓先生已有駁正，此條不算。其第二項認爲拜望爲救月食，實際上拜望和救月食也不是同一件事。不過所有讀到此篇的人，都很容易認爲拜望即是救月，不足爲異。因此他和陳建衡一樣的看法，也主張把「王念曰」三字移後。換句話說，如其認爲文王的教訓，拜望及月食三件事是同時發生的，那就「王念曰」三字確應移後。如其三件事不是同時發生的，即拜望最早，月食在後而文王的訓辭更在後，那「王念曰」三字就不應當移後了。同理，因爲「王念曰」三字在前，和一般人的設想不同。也就表示著三件事並不是同時發生，而文王的訓辭更在月食以後好幾天；所以文中用「王念曰」不用「王曰」或「王若曰」。「念」字，正表示著對於某一件事情的回想。

第三，關於文王五十年的起訖年代問題，是從武王的年數來推定的，而武王的年數又從武王伐商確實的年代來推定。文王的總年爲五十年，根據尚書無逸篇，是不生問題的。所成問題的，是武王伐商在武王幾年的問題。關於武王伐商的年代，至少有三種不同的說法：

㈠認爲在武王十一年，主要的是尙書序，「惟十有一年武王伐殷」，新唐歷志載僧一行的推算，也認爲「十一年庚寅，周始伐商」。

㈡認爲在武王十二年，主要的是管子及呂氏春秋。

㈢認爲在武王十三年的，主要的是尙書洪範，「惟十有三祀，王訪於箕子」。

我在寫「金文月相辨釋」的時候，是用的武王十一伐商說，因而假定前一〇五一年是文王三十五年，並且當時用粗略的方法，估計一〇五一年一月可能有月食，所以就以爲此年不誤。現在查了一下，月食不在此年一月，而是在上年的十二月，並且此月食在中国看不見。所以十一年伐商說必需放棄。但是前一〇五二年一月或前一〇五三年十二月都沒有月食。只有前一〇五三的一月才有月食，因而文王三十五年只有前一〇五三年可用。也就是說只能採用武王十三伐商說。只是若按建丑歷或建寅歷，仍可認爲武王十二年伐商。

武王十三年伐商說，從來各種歷譜或年表都不曾用過的，一般最普通的還是十二年說，其次是十一年說。因而大家根據歷譜，也都不過問十三年說。但從史料的權威性來說，尚書的地位是不可以忽略的。所以如其十三年說對各方合適，也就應當採用十三年說。若採用十三年說那就前一〇三七年爲武王元年。前一〇八七年爲文王元年，前一〇五三年爲文王三十五年。

第四，關於周人建子的問題，我過去以爲是周人本族的習俗。當假設前一〇五一爲文王三十五年的時候，我也想到建子月是周人的正月。但前一〇五三的月食卻不在建子月而在建丑月。這就表示文王三十五祀時，所用的歷法，是遵從商人的歷法。到了文王「受命稱王」之時，才把建丑歷法改爲建子歷法。也就是以冬至爲一年之始。依照尚書大傳及史記，文王受命七年而崩。此當爲漢代今文家說。這裏所說應當是文王四十四年始稱王。那就文王稱王當在前一〇四四年。文王的年齡大致是活了六十歲，那就文王到五十四歲才開始稱王。尚書無逸篇說「文王受命惟中身」，中身指五十幾歲，這一點也是不錯的。

除去逸周書小開篇以外，還有酆保，寶典及世俘三篇記載了干支。世俘篇的干支和漢書律歷志引古文尚書的相同，已經證明在前一〇二五年以外。其餘尚有兩篇，今解答如下：

一、酆保篇「維二十三祀，庚子朔。九州之侯，咸格于周。王在酆，昧爽，立于中庭」。文王二十三祀，從前一〇八七算起，應當是前一〇六五年。不過原文只有日沒有月，因而不知道是那一個月，不過殷正的正月正是最冷的月份，不適宜於召集四方諸侯。依照尚書，康誥和多士，都在周正三月，而多方在周正五月。其中康誥爲徵集各處的人來創建新都，所以在周正三月（即建卯之月）方始向煖，就徵集起來爲的是趕時間，早點完成，以免妨害秋收。多士是只限於附近的商遺民，所以也比較早些。至於多方，那就包括的廣泛了。因此就舉行在周的五月（殷正的四月，夏正的三月）。就季節來說，是洛陽最好的時間。

若以周正五月或殷正四月來說。那就此年爲辛酉朔。古代歷算較疏，自可以認庚申爲月朔，依照前方的證明，因爲隸定的錯誤，丙申被認爲丙子，那就庚申被認爲庚子也是同樣的理由。逸周書錯誤脫落，不可勝數，其前自應當脫落「四月」二字，即「維王二十三祀，四月庚申朔，九州之侯，咸格于周」才合原意。

至於寶典篇，「維王三祀，二月丙辰朔，王在部，召周公旦」這個王是武王。其時武王已稱王，當然用建子正朔此年二月戊辰朔。丙辰當爲戊辰之誤。當然三祀的三亦可能爲五字的誤，五祀二月丁巳朔，當然也有丙辰的可能。對於這一條，新唐書歷志僧一行把三祀改爲元祀，因爲只有改爲元祀，才能和一行以前一一一一爲武王伐商的系統符合（董作賓先生是全部接受僧一行的系統的）。不過如其有誤，也只能將五字錯爲三字，而不可能把元字錯爲三字。因爲三字和五字，都是上下兩橫。其中的交叉形，在古代木簡上有變模糊的可能，以致轉寫時誤會。至於元字那就不可能誤爲三字了。

## 七　結論

殷歷譜在中國古歷法中是一個開創的工作，其中當然具備很大的冒險性。大致說來，董先生去掉了歷代相傳用「三統歷」來算古歷的包袱，去尋求一個合天的歷法作爲標準，然後把甲骨的祀譜加上去，可稱特識。但是千慮之失，仍可能發生。他採用僧一行的算法，以前一一一一年爲武王伐商之年，就產生了基本上的阻礙。本來僧一行實際上不僅精於歷法，而且對於古書的了解也相當的深。只可惜他曲解了竹書原文，並且還採用英雄欺人的辦法，在引用古書時也紛紛改字，來幫助他自己的假設。這在一種科學性的工作上是不能允許的，董先生過分信從了僧一行，把僧一行裝飾過的材料，認爲唯一的根據。即使其他方面正確，在此也不免造成極大的偏差。

除去前一一一一這一年不可信據以外，還有一點，就是「無節置閏法」。若要採用「無節置閏法」，其先決條件必需證明商代已有「節氣」或「節」才可以做初步的假定。但是在二十四氣之中，冬至，夏至，春分，秋分四個中氣是天然的，而立春，立夏，立秋，立冬四個「節氣」是人爲的。其他的「節氣」，「中氣」都是人爲的。所以「中氣」的發現在前，而「節氣」的擬定在後。在西方國家裏，直到如今，還只知道二至二分四個「中氣」，其他的二十氣，從來就無此一說。中國歷法的進展，如其早知閏法，只應當「無節置閏」從「無中置閏」經長期演變而來，決不可能未有「無中置閏」法之前，就先採用「無節置閏」法。如其相信商代有「無節置閏」法，初步條件，必需有確實證據，證明商代以前有「無中置閏」法才可以，這當然是辦不到的，所以「無節置閏」這個假定，不堪採用。

董先生的殷歷譜是一部好書。只因爲採取了一個前一一一一年武王伐紂說，又採取了另一個不能接受的臆斷「無節置閏」說，就在全書不僅僅是兩個小疵，而是在全書中是兩個巨累。如其殷歷譜還可以應用，就一定要把這兩點加以改正，這就是本篇文寫出的目的。關於前者，本篇採用了我一貫的看法，以前一〇二五代替前一一一一。關於後者，本篇提議採用一個比較合理的看法，以「無二至二分置閏法」來代替「無節置閏法」。拿這兩點做基礎，就對於殷歷譜做了些必要的修正，因而在殷歷譜中，原來許多可以應用的貢獻，都保留下來，使得殷歷譜可以和周武王伐殷比較可靠的年代，前一〇二五年相銜接。當然這一點還要感謝董先生，他又做成了「中國年歷譜」，使研究的人脫離了錯誤的三統歷，給我們一個比較正確的，客觀的歷譜底本。

現在把殷周年代，修正了董先生的意見，從武丁時代算起，列表如次：

| 商周王名 | 年數 | 西元前紀元 | |
|---|---|---|---|
| 武丁 | 五九 | 一二一五—一一五七 | |
| 祖庚 | 七 | 一一五六—一一五〇 | |
| 祖甲 | 三三 | 一一四九—一一一七 | |
| 廩辛 | 六 | 一一一六—一一一一 | |
| 康丁 | 八 | 一一一〇—一一〇三 | |
| 武乙 | 四 | 一一〇二—一〇九九 | |
| 文武丁 | 一三 | 一〇九八—一〇八六 | 前一〇八七為周文王元年 |

| | | | |
|---|---|---|---|
| 帝乙 | 三五 | 一〇八五—一〇五一 | |
| 帝辛 | 二五 | 一〇五〇—一〇二六 | 前一〇三七爲周武王元年 |
| 周武王 | 四 | 一〇二五—一〇二二 | 前一〇二五爲周武王十三年 |
| 成王 | 二一 | 一〇二一—一〇〇一 | 前一〇一六周公歸政 |
| 康王 | 一九 | 一〇〇〇—九八二 | |
| 昭王 | 一六 | 九八一—九六六 | |
| 穆王 | 五〇 | 九六五—九一六 | |
| 龔王 | 一六 | 九一五—九〇一 | |
| 懿王 | 一七 | 九〇〇—八八四 | |
| 孝王 | 二二 | 八八三—八六二 | 孝王及夷王總年數爲三〇年 |
| 夷王 | 八 | 八六一—八五四 | |
| 厲王 | 一二 | 八五三—八四二 | |
| 共和 | 一四 | 八四一—八二八 | 共和時期仍用厲王紀元故厲王總年數爲二六年 |
| 宣王 | 四二 | 八二七—七八二 | |
| 幽王 | 一一 | 七八一—七七一 | |

到七七〇爲平王元年，以後就是東周時代了。

在本篇有關商代問題以外，其中周成王和康王的年數問題，過去所做的幾篇中，對於這一件事說的不夠。現在就此補充一下。依照尚書顧命篇，成王崩時，康王已屆成年，今假設成王十八歲時康王生，成王崩時康王十六歲，那就成王崩時當爲三十三歲。如其成王在位二十年，那就武王崩時成王爲十三歲。在周公輔政時成王稱爲「孺子」，所以成王在那時的年歲不應當太大，即成王在位年數不可能少於二十年。

據顧命，「惟四月哉生魄，王不懌，甲子，王乃洮頮水，相彼冕服，「憑王几」。如其成王年數爲二十年，那就這一年是前一〇〇二；如其成王年數爲二十一年，那就這一年爲前一〇〇一。前一〇〇二的四月是丙辰朔，甲子爲初九日，前一〇〇一年四月是庚戌朔，甲子是十五日。哉生魄是始生魄，約當初三或初四日，至初九日爲第七日，至十五日爲十三日。從發病到病勢嚴重，如其爲某種傳染病，那就都有可能。也就是成王在位年數爲二十一年，應當是合理的。

按照漢書二十一律歷志下，引古文尚書畢命：「惟（康王）十有二年，六月庚午朏，王命作册豐刑。」若按成王年數二十年算，康王元年在前一〇〇一，十二年爲前九九〇，六月乙巳朔，不可能有「庚午朏」。若按成王年數爲二十一年，康王元年在前一〇〇〇，十二年爲前九八九，此年六月爲己巳朔，庚午爲初二日。朏就是朔，亦即此月在當時算作庚午朔。古代朔望比定朔或前一日或後一日是常事，上文說成王的年數爲二十一年，成康兩代的年數，總爲四十年，那就康王的年數爲十九年。就以上所討論的，周代各王的年數大致可以決定了。只有孝王和夷王總年三十年，當未能決定。不過周代金文現在還正在繼續不斷的出土，這個問題是不難解決的。

做商周年歷的工作，實際上是一點一滴拚湊上去的，其中所需要的全是工夫，半點天才也用不上。這種工作有一點像拼畫塊游戲（ **puzzle** ）的辦法。只有一個對的答案，在做的時候，只有細心的去做，忍耐的去做，絕對不許把感情好惡加上去。（譬如已故友人魯實先教授，他的為人治學都非常誠篤，好學不倦，就十分可惜的專和董先生作對，費了不少功力，而其結論完全不可靠）。現在這篇的工作實際上是把董作賓先生拚對的採用了一大部分，不對的拆掉了一小部分。當然這個工作目前距離完成尚遠，後之視今，亦猶今之視昔，將來一定還需要更多的改革的。

## 附記

此篇係去年寫成的，因為在國外，一時未覓到嚴一萍先生的續殷歷譜，未能參考。到了最近，方才獲得此書，正好本篇校稿已到，此書可以補充本篇的，還有不少。不過時間上實在來不及詳為考訂，只好就其中四點重要的材料來補充一下。

㈠續殷歷譜第二四九至二五五頁。說到帝乙二十一祀的月譜在一塊卜骨上，由各處拚湊而成的。按照原設計為西元前一一八九年，今新訂為西元前一〇六五年，只因在西元前一〇六六年有一個閏九月，所以此年各月的月朔要推前一個月。即帝乙二十一祀是正月小（建丑）癸巳朔，二月小（建寅）壬戌朔，三月大（建卯）辛卯朔，四月大（建辰）辛酉朔，五月小（建巳）辛卯朔，六月大（建午）庚申朔。比續殷歷譜雖然提前一個月，但因西元前一一八九年照殷歷譜有一個閏八月，所以到九月以後月朔干支仍然彼此相同。至於連小月一層，也和續殷歷譜一樣，不能更改。

㈡續殷歷譜第二八二至二八八頁，根據小川睦之輔氏所藏的卜辭，證明此項卜辭只有祖甲十三年可合。但殷歷譜此年十二月大，必需改爲小月，才能在次年正月爲甲寅朔。亦即此年發生連小月現象。今依照改訂歷譜，祖甲十三年在西元前一一三七年，此年十二月小，次年正月爲甲寅朔，可以直捷適合，不必以連小月來解釋。

㈢續殷歷譜第一七九至一八六頁，及附表一八七至二二二頁，根據京都大學人文科學研究所的一片腹甲，有六祀五月壬午的記錄。只有文武丁六祀才有可能。但原譜六祀五月無壬午，因此要把原譜稍作修訂才可以。按原譜文武丁六年爲西元前一二一七年，今新訂的文武丁六祀當爲西元前一〇九三年，五月原爲癸卯朔。但因四月無春分，所以應有一個閏月。五月移到下月，就成爲五月癸酉朔，十月壬午，與嚴一萍先生改正，結果相同。

㈣續殷歷譜第二六二至二六八頁，關於閏譜的問題。是在帝辛十祀九月，必有一個閏月，對於九月以後的干支才能符合。原譜是以西元前一一六五年爲帝辛十祀，此年加入一個閏九月，洽好符合。至於新擬的是以西元前一〇四一年爲帝辛十祀。正月爲癸卯朔，九月爲己亥朔。在前一年（前一〇四二年）閏十二月，閏月已經閏過。不必再閏九月才能符合。所以此條對於新擬的仍然是可用的。

# 秦漢迄唐飛狐道考

嚴耕望

## 引言

太行山脈自黃河北岸之王屋山向東北蜿蜒迄燕山山脈，航空里距八百餘公里。此一高聳山脈，屛列於黃河大平原之西北側，爲大平原與山西高原之分界嶺。自山以西爲高原地貌，故山脈西側坡度徐緩；東側則斷層下陷爲廣大平原，故坡度陡峻。古人稱「連山中斷」爲陘，太行山脈屢見中斷處，自昔利之作爲溝通平原與高原間之東西交通路線。就中要道有八，自西南向東北次第名之，一曰軹關陘，二曰太行陘，三曰白陘，四曰滏口陘，五曰井陘，六曰飛狐陘，七曰蒲陰陘，八曰軍都陘，總稱爲太行八陘。

此八陘中，飛狐、蒲陰、軍都三陘當中國古代北塞之東段。而飛狐，蒲陰又實一道之北南兩口，故此道於八陘中途程爲最長。又據寰宇記四九代州目，水經注引晉咸寧元年勾注碑云：「北方之險，有盧龍、飛狐、勾注爲之首，天下之阻，所以分別內外也。」勾注即雁門，與盧龍並爲中古時代最有名之北塞險道，飛狐與並列，且南與蒲陰陘爲一道，其險阻修長，行旅艱辛可知，其在北塞地帶南北交通上之地位亦可知。惟中古時代，飛狐南之定州（今縣）在政治軍事上之地位，不如雁門南之太原與居庸南之幽州（今北京）。亦不如盧龍南之薊州之爲邊防重鎮，故飛狐之名遠不如雁門、居庸、盧龍之顯著。迨明清時代建都北京，京師防衞，首重內三關。三關者，居庸之外，即倒馬、紫荆，此兩關即古飛狐南道，地位始見顯著。實則即在中古時代，居庸地太偏東，句注南行仍在高原山地，皆不若飛狐居中、南接河北平原之優越條件，故北魏都平城時期，帝王南巡，及南北使節往還，絕大多數取道廣昌（今淶源縣）恆嶺，不取句注、雁門也。

飛狐道，先秦時代已見史，趙世家，武靈王滅中山（今定縣），而代（今蔚縣）道大通，即爲此道，惟無飛狐之名耳。飛狐口之名，始見於史記酈生傳，時在楚漢之際，地在今蔚縣與淶源兩縣之間，南北陘道七八十里，形勢險峻。

來源縣，漢置廣昌縣，地近飛狐陘之南口，故隋易名飛狐縣。太行山脈多斷陷盆地。此爲一種較特殊之地貌，四周高山環繞，邊緣斷裂陡峭，而中間陷落爲波狀起伏之黃土丘塬，與寬淺河谷。飛狐縣即爲此類之典型盆地。縣北山脈由縣西走向東北，最高處達二千六百餘公尺，即飛狐口所中斷者，可謂爲北塞之北線，隋開皇長城即循此山脈而築者。縣南山脈，由縣西南走向東南，復折向東北，海拔較低，最高處約一千一二百公尺，可謂北塞之南線，此即今長城線，亦漢長城線。縣境水道有二：西境滱水即唐河，發源於今恆山之南，東南流，橫截北塞之北線山脈，流入縣境。橫截處在飛狐之西，曰隘門口，亦有石門、天門之名。滱水又東南，橫截南線山脈，入河北定州境。東境有淶水，即拒馬河，主源發於飛狐口南，東流橫截南山入河北易州境。酈注所見，飛狐口、隘門口分別置飛狐關、石門關（一曰天門關）。隘門下游之滱水截南山處有倒馬關，即今關所在；淶水截南山處有子莊關，即今紫荆關。倒馬、子莊之間有五迴嶺，爲徐水發源地，所謂五迴道也。漢世守在南線，置常山關與五阮關，晉人分別稱之為望都關、蒲陰陘者，即酈注之倒馬關、五迴嶺道；前人以五阮關、蒲陰陘即今紫荊關，非也。凡此五個陘關，羣列於漢廣昌縣、唐飛狐縣、今淶源縣境之周緣，五道並出，分達塞垣內外諸州郡。古代之飛狐道，蓋僅就飛狐口南北通達者而言；及隋改縣名為飛狐，則凡此五道莫不可膺飛狐道之名矣。

此篇就飛狐盆地四出諸關陘與此諸關陘通達塞垣內外諸州郡之行程，以及此諸道可總稱為飛狐道者在中古南北交通上所居之地位，作一詳實之研究。又飛狐盆地以東，隔小五台山，有嬀（今懷來縣）易（今易縣）間之故城鎮道；盆地以西，隔恆山古岳（今大茂山），有五台山進香道。此兩道以地理毗鄰，亦考附篇末。凡此研考，皆聊備讀中古史者之一助云耳。

一九八〇年四月六日

# 一　飛狐口及飛狐地區四出諸關隘

太行山脈北段，即五台山、恆山（兼古今言）迤東至燕山之一段山脈，東西橫亙於北緯三九度三〇分地區，高達二千六百餘公尺，為南北交通之阻，亦為中國早期北塞之東段。先秦時代，此段山脈之南北，分別建立中山國與代國，皆非華夏民族。代國據有北麓之桑乾河谷盆地，都於代城，在今蔚縣東郊。中山國據有南麓，今河北西部石家莊以北易水以南保定地區，建都中山，在今定縣。趙國居兩國之南，據有今山西中部與河北西南部。其後，趙國發展，先出雁門，東兼代地。中山雖在趙國勢力包圍之下，但甚強，且北有崇嶺之阻，能與趙抗。

趙武靈王胡服騎射，國力大振，遂屢伐中山，至代地，終滅中山，而「代道大通。」

史記趙世家，簡子作寶符，藏於常山，曰「從常山上臨代，代可取也。」是春秋末年已見有道從恆山北通代國。至武靈王十九年，「王北略中山之地，至於房子（今高邑縣西南），遂之代。」此後屢攻中山。「二十六年，復攻中山，攘地北至燕、代。」惠文王二年，「主父行新地，遂出代，西遇樓煩王於西河。」「三年，滅中山，……。起靈壽，北地方從，代道大通。」大抵中山、代國間雖有高山之阻，但有通道，趙簡子已有自常山北取代地之志，其後武靈王屢由中山北行代地，終滅中山，使代道大通也。

此先秦時代中山北通代國道，即今考之飛狐道也；惟當時不見有飛狐之名耳。

上文述中山北通代國道，明取今淶源縣地區，即漢廣昌、唐飛狐地區也。惟不見通道之名。鹽鐵論九險固第五〇，大夫歷舉先秦諸國之險，有曰「趙結飛狐、句注、孟門。」即明指先秦時代中山與代國間之通道爲飛狐道，且與句注、孟門並列也。

飛狐之名，始見於史記酈生傳「塞飛狐之口」云云。地在代南至中山道中，時在楚漢之際。然觀酈生說辭，雖虛張聲勢之言，亦足見其名必先秦已著，人所共知爲天下用兵極重要隘道之一。呂覽所記天下九塞，無飛狐之名，但有「疵處」，顯有譌誤，頗疑即「飛狐」涉注文而形譌歟？

史記九七酈生傳，漢楚相拒於滎陽、成皋間，酈生說漢王曰：

「塞成皋之險，杜太行之道，距蜚狐之口，守白馬之津，以示諸侯效實形制之勢。」

按成皋、太行、白馬津皆爲先秦時代天下知名、人所共知之交通軍事要道。（見史記先秦諸列傳，詳史記地名考此三地名條。）楚漢之際去先秦極近，酈生口中以飛狐與此三地名並提，即其險阨之名不在三地之下，且必先秦已知名也。

至於飛狐地望，史記集解云：「如淳曰上黨壺關也。駰案，蜚狐在代郡西南。」正義，「蔚州飛狐縣北百五十里有秦漢故郡城；（按指代郡。）西南有山，俗號爲飛狐口也。」漢書四三酈食其傳顏注：「如淳曰上黨壺關也。臣瓚曰，飛狐在代郡西南。師古曰，瓚說是；壺關無飛狐之名。」又史記文帝紀後六年條，集解曰：「如淳曰在代郡，蘇林曰在上黨。」漢書文紀顏注惟引如淳曰在代郡。又後漢書二〇王霸傳，李賢注：「飛狐道在今蔚州飛狐縣，北通嬀州懷戎縣，即古之飛狐口也。」綜觀上引史漢三處注文，蘇林云在上黨，如淳既云在上黨，又云在代郡，（疑史記集解「如淳曰」下脫「在代郡，蘇林曰」六字。）此二人皆三國魏人，其後註家皆云在代郡，師古斷在代郡，是也。酈注一三㶟水注已是此說。且王霸傳云，爲上谷太守「治飛狐道……自代至平城三百里。」又史記一一〇匈奴傳述文帝後六年事云：「趙屯飛狐口。」是西漢前期飛狐即在代郡，絕非上黨別有一飛狐也。又御覽五三引晉太康地記，「常山曲陽縣有恆山坂，號飛狐口。」晉書地理志上，冀州常山郡上曲陽縣，亦云「恆山在縣西北，有坂號，飛狐口。」亦在故代城與中山之間，與漢及唐以下同，上黨無飛狐之名。復按御覽引太康地記「有恆山坂號飛狐口」下續云「上（脫黨字）壺關縣有羊腸坂。」或者此兩坂齊名，古人往往並提，蘇林有飛狐在上黨壺關之說，殆涉此而誤歟？

前據酈生之言，飛狐爲先秦天下險塞之一，當爲人所共知。然呂氏春秋一三有始覽，列舉大汾、冥阨、荆阮、方城、殽、疵處、句注、居庸爲天下九塞。淮南子四墬形訓，相同；惟「疵處」作「令疵」。皆不提飛狐之名。何耶？今按兩書「疵處」「令疵」之異，已顯有譌誤。淮南高注「令疵在遼西」，此尚無脫譌痕跡，而呂覽高注「令疵處則未聞」，無端多出「令」字，此尤可疑。復按下文第三節引史記文帝紀，後元六年，匈奴大入寇，使周亞夫等三將屯長安近郊；又使中大夫令勉爲車騎將軍，軍飛狐；故楚相蘇意爲將軍，軍句注；將軍張武屯北地；以禦外塞。此爲文帝時一件大事，故朝廷作隆重軍事佈署也。疑兩書本作飛狐，高氏以令勉事入注，後來傳刻脫譌，又以注文混入正文乎耳。

飛狐於漢已爲東北塞外，注家以爲在遼西，亦不足怪。惟此只是獻疑，未敢論定也。

飛狐口之詳實地望在今蔚縣南、淶源縣北，爲兩縣間之通道。蓋有崇峻山脈東西橫亙於兩縣之間，中斷爲陘道，得通行旅。道分南北兩段，南段今名爲黑石嶺，北段今名爲北口峪。北口峪即狹義之飛狐口，其北口在先秦代土故城西南六十里，兩漢代縣、北魏代城、唐代蔚州、今蔚縣之南四十里。而廣義之飛狐道則包括南段黑石嶺口道而言，其南口在漢廣昌縣、隋唐飛狐縣、今淶源縣之北二三十里（或云五十里）。唐世，蔚州治所興唐縣與飛狐縣南北相距一百五十里，則飛狐道之全程約八九十里之譜。此一地區，山皆黑石如鐵，夾道兩旁，峯高崖峻，壁立如刀削，故有鐵壁之稱，而道極仄狹，砂磧崎嶇，迤邐蜿蜒，一線微通，北段狹義之飛狐口三四十里間尤甚。檢今地圖，南段山高不踰一千二百餘公尺，北段山高至二千六百餘公尺，蓋山愈高道愈險也。北魏時代，於北口置飛狐關。出關則一片塞外草原氣象，故晉人句注碑以飛狐與句注、盧龍並列爲北方巨險之首，「天下之阻，所以分別內外」也。

前文已明飛狐坂、飛狐口在代地之南，而其具體詳實地望始見於水經注。酈注一三㶟水注云：

「祁夷水又東北得飛狐谷，即廣野君（酈生）所謂杜飛狐之口也。蘇林據酈公之說言在上黨，即實非也。如淳言在代是矣。晉建興中，劉琨自代出飛狐口奔於安次，即於此道也。魏土地記曰，代城南四十里有飛狐關，關水西北流逕南舍亭西。又逕句瑣亭西，西北注祁夷水。祁夷水又東北流逕代城西。」……城圓匝而不方，周四十七里，開九門。」

據此，北魏前期已置此關，在代城南四十里。一統志宣化府卷古蹟目代縣故城條，引明統志，代王故城在蔚州東二十里。紀要四四蔚州代王城在州東北二十里。引志云，九門遺址俱存。是也。是北魏飛狐關在代城南四十里，即唐蔚州、今蔚縣之南四十里，而在故代國代郡城西南六十里之譜也。復檢一統志宣化府卷關隘目，「州志，飛狐口在州（蔚州）東南六十里，北口在州南三十里。」古今說者有十里之異。

又元和志一四蔚州，飛狐縣「本漢廣昌縣，……仁壽元年改爲飛狐縣。因縣北飛狐口爲名也。」飛狐縣即今淶源縣，是隋唐飛狐口在此縣之北。檢一統志易州卷關隘目云：

「飛狐口在廣昌縣（今淶源縣）北，其地兩崖峭立，一線微通，迤邐蜿蜒，百有餘里。……舊志，飛狐口在廣昌縣北二十里，山北諸州之襟喉也。今其地東走宣化，西趨大同，商賈畢集於此，紫荆、倒馬兩關恃飛狐爲外險。」

是其地近在廣昌縣即今淶源縣北二十里，此爲南口，故隋唐此縣有飛狐之名也。然縣北至谷口里數有異說。光緒廣昌縣志卷一諸山目，「黑石嶺口在縣北五十里，路通宣化，嶺後即飛狐峪，又名北口峪。與舊志二十里之說不同。大抵蔚縣至淶源間隔一山嶺，以其爲石山，色黑，故名黑石嶺，其間有夾隘陘道稱爲飛狐道，至於南北口去兩縣之距離甚難定，視說者所指起訖而異耳。

按元和志，飛狐縣「西（寰宇記作西北是，實北微西耳。）至州一百五十里。」寰宇記同。一統志易州卷作「百二十」里。光緒廣昌縣志疆域說，同。而廣昌志諸山目黑石嶺條引明人楊嗣昌飛狐口記云一百四十里。此古今里數之異耳。則飛狐南北口間隘道蓋約八九十里，最險隘段蓋四五十里。故王化南詩云，「四十飛狐峪」也。（引詳下條）

此隘道雖在秦漢世已著名，然水經注、元和志皆未述其險峻狀況。前引一統志云「兩崖峭立，一線微通，迤邐蜿蜒，百有餘里。」此則明清之說矣。光緒廣昌縣志卷一有數條記錄，更足顯示其險況，節錄如次：

「黑石、北峪……巉崖陡峻，砂磧崎嶇，一線中通，兩山壁立。」（疆城說）

明人楊嗣昌飛狐口記：「近蔚三十里名北口者，即飛狐口……山如兩翼分張，皆北向，而色紫黯如古鐵，形豎削如指掌。……北口間得沙石細路……而左右山忽卓地起，如千夫拔劍，露立星攢……如此三十里。」（黑石嶺條）清人王化南冬日過飛狐峪詩：「四十飛狐峪，中留一線天，黑山迎馬立，黃草與雲連。」（形隘黑石嶺口條）其他飛狐鐵壁詩若干首。

海拔公尺數字，據美國 **OPERATIONAL NAVIGATION CHARTS G-9**

飛狐道南口之南，漢置廣昌縣，北魏置廣昌鎮，隋改置飛狐縣。唐承之，即因飛狐口受名也。

魏書一一二上靈徵志上，兩見廣昌鎮，皆爲太和九年事，一云「靈丘、廣昌鎮」，一云「司州靈丘、廣昌鎮」，必即漢廣昌縣無疑。隋改名飛狐縣，見元和志一四。

飛狐縣殆爲恆山以東，小五台山以西之一小山谷平原，四面山脈環繞，北方山脈即爲飛狐陘所中斷之山脈，最高處海拔二千六百餘公尺，西山次之，東南山脈較低，海拔最高處約一千零六十餘至一千二百餘公尺。縣境之主要水道爲滱水，即唐河，發源於渾源縣南境，今恆山之南，穿過飛狐縣北山山脈，流經縣之西境，南入唐縣境；其次爲淶水，即拒馬河，發源於飛狐縣之南北山脈中，流經縣治，東南入易縣、淶水縣境。

此據國防研究院中國地圖集之河北山西地形圖，及 **ONC G-9**

飛狐縣北之山脈中；除中斷爲飛狐陘，北魏置飛狐關，爲自古有名之南北要道外，其西滱水流經之隘門口，在靈丘縣東南十五，一稱石門、天門，五代、宋初又有龍門之名。其地高峯秀嶂，「壁立直上，層崖刺天，有石道，極險陿。」古未知名，至北魏都平城，先以都中山之慕容燕爲強敵，後以河北爲外府，車駕屢次行幸，及行旅往來，取隘門爲多，有文成帝御射台碑。以其直當平城通中山（定州）道。飛狐口居東偏，反見次要，故於隘門置石門關，又有天門關之名，與飛狐關並譏行旅也。自此而隘門之名始著。

元和志一四蔚州靈邱縣，「隘門山，亦曰隘口，在縣東南十五里，壁立直上，層崖刺天，有石道極險陿，後魏明元帝署義倉之所。」寰宇記五一蔚州靈邱縣目同，惟「石道」作「古道」，又有「今呼爲龍門」五字。今按此道始見於水經注一一滱水注云：

「滱水又東逕靈邱縣故城南，……自縣南流入峽，謂之隘門，設隘于峽，以譏禁行旅。歷南山，高峯隱天，深溪埒谷。其水沿澗西轉，逕御射台南。台在北阜上。台南有御射台碑。南則秀嶂分霄，層崖刺天，積石之峻，壁立直上，車駕沿泝，每出是所遊藝焉。滱水西流又南轉東屈，逕北海王詳（獻文帝之子）之石碣南，御射碑石柱北，而南流也。」

足見此隘門即滱水河床之一段。御射台者，魏書五高宗文成帝紀，四次南幸中山，就中兩次，明云過靈丘。其和平二年云，二月行幸中山。「靈丘南有山，高四百餘丈，……帝彎弧發矢，出山三十餘丈，過山南二百二十步，遂刊石勒銘。」即此事也。北海王詳石碣者，魏書二一上，北海王詳傳，獻文帝之子，孝文帝之弟，「高祖自洛北巡，……至高宗射銘之所，詔諸弟及侍臣皆試射遠近，唯詳箭不及高宗箭所十餘步。高祖嘉之，……遂詔勒銘，親自爲制。」此殆即石碣所由來也。參觀上引元和志，爲明元帝置義倉之所。是在射台、立碣之前。蓋帝王南巡中山多出隘門道也。「石道極險陿」疑亦北魏幾次修道時之工程。復考元和志一四雲州目云：「後魏道武帝又於此建都（平城），東至上谷軍都關，西至河，南至中山隘門塞，北至五原，地方千里，以爲甸服。」甸服標此隘門塞爲南境，其爲南方主道亦可知，其重要性又非飛狐口可比矣。

復考水經注一三㶟水注云：

「祁夷水……又東北逕石門關北，舊道出中山故關也。又東北流，水側有池。按魏土地記曰，代城西南三十里有代王魚池，……祁夷水又東北得飛狐谷，即廣野君所謂杜飛狐之口也。」

是飛狐口西有石門關，爲通中山之道，度其形勢，應與上引滱水注之隘門道相近。檢一統志大同府卷山川目，隘門山在靈邱縣東南，周二十里。下引滱水注與寰宇記，是即唐代靈邱縣東南十五里之隘門也。同卷關隘目，「石門口在靈邱縣東二十里，壁立直上，逕最險隘，舊名隘門口關。宋楊延朗嘗守此。」是亦明取元和志、寰宇記之成文。元和志寰宇記以爲一地是也，蓋山在南，石門關在山之東，亦即隘門關也。上引滱水注云「隘門設隘於峽，以譏行旅」謂此關矣。然則北魏於飛狐、隘門兩關並置，而隘門又有石門之名耳。

復考魏書三太宗明元帝紀，泰常七年，十月壬辰「車駕南巡，出自天門關，踰恆嶺。」實出此路，然此道中恆嶺之北，不見有天門之名。但同書一一二下靈徵志下，太祖天興三年事，見有代郡天門關。按此時代郡，乃在今蔚縣，則此天門關必即隘門之石門關無疑。

復檢一統志宣化府卷關隘目，「隘門關，在蔚州西南四十里石門峪，亦曰石門口，兩山對峙，中通一線，路通山西靈邱縣。明洪武中設巡司。」按元和志靈邱縣東北至蔚州一百三十里，一統志宣化府卷沿革目，同，則此隘門關又名石門者，近蔚縣而遠靈邱，非上文所考中古隘門、石門之故地，蓋形勢相近，而借用舊名耳；否則「四十里」必誤。

飛狐縣之南境，自西迤東之山脈中，中古時代則有三關。漢書地理志，代郡有常山關、五原〔阮〕關。常山即恆山，常山關當在代郡西南，代郡與常山郡接境之恆山（古恆山）山脈中，實即水經注及唐、宋以下之倒馬關。地在古恆岳嶺口之東十里，故漢有常山關之名也。關亦在滱水河谷中，居隘門之下游，在唐代唐縣

（今縣西南三十五里城子里）西北約一百二十里，今唐縣西北一百五十里，淶源縣西南七十里，一云九十里。山路險峻，北臨唐河（滱水）處，夾谷連崖萬丈，「關山險隘，最爲深峭」，馬行其間，喘𠎝爲倒，故名。

代郡常山關始見於漢地志。後漢書列傳七九匈奴傳云，建武十三年，「漸徙幽并邊人於常山關、居庸關已東。」李賢注以前志代郡常山關爲說。漢志補注：「寰宇通志，倒馬關在唐縣西北，漢置，名常山關。」按通典一七八定州望都縣，「倒馬故關在縣西北，極險要。」元和志一八定州唐縣，「倒馬故關在縣西北一百一十三里，以滱水東經倒馬關，山路險峭，馬爲之倒，因名。」寰宇記六二，同。（重見望都縣條。）續云「漢置關戍於此。」但未指爲漢之何關。考漢書高帝紀，十一年詔曰「代地居常山之北。」又水經注一三㶟水注：「梅福上事曰，代谷者，恆山在其南，北塞在其北。谷中之地，上谷在東，代郡在西。」代郡置關而名常山，必在郡之南境無疑。檢漢地志，常山上曲陽縣，「恆山北谷在西北。」又史記趙世家正義引地道記，「恆山在上曲陽縣西北百四十里。」元和志一八定州恆陽縣，「恆山在縣北百四十里……是爲北嶽，漢以避文帝諱，改曰常山。」即今大茂山。是常山主峯在常山郡境，餘脈東北行爲代郡與常山郡之境界耳。而廣昌縣即今淶源縣，漢志屬代郡，則常山關且當在廣昌縣之南境。考水經注一一滱水注，經云「東南過廣昌縣（唐飛狐，今淶源）南。」注云：「滱水東逕嘉牙川。有一水南來注之。水出恆山北麓……逕嘉牙亭東，而北流注于滱水。水之北山行即廣昌縣界。滱水又東逕倒馬關。」則倒馬關之名亦極早，地在廣昌縣（唐飛狐）之南恆山（古恆山）即常山山脈中。與漢代郡之常山關，南　地望相當。注家以北朝已見史之倒馬關當漢代之常山關，殆甚確。且代郡隔常山南鄰爲常山郡與中山國，常山郡居西，中山國居東，楊氏漢書地理志圖，郡與國之北境略以滱水（即唐河）爲界，關名常山，以晋以後之關度之，誠非倒馬關莫屬矣。一統志易州卷關隘目，倒馬關西十里爲岳嶺口。保定府卷關隘目，岳嶺口即古恆山口也。此亦一證。

滱水注：「滱水又東逕倒馬關」下描述其形勢云：

「關山險隘，最爲深峭，勢均詩人高岡之病良馬，傳險之困行軒，故關受其名焉。關水出西南長溪下，東北歷關注滱。滱水南，山上起御坐於松園，建祇洹于東圃，東北二面岫嶂高深，霞峯隱日，水望澄明，淵無潛甲，行李所經，鮮不徘徊忘返矣。」

此爲倒馬關最早最細之寫照。元和志約述之耳。光緒四年刋唐縣志卷一關隘，引王恪倒馬關詩云：「關南巳突兀，關北尤緯怪，連崖萬丈夾，一道唐河界，……地險固金湯，結構雲端寨，上丁歷級登，前騶氣喘憊……」亦可增加吾人對此關形勢之認識。

倒馬關今日南北所至之里距。據一統志保定府卷關隘目，東南至唐縣一百五十里。按唐代之唐縣在今縣西三十餘里，與元和志、寰宇記所記亦相合。同書易州卷關隘目，在廣昌縣南七十里。而光緒廣昌志作九十里，天下郡國利病書一一直保鎭疆域條亦作九十里。

漢志，代郡之五原關，「原」爲「阮」之音譌，當亦在郡之南境塞上，常山關之東。東漢仍見史。

漢志，代郡有常山關、五原關。考漢書成帝紀陽朔二年「秋，關東大水，流民欲入函谷、天井、壺口，五阮關者，勿苛留。」顏注：「應劭曰：……五阮在代郡。如淳曰阮音近捲反。師古曰：阮音其遠反。」後漢書列傳八〇烏桓傳「光武初，烏桓與匈奴連兵爲寇，代郡以東，尤被其害。居止近塞，……其在上谷塞外白山者，最爲强富。建武二十一年，遣伏波將軍馬援將三千騎出五阮關掩擊之。」李賢注，「關在代郡。」又說文一四下，「阮，代郡五阮關也，從𨸏，元聲。」則字當作阮，漢志譌作原。（參漢志補注。）觀成帝紀、烏桓傳，知關當在代郡南境塞上。據烏桓傳，又當在代郡東南境，與上谷爲近，則當在常山關之東也。

前代學人或以爲五阮關即酈注之子莊關、金元以後之紫荆關。按紫荆之名，唐及北宋已見，所謂紫荆嶺口也，且爲驛道所經。其地爲淶水即拒馬河水所逕，關在嶺上，水之南岸，在今易縣西八十里，淶源縣東一百里。酈注之子莊關地望與此極相當，誠有一關古今名之可能，至少極相近，且疑紫荆即爲子莊一音之譌變。至於漢代之五阮關即後世之紫荆關之說，無任何直接或間接史料證據可尋，反不若視爲北魏隋唐以下之五迴道之較近事理也。

五阮關，漢末以下無考。紀要一〇直隸重險條云：

「紫荆關在保定府易州西八十里，山西廣昌縣（今淶源）東北百里，路通宣府、大同，山谷崎嶇，易於控扼，自昔爲戍守處，即太行蒲陰陘也。……或曰即古之五原關（本注，原一作阮。）……水經注謂之子莊關。宋人謂之金坡關。志云，以山多紫荆樹，因改今名。」

按一統志易州卷關隘目亦云在易州西八十里，西去廣昌縣一百里，餘亦略同；惟不云五原關。同卷山川目，紫荆嶺「在州西八十里，嶺上即紫荆關。」是關嶺同在一處。

關於紫荆之名，前引紀要云宋人謂之金坡關。一統志云金元以來，皆名紫荆。考武經總要一六下北番地理，南京關口目，「紫荆嶺口，幽州西南二百里，嶺口之南屬易州，北即山後蔚州界。」又云易州「西北至紫荆嶺一百里。」此明即後世之紫荆關所在，則其名可溯至北宋也。復考唐會要八六道路目，太和二年，定明奏請移驛道於易明西紫荆嶺路修治，（引洋第三節）則更可上溯至唐代，且爲驛道所經也。

關於紫荆關與子莊關之關係，水經注一一易水注云：

「易水出西山寬中谷，東逕五大夫城南，……又東，左與子莊溪水合，水北出子莊關南，流逕五公城西，……東南入於易水。」

據此，子莊關即在易水上源之北不太遠。一統志易州卷山川目子莊溪水條引易水注此條。又引舊志云，「有水自紫荊關南流入白澗，即此。」又紀要一二易州子莊溪條，「即紫荊關水，自紫荊關流逕州南，舊志謂之子莊溪。」是子莊溪即發源於紫荊關南。參以楊氏水經注圖及今日諸圖，酈注之子莊關誠當與今紫荊關極相近，且子莊、紫荊之音亦可能有相當關係，疑爲一關，殆甚是。復檢一統志易州卷山川目淶水條引廣昌縣志云：

「拒馬河在縣南半里，源出七山下，少東與淶水合流。淶水在縣東一里，源出北崖古塔，下通拒馬河，經紫荊關，流入淶水縣界。」

今檢光緒廣昌縣志卷一，與此相同。是紫荊關爲淶水即拒馬河所逕。蓋關雖當淶水而設，而檢今圖，水道由此北北東行，而關通易州之路則向東南行，向南弓出爲一弧形，（申報館圖舊道及今汽車道皆如此。）此正下接關南易水北源之子莊溪水，故中古時代關名與關南之子莊溪水相同，而不與淶水拒馬相同，此固非不可能者。至於漢之五阮關，或指爲今之紫荊關。按五阮關，在常山關之東，固無大問題，亦有即紫荊關之可能，但毫無史料線索可尋，故難言之，一統志作者不引或者之說，是也。

五迴道者，始見於酈注，爲飛狐縣（即廣昌縣）南通定州之要道也。嶺在今滿城縣西北九十里，易縣西南一百二十里，淶源縣東南三十里有凝靜庵口（浮圖峪口稍南），嶺在其東南。嶺高四十餘里，二十餘里中委折五迴，方達上嶺，故名。道出其東南，循徐水源頭隨水流轉，委曲回環，「巖嶂深高，壁立霞峙」，殊爲險峻。北魏太武帝太延元年，東巡中山、鄴城，取此道回平城，射矢踰山，立御射碑三銘於此。唐武后世，突厥默啜由飛狐恆嶺道入寇，虜趙定男女，由五回道北歸，故當時有斷塞岳嶺、五迴等路之議。

水經注一三灅水注，引魏土地記曰：

「代南二百里有廣昌城，南通大嶺。」

同書一一滱水注述滱水之一東源徐水云：

「博水又東北，徐水注之。水西出廣昌縣東南大嶺下，世謂之廣昌嶺，嶺高四十餘里，二十餘里中委折五迴，方得達其上嶺，故嶺有五迴之名。下望層山，盛若蟻蛭，實兼孤山之稱，亦峻竦也。」

此見五迴嶺之形勢。魏土地記所謂「南通大嶺」即此嶺也。元和志一八易州滿城縣，「五迴嶺在縣西北五十里，高四十許里。」寰宇記六七易州滿城縣目，作九十里。按元和志，易州五迴縣東至州七十里，開元二十三年刺史盧暉奏置。「在五迴山東麓，因名之。二十四年刺史田琬以其險隘，東遷於五公城，在今易縣西五十里。」度此形勢，山距滿城必不止五十里，寰宇記云九十里較可信。復檢一統志易州卷山川目五迴山條，引舊志「在州西南一百二十里，亦曰五迴嶺。」又關隘目「凝靜庵口。在廣昌縣東南三十里，北接浮圖峪，路通州界五迴嶺。」「浮圖峪口在廣昌縣之東三十里，路通紫荊關。」則嶺在凝靜庵口東南不太遠，北去浮圖峪亦不太遠。紫荊關在易州西八十里，廣昌縣東一百里。則嶺又當在紫荊之西四五十里之譜。則其方位至明。

滱水注下文又述徐水源頭形勢及太武帝東巡事云：

「徐水三源奇發，齊瀉一澗，東流北轉，逕東山下，水西有御射碑。徐水又北流西屈，逕南崖下，水陰又有一碑。徐水又隨山南轉，逕東崖下，水際又有一碑。凡此三銘，皆翼對層巒，巖嶂深高，壁立霞峙。石文云，皇帝以太延元年十二月車駕東巡，逕五迴之險邃，覽層岸之竦峙，仍停駕路側，援弓而射之，飛矢踰于巖山，刊石用讚功，夾碑竝有層臺二所，即御射處也。徐水又屈逕郎山……。」（此注尙有逸文，見寰宇記六七易州滿城縣條。）

按魏書四世祖紀，太延元年十月甲辰，行幸定州，十一月至冀州及鄴城，明年正月還宮。酈注此段所記即此次事。云十二月者，是由定州北歸取五迴道也。足見爲一南通定州之一要道。

唐武后時默啜入寇定州，取五迴道北歸，詳後文。

前論漢常山關約當後世之倒馬關，以其當常山之北口，故名常山關。五阮關既在常山關之東，五迴嶺亦在常山關之東，「五」既相同，「阮」「迴」音義似亦相近，故亦疑五阮關乃當五迴嶺而建置，故有五阮之名也。

前文引成帝紀、烏桓傳，知五阮關當在代郡東南境塞上，地在常山關之東。論其形勢，正當在五迴嶺至紫荊關地段。按「阮」從「元」，「元」有回環之意，音亦相近，故疑即五迴道，既當常山口置常山關，則當五迴口置五阮關，於理亦長，疑非紫荊關也。

至於紫荊關雖非漢關，但子莊亦中古之關，明淸志書稱此關「崖壁峭矗，狀如列屏，爲易州之巨防。」蓋自中古亦已爲一較重要之險隘關口也。

此語見紀要一〇直隸重險紫荊關條。又云「山谷崎嶇，易於控扼。」一統志易州卷關隘目引舊志略同，云「爲京師西偏重地。」又同卷山川目，紫荊嶺「峯巒環列……眞天設之險。」並見此處峯巒屏列，陡峭如壁立之狀。

是則中古時代，恆山（兼古今兩山言）以東，小五台山以西之廣昌、飛狐縣地段，四山環繞。向北有兩道通過北山山脈：東取飛狐口，北通代城，唐曰蔚州。西取滱水河谷，曰隘門，或曰天門、石門，西北通平城，唐曰雲州。北魏於兩地分別置飛狐關與石門關，石門關亦曰天門關。向南則有三道，通過南山山脈：西取隘門下游之滱水河谷，經恆岳（古名）東緣，漢置常山關，北魏以下曰倒馬關，南通定州。東取淶水即拒馬水河谷，度入易水北源子莊溪水河谷，北魏有子莊關，即後世之紫荊關，東通易州。中間取五迴嶺路，亦南通定州，蓋即漢置五阮關處。晉末郭緣生述征記稱太行八陘，其第六飛狐陘，一名望都關，即常山關、倒馬關道；第七蒲陰陘即五迴嶺道，蓋即漢五阮關道，前人以為即紫荊關道，非也。

元和志一六懷州河內縣太行陘條云：

「連山中斷曰陘。述征記曰：太行山首始于河內。自河內北至幽州，凡有八陘。……第五井陘，第六飛狐陘，一名望都關，第七蒲陰陘，此三陘在中山。」

按述征記當即郭緣生所撰者。姚振宗云：「據所存諸佚文，似緣生從宋武北征慕容超，西征姚泓時所記，並在晉義熙中也。」（隋書經籍志考證卷二十一）故八陘之說不能遲於晉世。

紀要一一直隸重險條，紫荊關即太行蒲陰陘也。

一統志易州卷關隘目，亦云紫荊關即太行八陘之蒲陰陘，於望都陘無說。按漢地志，中山國領縣有望都、曲逆兩縣。東漢更曲逆名為蒲陰。晉書地理志，望都、蒲陰兩縣仍皆屬中山國。則此兩陘即以所在之縣境或南達之縣而命名也。據一統志保定府卷古蹟目，望都故城在今縣西北三十里，地近今唐縣。蒲陰故城，據紀要一二完縣曲逆城條，在今完縣東南二十里。則此太行兩陘係南北行之兩陘道也。檢視地圖，由今望都西北之唐縣北行，正值倒馬關，由完縣北行，正值五迴嶺。則望都陘當即倒馬關道，漢之常山關道；蒲陰陘當即五迴嶺道，漢之五阮關道也。通典一七八定州目，倒馬關繫於望都縣，即此意矣。且晉書一四地理志冀州常山郡，「上曲陽，恆山在縣西北有坂號飛狐口，。」直以飛狐爲恆山之一坂，正與述征記以飛狐陘即望都關說合，即指飛狐口西南經恆岳嶺口之常山關、倒馬關南入中山之道也。其東之南北通道即五迴嶺道。至於紫荊關乃廣昌、飛狐縣東通易州之路，易州及關皆在易水之北，不但晉世非中山國境，即漢世亦非中山國境，故一統志指爲蒲陰陘者，必非事實。

由此言之，廣昌、飛狐、淶源古今異名同地之山谷小平原地區，爲古代南北交通之樞紐，由此向北向南皆有兩道，另有向東一道，（紫荊關道）。五道之口皆爲極險峻之隘口或崇嶺，分別置關。西北出隘門，一曰天門，石門，北魏置石門關，一曰天門關，西北通平城，北出飛狐口，北魏置飛狐關，通古代城，即唐之蔚州。南出望都陘，漢置常山關，即北魏以下之倒馬關；東南出五迴嶺，漢置五阮關；皆南通古中山地，即魏唐之定州。東取淶水上源河谷折入易水北源，魏置子莊關，即唐宋以後之紫荊嶺關，東通易州。此五關口中，飛狐口近在先秦相當强盛之代國都城之南郊，爲南通塞內中山、燕、趙之要道，故飛狐之名最先著。漢代守在北塞之南麓，故因廣昌平原南緣山河隘口置常山、五阮兩關，晉因之曰兩陘。北魏前期都平城，守在塞北，故分別置石門、飛狐兩關。是以自魏以前，凡由飛狐口南下諸道皆可謂飛狐道，蓋以常山關、倒馬關道爲主；及隋唐改廣昌縣曰飛狐縣，則其南北東五關之道，皆可謂之飛狐道矣。

前考飛狐口道，其廣昌以南取何道不可知，要當在飛狐道一名之範圍內。前引晉書地理志上，以爲飛狐口即恆山坂；述征記謂飛狐陘，一曰望都陘；此明指倒馬關道爲飛狐道。蓋此道經恆山，或近恆山，固應爲北出飛狐口之最早知名之要道也。劉琨由代取飛狐口奔安次，疑取五迴道或子莊道，是廣昌向東南之道也。皆爲飛狐道。唐改廣昌縣名飛狐縣，凡此地段之通道皆可稱爲飛狐道，固不待言。復考夢溪筆談二四云：

「北岳恆山，今謂之大茂山者是也。半屬契丹，以大茂山分脊爲界。岳祠舊在山下，……今祠乃在曲陽……有李克用題名云……因師自飛狐路即〔却〕歸雁門。（按今存碑作太原。）今飛狐路在大茂之西，自銀冶寨北出倒馬關，度虜界，却自石門子冷水鋪，入缾形梅回兩寨之間，至代州。今此路已不通。」

此爲古人述飛狐道最詳之一段記載，故通鑑胡注三度徵引。（卷二二九建中元年，卷二四二長慶元年，卷二六二天復元年。）按李克用取飛狐路至河東，必只經飛狐縣不經飛狐口，沈括所述飛狐道即取倒馬關，隘門（一名石門），靈邱，西經缾形寨至代州也。缾形寨即今平型關。此即代州通蔚州道，已詳太原北塞交通圖考第三節代州東北通蔚嬀幽州道。此亦只經飛狐縣地段，不經飛狐口也。

至宋世，五台縣東南至鎮州三百五十里之行程，蓋取滹沱河谷者，亦有飛狐路之名，則非所當矣。通鑑二八〇後晉天福元年，呂琦謂沂州刺史丁審琦曰，「不若早帥兵民自五台奔鎮州。」胡注：「自五台縣東南至鎮州三百六十里，即取飛狐路也。」按本文附考二五台山進香道考，鎮州西北經今阜平至南台，又西南至五台縣，約四百五十里以上；此云五台縣東南至鎮州三百六十里者，必較逕捷，當取滹沱河谷道直至鎮州，此去飛狐地段已遠。

## 二　飛狐地區四出諸道之行程

恆山（兼古今言）以東、小五台山以西之飛狐縣（漢廣昌、今淶源）地區，中古時代四出交通諸關陘已考論如上，茲再考此諸關陘南北通達之行程。

### （1）飛狐口北出與倒馬關南出諸道

元和志云，蔚州「東南至定州，取轆轤山路四百九十里。」一「南（本譌作東）至恆州，取秦〔恆〕嶺路四百九十里。」轆轤山即古恆山南麓之一山，故實爲一道，至定州實約四百二十里之譜，不能如到恆州之里程也。此道由倒馬關向西，經北嶽恆山之南，可謂西道，蓋亦漢晉之主道。而由關直南取兩嶺路，直趨唐縣（今縣西南三十五里）至定州，爲另一道，蓋不踰四百里，可謂中道。至於晉之鴻上關道，則東道也。

元和志此條，見卷一四蔚州八到條。按同書一八定州目，「西北至蔚州四百七十里。」寰宇記五一蔚州目，與元和志同，惟「東至」作「南至」是也，東字顯譌。兩書「秦嶺」亦「恆嶺」之音譌。寰宇記，定州及鎮州兩目，亦皆作四百九十里。復檢通典一七八，鎮州、定州北至蔚州亦皆四百九十里；但同書一七九蔚州南至鎮州四百里，東南到定州四百九十里。又九域志二，眞定府（鎮州）北到蔚州四百九十里。」定州「西北至蔚州三百八十里。」是不同。按秦嶺即恆嶺之音譌，實即古恆山地區，而轆轤山亦在恆山南區，詳下文。故此兩道實即一道，恆州在定州之西南一百二十里，由蔚州南行同一道路，斷無皆爲四百九十里之理。按唐世蔚定間官道取倒馬關者，必經飛狐縣。元和志蔚州目，飛狐縣西（當作西北）至州一百五十里。寰宇記作一百里。檢一統志宣化府卷，蔚州東南至廣昌縣治（即唐之飛狐）一百三十里，則寰宇記脫「五十」兩字。又檢一統志易州卷關隘目，倒馬關在廣昌縣南七十里。而光緒廣昌縣志一疆域說，南至倒馬關九十里，天下郡國利病書一一直隸直保鎮疆域條亦作九十里。則蔚州南經飛狐縣至倒馬關約二百二三十里之譜。又據下文所考，自倒馬關西經轆轤山，折南經和家砦，恆陽縣（曲陽），至定州約近二百里，則自蔚州經倒馬關，恆嶽嶺，至定州全程約四百二十里之譜，知九域志與通　一七九蔚州目似較正，餘皆涉蔚州至恆州之里程而譌也。然續郡國志二中山國上曲陽縣，「恆山在西北。」注引晉地道記，「自縣北行四百二十里，恆多山坂，名飛狐口。」按自曲陽（即恆陽）東南到定州六十里，則正有四百九十里之數，或者唐以前之計程本爲四百九十里，唐宋志書只承襲前代志書之舊文耳。且據晉地記此文、倒馬關西取恆嶽嶺，轆轤山路殆爲漢晉之古道，恆山爲北嶽，固宜早取此道也。

又元和志一八定州，唐縣東南至州五十里，倒馬關在縣西北一百一十三里。寰宇記六二定州目同；惟「二十三」作「二十」。檢一統志保定府卷關隘目引元和志亦作「二十」，今從之。則由關南經唐縣至定州不踰一百七十里。加關北至蔚州之里程，約共四百里之譜。此路經兩嶺與軍城砦，詳下文。此道在轆轤山道之東，然更東又有鴻上關道，故此道可謂中道也。

其行程之可知者，由飛狐縣向北微西行二三十里，入飛狐陘（今黑石嶺），陘道八九十里，出北口飛狐故關（今北口峪），又四十里至蔚州治所與唐縣（今蔚縣）。飛狐陘爲天下巨險，前已述論。

此段行程與飛狐口形勢，前文考證已詳。

蔚州東北行一百里至孔嶺關，又一百五十里至嬀州治所懷戎縣（舊懷來）。蔚州西北至雲州治所雲中縣（今大同）亦爲一道，雖唐世里距不詳，但漢世早通行，光武且詔加工修治，凡三百餘里，唐世當能通行。韋鎰有望湖驛詩，可能在此道上。至今飛狐口仍爲東走宣化，西走大同，商賈畢集之地也。

通嬀州道，見元和志、寰宇記，已引詳代州東北通蔚嬀道。通典一七九蔚州飛狐縣，「飛狐口在縣北，漢之飛狐道通嬀川郡（嬀州）懷戎縣。元和志一四蔚州飛狐縣，略同。更見飛狐北出，以通嬀州爲主。

蔚雲間通道，唐宋志書皆不記。然後漢書二〇王霸傳，拜上谷太守，與匈奴左南將軍連戰於平城下。建武十三年，「詔霸將弛刑徒六千餘人，與杜茂治飛狐道，堆土布石，築起亭障，自代至平城三百餘里。」按代即唐之蔚州，此當由代南之飛狐道起，西北至平城三百餘里也。

韋鎰有經望湖驛詩，云：「大漠無屯雲，孤峯出亂柳，前驅白登道，顧失飛狐口，遙憶代王城，俯臨恆山後。」（全唐詩一一函七册），當在飛狐以北道中作。觀「前驅」「顧失」一聯，以在蔚雲間道中之可能性爲大。

一統志易州卷關隘目，飛狐口條引舊志云：「山北諸州之襟喉也。今地東走宣化，西趨大同，商賈畢集於此。紫荊、倒馬兩關，恃飛狐爲外險。」按此種形勢自漢已然，唐當亦如之。

自飛狐縣向南微西七十里一云九十里至倒馬關（今關），即漢之常山關，晉之望都關，東北臨滱水，西南拒恆嶽口，形勢險峻，故有倒馬之名。已詳前文。

自關以南 有西取轆轤山 中取南北嶺，東取鴻上關，凡三道。西道取轆轤山者，即恆嶺道也。由倒馬關西行十里至嶽嶺口，即恆山口也。又西行經恆山（古地望）之南轆轤山，再向南至恆陽縣（今曲陽）。「高宗調露中，用兵突厥，恆州長史披山刋木構橋梁，以通運路，路由北嶽。」蓋謂此道也。宋代於山南至恆陽間置和家砦，在軍城砦（今鎭）西南七十里，北砦（今阜平縣）東北五十五里，恆陽縣西北九十里。中古時代，於恆陽縣祠北岳，唐世恆嶽觀在縣南百餘步，恆嶽下廟在縣西四十步，今廟中尚存唐碑五，李克用中和五年題名碑尤資考證。由縣又東南六十里至定州（今定縣）。全程約近二百里，此殆爲廣昌、飛狐以南可考見之最早古道。胡三省云：「自廣昌東南山南出倒馬關，至中山上曲陽縣，關山險隘，實爲深峭，石磴逶迤，沿涂九曲。」即此道也。其北段狹處纔十步或僅通單騎，故至艱險。

轆轤山見武經總要。其前集一六上定州目云：

「安上口鋪，北至界首嶺路約五十里，……東至古道口鋪約十里，南至和家口鋪約八里，西北至轆轤谷約三十里。鋪北山路，惟通單騎。」

「和家口鋪，北至界首嶽嶺路約八十里，……東北至古道口鋪約二十五里，南至和家砦約七里，北至安王口鋪約八里。」

「板谷口鋪，西北至界首破胡嶺約六十里，……東至和家砦約十里，南至五柳口鋪二十里，西南至北砦約六十里，北至安王口鋪二十里，……今移在輅轤谷。」

「五柳口鋪，西北至界首破胡嶺約九十里，……東南至曲陽縣約一百一十里，南至沙河五里，……北至板谷口鋪二十里，西北約五十里至輅轤谷口。」

按此接連四條，三見輅轤谷，必與轆轤山有關且相近。此谷似爲一東西橫列之谷，五柳口鋪條之輅轤谷口似爲西口，約在北砦（今阜平）東北五六十里至六七十里，迤東似去板谷口不遠，而安王口鋪條所見輅轤谷，蓋此谷之較東地段。再檢此四條之前嶽嶺口鋪與古道口鋪兩條，安王口鋪東至古道口鋪十里或十五里，又東三里至嶽嶺口鋪。據一統志易州卷關隘目，嶽嶺口在倒馬關之西十里。則輅轤谷較東地段，當在倒馬關之西或西北不下三十里地區。

又綜此四條，可就方位里程節要如下：

安王口鋪：北至嶽嶺路五十里；西北至輅轤谷約三十里；東至古道口鋪十里或十五里，又東三里至嶽嶺口鋪；南至和家口鋪八里，又南七里至和家砦。而和家口鋪東北至古道口鋪二十五里。

又檢同書同卷和家砦條云：

「北至界首嶽嶺路約八十里，……東北至軍城砦七十里，……東北至嶽嶺口鋪約三十五里，東北至古道口鋪約三十里，直東至龍泉鎮約六十里，東南至曲陽縣約九十里，曲陽縣至定州約六十里。北至和家口鋪約七里，直北落西至安王口鋪約一十五里，……西南至北砦約五十五里。至安王口鋪山路闊處約一百步，狹處約一十步，安王口鋪以北至界首約五十里，山路惟通單騎。」

按前引一統志，嶽嶺口在倒馬關之西十里。又一統志保定府卷關隘目，「岳嶺口在唐縣西北一百二十里，古恆山口也。」合而觀之，宋世此道由關西行十里至嶽嶺口鋪，又三里至古道口鋪，又十五里至安王口鋪，蓋轆轤山之南，故有谷在鋪之西北三十里也。安王口南十五里至和家砦，在軍城砦西南七十里，北砦東北五十五里。由和家砦東南行九十里至曲陽縣，又六十里至定州，由關至定州，合計一百九十三里，大數約二百里。唐道經轆轤山，又此有古道口之名，蓋亦承唐前舊道耳。曲陽縣，唐曰恆陽，以在恆山之陽也。元和志一八定州，恆陽縣，東至州六十里，「恆山在縣北百四十里，……是爲北嶽。」據此里距，此道仍經恆嶽之南，轆轤山蓋南麓近處之一山名耳。

唐恆嶽嶺路銘，見古錄目五，寶刻叢編六，寶刻類編八。集古錄目跋云：見綱文所引，續云「故以嶽嶺爲名。碑以調露二年二月立。」所增修者當即此道中也。按通鑑二〇二調露元年十月，單于大都護府突厥反，寇定州，必此時所修者也。

恆嶽觀，恆嶽下廟，皆見元和志定州恆陽縣目。一統志定州卷祠廟目，北嶽廟條，引舊志，北嶽廟在縣西附城，距恆山百餘里，廟中有唐碑五。李克用題名碑見金石萃編一一七，引詳第三節末段。

前引史記趙世家，簡子作寶符，藏於常山，曰「從常山上臨代，代可取也。」是春秋末已見有道從恆山北通代國。世家又云，武靈王二十一年，「攻中山，……合軍曲陽，攻取丹丘、華陽、鴟之塞。」正義：「括地志云，上曲陽故城在定州曲陽縣西五里。按合軍曲陽即上曲陽也，以在常山郡也。」所釋是也。又釋丹丘云「蓋邢州丹丘縣也。」則非其地。考證云今曲陽縣。檢一統志定州卷古蹟目，丹邱城，「在曲陽縣西北。十三州志云，上曲陽有丹邱城。或曰丹邱，恆山別名也，城在山上，因名。」又正義釋華陽，引括地志云：北岳有五別名，其三曰華陽臺。則此三地，大抵皆在曲陽及其以北地區，即循曲陽北向恆山之道，亦略相當於唐代轆轤山道也。

胡三省語，見通鑑一五二梁大通二年注。北段狹處見武經總要，已引見前文。

中道取南北嶺者，由關直南微東行一百里至八渡故關。在恆水、滱水會口之南（今唐縣西六十里橫河口之南），相近又有馬溺故關。又二十里至唐縣，西臨滱水。（今唐縣西南三十五里城子里）。

元和志一八定州唐縣，倒馬故關在縣西北一百一十三里，寰宇記作一百二十里，定作「二十」，詳前文。一統志保定府卷關隘目，倒馬關在唐縣西北一百五十里。而不詳唐代之唐縣故城所在。檢光緒唐縣志卷一古蹟目錄張惇德唐縣故城考，以爲唐縣故城有三，漢置唐縣在今縣東北二十五里故城村，或訛爲固城。隋置唐縣在今縣西三十里雹水村，即戰國左人城。唐聖歷元年移治，故城在今縣西南三十五里城子村，俗名城子里。按元和志，唐縣，「滱水一名唐水，西去縣一百五十步。」「孤山，蓋都山也，縣東北五十四里。」檢一統志保定府卷山川目，望都山即元和志之孤山、都山。引舊志，在今縣東北十八里。又唐水即滱水，引舊志，逕縣西南二十里。再參以今縣去關一百五十里之數，則唐代唐縣故治誠當在今縣西約三十里之譜，張氏之說宜頗可信。

八渡關、馬溺關。元和志定州唐縣，「八度故關（在）縣西北二十里。」寰宇記六二定州唐縣「八度故關在縣西北二十里，有水屈曲八度，流水之上置關，因名。蓋漢戍也。」按水經注一一滱水注云：

「滱水又東，恆水從西來注之，自下滱水兼納恆川之通稱焉。……滱水又東，右苞馬溺水。水出上曲陽城東北馬溺山，東北流逕伏亭。晉書地道記曰，望都縣有馬溺關。中山記曰：八渡、馬溺是山曲要害之地，二關勢接，疑斯城即是關尉所治，異目之來，非所詳矣。」

是則八度故關相近又有馬溺故關，酈注疑即伏亭所在地。其地在滱水之西，當恆水入滱水會口之下游，則其地可指矣。光緒唐縣志關隘目引康熙志，以為即今唐縣西六十里之橫河口十八渡，檢光緒志疆域圖說，橫河口當恆水，而十八渡在水北，與酈注不合，實當在橫河口之南也。

又東南五十里至定州治所安熹縣（今定縣）。自關至州全程約一百七十里。

此見元和志及寰宇記六二定州目。

今唐縣西北至倒馬關之路有三：由縣北微西行，經城子嶺，行滱水之東，經北鴻城，周家堡，西至關，此東路也。由縣西北，楊莊嶺，西渡滱水，經十八盤，葛洪山之東，西北至關，此中路也。由縣西橫河口北行，經十八渡，赤岳，軍城鎮，下葦子，上葦子，南嶺子，北嶺子，至關，軍城在關南六十里，此西路也。清代志書云，三道皆崎嶇，不可以車。

按此見光緒唐縣志，疆域圖說。

南北朝通使，道出南北兩嶺間，是今之西路，唐代當取此路，即此所考之中道也，疑亦北魏道武帝天興元年「治直道自望都鐵關鑿恆嶺至代五百里」者。宋世，此路之南嶺闊九步，北嶺闊十五步，僅通單騎，近代已通汽車。

水經注一一滱水注云：

「滱水自倒馬關南流，與大嶺水合。……滱水又屈而東合兩嶺溪水。水出恆山北阜，東北流，歷兩嶺間。北嶺雖層陵雲舉，猶不若南巒峭秀。自水南步遠峯，石磴逶迤，沿途九曲，歷睇諸山，咸為劣矣，抑亦羊腸邛崍之類者也。

齊宋通和，路出其間。其水東北流注於滱水。」

則南北朝通使，取南北兩嶺路，即今之西路也。復檢一統志保定府卷關隘目，軍城鎮，「在唐縣西北九十里，（本倒爲十九里），南去曲陽縣八十里，北至倒馬關六十里。宋楊延昭於此築城屯軍。金時置鎮。明洪武初置馬驛於此。」

考武經總要前集一六上，有軍城砦，上葦子鋪，下葦子鋪，上葦子鋪西北至南嶺子一十五里。雖總要所述邊疆砦堡之方位里距往往自相牴牾，甚且矛盾，此卷所述尤多此類情形，甚難董理；然參之光緒志，可知此一砦兩鋪爲一通道，及其南北次第，與光緒志合。是宋亦取今西道也。檢今日諸圖，軍城鎮在恆水上游之北岸，略居倒馬關與恆水滱水會口之間，則此道蓋取恆岳東緣耳。南北朝行此道，蓋即晉之望都關道，北魏道武帝治直道鑿嶺。見第三節引帝紀，蓋就此道加工耳。宋代亦行此道，唐代之唐縣在軍城直南，當亦行此道無疑。據武經總要一六上之下葦子鋪、上葦子鋪兩條，北行山道，惟通單騎，又兩嶺口鋪條，南嶺闊九步，北嶺闊一十五步。

東道取鴻上關者，晉之鴻上關，蓋即先秦鴻之塞，約在北緯三九度，滱水之濱，蓋行今之東道，亦中古倒馬關以南之東道也。其南又有委粟故關，疑亦在今東道歟？

前引滱水注，兩嶺溪水注于滱水，下文續云：

「（滱水）又東，左合懸水。……滱水，又東流歷鴻山，世謂是處爲鴻頭，疑即晉書地道記所謂鴻上關也。關都尉治北平，而畫塞於望都東北，去北平不遠，兼縣土所極也。滱水于是左納鴻上水。……滱水又東逕左人城南。應劭曰，左人城在唐縣西北四十里。縣有雹水，亦或謂之爲唐水也。水出中山城之西如北。城內有小山，在城西側而銳上，若委粟焉。疑即地道記所云望都縣有委粟關也。……今此城于盧奴城（今定縣）北如西六十里。城之西北泉源所導……西流歷古人亭注滱水。……滱水又東，恆水從西來注之。」

據此，兩嶺溪水入滱水會口之東，左有懸水口，再東歷鴻山，有鴻上水自左來會，酈氏疑即晉世鴻上關所在，當可信。一統志保定府卷古蹟目，鴻城即酈注所引晉書地道記之鴻上關。舊志，今有鴻城社在縣西北七十里。光緒唐縣志作縣北七十五里，在滱水東南流折而西南流之轉折處之東岸。考寰宇記六二定州唐縣，「鴻山關，今名鴻城。」下引酈注。又引九州要記曰，「中山有鴻山關者，昔項羽」云云，又曰：「鴻城俗呼為鴻郎城。」惜皆不云方位。據酈注，關在左人城西北，左人城則在漢之唐縣西北四十里，漢之唐縣在今唐縣東北二十五里。則關在今唐縣北或微西之滱水河谷，去今唐縣約六十里上下。復考史記趙世家，武靈王二十一年，「攻中山，……趙與（疑為人名）之陘，合軍曲陽，攻取丹丘、華陽、鴟之塞。」集解：「徐廣曰，鴟一作鴻。」正義：「徐廣曰，鴟一作鴻。鴻上故關，今名汝城，（疑汝為鴻之形譌）在定州唐縣東北六十里，本晉鴻上關城也。又有鴻上水，源出唐縣北葛洪山，接北岳恆山，與鴻上塞皆在定州。」則鴻上關塞之名極早。在唐代唐縣東北六十里。以此勘之國防研究院中華民國地圖集山西河北圖及 ONC-G-9，此關塞當約在北緯三九度稍南地區之滱水側近。清代志書，所記約略可信。

此段酈注又提到委粟關，疑在中山城。楊氏水經注圖置於今唐縣。按酈注，中山城在鴻上關以南滱水之東，至少二三里之中山城，城在盧奴城之西北六十里。檢一統志定州卷，定州西北至唐縣正為六十里，唐縣又在滱水之東三十里之譜，地望正合，楊圖是也。

## （2）飛狐縣西北出隘門通平城道

上考由蔚州南入飛狐口，更南入倒馬關通定州之道，蓋先秦兩漢之飛狐主道也。北魏建都平城，東南至山東，則取滱水河谷經靈邱隘門為主，由廣昌鎮入倒馬關。其廣昌以北之行程，則西北西約九十里至靈邱縣（今縣）

道中有隘門之險，一名石門關、天門關，在靈邱東南十五里。由靈邱又西北略循滱水河谷上行八十里至石銘陘嶺，題云冀州北界。地在今恆山之南，靈邱、渾源兩縣之正中間，蓋亦開皇長城之一口也。

一統志易州卷，廣昌縣西至靈邱縣界五十里；大同府卷，靈邱縣東至廣昌縣界四十里。則此兩縣東西距九十里。檢光緒廣昌志疆域說，正作九十里。中古時代當略同。隘門，已詳前考。

元和志一四蔚州靈邱縣，「石銘陘嶺在縣西北八十里。上有石銘，題言冀州北界，故謂之石銘陘。」寰宇記五一，同。按此出水經注一一滱水注。經云：「滱水出代郡靈邱縣高氏山。」注云：「出縣西北高氏山。山海經曰，高氏之山，滱水出焉。……其水東南流。山上有石銘，題言冀州北界，故世謂之石銘陘也。」按寰宇記五一蔚州靈邱縣，「高是山在縣西北七里。」一統志大同府卷山川目翠屏山條引作七十里，是也。則所謂「山上有石銘」者即滱水源頭之高氏山也。一統志大同府卷山川目，滱水在渾源以南，出翠屏山，山在州南七里，秀麗如畫屏，滱水出其東麓，一名高氏山。又恆山在州東南二十里。則在銘陘之地望可確指，據一統志，渾源、靈邱相距一百五十里，則陘在兩縣正中間，翠屏山之東，恆山主峯之南也。

元和志靈邱縣條又云：「開皇長城西自繁峙縣經縣北七十里，東入飛狐縣界。」寰宇記同。以此變之，石銘陘正當長城地帶。

踰陘嶺長城口又西北約七十里至渾源縣，（約今縣）唐末置，又西北約一百二十里至雲州治所雲中縣，即漢魏之平城（今大同）也。

一統志大同府卷沿革目，渾源州，在府東南一百二十里。唐為雲中縣地，後分置渾源縣，屬應州。五代晉初，隨州入遼。」又古蹟目，崞縣故城，漢置，在今渾源縣西二十橫山左側。唐末改置渾源，東徙今治。按遼史地理志五，應州渾源縣，唐置。檢兩唐志皆無之，蓋唐末有此縣也。據一統志，渾源東南至靈邱縣界一百一十里，由界至靈邱縣治四十里，共一百五十里。若唐縣果即今縣治則里距可約知。唐宋志書不記雲州東南至蔚州、易州、定州之里程，一統志，大同府卷云，渾源州在府東南一百二十里，今據此約書之。又按天下郡國利病書一一倒馬關條，北至廣昌縣九十里西至大同府五百里。據上文所考累計，自關經廣昌、靈邱，石銘陘，至渾源共三百三十里，則渾源至府應爲一百七十里，蓋五百里只是約數，或者由廣昌北取飛狐口道，必當有五百里之程。

**北魏太武帝詔張黎發定州民伕通莎泉道。莎泉縣名亦水名，在靈邱之西，水又名茲水，發源高是山西南之枝迴嶺。蓋由靈丘西取莎泉河谷或仍北出石銘陘，或另西北出枝迴嶺，未可定也。**

魏書四世祖太武帝紀，太延二年，「詔廣平公張黎發定州七郡一萬二千人通莎泉道。」又見卷二八張黎傳。按地形志上，北靈邱郡領靈丘、莎泉兩縣。隋書地理志中，雁門郡靈丘縣「後齊省莎泉縣入焉。」考水經滱水注，水出高氏山，東南合溫泉水，又東，莎泉水注之。水導源莎泉南流，水側有莎泉亭，東南入於滱水。滱水又東逕靈邱縣故城南」。則滱水可謂有三源。據楊氏水經注圖，及今溫泉水之名，知溫泉水爲東源，莎泉水乃西源也。莎泉縣當在靈邱之西北，以水受名也。復檢元和志一四，蔚州靈邱縣，「滱水出縣西北高是山。」「茲水出縣西枝迴山，懸河五丈，湍激之聲，響動山谷，樵杌之士咸由此度，巨木淪渚，久乃方出，……土地記云，枝迴嶺與高是山連麓接勢。」寰宇記五一靈邱縣目略同。又云：「山海經云，高是之山，滋水出焉。土地記云，鹵城東三十八里有枝迴嶺，北與高是山，連麓接勢，通爲高是山。」一統志大同府卷山川目，滋水在靈邱縣西南二十里，一名莎泉水。謂在縣西南二十里處，注入滱水也。今檢 ONC G-9 圖，此三源甚顯，所謂通莎泉道者，可能由靈邱西取莎泉河谷，仍北出石銘陘道，亦可能直循莎泉水河谷，北出枝迴嶺，未能斷定也。

又由靈邱西行約八十里至宋之瓶形砦，向西至代州，此亦飛狐道之一也。

第一節引夢溪筆談二四，「北岳恆山，今謂之大茂山，……今飛狐路在大茂之西，自銀冶寨北出倒馬關，度虜界，却自石門子，冷水鋪，入缾形、梅回兩寨之間至代州。今此路已不通。」按缾形砦即今平型關，梅回砦當與枝回山有關。缾形寨在靈邱西約八十里，西通代州，詳太原北塞交通圖考第三節代州東北通蔚嬀幽州道。

## （3）飛狐縣東南五迴嶺道——蒲陰陘道

由飛狐縣東南行三十里至今凝靜庵口。此口北近浮圖峪口，東南近五迴嶺。由嶺循徐水源頭（今甾溪）東南行約九十里至滿城縣（今縣近處），蒲陰故城在縣南三十里之譜。此即古蒲陰陘道也。武經總要云，北平軍出飛狐口入蔚州界，當即此道。今圖有一舊道，由浮圖峪東南行，經王安鎮之南，黃土嶺之北，至桑岡，又東南經管頭，北臺魚鎮，至滿城，蓋即此古道之後身耳。

水經注一一滱水注，滱水東北逕博陵縣故城（今蠡縣南）南，又東北逕侯世縣故城（今蠡縣東北）南，又東北，左會博水。博水於注入滱水之前，即注口之上流不遠處，與徐水會合。酈氏述徐水云：

「（徐）水西出廣昌縣東南大嶺下，世謂之廣昌嶺，……嶺有五迴之名。……徐水三源奇發，齊瀉一澗。……」

下述太武帝太延元年車駕東巡，逕五迴嶺，沿途立三御射碑事。已詳前考五迴嶺條。下文續云：

「徐水東北屈逕郎山，又屈逕其山南，衆岑競舉……極地險之崇峭……徐水又逕北平縣。……徐水又東南流歷石門中，世俗謂之龍門也，其山上合下開，……飛水歷其間……傾澗洩注，……奇爲壯猛……東南出山逕其城中。……其水又東流……又東逕蒲城北，又東逕清苑城，又東南與盧水合。」

是此徐水發源於五迴嶺，東南逕蒲城北。趙一淸曰，蒲城即今滿城。極是。一統志保定府卷山川目徐河條引舊志，徐河源發易州五迴嶺，東南流逕滿城縣（脫北字）十里，名大册河……至淸苑縣北十五里爲徐河。」同書易州卷山川目徐水條，引明統志，「雷溪在易州西南，發源五迴嶺，即徐河上流也。灘石湍急，聲聞數里，若雷鳴然，金泰和中賜名。」亦與酈注所寫徐水之源頭景觀相合。檢國防研究院中華民國地圖集之河北山西地形圖與人文圖，所繪大柵河，與酈注及一統志所述相合。人文圖且繪一舊道，由浮圖峪東南經王安鎭之南，黃土嶺之北，至桑岡，又東南經管頭，北台魚鎭，至滿城。前考五迴嶺，引元和志、寰宇記，五迴嶺在滿城西北九十里，蓋即今圖舊道之前身也。復按述征記之望都陘、蒲陰陘皆就陘道南達之縣而言，蒲陰縣即曲逆縣，據紀要一二曲逆城條，在今完縣東南二十里，據一統志保定府卷古蹟目，滿城西南到完縣治所四十五里，則蒲陰故城在今完縣、滿城之正中間而稍南，約在滿城縣南三十里也。則古蒲陰陘道殆與今圖之舊道略相當。

又武經總要前集一六上眞定路塘水條，述胡馬南牧，王師禦虜有六路。其一，「北平軍路部署出飛狐口路入蔚州界。」按宋北平軍即今完縣治，是當即古蒲陰道也。

由五迴嶺至滿城之九十里道中，當經五迴故縣治，開元二十三年置，相近有峩院。是年易州刺史盧暉開北山通車道三所，置館驛，峩院爲其一道，因置此縣，在嶺之東麓故名。二十四年以其險隘，東遷縣治於五公城在易縣西五十里，則不在此道上。

金石萃編八三唐易州鐵像碑云：

「大唐開元二十七年歲次己卯五月壬辰朔三日甲午建。

□□□（授堂金石跋作「開北山」）通車道三所：官坐鎭，白楊谷，峩院。置縣三：五迴，樓亭，板城。每驛旁造店一百間，……以上並盧君造。」

按此碑以開元二十七年建，而稱建置人盧暉爲前太守。按元和志一八易州五迴縣，「東至州七十里，……開元二十三年刺史盧暉奏置，在五迴山東麓因名之。二十四年，刺史田琬以其險隘，東遷於五公城，在今易縣西五十里。」寰宇記六七易州滿城縣條繫此事，同。又云廢樓亭縣、廢板城縣，皆盧暉同時置，「天寶後廢。」五迴縣本置在五迴山東麓，其地望已略明，地雖險隘，必以當道，故置縣於此也。復按一統志易州卷山川目，「峩山在州西百里，諸峯森列，故名。」此殆與峩院有關聯。又古蹟目，「五迴廢縣，在州西一百里。」則峩院當與五迴縣相近，於此開道，即於此置縣也。又山川目，「黃土嶺在州西南，九十里，路達廣昌縣，有城，舊設兵防禦。」則五迴縣與峩院又當在今圖黃土嶺之稍北地帶，正在浮圖峪之南，亦正當今圖所繪浮圖峪至滿城之舊道也。然縣治旋遷置於五公城。據酈注一一易水注，五公城在易水之北，則非此道所經矣。

官座鎮與樓亭縣，蓋當易州西通子莊關、紫荊關道，白楊谷與板城縣，蓋當易州北通嬀州道，皆詳後文。

又有安陽關在北平縣（今完縣東北）西北二十五里安陽川口，即晉以來之陽安關也，當亦在此道上。武經總要云「安陽口趨北山路」。蓋謂此道也。

元和志一八定州北平縣，在州東北八十三里。有安陽故關，在縣西北二十五里。寰宇記六二，同。按北平縣在今完縣東北。疑此關在此道上。武經總要一六上定州路，「北平軍治北平縣，……西北至安陽川口三十里。」又卷末論曰：「定州安陽口，趨北山路。」所謂北山路，即蒲陰陘五迴嶺路耳。

復按續郡國志：中山國「蒲陰，本曲逆」注：「晉地道記曰，有陽安關。」水經注一一滱水注，「蒲水出西北蒲陽山……東南流，……南逕陽安亭東。晉書地道記曰，蒲陰縣有陽安關。蓋陽安關都尉治。……蒲水又東南歷壙，逕陽安關下，名關皐，為唐頭坂。出關北流，又東流，逕夏屋故城，實中險絕。……其水又東南流，逕蒲陰縣故城北……。」

則此陽安關即元和志之安陽關無疑，蓋本作陽安，後作安陽。

安陽口東北十五里，宋初置魚臺口鋪（今圖有北臺魚鎮）。口闊約半里，當驛道之衝，蓋承唐驛道歟？

武經總要前集一六上北平軍，「魚臺口鋪南至北平軍三十里……西南合入安陽口十五里……耆老傳言，賦馬多于此入。易州未陷時，皆驛路也。魚臺口闊約半里。」今檢國防研究院民國地圖集之河北山西人文圖，浮圖峪至滿城之舊道上，靠近滿城處有北台魚鎮，疑即宋魚臺之倒譌。

## （4）飛狐縣東取子莊關（紫荊嶺）通易州道

元和志云，易州「西北至蔚州取飛狐路三百六十里。」是必由易州西至飛狐縣，再折北出飛狐口至蔚州也。是即當中經紫荊嶺，即子莊故關，今紫荊關；且為驛道也。蓋由州西取子莊溪水上源河谷而行，故關以子莊名。今圖所繪易州西至紫荊關道，正向南弓出，由東南入關，非由正東入關，此仍承中古之行程耳。然開元二十三年盧暉開官座鎮道置樓亭縣，在易州西北四十里，明清志書，此地西通紫荊關，蓋別一道歟？

元和志此條見卷一八易州八到條。寰宇記六七，易州目，同。武經總要前集一六下，易州「西北至紫荊嶺一百里，趨飛狐口至蔚州三百八十里。」謂經紫荊嶺，是也。考唐會要八六道路目，太和二年，「定州奏，當管白石嶺南路，官驛險峻，請移於易明西紫荊嶺路修治。後之。」是庖已名紫荊嶺，且為驛道也。今易州縣西至紫荊關八十里，又西一百里至淶源縣（即唐之飛狐縣）又北百五十里至蔚縣，里程略相當。紫荊關即中古之子莊關，至少相近，子莊溪水與紫荊關段道之向南弓出，並詳前考子莊關。

按前考五迴嶺蒲陰陘道引唐易州鐵像碑記開元二十三年盧暉開易州北山三道置三縣事，就中有官座鎮道與樓亭縣。檢一統志易州卷古蹟目，樓亭廢縣「在州西北。水經注，淶水逕樓亭北，左屬白澗溪。……舊志，樓亭廢縣在州西北四十里，奇峯口，今爲樓亭社。」山川目，「奇峯嶺在州西北四十里，有奇峯口，口外烏龍金水諸溝，衝要處也。」「官座嶺在州西北五十里，四山環拱，一徑而入，儼若官座，舊有官座巡司，又西五里有官座口，皆戍守處。」又關隘目，「奇峯口在州西北四十里，內連紫荊關四十里，外通金水口六十里。其西二十里，曰官座嶺口，其東北三十里曰東峪口，又十里曰沙峪口，外通馬水口一百四十里。」「烏龍溝口在州西紫荊關西北六十里，接廣昌縣界，外口要衝也。……其東北曰金水口，在紫荊關北八十里，……又東即馬水口也。」「馬水口在淶水縣西北二百里。其地山勢雄壯，巖岫相連，舊稱京師右輔。明永樂八年始設守軍。……本朝順治十年，改設都司，兼轄大龍門，金水口。」據此諸條，樓亭之名已見於水經注一二巨馬河注，在今易縣西北四十里之奇峯口，其西十里即官座嶺，稍西爲官座嶺口，唐鐵像碑之官座鎮當即其地，盧暉通官坐鎮道，遂於其東樓亭故地置樓亭縣耳。按一統志易州卷山川目紫荊嶺條、關隘目紫荊關條，皆云在州西八十里。奇峯口之樓亭故縣，既在易州西北四十里，又云內連紫荊關四十里，則當亦在易州西通紫荊關道上之正中間，殆無可疑。此蓋北道也。

## 三　中古時代飛狐道在北塞南北交通上之地位

今山西北部，河北北緣，自西而東有管涔山、恆山、太行北段，軍都山、燕山諸山脈，如鏈相接，爲中國北方之一天然障塞，亦爲中國北出草原交通之阻。其間南北交通之陘道雖甚多，但自古最著名重要者則有三處。

一曰句注陘，即雁門。二曰飛狐陘。三曰軍都陘，即居庸。呂氏春秋記天下九塞，有句注、居庸，而無飛狐。然史記所見，則有句注、飛狐，且記蘇厲之言曰：「秦踰句注，斬常山而守之，代馬胡犬不東下。」是尤句注、常山兩道並舉之明證，常山道即廣義之飛狐道也。而不見有軍都、居庸之名，亦不記其地段為交通要道。頗疑呂覽實有飛狐而奪譌；史公不記軍都居庸者，蓋地偏東鄙，先秦西漢前期尚未顯重要作用歟？

呂氏春秋有始覽與淮南子墬形訓所列九塞，分別有「疵處」、「令疵」，疑本作「飛狐」，因涉注文而譌誤，已詳第一節。

史記屢見句注。今就先秦事言之，如趙世家云，羊腸之西句注之南；張儀傳云趙襄子約與代王遇於句注之塞；匈奴傳云趙襄子踰句注，而破幷代，以臨胡貉；又云趙有代，句注之北。飛狐口之名始見酈生傳，在楚漢相爭時代。又見文帝紀及鹽鐵論九險固篇，皆與句注並列，詳後引。考趙世家，武靈王遣將「合軍曲陽，攻取丹丘、華陽、鴟之塞。」華陽即恆山，鴟一作鴻，即晉之鴻上關，皆在飛狐之南，亦即指飛狐道而言也。已詳第二節。復考趙世家又云，惠文王十六年，蘇厲為齊遺趙王書曰：

「秦以三郡攻王之上黨，羊腸之西，句注之南，非王有已。踰句注，斬常山而守之，三百里而通於燕，代馬胡犬不東下，崑山之玉不出，此三寶者，亦非王有已。」

正義云：「言秦踰句注山，斬常山而守之，西北代馬胡犬不東入趙，沙州崑山之玉亦不至趙矣。」所釋是也。常山即指中山、代國間之恆山山脈，實即指廣義之飛狐道也。惟舉大名常山，不舉小名之飛狐耳。此尤為先秦時代句注、飛狐兩地段並舉之明證。綜此而言，史記固屢見句注，亦屢見飛狐。而據史記地名考，無居庸、軍都之名，亦不見相當於其地之其他名稱，故在漢代早期以前，居庸、軍都殆未顯其重要性歟？

至班固作地理志，此三地區或置關，或其所在之縣爲郡都尉治，皆見其爲軍道交通之要。

漢書地理志：太原郡廣武縣，「河主、賈屋山在北。都尉治。」師古注：「賈屋山即史記所云趙襄子北登夏屋者。」補注引王念孫曰：「河主當作句注。此因句字譌作可，而注字之水旁又移置於可之側，故譌爲河主二字。後雁門郡下云句注山，在陰館。……句注山在陰館之南，廣武之北，故兩記之。」是也。地志下文，代郡有五原關、常山關，上谷郡居庸縣「有關。」代郡常山關即倒馬關，五阮關即五迴嶺道，皆在飛狐口之南，分爲兩道也。已詳前文。

魏晉南北朝時代，此三道並稱爲北方隘險之首，「天下之阻，所以分別內外」者。

元和志一四代州雁門縣句注山條引晉咸寧元年句注碑曰：「蓋北方之險，有盧龍、飛狐、句注爲之首，天下之阻，所以分別內外也。」按盧龍即居庸。此時塞外胡人勢力膨脹，故時人特注意其爲內外之阻。又沈約宋書索虜傳，拓跋燾既死，劉興祖建議伐之，欲使「定州刺史取大嶺、冀州刺史向井陘，并州刺史屯雁門，幽州刺史塞軍都，相州刺史備太行。」大嶺即五迴坂大嶺，亦即飛狐道之一也。所列五軍，井陘、太行不當北塞，其當北塞三軍即取此三陘道。此正時人北塞三道並重觀念之顯現。至於北魏時代，前期都平城，君主南巡十餘次，其所進出者，靈邱、飛狐道爲多，其次雁門，居庸最少，但不見曾取他道者，詳後文。

隋代，雁門、居庸兩地段，有關官，而飛狐地區不見記錄。至唐代，雁門、飛狐、居庸三地段仍疊置關防。

按雁門南之太原、居庸南之幽州，皆爲北疆防禦之第一等重鎮，故疊置關防以衞之，定、易地位雖不能與太原、幽州爲比，然飛狐地段當北塞交通之要，不下雁門，居庸，故亦仍舊貫，疊署關防也。

隋書地理志中，雁門郡雁門縣有關官。樓煩郡靜樂縣有關官。按即雁門關與其西之樓煩關也，分別當太原北出長城塞之長城口，詳太原北塞交通圖考（新亞學報第十三卷）及太原西北通單于府及河上三城驛道考（中文大學中國文化研究所學報第十卷第一期）。又隋志，涿郡昌平縣有關官，北平郡盧龍縣有關官。按昌平關官即居庸關、軍都關，已詳太原北塞交通圖考（同上）。盧龍之關官蓋臨渝關，即今山海關地區，仍爲幽州之東北屏障而設。而飛狐地段不見置關之記載。

唐代各地置關，新唐志記之最詳。今檢新志三，忻州定襄縣有石嶺關，代州雁門縣有東陘關、西陘關，崞縣有石門關，太原府陽曲縣有赤塘關、天門關，憲州天池縣有雁門關，嵐州靜樂縣北有樓煩關。按石嶺、兩陘、石門四關皆當太原北出雁門及其相近長城口之道，詳太原西北通單于府及河上三城道考（同上），天門關、雁門關（此別一關，非長城陘嶺之雁門）、樓煩關當太原西北循汾水河谷通朔州道，詳太原北塞交通圖考第二節太原西北汾水河谷出樓煩關道（新亞學報第十三卷）。惟赤塘關無考。又新志三，蔚州靈丘有直谷關、孔嶺關，定州北平縣西北有安陽故關，唐縣西北有八度故關，倒馬故關，又有委粟故關。按直谷、孔嶺兩關在飛狐之北，安陽以下四關在飛狐之南，皆此區南北出入之關也。又新志三，幽州昌平縣北十五里有軍都陘，西北三十五里有納款關，即居庸故關，亦謂之軍都關。嬀州有永定、窯子二關，懷戎縣有居庸塞，有鐵門關。按此諸關大抵皆當幽州北山諸陘谷道也，多已詳太原北塞交通圖考第五節北塞東西道（同上）。以上爲唐代黃河以東當長城塞置關之大要。此諸關很明顯集中在長城之三地段，即古雁門陘、飛狐陘、軍都陘地區也。

然亦即以易定兩州在政治、軍事、經濟、文化上之地位不及太原、幽州之崇高，且飛狐諸道紛出，甚爲複雜，不易爲史家所淸晰瞭解，遂一若此地段之南北通道不關緊要，殊爲忽視。其實不然，而北魏一代更以此一地區之南北通道爲最主要之南北交通線，此則更出一般史家所能想像者。今就飛狐地段在中古歷代南北交通上所居之地位作進一步之觀察。

前文已論自先秦時代，此地區當南北交通之要道，爲天下控扼要道之一，故楚漢之際，酈生有「塞飛狐之口」之言。其後高祖由平城南歸，及北擊陳豨，皆取此道。文帝後六年，匈奴大入寇，遣將分屯飛狐、句注、北地以禦之。光武帝建武十三年，詔上谷太守王霸「治飛狐道，堆石布土，築起亭障，自代至平城三百餘里。」足見漢世極重此道，視爲北通塞外之重要通路。漢地志，代郡置常山、五阮兩關，在廣昌之南，即北魏以下之倒馬關、五迴嶺者，實扼長城塞而建置也。

漢高七年，爲匈奴圍於平城（今大同），圍解南歸，道經曲逆，過趙至洛陽，見高祖紀與陳平世家。曲逆在今完縣東南。又高祖十年陳豨反代地，高祖自往，由邯鄲擊之，見高祖紀。是皆取道古中山代國間之隘道無疑。

史記一〇文帝紀，「後元六年冬，匈奴三萬人入上郡，三萬人入雲中。以中大夫令免爲車騎將軍，軍飛狐，故楚相蘇意爲將軍，軍句注；將軍張武屯北地；河內守周亞夫爲將軍，居細柳；宗正劉禮爲將軍，居霸上；祝茲侯軍棘門；以備胡。」觀此軍事佈置，周亞夫以下三將，分屯長城之西、東、北三面，以內衞京師；張武以上三將，分屯北塞要衝，以嚴邊疆守禦。蓋匈奴入上郡，直指長安，故內嚴京師守衞，外屯北地也，敵入雲中，今歸綏、呼和浩特地區，威脅太行東西，今山西、河北地區，故軍屯句注、飛狐也。具見飛狐地帶爲太行以東之最重要北塞通道。鹽鐵論九險固篇，大夫曰「趙結飛狐、句注……」亦見此意。

建武時代詔王霸修道事，見後漢書二〇王霸傳，又見初學記二四道路條引東觀漢記。

漢地志常山、五阮關，詳前引。按後漢書章帝紀，元和三年二月「戊辰，進幸中山，遣使者祠北嶽。出長城。癸酉，還幸元氏。」由至中山之日，至出長城，還幸元氏，中間不過五日。按中山國在今定縣，元氏即今縣地。則所出長城必即中山代國間有長城，非靈丘北之長城也。漢志常山、五阮兩關，其地望已詳前論，正在此長城線上。檢今圖，即今之長城線也，復考武經總要前集一六上，「定州中山郡（今定縣）……北至長城口一百六十里，至蔚州四百九十里。」前文據元和志寰宇記，定州至唐縣五十里，唐縣至倒馬關一百二十里，則北宋長城線亦即在倒馬關一線，蓋皆承漢以來之舊也。

晉世，塞北胡人勢力强盛，此地段當北塞孔道，故沿滱水節節置關，明見晉書地道記，此即前考倒馬關以南沿途諸關也。而劉琨自代取飛狐口道奔幽州，即爲當時行旅之一史例。

晉書地道記所記沿滱水之關，自北而南有鴻上關、馬溺關、委粟關，又有陽安關。並詳前引水經注一一滱水注及續郡國志注。

御覽一六三蔚州條引晉書曰：「建興中，劉琨自代出飛狐口奔於安次。」按今晉書六二劉琨傳，爲幷州刺史，寄寓平城。應幽州刺史段匹磾之邀，「由是率衆赴之，從飛狐入薊。」不言至安次。據斠注引文選（卷二五）盧子諒（諶）答魏子悌詩，「寄身蔭四嶽，（指劉琨）……共更飛狐厄。」李善注引晉中興書，與御覽同。安次在今縣西北。

東晉時代，北方苻堅覆亡之後，慕容燕（後燕）與拓跋魏先後興起爲兩大勢力。慕容垂都中山，拓跋珪都平城，以句注，飛狐爲境界。垂征魏失敗而死，珪以皇始元年（三九六）大擧伐燕，由句注取幷州，東出井陘，攻中山，滅燕，置行台。天興元年（三九八）乃「發卒萬人治直道，自望都鐵關鑿恆嶺至代五百里。」即自中山取望都陘倒馬關道北歸。太宗南巡，則「自天門關踰恆嶺。」而南經鄴至洛陽，復由晉陽北出句注還平城。此猶分別出入句注陘與望都陘、石門關兩道也。

此見魏書二太祖紀皇始元年二年條，天興元年條及同書三太宗紀泰常七年八年條。望都陘即倒馬關道，鑿恆嶺踰恆嶺，狹義言之，當指前考轆轤山道或兩嶺道。

至世祖太武帝時代，九次踰塞南巡，一次南伐。就中一次幸幽州還幸上谷，蓋由廣昌東出，由軍都陘而歸；兩次南巡由廣昌、定州而南，遂西幸上黨等地，蓋由句注陘回至平城；一次從何道出入皆不詳；其餘六次皆由廣昌、定州出入，即取飛狐道也。

據魏書四世祖紀，始光四年幸中山，太延元年幸定州至鄴，五年幸定州，太平眞君四年幸中山至恆山之陽，八年幸中山，此五次去回皆取廣昌道。據滱水注，太延元年幸定州，其十二月回京取五迴道且立三碑，即廣昌道之一也。十一年南伐，雖不明由何道進出，但南行時「曲赦定冀相三州死罪以下，發州郡兵五萬分給諸軍。」由枋頭經彭城臨大江，是亦取中山路。其回程，以正平元年二月癸未次於魯口，三月己亥至自南伐。按魯口在今河北饒陽縣，而己亥去癸未只有十六日，則其北歸亦取中山定州路無疑。太延三年行幸幽州，還幸上谷。按由幽州至上谷（今懷來）當取軍都陘居庸關道，但曰還幸，知其去時未經上谷，是必取廣昌道也。又太平眞君六年幸定州，遂幸上黨，西至吐京，還京；九年二月幸定州，遂西幸上黨，三月還宮。此兩次由廣昌至定州，似由幷州出句注北還也。又眞君十一年正月幸洛陽，至懸瓠，四月還京，此次出入取何道，皆不詳。

高宗 成帝四次南巡，就中三次皆由靈丘、中山出入，一次蓋由軍都陘出巡，而由中山回京。

魏書五高宗紀，興安二年行巡信都、中山，興光元年幸中山、信都，還幸靈丘，和平二年幸中山至鄴，還幸靈丘回京，在靈丘射踰南山，刊石勒銘。惟太安四年行幸廣寧濕泉宮遂東巡平州，登碣石山，轉幸信都，觀射於中山，置宮。則去時蓋取軍都陘或別道，而回程仍取中山、靈丘道也。

高祖孝文帝太和中兩次南巡，其出入取靈丘、廣昌道與取句注道各一次；十八年遷都之役，則取靈丘、中山道南下。

魏書七高祖紀，太和五年車駕南巡中山至信都，復還中山，講武於唐水之陽，遂北歸。是出入皆取靈丘、廣昌道。十七年南伐，由肆州幸幷州，南經懷州至洛陽，明年仍由句注陘北還。是出入皆取句注道。而十八年遷都，由平城次於中山之唐湖，經信都，鄴城，至洛陽，是又取廣昌道也。則來往五次行程中，仍以取靈邱、廣昌道爲多。

由此言之，北魏前期都平城時代，君主踰塞南巡，來回行程之可知者絕大多數取靈邱、廣昌道，廣昌而南，大抵取倒馬關恆嶺道，亦有取五迴嶺道者，皆可謂廣義之飛狐道也。而絕少取句注陘、雁門關道，至於取軍都陘、居庸關道，則僅一去一回而已。足見靈邱、廣昌、恆嶺道在當時南北交通上居於最顯著之首要地位，遠非句注（雁門）所能比擬，蓋山東河北戶口殷盛，物資豐實，爲魏廷之外府，特爲朝廷所重視，遠非山西地區所能及。且沿途雖靈邱、恆嶺險過句注，但其南北皆平易坦途，又非句注以南隨處有山谷之阻也。至於軍都陘（居庸關）道，則太偏東隅，南下中原固不必迂途。且南北通使亦取此途，亦正見此道行程實較山西句注（雁門）道爲便利耳。

水經注一一滱水注：「滱水自倒馬關南流，與大嶺水合。水出山西南大嶺下，東北流出峽，東北流注于滱水。滱水又屈而東合兩嶺溪水。水出恆山北阜，東北流，歷兩嶺間。北嶺雖層陵雲舉，猶不若南巒峭秀。自水南步遠峯，石磴逶迤，沿途九曲，……抑亦羊腸邛崍之類者也。齊宋通和，路出其間。其水東北流于於滱水。」此在倒馬關之南，恆山之東北、滱水之西側，爲宋齊通使之路。相信魏使南行，亦必由此。

遷都之際，諸官眷屬蓋亦多取此途。其他史例諒必仍多，故孝文帝詔書謂靈邱郡「當諸州路衝，官私所經，供費非一」也。而文人學士蓋亦多有紀行之作，故酈注於㶟水一篇，述其沿途風物特爲詳贍盡文章之美也。

魏書七下高祖紀下，太和十七年至洛陽，九月定遷都之計。十月，幸鄴城，「詔安定王休率從官迎家於代京，車駕送於漳水上。」休從鄴北行，必出恆嶺靈丘道，所迎家眷想必亦多從此道也。如魏書七九成淹傳云：「時遷都，高祖以淹家無行資，勅給事力，送至洛陽，并賜假日，與家累相隨。行次靈丘，屬蕭鸞遣使，勅驛馬徵淹。」此即一例。孝文詔書，見魏書七上高祖紀上太和六年條。㶟水注在水經注卷十一，下文多有徵引，茲不贅。酈注體例，寫景之文不必盡爲己出，而採擇豐富，加以潤色耳。㶟水注可能爲酈氏親歷之作，亦可能據他人行紀而增潤之者。

北魏前期，靈丘恆嶺道既爲南通中原之最主要交通線。故元和志稱北魏都平城時代甸服之四至云「南至中山隘門塞」，不云雁門塞也。

元和志一四雲州目云：「後魏道武帝又於此（平城）建都，東至上谷軍都關，西至河，南至中山隘門塞，北至五原，地方千里，以爲甸服。」按平城正南應舉雁門，而中山隘門乃在東南，五原於平城亦爲西北西，更非正北，所以舉隘門、五原爲南北所至者，正以交通言之也。北魏前期諸帝，屢次行幸五原，謂之北幸，詳諸帝紀。

是以魏代前期諸帝亦屢詔加工修治此道。正史所見，除上引太祖道武帝滅燕時發卒鑿恆嶺至代五百里外，世祖太武帝太延二年發定州一萬二千人通莎車道，高祖孝文帝太和六年發五萬人治靈丘道。前後凡三次，工程皆甚大。

按此兩事，分別見魏書四世祖紀上，及七上高祖紀上。莎車、靈丘皆詳前文。

且於靈邱、廣昌並置軍鎮。按北魏前期，於軍事要地置軍鎮，統軍鎮攝，鎮將權位在州刺史之上。此兩鎮皆當京師平城南通山東河北之要道，故特置之也。

靈丘、廣昌兩鎮，並兩見魏書靈徵志上，廣昌鎮又單見魏書高湖傳，皆在北魏前期。廣昌即漢代廣昌縣，唐飛狐縣、今淶源縣也，靈丘即漢及今之靈丘縣，在廣昌之西百十里。皆詳拙作魏晉南北朝地方行政制度下册北魏軍鎮章。

孝文遷都洛陽以後，以中原虎據之形勢，圖併江南，此道在交通上之作用與重要性遂大減。但北朝末期，塞北寇亂，軍事進退仍往往取靈邱、廣昌道，或飛狐口、廣昌道。

通鑑梁普通六年八月魏柔玄鎮民杜洛周反於上谷，圍燕州刺史崔秉，魏以幽州刺史常景兼尚書爲行台討之，屯軍都關居庸關爲守禦計。（卷一五〇）而崔秉帥衆棄城奔定州。（卷一五一）按上谷在居庸之北，燕州在今涿鹿縣，其奔定州當取飛狐口道。又普通七年，魏以左衞將軍楊津爲定州刺史兼北道行台，津由靈丘入定州。（卷一五一）大通二年，杜洛周圍定州，刺史楊津遣子詣柔然頭兵可汗求救，頭兵遣將帥精騎一萬南出，「前鋒至廣昌，賊塞隘口，柔然遂還。」（卷一五二）是其進出皆取靈丘、廣昌道無疑。

又通鑑一六九陳天嘉四年九月戊子，周遣楊忠「將步騎一萬與突厥自北道伐齊。」「齊人守陘嶺之隘。」「突厥木杆、地頭，步離三可汗以十萬騎會之。」十二月「己丑，自恆州三道俱入。」「已未，周師及突厥逼晉陽。」大敗。突厥引兵由陘嶺出塞。胡注引唐志代州雁門縣之東陘關、西陘關釋陘嶺，是也。按隋書二二五行志上，後齊河清二年「突厥二十萬衆毀長城寇恆州。」即此事，則此次用兵，楊忠與突厥由北道伐齊，齊堅守晉陽北門之雁門、陘嶺，忠與突厥乃由靈丘、廣昌地區破長城南下恆州，再西入井陘至晉陽也。及兵敗，突厥乃直北由雁門陘嶺而歸。此爲一大迂迴遠襲，亦顯見北齊北塞，仍以雁門陘與靈邱、廣昌爲兩重要陘道也。

由上以觀，魏世交通多由靈丘至廣昌，入倒馬關，掠恆嶺至定州，或由廣昌取五迴道亦至定州。然晋代已視望都關（即倒馬關）爲飛狐陘之主道，則魏世所行之道亦廣義之飛狐道也。及隋改廣昌縣爲飛狐縣，則凡此地區之通道皆蒙飛狐道之名固宜。

關於唐代此道見史之可述者，唐初，東北羣雄或結北敵入，侵往往出入於飛狐地段。

舊五五高開道傳，武德元年，開道自立爲燕王。都漁陽。三年降唐，授蔚州刺史。旋叛，與劉黑闥連和，攻易州。又引突厥，頻來爲寇，恆定幽易等州皆罹其患。後地入唐，置嬀州。按唐嬀州今懷來縣，其入恆定當取道飛狐地區。又劉黑闥傳，武德四年舉兵於漳南縣，北連懷戎賊帥高開道及突厥，突厥遣將從之進陷相、洛等州，爲太宗所敗，奔突厥，復借突厥兵來寇至定州。按漳南屬貝州，懷戎今懷來縣，黑闥與開道突厥勾結，其進出必取定州之北飛狐地區無疑。

高宗調露元年，單于大都護府突厥叛寇定州，亦取此道，定州長史曾增修恆嶺道以便軍運。

調露中定州長史修恆嶺路有碑，見集古錄目，引詳第一節轆轤山道條。按通鑑二〇二，調露元年十月，單于府突厥反，寇定州。必此時事也。

武后時代，突厥默啜強盛，南寇唐境，河北之定趙受害最深，其進出亦由恆岳之飛狐、五迴路。

舊一九四突厥傳上默啜條，「自恆岳道，寇蔚州，陷飛狐縣，俄進攻定州，殺刺史孫彥高……盡抄趙定等州男女八九萬人從五回道而去。」新二一五上突厥傳上，略同。又舊七七閻立德傳，默啜「率衆自恆岳道攻陷趙定二州。」舊六則天紀，亦云默啜掠趙定男女「從五迴道而去。」又八九狄仁傑傳與紀同。按此事爲唐代前期河北道一次最大之外患。據此諸記載，默啜兵由蔚州飛狐縣入倒馬關取恆嶺道至定州，其回程則取五迴道也。又通鑑二〇六聖曆元年，八月「癸丑，默啜寇飛狐。乙卯，陷定州，殺刺史孫彥高。」其間才二日，亦必自飛狐直南攻定州之證。

故當時有詔「斷塞居庸、岳嶺、五迴等路，以備突厥。」又有人奏請於飛狐口累石爲牆，灌以鐵汁。事雖不行，然具見飛狐爲當時北敵入寇之險隘。

舊一八五下良吏傳下宋慶禮傳：「則天時，侍御史桓彥範受詔於河北斷塞居庸、岳嶺、五迴等路，以備突厥，特召慶禮以謀其事。」新一三〇宋慶禮傳云「詔斷居庸、五回等路」，省岳嶺字。又張鷟判文有「將軍任秀狀稱於蔚州飛狐口累石爲牆，灌以鐵汁，一勞永逸，無北狄之憂」一條。（全唐文一七三）蓋實未行。惟張鷟判詞云：「飛狐險陘與天地而同開。」又玄宗賜李光書云，「朔川兵馬，飛狐要害，委卿經略，隨事防虞。」（全唐文四〇）具見地險，爲防禦要道。

且其地不但爲南北交通要道，亦爲幽、定西至代州、太原府之要道。此在唐世及五代，所見史例甚多。

舊一三三李晟傳，建中中，治兵河北，居定州。會京師有變，帝幸奉天，詔晟赴難。晟「引軍踰飛狐，師次代州，……自河中由蒲津而軍渭北。」此爲唐中葉有名之事例。又太平廣記一〇八甯勉條，勉爲北都裨將。「以兵四千，軍於飛狐城。時薊門帥驕悍……反書聞闕下，文宗皇帝詔北都守攻其南。詔未至，而薊門兵夜伐飛狐。（出宣室志）」此雖小說家之言，但必飛狐爲太原幽州間之一重要通道也。（按新二一二藩鎮盧龍傳，朱克融即由易州寇蔚州。）其他幽州取代州、經太原府至京師之史例尚多，王建題江臺驛詩且云，「近聞天子使，多取雁門歸。」詳唐代太原北塞道考第三節代州東北通蔚媯幽州道。（刊新亞學報第十三卷。）其中當有取飛狐道者。故杜牧上澤潞劉司徒書曰：「東縈太原，排飛狐，緩不二十日，與燕遇於易水南。」（全唐文七五一）

唐末史例，如天復元年朱全忠六道攻太原，氏叔琮自太行入，葛從周自土門入，魏博將張文泰自新口入，張歸厚以邢洺之衆自馬嶺入，定州王處直自飛狐入，晉州侯言自陰地關入。（舊五代史梁太祖紀，唐武皇紀，通鑑二六二）劉仁恭在幽州，李匡威「使將兵戍蔚州。」會燕亂，率師趨幽州，兵敗奔太原。後藉太原師爲幽州帥。光化三年，朱全忠伐劉仁恭，仁恭乞援於李克用。「克用使周德威出飛狐」救之。（新二一二劉仁恭傳）後梁乾化二年，周德威東出飛狐與趙將王德明、義武（定州）將程巖會於易水．進攻燕，下祁溝關，進迫幽州。（通鑑二六八，舊五代史二七唐莊宗紀，新五代史二五周德威傳）後晉天福元年，契丹圍唐兵於太原晉安寨，唐主命幽州趙德鈞「自飛狐踵契丹後。」（通鑑二八〇）此並太原與幽定間之軍事行動進出於飛狐地區也。而尤有名之事例，則爲李克用北岳廟題名（金石萃編一一七）云：

「河東節度使（銜略）隴西郡王李克用以幽、鎮侵擾中山（定州），領蕃漢步騎五十萬衆親來救援，與易定司空（王處存）同申祈禱。翌日，過常山（鎮州）問罪。時中和五年二月廿一日，克用記。……至三月十七日，以幽州請就和斷遂，却班師，再謁睟容，兼申賽謝。便取飛狐路，却歸河東。廿一日，克用重記。」

按此題刻在曲陽縣北岳廟。李克用先在岳廟祈禱，再南向常山問罪，知其本由飛狐南下也；及回兵，亦擬取飛狐路却歸河東。」知克用此次太原、易定間之來回行程皆取飛狐路也。

故安祿山謀亂，先修飛狐塞，名防北寇，實慮太原之師耳。

新一三三王忠嗣傳，「安祿山城雄武，振飛狐塞，謀亂，請忠嗣助役，因欲留其兵。」按通鑑二一五天寶六載，祿山「託以禦寇，築雄武城。」即此事。託以禦寇是也，而實謀亂耳。檢新唐地志，薊州有雄武軍，故廣漢川也。」是在幽州之東，而飛狐則在幽州之西，以其爲通太原道口，故預爲防遏也。

會昌中，盧弘宣爲義武（易定）節度使，朝廷賜粟三十萬斛，儲飛狐西以濟其軍，此必由太原忻代所運致，其見飛狐道雖險，蔚州西至代州道亦非易行，但不僅通行人馬，且能通大量物資之運輸，其在交通上之價值由此可見。

新一九七循吏盧弘宣傳：「徙義武節度使……詔賜其軍粟三十萬斛，貯飛狐。弘宣計輓費不能滿直，敕吏守之。明年春，大旱，敎民隨力往取。時幽魏饑甚，獨易定自如。至秋，悉收所貸，軍食以饒。」按通鑑二四八會昌五年書此事云賜粟三十萬斛在飛狐西。此時雁門以北已亂，慮無餘糧以濟易定，當由長城以南之代州沿滹沱河谷道所運致也。代蔚間滹沱河谷道，已詳太原北塞交通考。

安史亂後，河北之幽州、成德（鎮冀等州）、魏博三鎮跋扈，呈獨立狀態，中央僅能作名義上之羈縻而已，但終能以澤潞節度使兼統山東之邢、洺、磁三州，且能在易定建立義武一鎮，直屬中央。前者乃利用滏口壺關道，使澤潞一鎮控制山東三州，以鍥入成德與魏博兩鎮之間，後者即利用飛狐道以申展中央勢力於河北，以鍥入成德與幽州兩鎮之間，以此犬牙相錯，間開河北三鎮，使不能聯爲一氣也。

澤潞節度藉滏口壺關道兼統山東之邢洺磁三州，詳北朝隋唐滏口壺關道考（史語所集刊排印中）

河北諸鎮中，張孝忠以易定歸中央，其後歷任節度，非親中央，即中央自任者，詳吳廷燮唐方鎮年表卷四。新一四八張孝忠傳，孝忠爲義武節度使卒。子茂昭繼。會「王承宗（成德節度）叛，詔河東、河中、振武、義武軍爲恆州北道招討，茂昭治廩廐，列亭侯，平易道路，以待西軍。」西軍即河東、河中、振武三鎮之軍，則自飛狐道或相近之道而入，而以義武一鎮爲攻成德之基地也。故幽州帥李可舉曰，「易定本燕趙屬」，約鎮州王鎔共取之也。見新二一二藩鎮盧龍傳。

# 附考一：易嬀間之故城鎮道

元和志云：「易州北至嬀州（舊懷來縣）取故城頭路四百里。」「頭」爲「鎮」之譌，在兩州接境處，去兩州各約二百里。此蓋由易州西北行四十里至開元二十三年所置之樓亭縣，縣西官座鎮，即是年所開之道也。又西北渡巨馬河，沿河折北行經小鬢、大鬢，又循巨馬河之北源紫石溪水河谷，再向北上行經聖人城，大亘，（約今馬水口、大龍門地區）又北度入涿水河谷，故城頭蓋在紫石溪水，涿水南北分流之分水嶺地區，又循涿水河谷而下，經涿鹿城（今涿鹿東南六十里，舊懷來西南六十里）、板泉至嬀州也。開元二十三年又開白楊谷道，置板城縣。谷在易州北，巨馬河之南，板城在淶水縣北，兩地相近。可能由易州北出此道，循巨馬河谷西北上行至紫石水口之西大鬢地區，與上述通嬀州之道相接歟？

元和志此條，見卷一八易州八到條。寰宇記六七易州，「北至嬀州懷戎縣南界廢故城鎮二百里。」檢通典一七八易州目，與寰宇記同，惟無里數。則作「鎮」爲是。其地當在兩州正中間之接境處。

前考五迴嶺蒲陰陘道引易州鐵像碑，記開元二十三年盧暉開北山三道，置三縣。就中有官座鎮道與白楊谷道，樓亭縣與板城縣。官座鎮與樓亭縣相近，在易州西北四十里，已詳前考。並已引一統志易州卷各條，樓亭廢縣所在地之奇峯口，外通金水口、馬水口。檢國防研究院中國地圖集之河北山西人文圖，紫荊關之北數十里，巨馬河西岸有鎮東，鎮東之西有金水口，兩地之北，巨馬河北源紫石溪水之西岸有馬水口，約在北緯三九度五〇分，爲長城之一口。又檢申報館中國分省圖，有一舊道，自易縣西北經鎮東，折向北經馬水口，其東相近有大龍門，又北出長城經禪房村分兩道，其一直北至涿鹿縣。其一東北至懷來縣，此乃易縣北出之道也。考水經注一二巨馬河注云：

「即淶水也……東逕廣昌縣故城南……淶水又東北逕西射魚城東南而東北流，又逕東射魚城南，又屈逕其城東……又逕三女亭西，又逕樓亭北，左屬白澗溪……。淶水又北逕小鬻東，又東逕大鬻南，蓋霍原隱居教授處也。徐廣云原隱居廣陽山，教授數千人，爲王浚所害。……淶水又東北歷紫石溪口，與紫水合。水北出聖人城北大亘下，東南流……逕聖人城東，……又東南右會擔車水。……又南注于淶水。」

則此淶水東北流一段及北源之紫石溪水一帶，古代頗開發，故有小鬻、大鬻、聖人城之名也。復考水經注一三漯水注，經云：「又東過涿鹿縣北。」注云：

「涿水出涿鹿山，……東北流，逕涿鹿縣故城南，……黃帝與蚩尤戰於涿鹿之野。……其水又東北與板泉合。……魏土地紀曰，下洛城東南六十里有涿鹿城，城東一里有板泉，泉上有黃帝祠。……泉水東北流與蚩尤泉會。水出蚩尤城。……魏土地記稱涿鹿城東南六里有蚩尤城。……涿水又東逕平原郡南，……涿水又東北逕祚亭北，而東北入漯水。……漯水又東南，左會清夷水。……水出長亭南……又西逕沮陽縣故城北，秦上谷郡治此。……闞駰曰：涿鹿東北至上谷城六十里。」

按下洛城在今涿鹿縣治西，上谷郡治沮陽縣，在今舊懷來縣治南，唐置嬀州，涿鹿縣故城在下洛城東南六十里，上谷城西南亦六十里，涿水河谷中。檢 **Operational Navigation Charts F-9** 實有此水，其上源與紫石溪水之上源隔嶺而相近。此水河谷亦多古蹟名勝，是必亦早經開發地區。上引申報館中國分省圖，有舊道由易縣西北踰巨馬河至鎮東，折北行河之西及其北源紫石溪水之西，經馬水口，出長城，東北至懷來之路線，正即循此紫石溪水與涿水兩河谷而行也，此兩河谷既開發極早，是必此道亦早已通行。就地形論之，唐之易州與媯州之通道，最可能之路線，亦唯此線，且四百里之行程亦略相合，故城鎮南去易州，北去媯州各二百里者，蓋即此兩水南北分流之分水嶺地區耳。而官座鎮、樓亭在易州西北四十里者，亦正在此舊道中。

至於白楊谷道與板城縣。檢一統志易州卷古蹟目，板城廢縣在淶水縣北。此必不當易州通紫荊關道。又同卷山川目，白楊嶺「在州西北。水經注，白楊水出遒縣西山白楊嶺下。舊志，嶺在州西北四十里，路通蔚州嶺多白楊樹故名，俗訛為白羊。」按白楊嶺見水經注一一易水注。據注文，白楊嶺在白馬山以東地區。熊疏引寰宇記（卷六七），白馬山在易縣北十八里。則白楊嶺當在易縣北或東北，不在西北。是亦不在易州西通紫荊關之道上。古遒縣即今淶水縣，是白楊谷與板城甚相近。前引一統志易州卷關隘目，馬水口「在淶水縣西北二百里。」又云「柏連澗口在縣西北二百五十里，又東北二十里曰道水口，又十五里曰定樂安口，又五里曰大龍門口。」此諸地在紫石溪水上游地區，其計里自淶水縣，不自易州治。是淶水縣西北至馬水口、大龍門口必有通道，蓋即循巨馬河谷西北上行，與由鎮東北通馬水口之道相合也。唐開白楊谷道，置板城縣。當即在紫石溪口以東，易州之北，淶水縣西北地區。



## 附考二：五台山進香道

元和志一七，恆州「西北取五台山路至代州五百三十里。」同書一四，代州「東南取崩石嶺至恆州五百四十里。」此即一道，惜崩石嶺無考。

通典一七八恆州常山郡、一七九代州雁門郡兩目，皆作五百四十里。寰宇記六一鎮州、四九代州目皆同。記亦云崩石嶺。

今按此道行程之五台山東南一段尚可考見於圓仁之入唐巡禮行記。行紀云，由鎮州節度府正北行二十里至使莊，蓋王武俊之莊園墓地也。疑即故權城。又正北行二十五里至南接村。又正北行二十五里至行唐縣(今縣)，又西北行二十五里至黃山八會寺，時稱上房普通院。普通院者，備僧俗行旅寄宿，長有粥飯，但非必備。自此以西皆上行山嶺谿谷間，計西北二十里至劉使普通院，又西北二十五里至兩嶺普通院，以兩嶺並峙受名。（今雙嶺山東之兩嶺口。）又西北三十里至菓莞普通院，又西三十里至解□普通院，（約今阜平縣）院甚大可宿百餘人以上。又二十里至淨水普通院。又西行踰兩重嶺，三十里至塘城普通院，又西十五里至龍泉普通院，（今龍泉關驛。）又西二十里至張花普通院，又十里至茶鋪普通院，又西十里踰大復嶺（約今長城嶺）山巖崎峻，爲溪流東西分水嶺，實太行山脊。過嶺西下，有向南向西兩道。由西道行二十里至角詩普通院，又西三十里至停點普通院，地近南台，可北望中台頂峯。又西轉北三十里五至竹林寺，蓋五台山之南口也。

圓仁入唐求法巡禮行紀卷二述其開成五年四月由鎮州西北行上五台山之一段行程云：

「廿一日……到鎮州節度府，……齋後向正北行廿里到使庄……宿。廿二日……正北行廿里到南接村……斷中……正北行廿五里到鎮州界行唐縣，……廿三日……西北行廿五里到黃山八會寺斷中，……時人稱之爲上房普通院，長有飯粥，不論僧俗來集，便僧（衍文）宿，有飯即與，無飯不與，不妨僧俗赴宿，故曰普通院，……齋後向西北入山尋谷行……爲國信山。從上房行得廿里到劉使普通院宿，便遇五台山金閣寺僧義深等往深州求油歸山，五十頭驢，馱油麻油去。……廿四日天陰，發從山谷西北行廿五里，見遇一羊客駈五百許羊行。過一嶺，到兩嶺普通院，院主不在，自修食。……山谷行西北三十里到菓莞普通院，宿。……廿五日雨，……尋谷向西行三十里，到解□普通院。巡禮五台山送供人僧尼女人共一百餘人同在院宿。廿六日天晴，……向行山谷廿里到淨水普通院……山風漸涼，……踰兩重嶺，西行卅里到塘城普通院。過院西行，嶺高谷深……西行十五里，申時到龍泉普通院宿，後丘上龍堂裏出泉清冷。……廿七日發行山谷向西行廿里到張花普通院，共九僧斷中。……行谷十里，到茶鋪普通院，過院西行十里踰大復嶺。嶺東溪水向東流，嶺西溪水向西流。過嶺西下，或向西行，或向南行。……山巖崎峻，欲接天漢。……從茶鋪行卅里，薄暮到角詩普通院宿。院無粥飯。廿八日，入平谷西行卅里巳時到停點普通院。未入院中，向西北望見中台（卷三作中台頂）伏地禮拜。此即文殊師利境地。（卷三作文殊師利以居清涼山，五台之中台也。）……狀如覆銅盆。……齋後見數十僧巡禮南台去……晴天忽陰，晚際見其歸來，被雹打破笠子。五月一日天晴，擬巡台去……從停點西行十七里，向北過高嶺十五里到竹林寺斷中。……竹林寺有六院，……都有四十來僧。此寺不屬五台。」

按此段述事見此道爲河北朝山之主要路線，亦爲一段商旅行人之重要交通線。沿途每隔二三十里即置一普通院，供僧俗駐宿，尖食其中，可謂爲特供之設備。六七日行程中，見山中寺僧一行驅驢五十頭由深州運油，又有羊販一次驅羊五百頭，又嘗百餘人同宿一院中，足見此道雖爲山路，但交通甚繁盛，爲重要道路也。據此記載，由鎮州北行六十五里至行唐縣。又西北七十里至兩嶺普通院，又西北一百三十五里至龍泉普通院，又西行四十里至大復嶺，爲溪流東西分水嶺。過嶺西下，有南西兩路，圓仁取西路行五十里至停點普通院，北望中台頂峯。停點去南台甚近，蓋不超過十餘二十里，故數十僧可於下午來回也。又西行折北三十五里至竹林寺，實五台山口也。卷三述其拜山後，西南赴太原、長安之行程，仍從竹林寺西南經南台至五台縣。過定襄縣至名嶺鎮，實石嶺鎮之形譌也，即接代北雁門南通太原之驛道，石嶺鎮南行道，詳太原西北通單于都護府及河上三城道考（香港中文大學中國文化研究所學報第十卷）。

按申報館中國分省新圖之山西河北圖。有大道由正定北經行唐，略循沙河河谷西北行經曲陽，阜平，龍泉驛，折西南經五台縣，定襄縣，至忻縣。國防研究院中華民國地圖集之河北山西人文圖，有汽車道。行經略同，惟龍泉驛作關，是即因明清舊道而築者。今就圓仁所行經之地名有與今地名相同或相當，而里距可曉者，檢對於下。

行唐縣　此縣即今縣治。元和志一七，恆州，行唐縣南至州七十里。一統志正定府卷，同。與圓仁所云在州北六十五里者相合。

龍泉普通院　據圓仁所記，此地東南至行唐縣一百九十五里，至鎮州二百六十里。由此西行踰大復嶺至五台山，西南至五台縣，定襄縣。檢一統志正定府卷關隘目，龍泉關在阜平縣西七十里，有上下兩關，皆明代所建，爲戍守要地。東北至倒馬關一百五十里，西至五台縣一百八十里，長城嶺在其西二十里。又沿革目，阜平縣在府西北二百十里。東南至行唐縣界六十里，行唐縣在府北七十里，西北至阜平縣界（本誤作治）八十里，則由正定府至龍泉關之道，可中經行唐阜平兩縣。由府北行七十里至行唐，又西北一百四十里至阜平，又西七十里至龍泉關也。共二百八十里，與圓仁記相合，由關西出之路線亦同，可斷圓仁記之龍泉院即今龍泉關驛之地無疑。

兩嶺普通院　圓仁記，此院在行唐縣西北七十里。檢一統志正定府卷關隘目，兩嶺口巡司，「在行唐縣西北七十里，明洪武七年置巡司。」又山川目，雙嶺山「在今唐縣西北八十里，有雙嶺並峙。」此即圓仁所記者亦無疑。

大復嶺　圓仁由龍泉院西行四十里至此嶺，爲道中最高處，即太行山脊，爲東西分水嶺。檢一統志正定府卷山川目，長城嶺「在阜平縣西九十里。東至龍泉關二十里。嶺路陡峻，直上二十里。」此雖非必大復嶺，然形勢略相當。或長城嶺仍非最高山脊歟？或稍南北地區歟？惜不得親履其地驗之。然一統志正定府卷關隘目，龍泉關在阜平縣西七十里，有上下兩關，相距二十里，下關明正統中置，景泰中復於西北置上關。長城嶺陡上二十里，然上關不在嶺巔又甚明。以此推之，蓋上關在嶺之東麓，嶺去關二十里者，指嶺麓至下關而言。唐龍泉院在今下關，故去嶺巔四十里也。據圓仁記，龍泉即在院中，明先置下關，地在龍泉，故名。後置上關，乃因下關而名耳，非龍泉所在也。以此之言，則太復嶺正即今長城嶺矣。

解□普通院　圓仁記，此院東南去行唐縣一百三十里，西去龍泉院六十五里，則其地望與今阜平縣略相當，且同宿之供人僧尼一百餘人，必為大普通院，蓋其地較廣平，故北宋咸平中分行唐置北砦，金置阜平縣也，詳宋史地理志二及一統志正定府卷沿革目。

此外，圓仁記之使莊，在鎮州節度府正北二十里。「此莊即鎮州節度使王太尉之莊。太尉墓堂安在於中，……太尉薨後，經今三世矣。」按新二一一藩鎮列傳，鎮冀節，王武俊官至檢校太尉兼中書令，子士真，士真子承宗相繼為節度使。承宗年，武俊養子廷湊繼任，卒贈太尉，子元逵繼立。開成五年見在任。記云經今三世，則此太尉指武俊無疑。其墓莊在府正北二十里。按元和志，恆州治眞定縣，故權城即古之犍鄉也，縣北二十里，漢賈復破青犢於眞定之犍鄉即此。疑即其地。蓋地名權城，故武俊即以為莊園寓居墓葬耶？

由停點院西行至南台。由此西南行約三日至上房普通院，又一日經思陽嶺（五台縣東北十八里）至大賢嶺普通院，「路從嶺上過，當嶺頭有重山門樓」，（蓋即今閣嶺山），即五台南山門也。又五里至五 台縣（今縣）。又西南三十里過胡〔滹〕陁河，又西南三十里至定襄縣（今縣）。由縣又西四十五里至忻州治所秀容縣（今忻縣）。圓仁由定襄西南行卅里許到胡村普通院，又卅（一作廿）里許到宋村普通院，又卅五里到名〔石〕嶺鎮南關頭普通院，蓋亦經秀容南下，或別一道耳。

圓仁行記卷三，「從停點普通院西行十七里許，向北過一高嶺，行十五里，到竹林寺。」七月拜山事畢，仍「取竹林路。」西南至長安。一日，「從竹林寺前，向西南踰一高嶺，到保磨鎮國金閣寺。」……出金閣寺三門，尋嶺向南上坂行廿里到南台西頭。三日由南台出發，至定襄縣，所經略如綱文所述。按由停點院西行折北過高嶺至竹林寺，回程由竹林復出高嶺至南台，疑一般行旅不必繞經竹林寺；由停點院可能直西至南台歟？然莫能詳矣。

大賢嶺　一統志代州卷山川目，閣嶺山在五台縣東北十里，舊名白雲山，五台山由此而入，跨山爲道，跨道爲閣，俯瞰縣城，如在履舄之下。」此與圓仁記所述大賢嶺路形勢鍥合，當即一地，惟里數小異耳。

由定襄向西四十五里至忻州，見元和志及寰宇記四二，惟元和志方向在州西，字誤。圓仁由定襄西南行凡九十五里至名嶺鎮南關頭普通院，「名」爲「石」之形譌。按石嶺鎮南關在忻州南四十里，詳唐代太原西北通單于府及河上三城道（香港中文大學中國文化研究所學報第十卷），加忻州東至定襄里距，共八十五里，與圓仁記亦僅十里之異，可能爲一道，亦可能別行私道。

此道亦大抵爲明清大路與今汽車道所承襲。惟唐宋志書所記恆代間五百四十里路之西段，即五台山以西之行程者，則非此道。蓋由竹林寺西北行山路直指代州歟？則其程約爲一百五六十里，崩石嶺當在此道中。

按前引圓仁記，由恆州至大復嶺整三百里，下嶺西行五十里至停點院，又西北三十二里竹林寺，據其規模，蓋五台山南區之大寺，元和志明云取五台山路，若由此寺至代州，則應有一百五十八里。惟行程無考。

文主從一九八〇年三月七日寫成初稿，三月二二日訂補畢功，旋又寫成「易嫣間之故城鎮道」並前已寫成之「五台山進香道」皆附篇末。

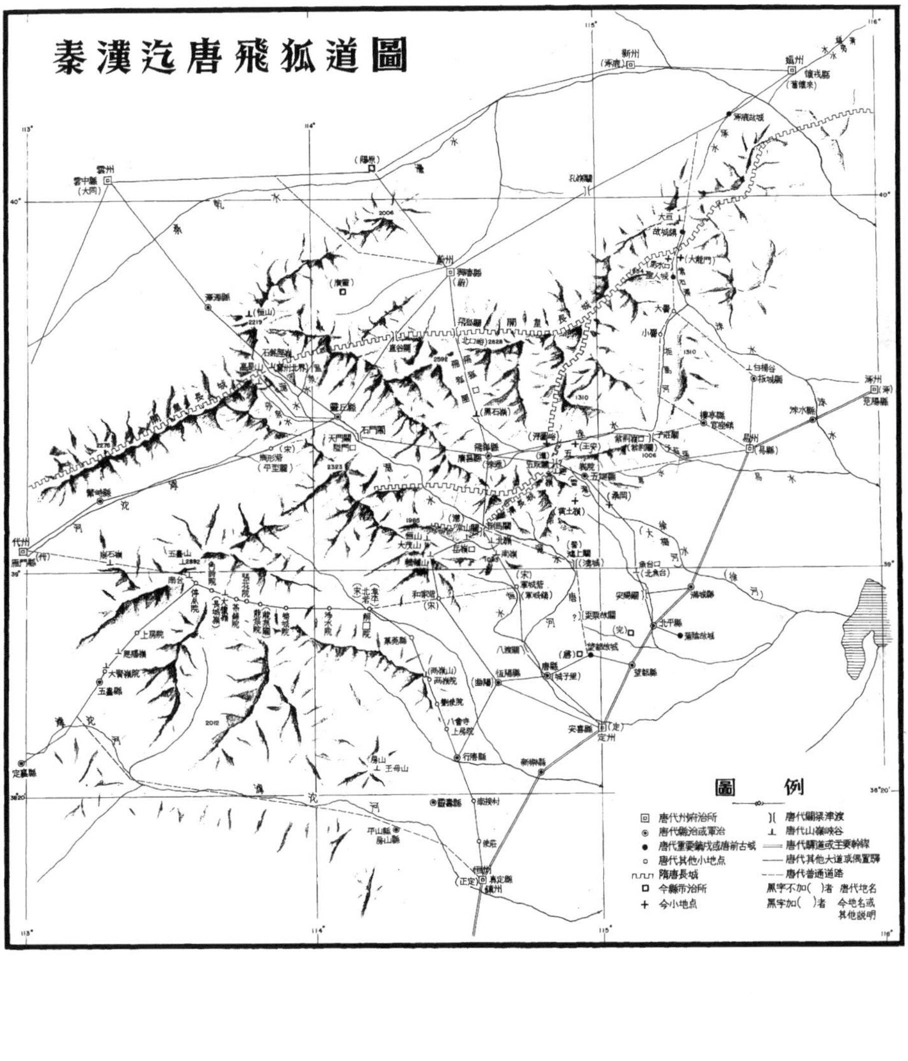


編按：原圖修復放大見圖錄冊，圖版二十一

# 試論西漢時期列侯與政治之關係

廖伯源

## 一、漢初功臣列侯集團之政治力量

所謂漢初功臣列侯集團，是指跟隨漢高祖起兵亡秦，圍滅項羽，擁立高祖爲天子，平定山東諸侯的有功將士。高祖於漢五年二月甲午即皇帝位。六年十二月甲申以後，陸續封他們爲列侯（註一）。據漢書卷十六高惠高后文功臣表，高帝所封功臣百三十七人，惠帝三人，高后十二人，孝文十人，共百六十二人（註二）。他們在高祖、惠帝、高后時及文帝之初年爲領兵將領，政府官吏之主要人選，百餘人聚居京師，外派者則爲郡國守相。同功一體，利益與共，可謂是漢初勢力強大的政治集團（註三）。以下試論其力量，及其與漢初政治之關係。

### 甲、漢初功臣列侯集團與高祖之關係

史記卷八高祖本紀，漢高祖劉季，沛縣人，出身平民，於秦時爲亭長，後亡命山澤之中，陳勝起，時蕭何爲沛功曹掾，曹參獄掾；二人與沛令謀，招沛人之亡在外者如劉季之屬，欲以劫衆起事。沛令後悔，閉城拒劉季。沛父老子弟共殺沛令，推舉劉季爲沛令。詳見史記卷八高祖本紀：

「劉季曰：『天下方擾，諸侯並起，今置將不善，壹敗塗地。吾非敢自愛，恐能薄，不能完父兄子弟。此大事，願更相推擇可者。』蕭、曹等皆文吏，自愛，恐事不就，後秦種族其家，盡讓劉季。諸父老皆曰：『平生所聞劉季諸多珍怪，當貴，且卜筮之，莫如劉季最吉。』於是劉季數讓，衆莫敢為，乃立季為沛公……於是少年豪吏如蕭、曹、樊噲等皆為收沛子弟二三千人。」

劉季於衆人之中，大概最為胆大豪邁不顧家，敢承大任，乘此際會，為沛子弟之首。初時其於沛子弟之心目中，未必為必然之領袖（註四），且有輕視之者。如史記卷八高祖本紀謂沛公引兵攻薛，使雍齒守豐，「雍齒雅不欲屬沛公，及魏招之，即反為魏守豐。」又卷五十六陳丞相世家曰：「王陵者，故沛人。始為縣豪，高祖微時，兄事陵……及高祖起沛，入至咸陽，陵亦自聚黨數千人，居南陽，不肯從沛公。」高祖已為沛子弟之首。由沛公而漢王，由漢王而天子。而同滅暴秦，共誅項羽，平定天下之功臣多是前此一字并肩之同鄉袍澤，及為主臣，其勢乃變。高祖初即位時，其關係尚甚為簡易親近。史記卷九十九叔孫通列傳謂已并天下，「羣臣飲酒爭功，醉或妄呼，拔劍擊柱，高帝患之。」叔孫通為起朝儀，定禮節，君臣之禮方顯，而皇帝之尊乃見。以上就漢高祖之出身言。劉邦起於微細，無世業可資，其初與諸功臣地位平等，並無君臣關係。呂后與審食其謀謂「諸將與帝為編戶民」，是也。及為沛父老子弟擁為首領，用時趁勢，亡秦滅楚，其與諸將之君臣關係是在打天下過程中逐漸建立。

其次言諸功臣之功勞。劉邦以沛縣亭長而至皇帝。其初為諸功臣擁為首領，固如前文，此為擁立之大功。入關亡秦，收巴、蜀、漢中，還定三秦，討魏、韓、趙、齊，圍滅楚項，又平定山東異姓諸侯。丞相蕭何長鎭後方，撫民修政，補兵充糧，使高祖無後顧之憂，而糧兵皆補給有時。張良、陳平之屬爲謀主，屢定奇計，決勝千里。隨何、酈生之徒爲說客，口舌之功，勝卒五萬（史記卷九十一黥布列傳），韓信、曹參、樊、酈、絳、灌、夏侯等百有餘人爲將軍，攻堅陷陣，守土禦敵。史記卷五十三蕭相國世家曰：「功臣皆曰：『臣等身被堅執銳，多者百餘戰，少者數十合，攻城略地，大小各有差。』」是也。漢家天下，爲高祖與諸功臣所共定。

再以漢初形勢言。高祖之初爲漢王，乃諸侯之一；及合衆諸侯之力誅項羽，受擁立爲天子。然其時關東諸異姓諸侯王國皆連城數十，兵精將猛。高祖於漢五年登基爲皇帝之後，其政策即爲消滅異姓諸侯王，代以子弟。欲消滅此等擁兵自治其國之異姓諸侯王，所能用者，唯麾下之諸功臣。以同姓諸侯王代替異姓諸侯王後，守邊禦蠻，行政治民，所用亦幾盡爲此類功臣。而此類功臣之部曲，或功小不及封侯，各以其功得賜爵級，任中央政府之次級官吏或地方官吏。如申屠嘉以材官蹶張，遷爲隊率、都尉，惠帝時爲淮陽守是也。其他如嘉之類，在所多有，亦與諸大功臣結成一體。此等功臣可謂是高祖建立帝國，治理帝國之力量。爲西漢帝國初期之支柱。

諸功臣於戰時爲袍澤，共事日久，又同功一體，利益與共，自然形成一勢力集團。漢高祖安撫、利用他們的政策是封他們爲列侯。漢高祖自爲漢王始，除非不得已，絕不封異姓王，以異姓王擁兵自治，封一異姓王即分己之力而多一敵國也。但一百餘名創立帝國之大功臣不能不有所賞賜，而且此等功臣爲帝國之安定力量，將領，官吏皆出其中；帝國之治理防衞尚多賴其出力，爲使其繼續效忠，賞賜也是必須的。秦代爲中央集權而建立之二十等爵制度恰好爲此時之用。漢高祖乃依將士之功勞大小，分別賜以高低爵級，功高封爲列侯，凡百三十七人。列侯有侯國，食租稅，可傳世，但不治其國，有封君之名而不損漢政府之治權（詳見漢代爵位制度試釋）。而且自秦以來，有功賜爵封侯之制深入人心（註五）。高祖諸將皆有大功，不得不封。史記卷五十五留侯世家所言最明：

高祖六年。「上已封大功臣二十餘人，其餘日夜爭功不決，未得行封。上在洛陽南宮，從復道望見諸將往往相與坐沙中語。上曰：『此何語？』留侯曰：『陛下不知乎？此謀反耳。』上曰：『天下屬安定，何故反乎？』留侯曰：『陛下起布衣，以此屬取天下，今陛下爲天子……此屬畏陛下不能盡封，恐又見疑平生過失及誅，故即相聚謀反耳。』上乃憂曰：『爲之奈何？』留侯曰：『上平生所憎，羣臣所共知誰最甚者？』上曰：『雍齒……』留侯曰：『今急先封雍齒以示羣臣，羣臣見雍齒封，則人人自堅矣。』於是上乃置酒，封雍齒爲什方侯。而急趣丞相，御史定功行封。羣臣罷酒，皆喜曰：『雍齒尚爲侯，我屬無患矣。』」

至於功不及侯者，則賜以關內侯以下爵級有差，或又賜食邑，田宅，且屢下詔，復其徭役，尊禮之。漢書卷一下高祖本紀曰：

五年，「夏五月，兵皆罷歸家。詔曰：『……軍吏卒會赦，其亡罪而亡爵，及不滿大夫者，皆賜爵爲大夫。故大夫以上賜爵各一級，其七大夫以上皆令食邑，非七大夫以下，皆復其身及戶，勿事。』又曰：『七大夫、公乘以上，皆高爵也……吾數詔吏先與田宅，及所當求於吏者，亟與……其令諸吏善遇高爵，稱吾意。且廉問，有不如吾詔者，以重論之。』」八年，「春三月，行如雒陽，令吏卒從軍至平城及守城邑者，皆復終身勿事。」十一年，「六月，令士卒從入蜀、漢、關中者皆復終身。」十二年，「三月，詔曰：『吾立爲天子……與天下之豪士賢大夫共定天下，同安輯之。其有功者上致之王，次爲列侯，下乃食邑……爲列侯食邑者……賜大第室……入蜀漢定三秦者，皆世世復。吾於天下賢士功臣，可謂亡負矣。其有不義背天子擅起兵者，與天下共伐誅之。』」

高祖之賞賜優待尊禮有功將士，目的爲安撫之，欲其心附漢室。亦表示仁至義盡，使其不至「背天子擅起兵」，從龍之士卒皆諸功臣列侯之部屬。封列侯與賞賜尊禮關內侯以下，實爲一事之二部份。

不但功臣不得不封，且終高祖之世，凡所舉措更張，有涉及列侯者，常慮及功臣列侯之反應。史記卷五十三蕭相國世家曰：

高祖以功人功狗之喻，與諸功臣論蕭何之功最高。乃多封蕭何。「列侯畢已受封，及奏位次，皆曰：『平陽侯曹參身被七十創，攻城略地，功最多，宜第一。』上已橈功臣，多封蕭何，至位次未有以復難之，然心欲何第一。」及關內侯鄂君進言蕭何所爲乃萬世之功，當第一。高祖乃令蕭何第一。

諸功臣皆以野戰之功多爲高，高祖獨以爲蕭何「鎮國家，撫百姓，給餽饟，不絕糧道」（卷八高祖本紀），爲功之最。然高祖不敢一意孤行，先說服諸功臣，然後乃封蕭何，以爲第一。心欲之而不敢，此高祖不敢得罪諸功臣。觀其後高祖因關內侯鄂君說蕭何功高而封鄂君爲列侯，則鄂君所說，爲高祖解決大難題可知。而諸功臣於高祖心中之地位又可知。又漢書卷三十四盧綰列傳：

「上欲王綰，爲羣臣觖望。及虜（燕王）臧荼，乃下詔，詔諸將相列侯擇羣臣有功者以爲燕王。羣臣知上欲王綰，皆曰：『太尉長安侯盧綰常從平定天下，功最多，可王。』上乃立綰爲燕王。」

高祖心甘情願所封之異姓諸侯王，唯盧綰一人。蓋其懲於秦之孤立無援，欲行封建郡縣二軌制。封王劉氏子弟塡撫天下，然高祖子弟少弱，盧綰幼與高祖親愛，封盧綰爲燕王有視爲同姓諸侯之意。封王盧綰，恐羣臣以爲賞賜不公，乃先使諸功臣議，疏通其意，然後乃封。漢書卷一下高祖本紀曰：

「人告楚王信謀反，上問左右，左右爭欲擊之。用陳平計，乃僞游雲夢。十二月，會諸侯於陳，楚王信迎謁，因執之。詔曰：『天下既安，豪傑有功者封侯；新立，未能盡圖其功。身居軍九年，或未習法令，或以其故犯法，大者死刑，吾甚憐之。其赦天下。』……上還至洛陽，赦韓信，封爲淮陰侯。」

韓信其實不反。高祖以其將才無人能及，又封王擁兵在外，難於安枕；故藉謠言先試左右諸將之意，諸將皆以韓信可殺，乃用陳平之計擒之。改封爲淮陰侯，軟禁於京師。所以不殺韓信者，以其無罪，而且韓信於諸將之中功最高，無罪而誅，恐使諸將寒心也。已執韓信，即下詔赦天下，申明有功未及封或犯法至死者非其雅意，欲以此消滅擒廢韓信於功臣列侯中所造成之反感。至於封侯時與列侯作誓：「『使河如帶，泰山若厲，國以永寧，爰及苗裔。』」（史記卷十八）而又「丹書鐵券，金匱石室，藏之宗廟。」（漢書卷一下）皆是欲堅諸功臣之意，使忠於漢室也。

計高祖自秦二世元年起兵，至漢十二年崩，凡十四年。漢五年誅滅項羽之前，是打天下。漢五年即位以後至十二年崩，是剷除異姓諸侯王，安定治理帝國。功臣列侯既爲領兵之將領，帝國建立後又爲治國之官吏。今據漢書百官公卿表，高祖元年至十二年，三公有蕭何、周苛、盧綰、灌嬰、周昌、趙堯、周勃七人，盡是功臣列侯。（其中盧綰後封燕王，不在功臣表內。）九卿有夏侯嬰、襄、周苛、周昌、曹參、王恬啓、義渠、薛歐、陽成延、丙猜、杜恬、酈商、公上不害、叔孫通、宣義、王氏、戚鰓、陳平，育十九人。其中可查之於功臣表，確定爲列侯者十四人。其他五人，周苛未封死事，高祖以其功封其子周成爲高景侯，是苛亦當在功臣列侯之列。義渠，育二人無考。王氏史失其名，功臣表中有王吸、王翥、王虞人、王競四人姓王，或爲其中之一。又諸功臣皆起自微細，少有通古今，明禮儀故事者；叔孫通以秦博士起朝儀，高祖以爲奉常。此爲儒生無功而官至九卿者。

據西漢郡國守相表（註六），自高祖至文帝四朝，可考之郡國守相凡六十四人（註七）。其中高祖所封列侯二十九人，高祖功臣而於惠帝、高后或文帝朝封爲列侯者九人（註八），共三十八人，約佔此時期全部可考之郡國守相百分之六十。

高祖之世，領兵將領固皆是功臣列侯，至施政治民之官，三公盡以列侯爲之，九卿亦絕大多數爲列侯；漢初四朝可考之郡國守相，功臣列侯亦佔百分之六十。功臣列侯集團爲高祖世之巨大政治力量，影響政治極大，顯而易見。

## 乙、惠、高后、文三朝功臣列侯集團之政治活動

高祖崩後，孝惠帝繼位。孝惠帝之仁弱與呂后之囂横，恰成對比。子弱母悍，惠帝在位七年，實政出呂

后。惠帝崩後，呂后稱制，廢帝立帝，封王諸呂，可謂爲所欲爲。然使呂后稍有顧忌者，厥爲功臣列侯集團。高祖所封之功臣列侯百三十七人中，薨在高祖十二年以前者十五人；雒侯鄧弱表闕年分不計外，於惠帝元年尚存百二十一人，至文帝元年，仍在者五十七人（註九）。漢書卷三十五荊燕吳傳，田生說呂后所幸大謁者張卿曰：「『臣觀諸侯邸第百餘，皆高祖一切功臣。』」是高祖之功臣於此時多居長安。百有餘人，非但同功一體，而且爵高官大。充塞朝廷；呂后對其有所顧忌，固所當然。

高祖崩前所言，如曹參可代蕭何爲相國，王陵、陳平又可繼之，周勃可爲太尉（史記卷八高祖本紀）；惠帝、高后皆一一執行。據漢書百官公卿表，惠帝、高后時之三公有蕭何、曹參、趙堯、王陵、陳平、周勃、審食其、任敖、曹窋、張蒼，又呂產爲太傅，相國，見呂后紀，共十一人。其中曹窋爲曹參子，呂產爲呂后親戚，其他九人皆高帝功臣。九卿計有陳平、夏侯嬰、叔孫通、襄、劉澤、薛歐、戚鰓、育、陽成延、免、審食其、劉郢客、根、圍、劉揭、賈壽，又馮無擇爲郎中令，見史記卷九呂太后本紀，凡十七人。其中十人可查之於功臣表，爲列侯。劉郢客爲宗正，按漢宗正以宗室爲之。叔孫通儒生，育、免、根、圍、賈壽無考。功臣列侯集團在高后治下，仍是一强大的政治力量，呂后雖然强悍，亦不得不禮遇之。史記卷九呂太后本紀曰：

「呂后最怨戚夫人及其子趙王，迺令永巷囚戚夫人，而召趙王。使者三反，趙相建平侯周昌謂使者曰：『高帝屬臣趙王，趙王年少。竊聞太后怨戚夫人，欲召趙王幷誅之。臣不敢遣王。王且亦病，不能奉詔。』呂后大怒，迺使人召趙相。趙相徵至長安，迺使人復召趙王。」

周昌爲趙相而敢三拒呂后之詔命，呂后亦無如之何，及以職事召趙相，方能致趙王長安。周昌之敢拒命，以爲高祖功臣，而呂后不欲强爲，亦以對功臣列侯集團之顧忌也。諸侯相而拒命天子，蓋漢初功臣列侯政治力量强大之一時特例。後世無類似事件。

惠帝即位七年而崩，呂后獨有惠帝一子。惠帝既崩，子少，呂后恐功臣列侯擁立高帝他子代惠帝後。始拔用諸呂，欲以親戚之力自固。史記卷九呂太后本紀曰：

「七年秋八月戊寅，孝惠帝崩。發喪，太后哭，泣不下。留侯子張辟彊爲侍中，年十五，謂丞相曰：『太后獨有孝惠，今崩，哭不悲，君知其解乎？』丞相曰：『何解？』辟彊曰：『帝毋壯子，太后畏君等。君今請拜呂台、呂產、呂祿爲將，將兵居南北軍，及諸呂皆入宮，居中用事，如此則太后心安，君等幸得脫禍矣。』丞相迺如辟彊計。太后說，其哭乃哀。呂氏權由此起。」（註十）

當其時也，呂后爲皇太后，名正言順，掌權有力；於京師舉足輕重，能左右局勢者，則爲功臣列侯集團。呂后欲使諸呂將兵用事，不知列侯反應如何，猶豫無所用其心。於親子之喪，亦哭不哀。張辟彊侍中，洞悉呂后之心，乃說陳平讓步。陳平時爲左丞相，與右丞相王陵同爲諸功臣列侯之首。王陵質直，陳平多智，二人爲相，恐陳平爲謀主之時多。又委任京師宿衞長官，權在天子，呂后之委任諸呂，並不抵觸法律故事。恐王陵亦不知反對。以陳平之智，固知其事非同小可；然其爲天下之乖巧人，衡量利害，不欲以堅碰硬；一時因循，至諸呂權勢日高。然呂后之初王諸呂，亦先探明功臣列侯之意。史記卷九呂太后本紀曰：

「太后稱制，議欲立諸呂爲王，問右丞相王陵，王陵曰：『高帝刑白馬盟曰：「非劉氏而王，天下共擊之。」今王呂氏，非約也。』太后不說。問左丞相陳平、絳侯周勃。勃等對曰：『……無所不可。』太后喜。」

已知大臣之意以爲許可，「迺追尊酈侯父（周呂侯呂澤）爲悼武王，欲以王諸呂爲漸。」（卷九呂太后本紀）按呂澤爲呂后兄，先追尊已死之呂澤爲王，其次立孝惠帝諸子爲王侯；然後示意大臣，使大臣請之，呂太后本紀謂「太后風大臣，大臣請立酈侯呂台爲呂王」是也。其事在高后元年。至七年，立趙王呂祿，八年立燕王呂通。封王諸呂先使大臣請之，又不敢同時而封，是顧及功臣列侯之反感也。呂后崩前戒呂產、呂祿謂「今呂氏王，大臣弗平。」爲平息大臣不平之心，又多封諸劉爲王。劉澤，諸劉之遠屬，亦以此得王。卷九呂太后本紀曰：「太后女弟呂嬃有女爲營陵侯劉澤妻，澤爲大將軍，太后王諸呂，恐即崩後劉將軍爲害，迺以劉澤爲琅邪王，以慰其心。」（註十一）又高后元年四月，「太后欲侯諸呂，迺先封高祖之功臣郎中令無擇爲博城侯……封齊悼惠王子章爲朱虛侯，以呂祿女妻之。齊丞相壽爲平定侯。少府延爲梧侯。乃封呂種爲沛侯，呂平爲扶柳侯，張買爲南宮侯。」（卷九呂太后本紀）是皆可證呂后欲侯王諸呂，恐功臣列侯集團之爲難，先疏通而以利安撫功臣列侯集團也。下引漢書卷三高后紀亦可見其欲恩結功臣列侯：

「二年春，詔曰：『高皇帝匡飭天下，諸有功者皆受分地爲列侯……朕思念至於久遠而功名不著，亡以尊大誼，施後世。今欲差次列侯功以定朝位，臧于高廟，世世勿絕，嗣子各襲其功位……』」

補注引王先愼解釋曰：「高祖已前作元功蕭曹等十八人位次，此復詔盡差列侯之功錄第下竟，欲以恩結列侯。」是也。又史記卷十八高祖功臣侯者年表謂柏至侯許溫，高后二年有罪免，絕。三年復封（註十二）。

而深澤侯趙將夜，赤泉侯楊喜，桃侯劉襄皆於高后初年奪絕其國，旋即復封（註十三）。史書不載四人所犯何罪，然列侯以罪免侯而又復封者，於漢世所見甚少，皆爲特異。此四人當是高后顧忌功臣列侯集團，特別安撫而得再侯。

呂后崩，諸列侯功臣旋即起而誅呂氏。史書謂呂氏欲爲亂（註十四）。此欲加之罪耳。今考諸呂之中，呂祿爲趙王，上將軍，軍北軍，爲諸呂中最重要人物之一。然諸功臣欲誅諸呂，使酈寄往說呂祿歸將印之國，以兵屬太尉。呂祿然其計，「使人報呂產及諸呂老人。或以爲便，或曰不便，計猶豫未有所決。呂祿信酈寄，時與出游獵。」後又解印屬典客，使太尉周勃得將北軍。若呂氏有反謀，其重要人物呂祿絕不可能自解兵權而以兵授敵。所謂呂氏謀反，乃子虛烏有。然諸功臣冒險誅諸呂，原因何在？當在呂后作爲太過份。殘殺戚夫人及高祖諸庶子，已是不得人心；及爲使呂氏長享富貴，又集權於諸呂。自漢初起，朝廷之重要職務，盡委於功臣列侯。高后起用其親戚，諸呂掌兵用事，是奪諸功臣之權。史記卷五十七絳侯周勃世家曰：「勃爲太尉，不得入軍門。陳平爲丞相，不得任事」是也。且呂台、呂產、呂祿之徒，於諸功臣乃是後生小輩，今憑呂后之關係，後來居上，諸功臣不喜諸呂，固不待言（註十五）。又呂后之擅權兇殘，在其治下，諸功臣多少受其壓迫。右丞相王陵反對王諸呂，呂后置之冗散（史記卷九呂太后本紀）。而呂后王諸呂，使人風大臣爲請。王諸呂非大臣所願，反要請之，在大臣而言，乃委曲求全；心理之屈辱，自可想見。又史記卷五十六陳丞相世家曰：

「呂嬃常以前陳平爲高帝謀執樊噲（按呂嬃爲噲婦），數讒曰：『陳平爲相非治事，日飲醇酒，戲婦

女。』陳平聞，日益甚。呂太后聞之，私獨喜。面質呂嬃於陳平曰：『鄙語曰：「兒婦人口不可用」，

顧君與我何如耳。無畏呂嬃之讒也。』」

陳平恐與呂后冲突，不敢治事，深自隱晦，乃得免。其他在位之功臣，處境或亦相同。呂后及諸呂之擅權用事，有損功臣列侯集團之政治利益，故不得不作補救，以免功臣過份反感。上文謂呂后諸多措施結恩於功臣者是也。然呂后殘害諸劉，而諸呂亦有權用事，力量發展，不可逆料；羣臣恐其取劉氏而代之，乃乘呂后之崩而誅之。故功臣列侯之誅諸呂，目的有二，一爲「扶劉氏」，預防諸呂勢力之過度發展而生變。二爲奪權，並報呂后當政時受諸呂壓抑之仇。議立代王時，羣臣皆曰：「『呂氏以外家惡而幾危宗廟，亂功臣。』」則其誅諸呂之目的明矣。二目的之中，又以後者所佔比重爲大。蓋呂后崩後，惠帝子少帝在位，少帝劉氏，呂氏無反謀，所謂「扶劉氏」，僅爲預防呂氏以後之可能謀反。而既誅諸呂，功臣列侯恐少帝將來爲呂氏報仇，乃誣以非惠帝子；而別立母家良善之代王。則功臣列侯以自已利益爲先之心，照然若揭。

呂后樹立呂氏勢力，殘弱諸劉，有損功臣列侯之利益。功臣列侯久欲誅呂氏。然於高后朝不敢發難，當以呂后乃高祖皇后，惠帝母；討之無名，適足蒙叛逆之罪，故陳平以下皆隱忍不敢發；然功臣之間，陰相交結，預謀誅諸呂。史記卷九十七酈生陸賈列傳曰：

「呂太后時，王諸呂，諸呂擅權，欲劫少主，危劉氏。右丞相陳平患之，力不能爭，恐禍及已，常燕居深念……（陸賈說平曰：）『天下安，注意相；天下危，注意將。將相和調，則士務附，士務附，天下雖有變，即權不分。爲社稷計，在兩君掌握耳。臣常欲謂太尉絳侯，絳侯與我戲，易吾言。君何不交

驩太尉，深相結？」爲陳平畫呂氏數事。陳平用其計，迺以五百金爲絳侯壽，厚具樂飲；太尉亦報如之。此兩人深相結，則呂氏謀益廢。」

此謂陳平，周勃之深相結交乃因陸賈之策。然陳、周二人相熟已久（註十六）。二人一爲丞相，一爲太尉，乃諸高祖功臣之首，其結交自影響功臣列侯集團。

誅諸呂之役可說是諸侯王與功臣列侯集團聯手。諸侯王祇有齊王起兵聲援，於京師與其事者皆列侯。今簡述其事，以見參加者之身份。

高后崩前，已慮及功臣列侯集團之仇視諸呂，乃以趙王呂祿爲上將軍，軍北軍；梁王呂產爲相國，居南軍，控制京師之戍衛。朱虛侯劉章，東牟侯劉興居皆齊哀王弟，請其兄發兵西誅諸呂而自立。齊王乃誅其相，奪琅邪王兵，并將之西向。漢聞之，相國呂產等迺遣潁陰侯灌嬰將兵擊齊。灌嬰至滎陽而與齊王聯和待變。於京師之中，絳侯周勃與丞相陳平謀，使曲周侯酈商子酈寄說趙王呂祿歸將印，以兵屬太尉，而之國守藩。呂祿猶豫不決。八月，平陽侯曹窋行御史大夫事，知郎中令賈壽告呂產以齊王、灌嬰聯和事，並說呂產入宮護衛；乃馳告丞相、太尉。太尉又令酈寄與典客劉揭先往說呂祿歸將印之國，祿聽信之，以印屬典客。然太尉仍不得入北軍；襄平侯紀通尚符節，持節矯內太尉北軍。太尉遂將北軍。丞相陳平使朱虛侯佐太尉周勃，太尉則令平陽侯曹窋告衞尉毋令相國呂產得入宮，呂產不得入未央宮內，徘徊庭中；太尉使朱虛侯領卒千人，擊殺產，又斬長樂衞尉呂更始，還報太尉。太尉乃遣人分部盡誅諸呂男女；告齊王罷兵，灌嬰兵亦罷歸。

陳平、周勃主謀，平陽侯曹窋行御史大夫事，往來通語消息，曲周侯酈商子酈寄說服呂祿棄兵，襄平侯紀通以符節矯令太尉入主北軍，朱虛侯劉章領兵誅呂產。史文簡要，此數人所爲最爲重要，故名之。其他功臣列侯贊成其事又與其事者當不少。陳平、周勃等若非得功臣列侯集團之支持亦不敢爲此大事。又灌嬰領兵擊齊，於滎陽私與齊王聯和，其當與陳平等早有預謀，否則不敢私自違命，而灌嬰麾下裨將當亦爲高祖功臣，若非此輩之支持，灌嬰亦難獨行其事。誅諸呂之役，高祖功臣列侯聯手爲主，齊王起兵與其二弟爲助，大功告成。當其時也，高祖之功臣列侯控制朝廷之局勢，故廢少帝，擇新帝皆以諸功臣之意爲決定。惠帝諸子，少帝、梁王、淮陽王、常山王，爲呂后親孫，諸功臣既誅呂氏，恐少帝等長大報仇，因誣爲非眞惠帝子，而議立高祖之他子爲皇帝。史記卷九呂太后本紀曰：

「或言：『齊悼惠王高帝長子，今其適子爲齊王，推本言之，高帝適長孫，可立也。』大臣皆曰：『呂氏以外家惡而幾危宗廟，亂功臣，今齊王母家駟，駟鈞，惡人也；即立齊王，則復爲呂氏。』欲立淮南王，以爲少，母家又惡。迺曰：『代王方今高帝見子，最長，仁孝寬厚。太后家薄氏謹良，且立長故順，以仁孝聞於天下，便。』迺相與共陰使人召代王。」

文帝之得立，以爲人寬厚而母家謹良也，則知諸功臣之擇文帝繼位是爲其本身利益着想。漢書卷三十八高五王傳謂羣臣議立代王，代王母家善，「以善人則大臣安。」是也。大臣使人召代王，欲立之。代王謀之於其羣臣，代羣臣多謂「漢大臣皆故高帝大將，習兵，多謀詐。」恐非眞意。宋昌獨排衆議，以爲劉氏天子之分已定，不必多疑。代王又與太后計議，猶豫不決；及卜卦，兆謂當爲天子，乃遣太后弟薄昭往見絳侯。明諸功臣迎立之意，乃敢進長安即位，其時高祖功臣列侯集團之力量可見。文帝即位，諸功臣鑒於諸呂之惡，對文帝之外親教訓提防。史記卷四十九外戚世家曰：

文帝竇皇后兄弟於文帝時富貴，家居長安。「絳侯、灌將軍等曰：『吾屬不死，命乃且縣此兩人。兩人所出微，不可不爲擇師傅賓客，又復效呂氏大事也。』於是乃選長者士之有節行者與居。竇長君，少君由此爲退讓君子，不敢以尊貴驕人。」

功臣列侯集團爲其利益，使人教誨文帝外戚，令其恭敬退讓。此亦可證功臣列侯集團於此時期之政治力量。

文帝既爲高祖功臣所立，即位後除以其代國舊臣「宋昌爲衞將軍，鎮撫南北軍，以張武爲郎中令，行殿中，」（史記卷十孝文本紀）又以其舅薄昭爲車騎將軍，使京師之戍衞及宮庭之宿衞武力操於舊臣之手外，任用諸高祖功臣。陳平、周勃、灌嬰等相繼為相。據漢書卷十九下百官公卿表，文帝朝三公計有陳平、周勃、灌嬰、張蒼、圍、馮敬、申屠嘉、陶青。除圍無考，馮敬、陶青（開封侯陶舍子）外，皆高祖功臣。據史記卷十文帝紀，文帝三年以丞相灌嬰擊匈奴。又據史記卷二十二漢興以來將相名臣年表，文帝三年，棘蒲侯陳武爲大將軍，擊濟北。昌侯盧卿、共侯盧罷師、甯侯魏遬、深澤侯趙將夜皆爲將軍，屬祁侯繒賀（註十七），將兵屯滎陽。六人皆高祖所封列侯（註十八）。孝文四年，安丘侯張說爲將軍，擊胡，出代。張說爲高祖所封（註十九）。孝文十四年，欒布，昌侯盧卿，隆慮侯周竈，甯侯魏遬皆爲將軍，東陽侯張相如爲大將軍，皆擊匈奴。中尉周舍爲衞將軍，郎中令張武爲車騎將軍，皆領兵屯長安旁。盧卿、周竈（註二十），魏遬，張相如（註二十一）皆高祖所封列侯。高祖十二年崩，至文帝十五年，相隔三十年，而文帝十五年以前所用之領兵將軍，幾皆爲高祖所封列侯。至後元以後，高祖功臣多薨或老朽不可用，乃起用張武，周亞夫等新將。由領兵將軍之人選，可知孝文帝朝前期高祖功臣列侯集團之政治力量極大。

高祖功臣列侯集團立文帝，在文帝初年勢力大，故文帝極爲尊重高祖之功臣列侯，誅諸呂擁立有功者皆多所賞賜。至孝文元年，又下詔：「列侯從高帝入蜀，漢中者六十八人皆益封各三百戶，故吏二千石以上從高帝潁川守尊等十人食邑六百戶，淮陽守申徒嘉等十人五百戶，衞尉定等十人四百戶……秋，封故常山丞相蔡兼爲樊侯。」（史記卷十文帝紀）據史記卷十九惠景間侯者年表，蔡兼亦高祖功臣。至此乃封，以功小，高祖時不封，文帝恩寵高祖功臣，封之爲列侯。又故吏二千石賜食邑者凡三十人；據史記卷九十六張丞相列傳曰：

「孝文元年，舉故吏士二千石從高皇帝者，悉以爲關內侯，食邑二十四人，而申屠嘉食邑五百戶。」

漢書卷四十二補注錢大昭謂本紀三十人，傳止二十四人，未知孰是。人數有異，此且不論。於此欲明者，則爲此等皆從高祖之功臣，其功不顯，積勞至二千石以上，今賜爵關內侯，賜食邑。文帝恩結高祖功臣之心明矣。

文帝之施政，亦極爲尊重高祖功臣列侯之意見，史記卷八十四屈原賈生列傳曰：

「賈生以爲漢興至孝文二十餘年，天下和洽，而固當改正朔，易服色，法制度，定官名，興禮樂。乃悉草具其事儀法，色尚黃，數用五，爲官名，悉更秦之法……於是天子議以爲賈生任公卿之位。絳、灌、東陽侯、馮敬之屬盡害之，乃短賈生曰：『雒陽之人，年少初學，專欲擅權，紛亂諸事。』於是天子後亦疏之，不用其議，乃以賈生爲長沙王太傅。」

漢書卷二十二禮樂志亦謂賈誼草具禮樂制度改革之儀，「天子說焉。而大臣絳、灌之屬害之，故其議遂寢。」文帝喜賈誼之議，且欲以爲公卿，行改革，以諸大臣皆反對，乃不用。是文帝尊重功臣列侯；然亦可說是功臣列侯力量大，文帝抑已而遷就之。

功臣列侯羣居京師，同功一體，成幫結黨，官高爵顯，干預政治，自高帝以來，施政常顧及其反應。文帝由諸侯王爲所立，對功臣列侯集團之力量感受更深。欲分散此列侯之集體力量，唯有使之離開京師，各歸其國。文帝即位年餘，從賈生之議，於二年初下詔使列侯之國。史記卷十孝文本紀曰：

「二年十月……上曰：『朕聞古者諸侯建國千餘，各守其地，以時入貢，民不勞苦，上下驩欣，靡有遺德。今列侯多居長安，邑遠，吏卒給輸費苦，而列侯亦無由教馴其民。其令列侯之國，爲吏及詔所止者，遣太子。」

然諸列侯遷延不走。故文帝三年十一月又下詔曰：

「『前日詔遣列侯之國，或辭未行。丞相朕之所重，其爲朕率列侯之國。』絳侯勃免丞相就國。」

詔令列侯之國一年有餘，列侯仍逗留京師，是列侯集團人多勢衆，敢違詔命，而文帝亦不敢用强。故又再申令，並免周勃丞相，使爲列侯之表率，就國。其後列侯例皆居其國（註二十二）。列侯之國，遠離京師，四處分散，人單勢孤，再也不能對京師之政治置喙。而且列侯不治其國，無兵權，受制於地方長吏。詳見漢代爵位制度試釋。於京師則位高望重，備受禮敬，及其之國，一獄吏足以制之。列侯之國可說是高祖功臣列侯政治力量分崩瓦解的重要原因（註二十三）。三十六年之後，景帝後二年，「冬十月，省徹侯之國。」注晉灼曰：「文紀遣列侯之國，今省之。」（漢書卷五景帝紀）景帝後二年，去高祖崩已五十三年，高祖之功臣列侯第一代盡皆老死，繼嗣列侯生於安樂，於封國中爲食租之地主。其政治力量已不足畏矣。景帝於此時省列侯之國，政治作用甚少，但爲方便皇室之親戚可留於京師而已。史記一百七魏其武安侯列傳：武帝初，以魏其侯竇嬰爲丞相，武安侯田蚡爲太尉，「魏其、武安俱好儒術……令列侯就國……時諸外家爲列侯，列侯多尚公主，皆不欲就國，以故毀日至竇太后。」魏其，武安等發列侯就國之議，政治作用不多，因其時列侯力量已不足畏。在京師之列侯所能爲者，但藉尚公主爲親戚，毀魏其等人於竇太后之前，欲竇太后出而爲之助而已。其後武帝元鼎五年，藉酎金少，或色惡，免列侯近百人（武帝紀作百六人，據侯表爲九十人，或侯表有遺漏，考詳漢代爵位制度試釋），其時列侯之毫無政治力量，宰割任由天子，明矣。要者，景帝以後列侯多居其國爲食租之地主。地位特別受尊重者乃加特進，奉朝請之號，得居京師，間或得參與朝議。普通列侯連朝請之機會皆無，列侯已不成爲一政治力量。

## 二　西漢丞相與列侯之關係

史記卷五十三蕭相國世家曰：

「及高祖起兵爲沛公，何常爲丞督事……沛公爲漢王，以何爲丞相……漢王引兵東定三秦，何以丞相留收巴、蜀，塡撫諭告，使給軍食。漢二年，漢王與諸侯擊楚，何守關中，侍太子，治櫟陽。爲法令約束，立宗廟社稷宮室縣邑，輒奏上，可，許以從事；即不及奏上，輒以便宜施行，上來以聞。關中事計戶口轉漕給軍，漢王數失軍遁去，何常興關中卒，輒補缺。上以此專屬任何關中事。」

高祖初起，爲沛公。沛公者，沛縣之令長也。以蕭何爲丞，據漢書卷十九上百官公卿表，「縣令長……皆有丞、尉」。丞爲縣令長之佐官；助縣令長督事。沛公以蕭何爲丞，有爲副貳之意。及爲漢王，以何爲丞相，留後方，收撫巴、蜀，督事關中。漢王於關東征戰，關中後方之事，全委蕭何主持。在高祖之心目中，蕭何實爲其最重要之輔佐，可托以大事（註二十四）。及封侯定功次，高祖違功臣之意，以蕭何爲第一，曹參爲第二。蕭何終高祖之世，長居相位，以功最高，爲高祖所信也。及於孝惠帝二年薨，曹參代爲相國。史記卷五十四曹相國世家謂其時參爲齊丞相，聞何薨，「告舍人趣治行，『吾將入相』。居無何，使者果召參。」參何以知當代何爲漢相國？以功次蕭何，且又有治齊之治績，當代之也（註二十五）。其時百官幾盡爲功臣列侯，若丞相非功臣或功小無威望者，恐難爲百僚之首而總領衆職。自高祖以下考慮丞相人選，當以是否功臣及功勞之大小爲重要之決定因素（註二十六）。卷五十六陳丞相世家曰：

陳平自孝惠，高后時爲丞相。「孝文帝立，以爲太尉勃親以兵誅呂氏，功多；陳平欲讓勃尊位，乃謝病。孝文帝初立，怪平病，問之。平曰：『高祖時，勃功不如臣平（註二十七）。及誅諸呂，臣功亦不如勃。願以右丞相讓勃。』於是孝文帝乃以絳侯勃爲右丞相，位次第一；平徙爲左丞相，位次第二。」是功高者爲丞相明矣。今觀漢初至孝景元年，丞相爲蕭何、曹參、王陵、陳平、審食其、呂產、周勃、灌嬰、張蒼、中屠嘉。除呂產爲呂后親戚外，皆高帝功臣，且皆大功臣。審食其功雖稍次，其爲丞相在高后時，以高后故人，得幸高后故也。至申屠嘉之爲相，高祖之大功臣皆盡老死。嘉於高祖時爲材官蹶張，遷爲隊率；惠帝時，積功至淮陽守，文帝時爲御史大夫。「張蒼免相，孝文帝欲用皇后弟竇廣國爲丞相，曰：『恐天下以吾私廣國。』廣國賢有行，故欲相之，念久之不可。而高帝時大臣又皆多死，餘見無可者，乃以御史大夫嘉爲丞相，因故邑封爲故安侯。」（史記卷九十六張丞相列傳）按申屠嘉爲相在孝文後二年，其時高祖之功臣列侯尚見在者，有博陽侯陳濞、北平侯張蒼、愼陽侯欒說、嚴侯許猜四人（以父死軍事而封者不計在內）。其中陳濞於此年薨；欒說爲韓信舍人，告韓信反有功侯，非以文治武功得封。高帝之大功臣盡皆老死；文帝仍不敢以賢而有行之皇后弟竇廣國爲丞相，而以高祖之小功臣御史大夫申屠嘉爲之。前此丞相皆以功臣列侯爲之，申屠嘉功小，爵關內侯，故拜相時封嘉爲列侯；以後成爲制度，丞相若非列侯，於拜相時封爲列侯。詳見漢代爵位制度試釋。而景武之世，多以高祖功臣子孫繼位列侯者爲丞相。據漢書卷十九下百官公卿表（亦參見周道濟漢唐宰相制度附錄一，漢唐宰相年表。）景帝丞相自申屠嘉死後，有陶靑（開封侯，高祖功臣陶舍子）、周亞夫（條侯，高祖功臣絳侯周勃子）、劉舍（桃侯，高祖功臣劉襄子）、衞綰（建陵侯，以將軍擊吳楚有功封）。武帝丞相有衞綰、竇嬰（魏其侯，孝文竇皇后姪，平七國之亂有功封）、許昌（柏至侯，高祖功臣許盎孫）、田蚡（武安侯，景帝王皇后同母弟）、薛澤（平棘侯，高祖功臣廣平侯薛歐孫，澤初嗣廣平侯，有罪免。後復封平棘侯）、公孫宏（以爲丞相封平津侯）、李蔡（安樂侯，擊匈奴有功封）、嚴靑翟（武彊侯，高祖功臣嚴不職孫）、趙周（高陵侯，以父爲楚太傅死事侯）、石慶（以爲丞相封牧丘侯）、公孫賀（擊匈奴有功封爲列侯，坐酎金免，及爲丞相封爲葛繹侯）、劉屈氂（中山靖王子，以爲丞相封澎侯）、田千秋（以爲丞相封富民侯）。武帝朝諸丞相之中，除公孫宏、石慶、公孫賀、劉屈氂、田千秋五人於拜相時封侯外，其餘諸位皆是爲丞相前已是列侯。更值得注意者則爲至拜相乃封侯諸人皆是武帝晚年之丞相。

後世多以爲西漢丞相有缺，以御史大夫昇任。西漢後期人既有此印象。如漢書卷八十三朱博傳，博爲大司空，奏言：「『故事……選中二千石爲御史大夫，任職者爲丞相，位次有序，所以尊聖德，重國相也。今中二千石未更御史大夫而爲丞相，權輕，非所以重國政也……』」此所謂「故事」者，乃景武以後遂漸發展而成之慣例，漢初並不然，且景武以後亦未必遵從。漢高祖至文帝四朝之丞相，由御史大夫昇任者，僅張蒼與申屠嘉而已。上文引史記張丞相列傳謂丞相張蒼免，文帝本欲以皇后弟竇廣國爲之，恐天下言其私，不可。而高祖諸功臣見在者四人，無可者，乃以御史大夫申屠嘉爲丞相。是文帝挑選丞相，以才行及高祖功臣爲先，無可者乃以御史大夫申屠嘉充任。而嘉之入選，恐其爲御史大夫之理由少，而以曾從高祖有功之理由多。又據芮和蒸著西漢御史制度，西漢丞相共四十六人，中以御史大夫昇任者二十二人，佔百分之四十七。丞相由御史大夫昇任者不及總數一半。

西漢丞相職掌之其中二項爲奏請及諮議。奏請及諮議之事項幾無所不包。由於奏請、諮議只是貢獻意見，決定權在皇帝，故丞相之政治作用往往因人而異。蓋皇帝是否接受丞相之奏請，是否經常向丞相諮詢，往往與皇帝、丞相之爲政態度、性格及政治形勢有關。如漢初丞相常所言皆聽，以高祖托蕭何以庶事，而孝惠高后文帝對高祖功臣尊重。至孝景時用內史、御史大夫朝錯之言而絀丞相申屠嘉。武帝時御史大夫張湯用事，而大司農丞東郭咸陽、孔僅及搜粟都尉桑弘羊之經濟政策盪動天下，與丞相石慶等屍位素餐，亦成强烈對比。即同在武帝朝，公孫弘為相，善觀人主之意而隨機應變，其政治作用比薛澤、嚴青翟、趙周、石慶之徒為大，固可斷言。昭帝時，霍光專政，丞相無有可言者，然宣帝用魏相、丙吉，二人乃有賢相之名。元成之後外戚中朝官用事，丞相少有可觀者，然梗直之丞相如王嘉之屬，對皇帝仍有相當之影響。就此言之，西漢丞相之權力大小因時因人而異。

漢初以高祖大功臣為丞相，丞相為百官之首，地位最高，掌丞天子，助理萬機；而漢初百官幾皆高祖之功臣。故丞相自然成為功臣列侯集團之首領，受功臣列侯之支持。

漢初丞相請事，有列侯為之聲援，故丞相所請皆聽，而諮議時列侯皆得與議，功臣列侯衆口一聲，人多勢大，故丞相所議常為皇帝所接納。且高祖常征戰在外，任蕭何以關中衆事，諸事先請後行或不及請，先行之，高祖至乃補請。此為高祖與其起事功臣之互相信任。及孝惠高后文帝，對高祖功臣亦尊重有加，此所以漢初丞相權力大。

高祖功臣於文帝後年幾已死盡，即不死者亦老朽不堪復用。文帝之最後一任丞相為申屠嘉。嘉曾從高祖為隊率，有小功；其為相時，功臣列侯之力量已經消失，然文帝仍以對待陳平、周勃等丞相之例，對嘉相當尊重。史記卷九十六張丞相列傳謂文帝愛幸鄧通於朝會無禮，嘉召辱之，欲致之法，文帝使使者召通，謝丞相，乃解。是文帝肯抑其幸臣而全丞相之尊嚴。此文帝所以為儒者稱道。及景帝即位，丞相仍為申屠嘉，景帝不用其言，嘉亦無如之何，暴怒，嘔血而死。史記卷九十六張丞相列傳曰：

「孝景帝即位二年，鼂錯為內史，貴幸用事，諸法令多所請變更，議以謫罰侵削諸侯。而丞相嘉自絀所言不用，疾錯……（錯穿太上皇廟堧垣爲門，嘉奏請誅之，景帝以錯無罪。）罷朝，嘉謂長史曰：

「吾悔不先斬錯，乃先請之，爲錯所賣。」至舍，因歐血而死。」

申屠嘉以後，繼位之丞相多不堪，史記卷九十六張丞相列傳曰：

「自申屠嘉死後，景帝時開封侯陶青、桃侯劉舍爲丞相，及今上時，柏至侯許昌、平棘侯薛澤、武彊侯莊青翟、高陵侯趙周等爲丞相，皆以列侯繼嗣，娖娖廉謹，爲丞相備員而已，無所能發明功名有著於當世者。」

此以功臣列侯子孫爲丞相者言之，亦可見其時功臣列侯力量之崩解。景帝時周亞夫亦曾爲丞相。史記卷一百七魏其武安侯列傳曰：「孝景時每朝議大事，條侯、魏其侯，諸列侯莫敢與亢禮。」條侯周亞夫，魏其侯竇嬰在孝景時地位特尊，影響特大，蓋其於吳楚七國反時爲大將軍，主征伐，平叛亂功大也。丞相或他官之權力大小，常與其與皇帝之關係而定。此亦可證。諸列侯嗣子但享先人遺蔭，既無功於當時，又無親於今上，亦無政治力量爲之後盾。其不受尊重，所言不聽，固有其理。至武帝之世，視丞相直如傀儡，且多所侵削誅殺。上文所列武帝朝丞相十三人。衞綰爲景帝末年丞相，武帝即位即免之。用竇嬰、田蚡，二人以外戚，較之其他，尚稍有作爲（註二十八）。許昌、薛澤、趙周已見上引張丞相列傳。公孫弘爲相，其人佞巧，不敢面折廷爭，常觀人主之意隨時應變，阿旨從耶，故其能以丞相終，而武帝常使內廷小臣與公孫弘等大臣廷辯，使其違已而從主上之意（註二十九），丞相之威可謂盡失。公孫弘之繼任者更爲不堪，漢書卷五十八公孫弘傳曰：

「其後李蔡、嚴青翟、趙周、石慶、公孫賀、劉屈氂繼踵爲丞相。自蔡至慶，丞相府客館丘虛而已，至賀、屈氂時，壞以爲馬廐、車庫、奴婢室矣。唯慶以惇謹，復終相位，其餘盡伏誅云。」

石慶之所以得全身終老，以其完全無爲。漢書卷四十六石奮傳曰：

「是時……中國多事……公家用少，桑弘羊等致利，王溫舒之屬峻法，兒寬等推文學，九卿更進用事，事不關決於慶，慶醇謹而已。在位九歲，無能有所匡言，嘗欲請治上近臣所忠，九卿咸宣，不能服，反受其過，贖罪。元封四年，關東流民二百萬口，無名數者四十萬，公卿議欲請徙流民於邊以適之。上以爲慶老謹，不能與其議，乃賜丞相告歸，而案御史大夫以下議爲請者。慶慙不任職。」上書乞骸骨。武帝報曰：「『……今流民愈多，計文不改……動危之而辭位，欲安歸難乎？君其反室！』慶素質，見詔報反室，自以爲得許，欲上印綬。掾吏以爲見責甚深，而終以反室者，醜惡之辭也，或勸慶宜引決。慶甚懼，不知所出，遂復起視事。慶爲丞相，文深審謹，無他大略，後三歲餘，薨。」

是武帝委石慶爲丞相，然事不關決於慶。及慶稍有微詞，即嚴辭譴斥之。承相掾史以爲慶當自殺，是知武帝對石慶，亦不稍顧惜；慶以質拙不知所措，反得免。武帝之不用丞相，又動輒誅殺丞相，至使人視拜相爲畏途。漢書卷六十六公孫賀傳，賀拜相時哭泣請辭是也。武帝此時視丞相如無物，因丞相毫無政治力量爲其後盾也。由此反觀漢初丞相之地位權力，則知漢初功臣列侯對其時相權影響之大矣。

丞相有不法事，吏民可上奏言其罪惡。蕭何爲消解高祖疑忌之心，强賤買民田宅；民上書高祖言之，是其例也。然漢初百官奏劾丞相罪惡者極少。至漢武之後，其事漸多。漢書卷六十六公孫賀傳，朱安世於獄中上奏丞相公孫賀父子祝詛事，賀父子俱死獄中。劉屈氂傳，「內者令郭穰告丞相夫人以丞相數有譴，使巫祠社，祝詛主上。」丞相屈氂腰斬。此後其事益滋。宣帝時京兆尹趙廣漢有違法事下丞相案驗，「廣漢使所親信長安人爲丞相府門卒，令微司丞相門內不法事。」使人風曉丞相，後又「自將吏卒突入丞相府，召其夫人跪庭下受辭。」（卷七十六趙廣漢傳）廣漢雖坐腰斬；其敢於微察丞相府內事，又入丞相府審問丞相夫人，簡直目無丞相。漢書卷八十九黃霸傳，京兆尹張敞上書謂丞相黃霸訓令上計吏之條例不善，請遣貴臣臨飭上計吏。考課上計爲丞相職掌之一。張敞所奏干涉丞相職事。卷七十六王尊傳，司隸校尉王尊奏劾丞相匡衡，御史大夫張譚於元帝時阿附畏事中書謁者令石顯，及成帝即位，乃奏顯舊惡，不以時上奏行罰，附下罔上，失職，又揚先帝過失。成帝以初即位，不欲重傷大臣，左遷尊。然尊所言乃事實。卷八十一匡衡傳，「元帝時，中書令石顯用事，自前相韋玄成及衡皆畏顯，不敢失其意。」丞相受制於中朝小臣。其時丞相之權力可知。及王尊之敢奏劾匡衡等，亦以其鄙視丞相之失權也。卷八十二王商傳，大將軍王鳳與丞相王商不和，「陰求其短，使人上書，言商閨門內事。天子以爲暗昧之過，不足以傷大臣，鳳固爭，下其事司隸。」太中大夫張匡佞巧，言「丞相商作威作福，從外制中，取必於上」。成帝以匡言多險，不治王商，「鳳固爭之」，乃免商丞相。王鳳爲成帝舅，欲專事擅權。王商梗正，王鳳多所毀商，欲去之而後快，此亦中朝官壓制外朝大臣之例。至張匡謂王商「作威作福，從外制中」，則純爲胡言。王商傳謂商部屬按驗大將軍王鳳姻親琅邪太守楊肜郡有災害事，鳳風商不可上奏。「商不聽，竟奏免肜，奏果寢不下。」丞相王商行其職事，奏免失職之郡守，尚爲大將軍鳳寢其奏，大將軍領尚書事以皇帝親近阻止丞相行其正常職掌。丞相何能從外制中？又卷八十四翟方進傳，「丞相御史請遣掾史與司隸校尉、部刺史並力逐捕（浩商等）……奏可。司隸校尉涓勳奏言：『……今丞相宣（薛宣）請遣掾史，以宰士督察天子奉使命大夫，甚誖逆順之理……願下中朝、特進列侯、將軍以下，正國法度。』議者以爲丞相掾不宜移書督趣司隸。」此事在成帝時。丞相爲百官之首，掌丞天子，助理萬機，丞相遣掾史督察他官，是丞相行使其職掌。此當是慣例。涓勳以爲不合理，中朝議者亦以爲丞相掾史不宜移書督趣司隸校尉。是丞相之權威，不再爲百官看重。漢書卷四十五息夫躬傳，躬於哀帝時爲光祿大夫左曹給事中，「上疏歷詆公卿大臣曰：『方今丞相王嘉健而蓄縮，不可用。御史大夫賈延墮弱不任職……』」是亦醜詆丞相，藐視大臣。卷七十二鮑宣傳，宣於哀帝時爲司隸，「丞相孔光四時行園陵，官屬以令行馳道中，宣出逢之，使吏鉤止丞相掾史，沒入其車馬，摧辱丞相。」鮑宣因此髡鉗。

自景武以後，丞相之權威日益下降。昭宣以後大司馬諸將軍凌越丞相，用事有權；西漢末丞相但充位而已。因漢初丞相皆功臣，又有衆多之功臣列侯與之同心，故受尊重。景武以來，丞相無此政治力量爲後盾。丞相之職掌丞天子，助理萬機，凡事皆得奏請諫諍，又爲百官之首，爲官僚機構之代表。官僚處理日常政務，爲實際之需要，「通常都建立並維持若干普遍性的法度……對於要破壞此種法度的外來壓力（如君主或特殊階級），官僚制度則盡可能的加以抗拒。」此外，行政機構的官僚，「往往把自己看作是國家或社會的公僕（即使『國家』是一王朝的形式也不例外）；他們並不認爲自己只是統治者的私臣。」（註三十）丞相代表官僚羣，欲維持法度，故最易與皇帝之獨裁權力沖突。且獨裁君主之心理，權力不容分享。丞相等外朝臣地位高，若有權，多不便於皇帝。故武帝好用內庭小臣。昭宣以後中朝官用事，以親近左右，易用方便也，此章太炎之所謂「人主之狎近幸，而憎尊望者之逼已也。」（註三十一）西漢後期丞相地位、權力每況愈下，蓋丞相無政治勢力爲其後盾，而皇帝故意壓抑丞相權威，任用外戚、中朝官。君主專政政體下，皇帝是唯一的權力來源。諸官僚之所謂職掌，權力皆隨皇帝之好惡而改變。此爲君主專制型態之政治制度之一特徵。

## 註釋

註一：劉邦於初起兵時已賜有功將士爵邑，及爲漢王，爵邑之封賜更多。然皆爲承諾，並非實封，至六年定封後盡除前所封賜。

註二：呂后兄周呂侯呂澤及建成侯呂釋之亦於高祖時有功封，漢書列之於外戚恩澤侯表，不計入。惠帝、高后、文帝所封之功臣多於高祖時有軍功，故於此總而論之。

註三：薩孟武著中國社會政治史第一册第二章第三節，舉漢高祖不得不封功臣爲列侯，諸呂畏懼列侯，列侯立文帝及代王確知大臣之意後，乃敢入京登基四事，而謂列侯於漢初政治勢力强大。從而謂漢在武帝以前，丞相必以列侯任之，丞相代表列侯，統宰百揆，牽制天子之專擅。本文之寫作，受薩氏之啓示甚多。

註四：劉季其人，諸多神怪。或以後爭天下時所造作，以驚動大衆，以其爲眞命天子。沛欲起事應陳勝，時劉季亡命山中，其衆數十百人，力量甚小。沛令與蕭、曹謀起事時招劉季，欲以其部「劫衆，衆不敢不聽」；招劉季時未必欲以其爲首領，後沛令反悔誅死，羣龍無首，乃推劉季爲沛令。

註五：史記卷八十九張耳，陳餘列傳曰：陳涉使武臣北略趙地。武臣渡河，說其豪傑曰：「『於此時而不成封侯之業者，非人豪也。』」卷七項羽本紀，東陽少年欲立陳嬰爲王，嬰母謂曰：「『不如有所屬，事成猶得封侯，事敗易亡，非世所指名也。』」

註六：嚴耕望師輯，西漢郡國守相表，收入兩漢太守刺史表，國立中央研究院歷史語言研究所專刊之三十，上海，商務印書館，民國三十七年二月。

註七：同一人爲二任郡國守相，如閻澤赤爲河上守，遷爲殷相，作二人計算。

註八：其中呂更始爲呂后親戚，然其「爲舍人、郎中十二歲，以都尉屯霸上，用楚丞相侯」，亦爲高祖功臣，計算在內。申屠嘉高祖功臣，於孝惠時爲淮陽守，後文帝以嘉爲丞相，封爲故安侯。嘉封侯在爲淮陽守之後，不計算在內。

註九：見漢高祖功臣列侯封侯年份與薨年或奪爵年份簡表：

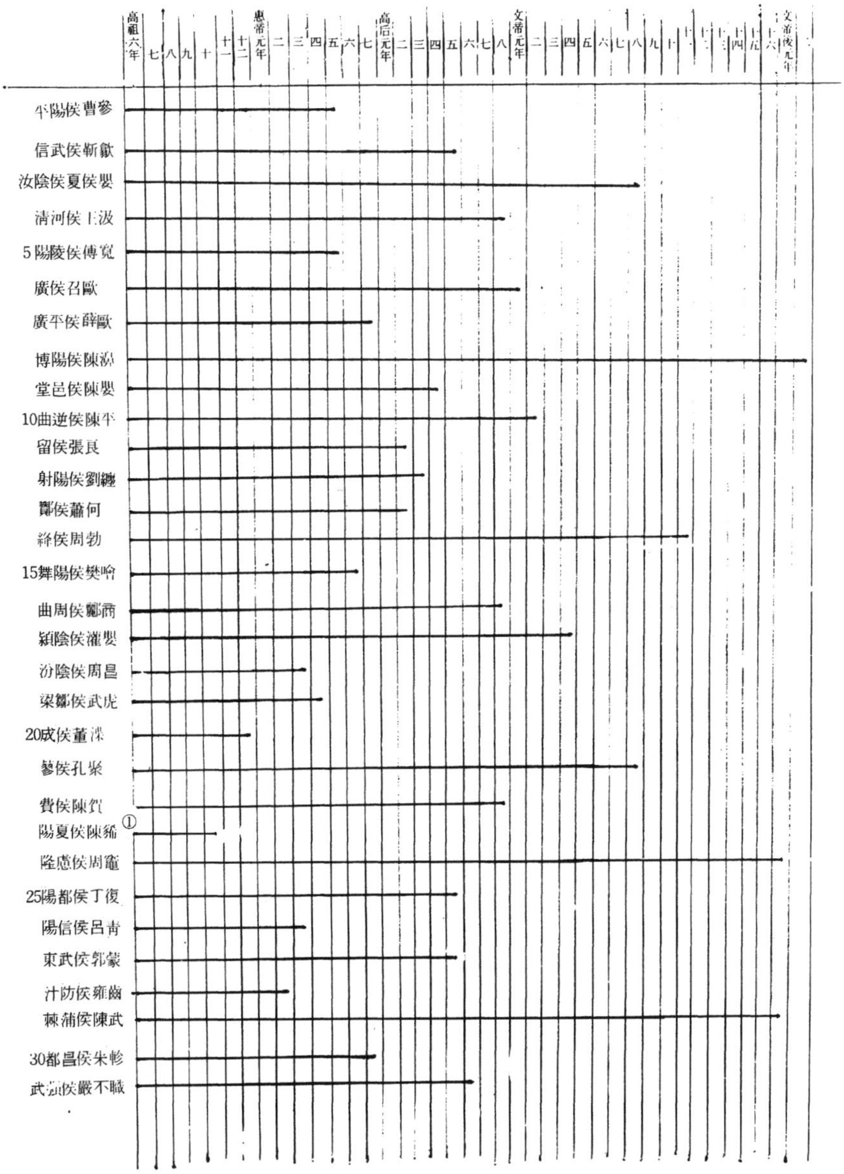
高祖六年
七
八
九
十
十一
十二
惠帝元年
二
三
四
五
六
七
高后元年
二
三
四
五
六
七
八
文帝元年
二
三
四
五
六
七
八
九
十
十一
十二
十三
十四
十五
十六
文帝後元年
平陽侯曹參
信武侯靳歙
汝陰侯夏侯嬰
清河侯王汲
5陽陵侯傅寬
廣侯召歐
廣平侯薛歐
博陽侯陳濞
堂邑侯陳嬰
10曲逆侯陳平
留侯張良
射陽侯劉纏
酇侯蕭何
絳侯周勃
15舞陽侯樊噲
曲周侯酈商
潁陰侯灌嬰
汾陰侯周昌
梁鄒侯武虎
20成侯董渫
蓼侯孔聚
費侯陳賀
陽夏侯陳豨 ①
隆慮侯周竈
25陽都侯丁復
陽信侯呂青
東武侯郭蒙
汁防侯雍齒
棘蒲侯陳武
30都昌侯朱軫
武彊侯嚴不職

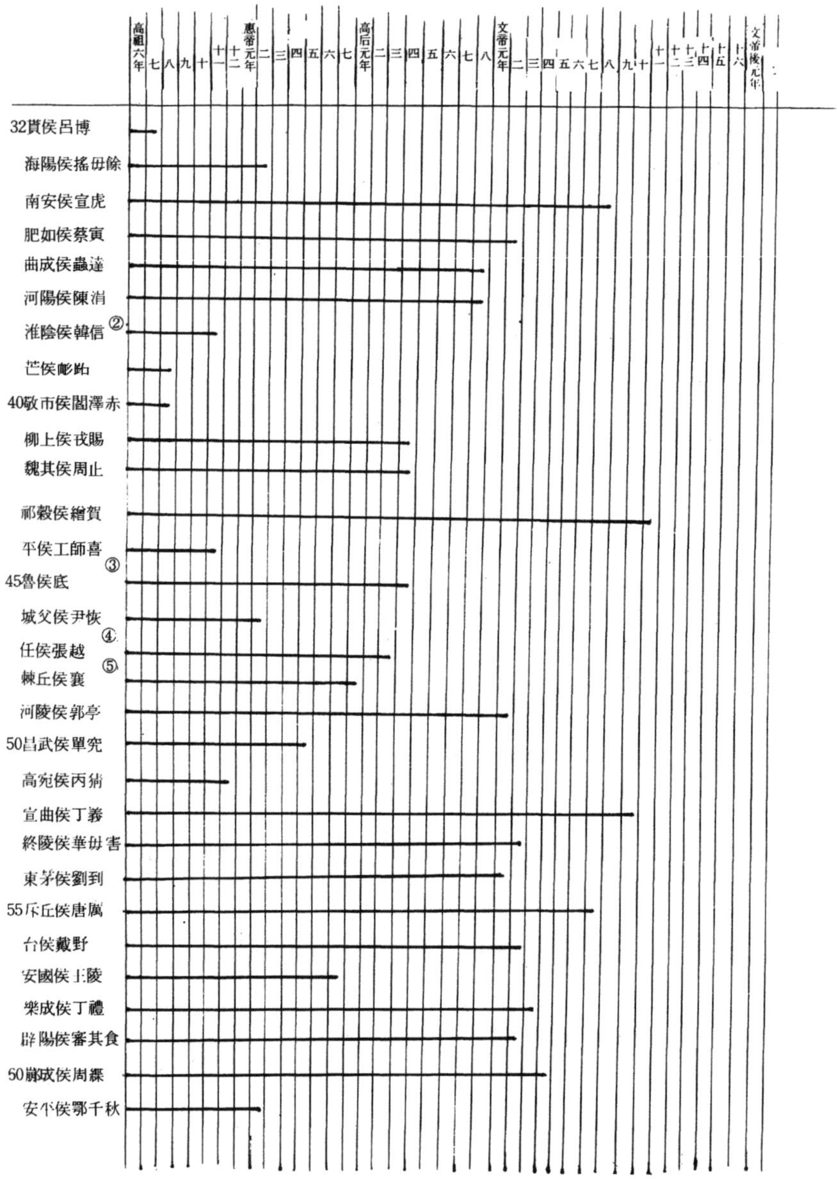
高祖六年
七
八
九
十
十一
十二
惠帝元年
二
三
四
五
六
七
高后元年
二
三
四
五
六
七
八
文帝元年
二
三
四
五
六
七
八
九
十
十一
十二
十三
十四
十五
十六
文帝後元年
32貰侯呂博
海陽侯搖毋餘
南安侯宣虎
肥如侯蔡寅
曲成侯蟲達
河陽侯陳涓
淮陰侯韓信 ②
芒侯彫跖
40敬市侯閻澤赤
柳上侯衣賜
魏其侯周止
祁穀侯繒賀
平侯工師喜 ③
45魯侯底
城父侯尹恢 ④
任侯張越 ⑤
棘丘侯襄
河陵侯郭亭
50昌武侯單究
高宛侯丙猜
宣曲侯丁義
終陵侯華毋害
東茅侯劉到
55斥丘侯唐厲
台侯戴野
安國侯王陵
樂成侯丁禮
辟陽侯審其食
60蒯成侯周緤
安平侯鄂千秋

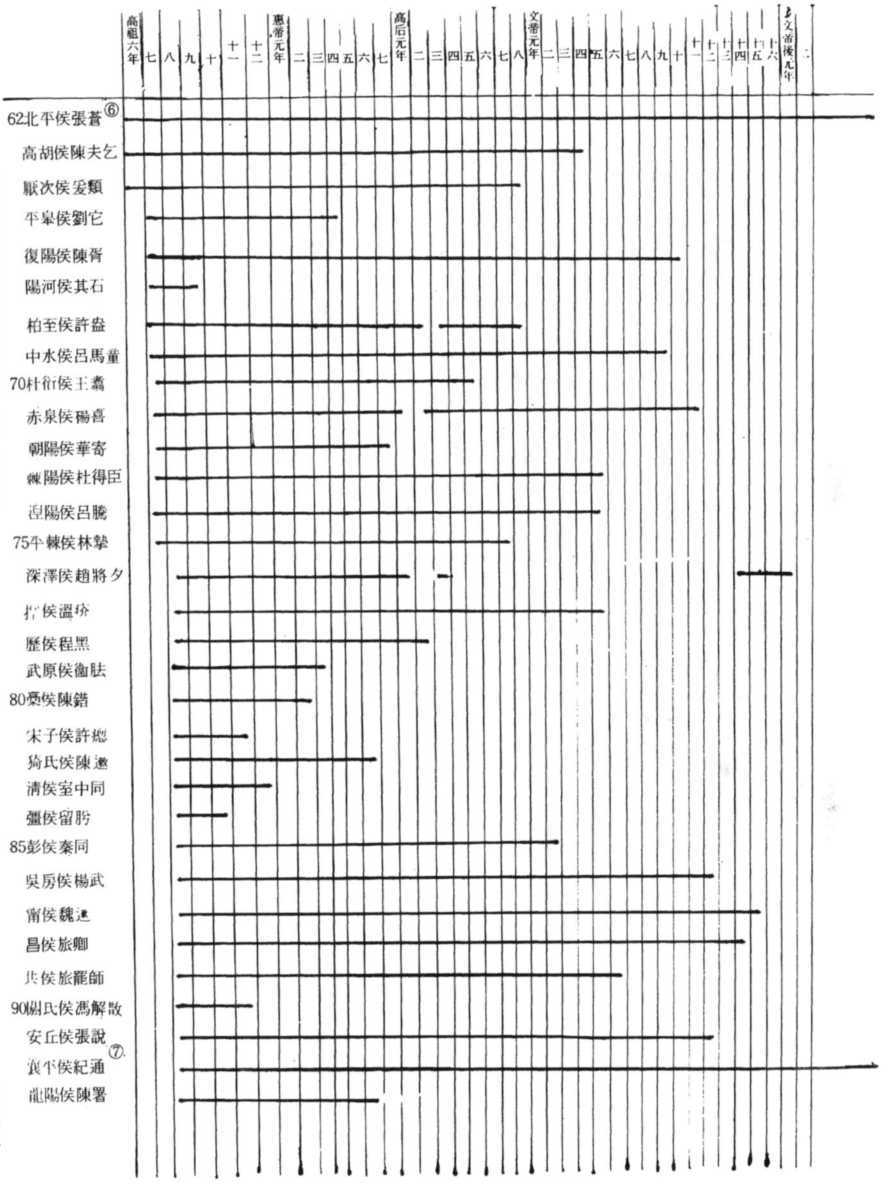
高祖六年
七
八
九
十
十一
十二
惠帝元年
二
三
四
五
六
七
高后元年
二
三
四
五
六
七
八
文帝元年
二
三
四
五
六
七
八
九
十
十一
十二
十三
十四
十五
十六
文帝後元年
二
62北平侯張蒼⑥
高胡侯陳夫乞
厭次侯爰類
平皋侯劉它
復陽侯陳胥
陽河侯其石
柏至侯許盎
中水侯呂馬童
70杜衍侯王翥
赤泉侯楊喜
朝陽侯華寄
棘陽侯杜得臣
涅陽侯呂騰
75平棘侯林摯
深澤侯趙將夕
扸侯溫疥
歷侯程黑
武原侯衛胠
80稾侯陳錯
宋子侯許瘛
猗氏侯陳遬
清侯室中同
彊侯留肦
85彭侯秦同
吳房侯楊武
甯侯魏遬
昌侯旅卿
共侯旅罷師
90閼氏侯馮解散
安丘侯張說
⑦
襄平侯紀通
龍陽侯陳署

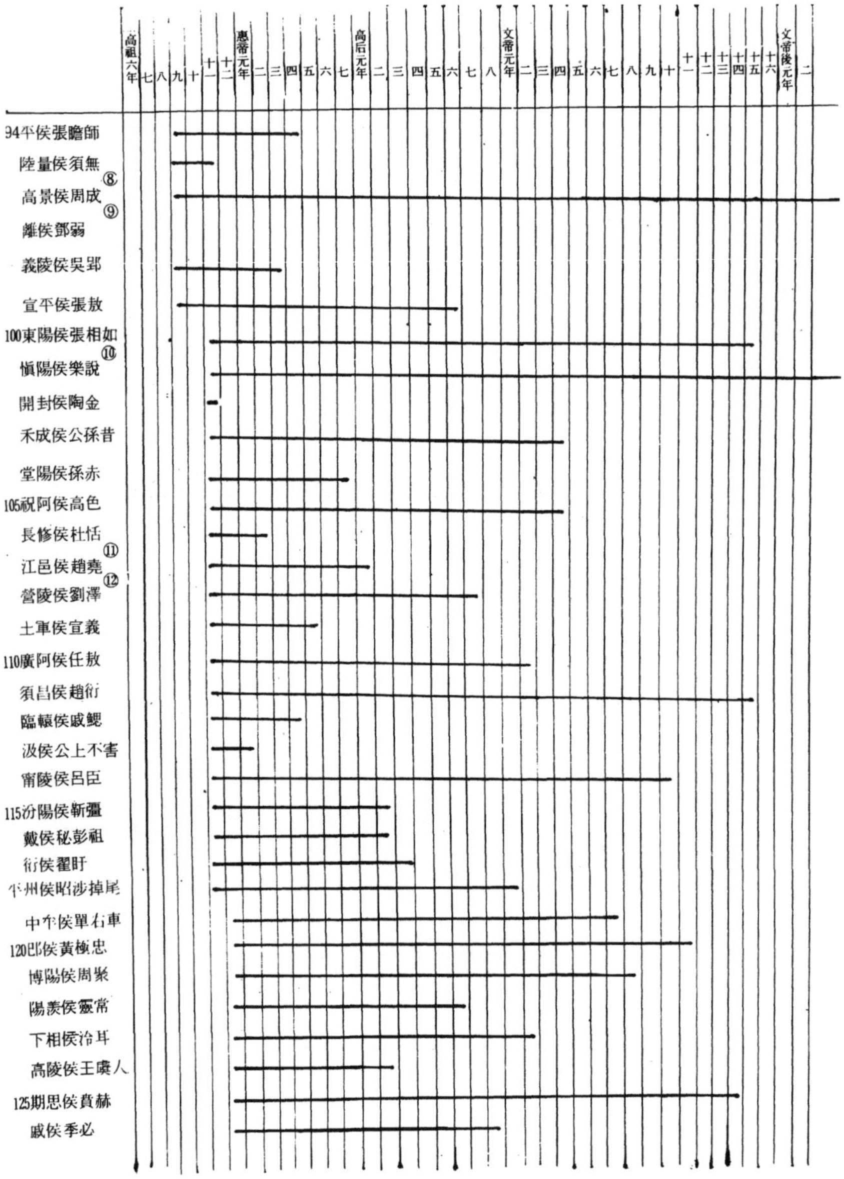

高祖六年
七
八
九
十
十一
十二
惠帝元年
二
三
四
五
六
七
高后元年
二
三
四
五
六
七
八
文帝元年
二
三
四
五
六
七
八
九
十
十一
十二
十三
十四
十五
十六
文帝後元年
二
94平侯張瞻師
陸量侯須無
⑧
高景侯周成
⑨
離侯鄧弱
義陵侯吳郢
宣平侯張敖
100東陽侯張相如
⑩
愼陽侯樂說
開封侯陶金
禾成侯公孫昔
堂陽侯孫赤
105祝阿侯高色
長修侯杜恬
⑪
江邑侯趙堯
⑫
營陵侯劉澤
土軍侯宣義
110廣阿侯任敖
須昌侯趙衍
臨轅侯戚鰓
汲侯公上不害
甯陵侯呂臣
115汾陽侯靳彊
戴侯秘彭祖
衍侯翟盱
平州侯昭涉掉尾
中牟侯單右車
120邔侯黃極忠
博陽侯周聚
陽羨侯靈常
下相侯冷耳
高陵侯王虞人
125期思侯賁赫
戚侯季必

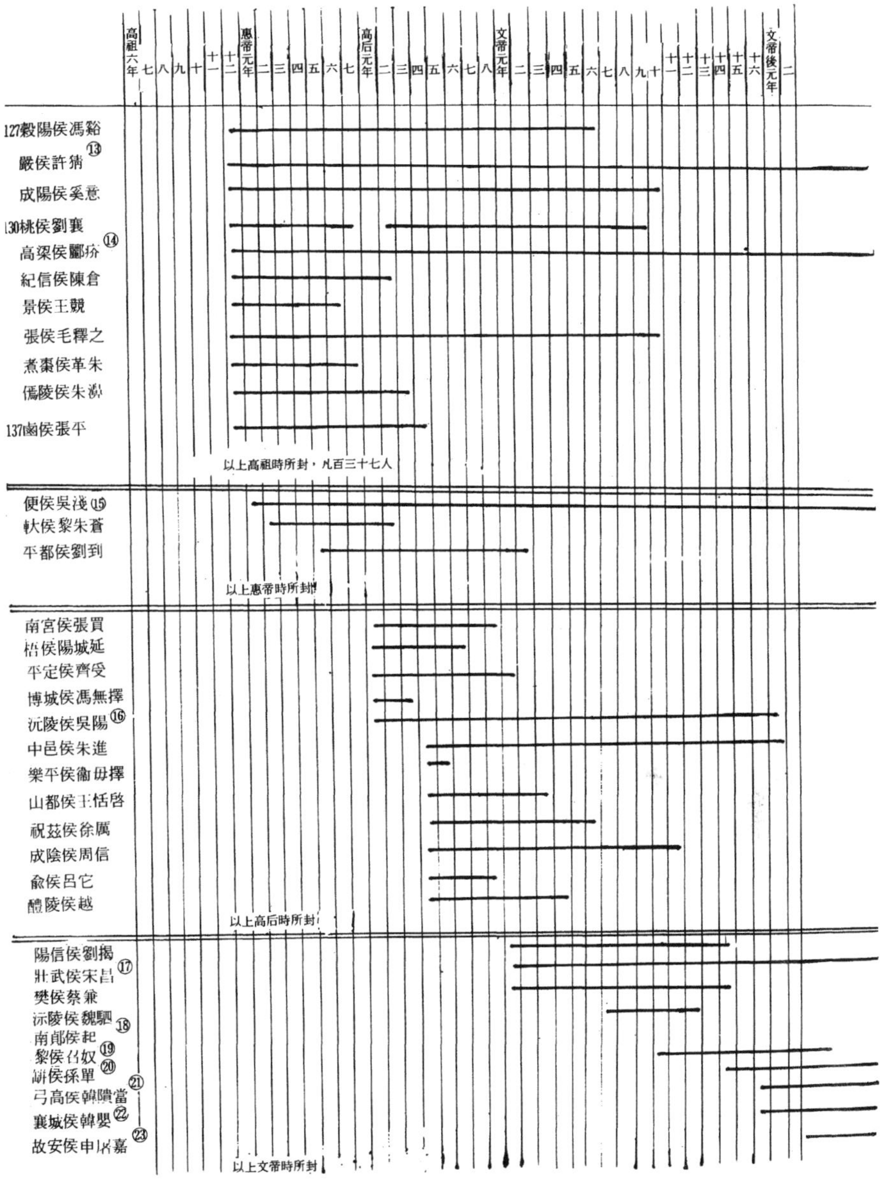

高祖六年
七
八
九
十
十一
十二
惠帝元年
二
三
四
五
六
七
高后元年
二
三
四
五
六
七
八
文帝元年
二
三
四
五
六
七
八
九
十
十一
十二
十三
十四
十五
十六
文帝後元年
二
127穀陽侯馮谿
嚴侯許猜 ⑬
成陽侯奚意
130桃侯劉襄
高梁侯酈疥 ⑭
紀信侯陳倉
景侯王競
張侯毛釋之
煮棗侯革朱
傿陵侯朱濞
137鹵侯張平
以上高祖時所封，凡百三十七人
便侯吳淺 ⑮
軑侯黎朱蒼
平都侯劉到
以上惠帝時所封
南宮侯張買
梧侯陽城延
平定侯齊受
博城侯馮無擇
沅陵侯吳陽 ⑯
中邑侯朱進
樂平侯衛毋擇
山都侯王恬啓
祝茲侯徐厲
成陰侯周信
俞侯呂它
醴陵侯越
以上高后時所封
陽信侯劉揭
壯武侯宋昌 ⑰
樊侯蔡兼
泒陵侯魏駟 ⑱
南郎侯起
黎侯召奴 ⑲
缾侯孫單 ⑳
弓高侯韓隤當 ㉑
襄城侯韓嬰 ㉒
故安侯申屠嘉 ㉓
以上文帝時所封


一五五

(33)

此表所列之列侯爵號、姓名據漢書補注。列侯之薨年及奪爵年份，依史記卷十八高祖功臣侯者年表，卷十九惠景間侯者年表及漢書卷十六高惠高后文功臣表所列之日期計算。有史漢抵牾者，擇其善者而從之，間亦採用漢書補注之考證。

①陽夏侯陳豨，高祖十年八月以趙相國反，十二年誅。

②淮陰侯韓信，高祖十一年誅。

③奚涓死軍事，亡子，封其母底爲列侯。

④任侯張越，高后三年有罪免，國除。

⑤棘丘侯襄，高后元年有罪免，國除。史表襄奪侯在高后四年。

⑥北平侯張蒼薨於景帝五年。

⑦襄平侯紀通父死軍事，通以父功封侯。

⑧高景侯周成以父周苛死事封，孝文後五年坐謀反死。

⑨離侯鄧弱於高祖九年封，其他資料盡缺。

⑩愼陽侯樂說，孝景中五年薨。

⑪江邑侯趙堯，高后元年免侯。

⑫營陵侯劉澤宗室，高后七年封爲琅邪王。

⑬嚴侯許猜，景帝元年薨。

⑭高梁侯酈疥以父食其死事封，元光二年薨。

⑮便侯吳淺，文帝後六年薨。

⑯沅陵侯吳陽，以父長沙王功封。

⑰壯武侯宋昌，孝景中四年奪爵。

⑱南郎侯起，表闕年份。

⑲黎侯召奴，孝文後四年薨。

⑳鉼侯孫單，景帝前三年反誅。

㉑弓高侯韓隤當，孝文後七年薨。

㉒襄城侯韓嬰，孝文後六年薨。

㉓故安侯申屠嘉，孝文後三年封，孝景前二年薨。

註十：傅樂成謂此條史料不確。其理由有二：一爲惠帝崩時，丞相爲王陵，非陳平。二爲呂產、呂祿之將南北軍，均在呂后八年，即惠帝死後八年。丞相所請事八年後才實現。乃是奇談（傅樂成著，「西漢的幾個政治集團」，收在韓復智編：中國通史論文選輯，台北，中華民國六十六年再版（五十八年初版），上冊，頁三四〇——三四一）。今考漢書卷十九下百官公卿表；惠帝崩時，王陵爲右丞相，陳平爲左丞相。則謂張辟彊與丞相陳平語，自無不可。其二則爲張辟彊說丞相陳平，使其請以諸呂（史記作呂台、呂產、呂祿。漢書卷九十七上外戚傳則僅有呂台、呂產之名。推史家之意，當欲謂諸呂，而略舉諸呂其中數人之名。）爲將及居中用事。而史不明言在陳平請後，呂后以諸呂中何人爲將（按史文謂「丞相迺如辟彊計，太后說，其哭乃哀，呂氏權由起此」。已說明有諸呂領兵用事。）僅在呂后八年崩前，明言呂產、呂祿領南北軍。傅氏以爲陳平所請與產、祿領南北軍二事有因果關係；但竟然相隔八年，故否定前事之眞實性。按二事如有因果關係，有二可能之情形：一是呂后小心行事，經八年之考慮後，才任用呂產、呂祿。若此，則不可以二事相隔八年而否定前事。二是呂后聽陳平所請，乃任用呂氏子弟（包括呂產，呂祿）爲將，以樹立呂氏勢力。呂氏子弟爲將，至呂后崩前，有八年之久，中間可能有人事變遷。呂后臨崩，委任呂產、呂祿領南北軍。（按此情形的可能性最大，蓋自惠帝崩，呂后即樹立其娘家呂氏之勢力，封諸呂爲王侯。爲確保控制形勢，以呂氏子弟領京師及宮庭之武力，亦爲必須之手段。而觀呂后所行使之權力及呂后崩後諸呂之勢力，可推知呂氏勢力之建立，時日甚長。呂后八年臨崩時以呂產、呂祿領南北軍，非呂氏爲將之開始，而是呂后一貫培植呂氏勢力政策之延續與加强。）若此情形是事實，亦不能否定張辟彊說陳平請以諸呂爲將事之眞實性。傅氏懷疑此事眞實性之二理由，均不能成立。

註十一：史記卷五十一荊燕世家謂田生說高后幸宦張卿曰：「『今呂氏雅故本推轂高帝就天下，功至大，又親戚太后之重。太后春秋長，諸呂弱，太后欲立呂產爲王，王代。太后又重發之，恐大臣不聽。今卿最幸，大臣所敬，何不風大臣以聞太后，太后必喜。諸呂已王，萬戶侯亦卿之有。太后心欲之，而卿爲內臣，不急發，恐禍及身矣。』張卿大然之，乃風大臣語太后。太后朝，因問大臣。大臣請立呂產爲呂王，太后賜張卿千斤金。張卿以其半與田生。田生弗受，因說之曰：『呂產王也，諸大臣未大服，今營陵侯澤，諸劉，爲大將軍，獨此尙觖望。今卿言太后，列十餘縣王之，彼得王，喜去。諸呂王益固矣。』張卿入言，太后然之。乃以營陵侯劉澤爲琅邪王。」呂后王諸呂恐大臣反感，此條最明。據卷九呂后紀，高后元年封酈侯呂台爲呂王，二年呂王台薨，太子嘉代立爲王。「六年十月，太后曰呂王嘉居處驕恣，廢之。以肅王台弟呂產爲呂王。」是呂產之爲呂王，乃代呂嘉，非別封也。呂后以此呂代彼呂，尙顧及大臣之反應，其他可知。

註十二：漢表作柏至侯許盎，高后元年有罪免，三年復封。與史表稍異。

註十三：深澤侯趙將夜，高后初年奪絕，三年復封，一年絕（史記卷十八高祖功臣侯者年表）漢表作趙將夕，高后元年有罪免，二年復封。稍異。赤泉侯楊喜於高后元年奪絕，二年復封（史表），漢表同。桃侯劉襄於高后初年奪絕，二年復封（史表）。漢表作「孝惠七年，有罪免。二年復封。」稍異。

註十四：史記卷九呂太后本紀曰：「呂祿、呂產欲發亂關中」。漢書卷三高后紀曰：「上將軍祿，相國產顓兵秉政，自知背高皇帝約，恐爲大臣諸侯王所誅，因謀作亂。」

註十五：參見傅樂成著「西漢的幾個政治集團」。中國通史論文選輯上册，頁三四〇——三四三。

註十六：史記卷五十六陳丞相世家謂高祖使樊噲將兵伐燕，有言噲短者，高帝怒，詔陳平，周勃至軍中斬噲，以周勃代將。平、勃私議以樊噲功多且親，「帝以忿怒故，欲斬之，則恐後悔。寧囚而致上，上自誅之。」因不斬噲而四之長安。未至而高祖崩。平、勃以釋噲而不得罪呂后。陳平、周勃二人共事久，陳平之多智，周勃固知之。上引呂太后本紀謂呂后問陳平，周勃王諸呂事，周勃等以爲可。周勃爲人「重厚少文」，何以竟阿指背約？或是陳平所教。

註十七：史記卷二十二漢興以來將相名臣年表作武祁侯賀。卷十文帝紀作「祁侯賀爲將軍，軍滎陽。」祁侯繒賀，高祖六年封，文帝十一年薨，見史記卷十八高祖功臣侯者年表。

註十八：棘蒲侯陳武，高祖六年封，文帝後元年薨（史記卷十八高祖功臣侯者年表）。昌侯盧卿，高祖八年封，文帝十四年薨（史表），漢表作旅卿（漢書卷十六高惠高后文功臣表）。共侯盧罷師，高祖八年封，文帝六年薨（史表），漢表作旅罷師。甯侯魏選，高祖八年封，文帝十五年薨。漢表作魏遬。深澤侯趙將夜，高祖八年封，高后初年有罪奪爵，三年復封，後一年又絕。孝文十四年復封，後元年薨（史表）漢表作趙將夕，且有缺漏。趙將夜於孝文三年領兵時非列侯。

註十九：史表安丘侯張說，高祖八年封，文帝十二年薨。漢表同。

註二十：史表隆慮侯周竈，高祖六年封，文帝後元年薨。漢表同。

註二十一：史表東陽侯張相如，高祖十一年封，文帝十五年薨。漢表同。

註二十二：漢書卷三十六楚元王傳，紅侯劉富，「太夫人與竇太后有親，懲山東之寇，求留京師。詔許之。」其事在景帝初年，吳楚七國之亂稍後。自文帝三年再次下詔，使列侯之國；其後列侯當例居其國，不得逗留京師。劉富母與竇太后有親，求留京師，詔許之，是其時列侯留京師需詔許。上引文帝二年詔列侯之國令有「爲吏及詔所止者，遣太子」等語；爲吏及詔所止者乃得留於京師，此條可以爲證。

註二十三：若謂列侯之國瓦解高祖功臣列侯集團之政治力量，則何以呂后計不出此？蓋呂后畏懼功臣列侯集團過甚，唯恐列侯遠離京師，鞭長莫及；以爲列侯在京師容易掌握。且高祖時列侯已居京師，不敢輕易言改。以此而知呂后之政治智慧才能實在有限。

註二十四：史記蕭相國世家曰：

「漢三年，漢王與項羽相距京、索之間，上數使使勞苦丞相。鮑生謂丞相曰：『王……有疑君之心也。爲君計，莫若遣君子孫昆弟能勝兵者悉詣軍所，上必益信君。』於是何從其計，漢王大悅。」及漢十一年，陳豨反，高祖自將，何與呂后計誅韓信高祖使使拜何爲相國。「益封五千戶，令卒五百人一都尉爲相國衞。」召平說相國曰此乃高祖疑之，請其讓封不受，悉以家財佐軍。「相國從其計，高帝乃大喜。漢十二年秋，黥布反，上自將擊之，數使使問相國何爲。」客說相國强賤買民田以自汚，以止高祖恐蕭何傾動關中之疑心。謂高祖對蕭何之不信任。此爲人之常情，蓋高祖領兵在外，蕭何留後，一統衆事，高祖恐其取而代之也。然雖有疑忌之心，仍用之者，乃蕭何與高祖之淵源深，較之他人更受高祖信任也。

註二十五：史記卷八高祖本紀，高祖病甚，「已而呂后問：『陛下百歲後，蕭相國即死，令誰代之？』上曰：『曹參可。』問其次，上曰：『王陵可。然陵少戇，陳平可以助之。陳平智有餘，然難以獨任。周勃重厚少文，然安劉氏者必勃也，可令爲太尉。』」卷五十三蕭相國世家，相國蕭何病，孝惠帝問何，曹參代之何如？何以爲是。高祖，蕭何之考慮丞相人選，其才能固在考慮之列，然必於功臣中求之，蓋其時功臣列侯爲主要之政治力量。丞相非功臣列侯，難於領導此等功高震主之梟將也。而曹參在功臣之中，威望最高，此觀議列侯位次時諸功臣皆曰曹參第一可知。漢初選丞相，功勞之大小爲重要之決定因素。

註二十六：丞相既然總領衆職，則行政才能亦當在考慮之列。陳平於楚漢相爭及高祖誅滅異姓諸侯王時常爲高祖之謀主，屢出奇計。其有智多謀，固爲人所知，雖無攻城野戰之功，然威望甚高，故其於功臣表中位次雖爲四十七，亦得繼曹參之後，與王陵同爲左右丞相。

註二十七：據史、漢功臣表之功臣位次，絳侯周勃第四，陳平則四十七。此處陳平自謂高祖時功高於周勃，與表有矛盾。

註二十八：史記卷一百七魏其武安侯列傳曰：「魏其侯竇嬰者，孝文后從兄子也。」平吳楚七國之亂時爲大將軍有功。「武安侯田蚡者，孝景后同母弟也。」及武帝即位，議置丞相、太尉。「武安侯乃微言太后風上，於是乃以魏其侯爲丞相，武安侯爲太尉……魏其、武安俱好儒術，推轂趙綰爲御史大夫，王臧爲郎中令。迎魯申公，欲設明堂……以禮爲服制，以興太平……太后好黃老之言，而魏其、武安、趙綰、王臧等務隆推儒術，貶道家言，是以竇太后滋不說魏其等。及建元二年，御史大夫趙綰請無奏事東宮。竇太后大怒，乃罷逐趙綰、王臧等而免丞相、太尉。」竇嬰爲相時與太尉田蚡引導武帝崇儒，諸多興革，然其爲相僅四月。武安侯田蚡爲武帝舅，雖然免官家居，不任職，「以王太后故，親幸，數言事多效，天下吏士趨勢利者，皆去魏其歸武安。武安日益橫。建元六年，竇太后崩……以武安侯蚡爲丞相……上初即位，富於春秋，蚡以肺腑爲京師相……當是時，丞相入奏事，坐語移日，所言皆聽。薦人或起家至二千石，權移主上。上乃曰：『君除吏已盡未？吾亦欲除吏。』嘗請考工地益宅，上怒曰：『君何不遂取武庫！』是後乃退。」田蚡爲王太后弟，又於武帝年輕時爲丞相，可謂是武帝丞相中權力最大者。然其所請事稍多，武帝即不喜，蓋皇帝不欲與人分享權力也。

註二十九：詳見史記卷一百一十二平津侯主父列傳及漢書卷六十四嚴助，吾丘壽王，主父偃等列傳。

註三十：余英時，「君尊臣卑下的君權與相權」，歷史與思想，一九七六年，台北。余氏此說引自 **S. N. Eisenstadt, The Political Systems of Empires, The Rise and Fall of the Historical Bureaucratic societies. The Free Press of Glencol 1963, pp. 273–276.**

註三十一：余英時，「君尊臣卑下的君權與相權」中所引章大炎「檢論」卷七「官統上」（章氏叢書）。

# 雍正與年羹堯的恩怨轇轕

楊啓樵

## 一 羹堯不當年長於雍正

年羹堯是雍正朝叱咤風雲的人物，也是所謂「奪嗣」事件中的重要角色。但他的幾種傳記中並沒有反映，讀來平淡無奇，枯燥乏味（註一）；反觀稗官野史、故宮秘檔乃至於學者筆下的年羹堯，却多采多姿，饒具趣味。不過其中精粗不一：既有鞭辟入裏的論考，也有荒唐透頂的謬說，應加以澄清，才能眞正瞭解年羹堯。

（1）

一般人認爲清世宗雍正得位不正：說康熙原打算傳位給十四子允禵，却被雍正改爲四子而謀奪了帝位，從中協助的便有年羹堯（註二）。野史竟把兩人寫成呂不韋與秦始皇的關係，說：

蓋世宗之母，先私於羹堯，入宮八月而生世宗。至是乃竊詔改竄，令爲天下主（註三）。

這是荒唐無稽之談，早有人駁過，譬如黃培氏以爲羹堯只長雍正十來歲，不可能構成父子關係（註四）。這看法正確，但仍有問題；其實雍正年齡長於羹堯，「上諭八旗」中曾提及（註五），但學者們似乎從未注意過。金承藝氏『從「永憲錄」來討論年羹堯的年歲』一文中，斷定雍正長羹堯三至五歲（註六），這已比舊說進步，但也忽略了『上諭八旗』及其他資料。我個人根據朝鮮方面的記載，認爲雍正只長羹堯一歲。李宜顯『庚子燕行雜識』中有這樣一段記錄：

> 譯輩來言，門外有一官人來到，欲見使臣云。……邀入，即年希堯，爲名人，而向年來我國勅使羹堯之兄也。……奉天府瀋陽人；本漢人，其祖爲明朝指揮，……其弟羹堯，方爲四川總督。年今四十二，羹年五十云（註七）。

李宜顯出使來華爲『庚子』年，即康熙五十九年（一七二〇），當時羹堯四十二歲，以虛齡計，當生於康熙十八年（一六七九），雍正則生於康熙十七年（一六七八），長羹堯一歲，與『上諭八旗』所說『朕之年長於年羹堯』相合。年齡問題解決了，而且朝鮮史料還提供了羹堯的籍貫及祖先出身，可以補史傳之缺。文中說羹堯曾出使朝鮮（註八），其時正任四川總督，也吻合史實，然則有關年齒的記載，應該可信。野史中的『呂氏居奇，私亂謀立』云云，不僅失之於奇（註九），簡直是痴人說夢了。

## 二　允禵何嘗受羹堯箝制

年羹堯的年齡雖已判明，但他和雍正之間仍有兩個問題待澄清：一、雍正繼位時，羹堯究竟扮演了什麼角色？二、雍正是否一登基就蓄意殺羹堯，或早存疑忌之念？關於這個，且看兩位清史前輩的理論，一爲孟森先生的『世宗入承大統考實』，說：

> ……惟允禵在軍中爲年羹堯所彈壓，無能爲變，此則非謬。羹堯適爲雍邸心腹。世宗之立，內得力於隆科多，外得力於年羹堯，確爲實事。……至允禵之不需防範，世宗實倚年羹堯，自允禵赴大將軍之任，即箝制之。……蓋羹堯之爲功臣，平青海之功小，箝制允禵之功大（註一〇）。

孟先生以爲康熙五十七年（一七一八），允禵以撫遠大將軍銜，遣至西寧時，雍正就授意四川陝西總督年羹堯就近箝制。康熙賓天，雍正繼統，因羹堯的彈壓，使允禵措手不及，要兵變爭位也不可能。

另一爲王鍾翰先生的『清世宗奪嫡考實』，說：

> 若深察世宗之爲人，則年、隆之戮辱誠爲不可避免之事。……而對於其人（指年羹堯、隆多科），則早有戒心，用畢即殺之除之，早已預有成算，即使二人恭順自矢，亦決難免禍。……世宗初登大寶，……年則儲之以制允禵、允禟，……初若隆重，繼示裁抑，又繼則吹求無所不至，先後歷四五年始了其事（註一一）。

孟、王兩說類同，但後者較爲露骨。兩先生爲清史權威，影響力甚大，筆者則以爲有商榷餘地，不敢苟同。

先研討第一個問題，允禵是否受制於羹堯？這得從羹堯與雍正的關係說起。如所周知，年家原與雍正有特殊因緣：康熙四十八年，雍正晉封爲雍親王，並充任鑲黃旗旗主。羹堯之妹就在此時被選爲雍親王『側室福晉』，年家得以從下五旗之一的鑲白旗，抬入上三旗之一的鑲黃旗，雍正與羹堯既是『郎舅』，又有從屬關係（註一二）。按說該有密切來往，可是羹堯就在這一年出任四川巡撫。睽隔既遠，又疏於音訊，關係不太緊密。而前一年剛有太子被廢之舉，康熙諸子羣相角逐，覬覦儲位，分門別派，情同水火。偏巧羹堯不分門戶，周旋於衆皇子之間，本門主雍正也許不太愜意。尤其是康熙五十六年發生了孟光祖案（註一三），羹堯似有攀附三皇子允祉的形跡，雍正曾寫信責問：『六七個月無一請安啓字，視本門之主已同陌路人矣。』（註一四）羹堯如何稟覆，不得而詳，兩者間不太融洽，似難否定。

康熙五十七年十月十二日，十四皇子允禵被任命爲撫遠大將軍，率兵駐札西寧，以對付入侵西藏的準噶爾部隊（註一五）。年羹堯也於十月二十日委任爲四川總督兼巡撫（註一六）。

八天內相繼宣佈了大將軍和總督的任命，都和西陲軍事有關，看來不似偶然的巧合。論者以爲康熙欣賞羹堯的軍事才能，特意安排協助允禵；而允禵則是簡在帝心的儲貳，先讓他立功邊疆，增高聲望，使繼嗣時衆兄弟、大臣傾心悅服，不致有異變。這種論調似乎說得通，實錄和史傳也說康熙贊賞羹堯的軍事能力，拔擢他爲總督，因總督才有調兵的權責。但查閱故宮秘檔，方知四川總督之任，乃出於羹堯的請求，他在五十七年十月初一日給康熙的奏摺中，先指出四川各鎮營伍的弊病，然後說巡撫無權節制各鎮，因此要求：

必欲悉除痼弊，將鎮協各營整頓一新，非假臣以虛銜不能也。伏祈聖主暫加臣以總督虛銜，幷求賜以孔雀翎子，令臣節制各鎮，一年之後，營伍必當改觀（註一七）。

這和官書記載不同，簡直像韓信向劉邦求爲『假王』模樣。雖說只求『虛銜』，而且聲明『事竣臣即奏繳，不敢久於忝竊』。但貪圖功利虛榮的情態，昭然若揭。自然矇不了精明的康熙，不過覺得羹堯自有可取之處，賜個總督，算不了什麼，因此便在摺上批道：『已有旨了。』果然，不久羹堯就如願以償地擢爲總督。那麼，與其說康熙刻意拉攏羹堯來協助允禵，毋寧說那封毛遂自薦的奏摺，觸發了康熙利用羹堯的念頭。奏摺日期爲十月一日，允禵被任命爲撫遠大將軍是十月十二日。要是說雍正消息靈通，預知允禵將出任大將軍，事先命羹堯上摺求任總督，好從旁監視、箝制，這畢竟令人難信。何況『康熙末年，他們主奴的關係，若即若離，並不十分親密』（註一八），羹堯未必聽本門主雍正的指使。因此，孟先生所謂允禵自赴大將軍之任，即受羹堯箝制之說，似乎不合情理。

其次，雍正繼位時，年羹堯作出了什麼貢獻？我以爲羹堯並無多大協助。有些學者強調允禵受制於羹堯，才能使雍正順利地登上了寶座。這與事實不符，要作出這樣的結論，必須通過下列幾個前提：

一、康熙臨終前的確曾手書或口授指定允禵爲繼位人，爲顧命大臣隆科多竄改，矯詔使雍正紹基。

二、康熙晏駕後，嗣主雍正召允禵馳驛返京。允禵於奉詔前，已預悉矯詔易儲的秘密。

三、允禵憤慨之餘，決舉兵反抗，且深信他具備以下兩條件：甲、有確鑿憑據證明自己才是眞正繼位人，說服部下，揮軍返京爭位。乙、有充分把握，獲得中央和各地支持，一舉而成。

實際上這三點都有疑問。一、雍正嗣統乃出於隆科多矯詔，雖然學者多持此說，但重要證據不外是官書中文字的出入，年羹堯、隆科多兩人始揚後棄的下場，以及允禵曾被易名這幾點（註一九）。然而，這都是後起之事，允禵奉詔時，哪知這些底細？還有，根據朝鮮方面的史料，說雍正假借康熙名義，召回允禵（註二〇）。若然，允禵自會乖乖地聽命，迅速返京，又何勞年羹堯箝制？

二、雍正以迅雷不及掩耳的手法，飛召允禵。而手操警衞京師兵權的隆科多，於康熙崩後翌日，即下令六日間緊閉九門（註二一）。然則所謂矯詔易儲的消息，比詔旨早達的可能性不大。允禵既不知箇中秘密，自不會反抗，又何勞年羹堯箝制？

三、即使允禵已獲悉矯詔易儲的秘密，但新君已正名登基，在京黨羽如八皇子允禩、九皇子允禟等都『帖無一語，俯首臣服』，他又怎能向部下說明，新君是冒牌膺貨，自己才是眞命天子？而部下多是『滿州世受國恩之輩』，『父母妻子俱在京師』（註二二）。是否願意爲允禵賣命抗拒新君？至於獲得中央及各地的支持，更爲渺茫，因大義名分已屬雍正，誰肯爲皇室兄弟之爭而冒大不韙？說到一舉成事，可能性十分稀薄，當年三藩之亂便是殷鑑：身經百戰，老謀深算的吳三桂，和一個久居宮闈未經世故的小伙子康熙對抗，雖然起初以復明爲口號，佔了上風，但一南面稱孤，就失去支持，到頭來還是被殲滅了。如今允禵各方面條件不見得超過吳三桂，而滿人自相殺伐，漢人巴不得如此，豈肯爲允禵出死力既無穩操左劵的可能，允禵怎敢起兵騷擾，又何勞年羹堯箝制？

還有，世傳隆科多矯詔立嗣之說，不無疑問。因隆科多一門原與八皇子允禩接近，而和雍正比較疏遠。隆爲何甘冒風險倉卒間易詔改儲？雍正又怎知乃父臨終前，顧命者僅隆科多一人？又怎知隆會突出此奇招矯詔擁立，而預先安排年羹堯箝制允禵？又安知年羹堯絕對從命？

此外，孟森先生認爲『世宗初嗣位之尊重年、隆，實出情理之外』，其證明是『故宮秘檔』，也就是宮中檔年羹堯奏摺的硃批。引出其中『最動目者』，認爲這些不是『低意識籠絡』的『迷湯』，便是文字背後別有含意，可惜『羹堯粗材，未必知耳』，說：『世宗本性最講邊幅，好繩人以禮制儀節，獨對羹堯滿口胡柴，毫無人君之度』（註二三）。

對於這些有辯明的必要。『雍正硃批諭旨』一書，於乾隆三年（一七三八）問世，內載二百餘人之密摺及硃批，但尚有三分之二雍正認爲不宜公開的未印，清亡後陸續由故宮博物院編印了一部份，年羹堯奏摺也包括在內。單讀年摺硃批的確有過火之感，但參以他人奏摺，可發現不少類似硃批，就不足爲奇了。以雍正寵信的大臣鄂爾泰來說，硃批中溢美之詞，比比皆是，略舉數則，以概其餘。

似爾如此大臣，朕之關心，勝朕頑劣之子（註二四）。

朕今日實以卿爲第一也（註二五）。

覽此奏而不嘉獎賞悅者，除非不是皇帝（註二六）。

凡諸外用大臣陛辭，朕不忍別至於落淚者，惟卿一人耳（註二七）。

朕若負如此公忠大臣，朕福盡亦應如是（註二八）。

上天以卿如此不世出之良臣賜朕，此朕之眞祥瑞也（註二九）。

非特鄂爾泰，對其他臣僚也有，如：

岳鍾琪着實惜而用之，一百册書，亦不值一個岳鍾琪（註三〇）。

汝（指李衞）之一身，即國家經費也，何得看做兩事（註三一）！

此等事覽而不嘉悅者，除非是獃皇帝也（註三二）。

類此嘉獎、戲暱的批語，不勝枚舉。這些密摺本是君臣間私人通訊，絕對不允許向第三者透露，且應繳回給皇帝，不可存留底稿，當初也沒有公諸於世的意圖。雍正雖擅用權術，但也有眞情流露的一面。這些硃批，多是夜闌人靜一燈相對之下書就。『迷湯』固然不能說沒有，眞情也常透露於紙上。如在年羹堯奏摺硃批中，尋章摘句，以爲處處含有深意，未免思考過度，且舉兩例來看，一是：

自你以下以至兵將，凡實心用命効力者，皆朕之恩人也（註三三）。

孟先生評道：

此批亦不過辭氣輕佻，『恩人』等名辭，故爲失體；其實正告以國家平此小醜，自是滿族積威，非將帥所能自任也。無奈羹堯終不悟，亦自恃別有秘密存焉。此則世宗所深忌而必欲殺之之故矣（註三四）。

其實『恩人』兩字雖屬過分，但當時信筆而出，並無深意，他摺中也有，如浙江總督李衞摺行批：

有能忠勤體國，協贊謀猷者，非特翊朕於是，乃成全聖祖之是也，豈止朕之功臣，乃朕之恩人也（註三五）。

另一是：

（舅舅隆科多）此人眞聖祖皇考忠臣，朕之功臣，國家良臣，……

孟先生評道：

……而其中稱隆爲忠臣、功臣、良臣，其功臣身分，專對於己，隆有何功？……頌隆之功，則惟顧命一事耳。顧命亦何功？不有旋轉乾坤之力，口耳固不得言功也（註三六）。

其實『功臣』兩字也不過信筆而出，已見上擧李衞摺中，他人奏摺中亦不一見，如湖廣總督楊宗仁摺中便有：

爾等內外大小臣工，能仰體朕意，不附不合，則朕之功臣，……（註三七）。

孟先生以爲雍正對羹堯的硃批別具深意，吳相湘氏更加以發揮，以爲字句間多隱藏着諷刺和警戒（註三八），未免鑽研過甚，究其源，都從允禵受制於羹堯，雍正殺羹堯滅口而來。

## 三　雍正斷非殺羹堯滅口

第二個問題，雍正是否一開始就蓄意殺年，或早存疑忌之念？或說即使羹堯謙恭韜晦，也難逃被戮的命運。這話很難同意。前文已辯明羹堯與「奪嗣」無關，那又何必殺之滅口！至於疑忌之念，以雍正的性格來說，不能說沒有，但把踐阼之初對羹堯的種種恩寵，全視作籠絡的手段，實難贊同。也許有人會問：當年主奴間不是有過過節嗎？孟光祖案發生後，雍正不是責備過羹堯，又怎能一下子消除呢？

不錯，雍正的確在函中斥之爲「儇佻惡少」，罵他狂悖、藐視，但這也算不了一回事。要是翻閱刊本「硃批諭旨」，或者宮中檔原件，便可發現不知幾許官吏，被雍正罵得狗血淋頭；然而罵是罵，却不妨礙他們的升官晋爵。因此，那封責備信不可看得太嚴重。而且，這以後的四、五年中，雙方關係漸趨改善，也不是不可能。

至於羹堯與其他皇子的來往，應如何解釋呢？比方說允禵出任撫遠大將軍後，羹堯即曲意逢迎，而雍正一登位，又轉向新君効忠，有些學者頗不直這種行爲，王鍾翰先生稱之爲「叛離」（註三九），陳捷先氏認爲「年羹堯的出賣允禵，投靠世宗」，「比其他的人更爲惡劣卑鄙」（註四〇）。我個人不同意這樣的看法。羹堯的人品不是沒有可議的地方，不過他對付允禵的態度，用「叛離」「出賣」「投靠」「惡劣卑鄙」等的字眼，似乎言之過重。他前後態度的轉易，可以這樣解釋：作爲旗人的他，撥屬何旗，身不由己，不一定出於本願。康熙四十八年撥屬雍親王門下後，未幾就出任地方大員。也許他想憑自己的能耐立功晋爵，不需死釘住本門主雍正，因此疏於音候。至於聽從允禵指使，是天經地義的事：因大將軍由朝廷特遣來坐鎮，是頂頭上司，即便附麗順從，也不算過分。康熙去世，政局遽變，雍正命允禵馳驛入臨，由羹堯代管軍事，此時向新君効忠，也是理所當然。允禵既無抗拒之意，羹堯又怎會慫恿對方叛變，那麼『出賣』『投靠』等的評騭，是否責之過嚴呢？

說到雍正在繼統後頭兩年對羹堯的寵信優渥，我個人以爲不純粹是籠絡，而是對羹堯効忠輔弼的獎勵。這該從雍正治國的基本政策上着眼。儘管後人批評雍正雄猜陰鷙，殘刻寡恩，但他夙夜黽勉、勤於庶政的作風，爲歷代帝王中所罕見。他眞心誠意治好國家，以爲簡拔賢才是爲政的首務，曾說：

從來君道，莫大於用人理財兩端（註四一）。

又說：

治天下惟以用人爲本，其餘皆枝葉事耳（註四二）。

由此可見人材的選拔登用是他的基本國策。繼位後，首先考慮採用的當是藩邸舊人，可惜優秀、理想的少得可憐，譬如博爾多、傅鼐、常賚、官達等，不是酒囊飯袋，便是貪墨枉法的僉壬（註四三），因此，可用之材『從輿論中搜羅鑒拔者居多』（註四四）。最得力的大吏，如鄂爾泰、李衞等莫不是親自鑒拔而來，他那種求賢若渴的心情以及人材難得的感慨，時常流露於『硃批諭旨』中。而且雍正還有一個特殊的看法，以爲雲貴、川陝等邊地的首長最爲重要，因爲要處理少數民族的事務，須具有撫討能力。兩江雖然繁盛，但所理的不過是『錢糧積欠，風俗囂漓』，中材已可對付，至於直隸則中材以下就足夠了（註四五）。

按照這樣的標準，年羹堯最有資格，最爲理想。他於康熙年間就嶄露頭角，顯出了他的軍事天才，並且出身進士，詩文、書法都可以（註四六），是文武兼具之才。我們該知道當時目不識丁的大吏甚多（註四七），就以備受寵信的李衞來說，袁枚便有『公不甚識字』的批評（註四八），李衞自己也講過類似的話（註四九）。如此說來，年羹堯這樣的人材，實是難能可貴了。何況本屬藩邸舊人，又有『郎舅』之親，所以雙方一拍即合：雍正熱望羹堯竭盡所能，爲國効力；羹堯也的確誠心誠意，立下了汗馬勳功。因此恩寵無比，賜爵、賜金、賜第、賜園、賜世職、賜佐領，家人均沾雨露等等，都合乎情理。鄂爾泰也得過類似的寵遇（註五〇）。不同的是鄂爾泰能深自謙抑，終得保全。而且以賜贈來連絡君臣的情感，康熙朝已有，年羹堯就曾屢獲賞賚，如鼻煙、火鐮盒、鹿尾、鹿肉、野鷄等等，不一而足（註五一）。雍正更喜用這手段，紹基之初，便對諸臣賞錫有加（註五二），然則羹堯的頻頻受賞，不算太特別。說這是雍正垂青的表示，自不成問題，但不必與什麼『擁立』之功牽扯在一起。

總之，在最初的二年中，雍正確實在培植羹堯，嘆息：『朕福薄不能得爾之十來人也。』（註五三）希望彼此『做個千古君臣知遇榜樣。』（註五四）當青海綏靖、羹堯將入覲時，雍正欣喜無比，一再在奏摺上批道：『大功告成，西邊平靜，君臣慶會亦人間樂事。』（註五五）『大功告成多日，君臣慶會在邇，臨書不勝欣喜！』（註五六）『一路平安到來，君臣慶會，何快如之！』（註五七）這種內心喜悅的表現，如果一概視作『迷湯』，是不公平的。

我個人以爲，要不是年羹堯鋒芒畢露，作孽多端，不特能保全生命，而且恩遇和結局當不下於鄂爾泰，下擧宮中檔原件可證。

李衞摺硃批（雍正元年六月十九日）：

少軟些，自爲些，高其倬若如此，置年羹堯、楊宗仁、查必訥、滿保於何地（註五八）！

高其倬摺硃批（二年二月二十九日）：

大卜督撫，待朕之眞、依朕之切者，除年羹堯外，諾敏爲第一（註五九）。

岳鍾琪摺硃批（二年四月四日）：

今年羹堯曁汝二人，朕不知如何寵錫，方愜寸衷（註六〇）。

傅德摺硃批（二年閏四月十九日）：

覽奏大慰朕懷。軍旅之後，獲茲膏澤，實乃大將軍年羹堯忠勤之所感召，爾等懋勉職業，寧不可以效法之耶（註六一）！

傅德摺奏文（二年六月二十一日）：

當安疆拓宇之後，値風調雨順之時，謹如皇上聖諭，大將軍年羹堯忠誠之感上蒼默佑所致。……伏蒙皇上諭臣等當竭力効法之，……但才智限於天分，實所不能強，……（行批：命爾效法者此心也；才力猶可，此心難，莫看易了（註六二）。

秪曾筠摺硃批（二年五月二十一日）：

西海一事，豈人力之所能者，皆因年羹堯能此二字，天下大臣，皆當法其心也（註六三）。

以上是他人摺中雍正對羹堯的評價，自不能視作『迷湯』。此外，還有些硃批，不僅是泛泛贊語，而實有所指，也就是令奉硃批者，遵照年羹堯指示行事，更不能作爲諛詞（註六四）。可惜以上諸例，不見於刊本『硃批諭旨』中。付梓時雍正對羹堯餘怒未息，凡贊年之詞，一概刪削，萬不料後世會加以蓄意殺『功臣』之名，而這些能爲他辯白作爲反證的史料，却永閉於庫藏，不知何日始能問世（註六五）！

## 四　羹堯的得勢與失寵

年羹堯的獲寵和失勢，均表現在先後兩次的入覲中。第一次在元年正月，他以叩謁康熙梓宮的名義陛見（註六六），從此寵信漸增，不斷加官晉爵。第二次是二年十月。是年春，戡定青海，眷遇益深。入覲時，羹堯已功蓋天下，位極人臣。在京盤桓三十餘天，十二月返抵任所。此起，雍正對羹堯的態度劇變，頻頻降諭切責，一年間盡削所有官職，終賜自裁了結。

羹堯成敗之速，異於尋常，不免引起議論，或以爲與『奪嗣』有關，這有背情理，已辯明如上。他的敗或說是『鳥盡弓藏』的必然現象，或說是驕橫僭越、植黨營私的結果，或說是主奴間有舊怨在先，羹堯又恃功驕縱在後，使君主生疑、畏、厭、怒之心（註六七），終惹來殺身之禍。以上諸說，各有根據，但還可作更進一步的分析。

我以爲二年十月入覲前，兩者間並無特別的怨懀。其始，羹堯被視作社稷重臣，皇帝要他人以之爲榜樣，上引宮中檔可見。羹堯失寵當在滯京期間。上京那天有奏報起程日期摺，硃批：『覽奏朕實欣悅之至。一路平安到來，君臣慶會，何快如之！十一日歡喜相見。』摺發於九月二十四日，送達御前批閱當在十月上旬，這是當時雍正內心喜悅的反映。羹堯於十月十一日入宮陛見，十一月十九日前後離京（註六八），十二月初九日返抵督署，兩天後有奏報抵任日期摺，內有數語，值得注意：『奔走御座之前三十餘日，毫無裨益於高深，祇自增其愆謬。返己捫心，惶汗交集。』究竟犯了什麼『愆謬』，要『惶汗交集』呢？而且這不像是泛泛套語，因爲硃批也十分嚴厲，說：

據此不足以報君恩父德，必能保全始終，不令一身致於危險，方可謂忠臣孝子也。凡人臣圖功易，成功難；成功易，守功難；守功易，終功難。……若倚功造過，必致返恩爲仇（註六九）。

該指出的是，自雍正承基後，羹堯所奉硃批，幾乎一律是嘉獎、恩賞、親暱、戲謔的語詞，這可說是第一遭碰到的硬釘子，且十分露骨，『若倚功造過，必致返恩爲仇』，簡直似『哀的美敦書』。推斷硃批日期，當在十二月下旬，實則早於個把月前，雍正已存有疑念，一見於直隸總督李維鈞摺上的硃批：

爲宋師曾乞恩，係爾之意見，抑或出於年羹堯之意見？若係爾意，朕即施恩；若出於年羹堯之意，朕則不施此恩也。近日年羹堯陳奏數事，朕甚疑其居心不純，大有舞智弄巧、潛蓄攬權之意。……今年羹堯既見疑於朕，故明白諭卿，以便與之疎淡；宜漸漸遠之，不必令伊知覺（註七〇）。

此摺日期爲十一月十三日，送達御前批閱，當爲十一月中旬。另一見於四川巡撫王景灝摺上硃批：

凡爾川省屬員須爾自出藻鑑，甄別優劣，不可全聽年羹堯之指揮，以定去留也（註七一）。

王景灝同日另一摺上硃批也說：

年羹堯今來陛見，甚覺乖張，朕有許多不取處。不知其精神頹敗所致，抑或功高志滿而然（註七二）。

此兩摺日期爲十一月二日，送達御前批閱，當在十一月下旬。綜合以上各摺看來，羹堯於十一日下旬離京前，已遭猜忌、譴責（註七三）。究竟這三十餘天內，發生了什麼變化，使羹堯從光榮的最高峯，直綫下墜？史傳雖舉出了一些原因，但過於籠統，糾纏不清，譬如入覲時態度驕橫，返署後任意劾罷下屬，有人面奏他貪殘横暴，自此引起君主疑忌。可是，任意彈劾及爲人告發都發生於雍正三年，而羹堯觸犯逆鱗則早在二年十一月，因此得深入追究其獲罪的來龍去脈。羹堯滯京的三十餘天內，值得注目的事有下列數條：

十月二十一日，陞陝西西安布政使胡期恒爲甘肅巡撫（註七四）。

十月二十八日，召滿漢大學士、大將軍年羹堯、九卿等，諭以阿靈阿、揆叙等人之罪狀（註七五）。

十一月十三日，工部郎中岳周以現銀二萬兩，請托大將軍年羹堯，薦伊爲西安布政使，年羹堯據實參奏（七六）。

十一月二十五日，岳周定讞：應斬監候（註七七）。

這幾件事似乎瑣碎、平淡；分析起來，却相當重要，且有關連性。胡期恒乃羹堯心腹，其布政使、巡撫之職務，均爲羹堯推薦。稍後，雍正對羹堯懷疑時，即命胡期恒陛見，要當面考察。一見便大發雷霆，諭大學士等：

甘肅巡撫胡期恒，朕素不識其人，因西海初經平定，必得熟悉邊方情形者，畀以巡撫之職。朕詢問年羹堯，伊即薦胡期恒，謂可勝任。前年羹堯曾薦王景灝，則請令陛見，……朕觀其才具實屬可用，是以此番薦舉胡期恒，朕亦不疑，即用為巡撫。……是殆欲借王景灝一人，使朕信其言之不誣，遂可薦舉胡期恒之類，以肆其蒙蔽也。今胡期恒來京，所奏之言，皆屬荒唐、悖謬。觀其人甚屬卑鄙，……著革職（註七八）。

關於這點，羹堯摺上的硃批，更為嚴厲，說：

你實在昏憒了！胡期恒這樣東西，豈是年羹堯在朕前保舉巡撫的人。豈有此理（註七九）！

雍正贊王責胡，不免帶有偏見，無非出於對羹堯的猜忌。兩人都出自年門，但景灝此時正奉命揭發羹堯陰私，得蒙贊賞，其後認為吐露得不夠徹底時，連景灝也被革職了（註八〇）。

再說胡期恒事件，實和岳周行賄案有關；岳周企望的，就是胡期恒布政使的空缺。當時羹堯炙手可熱，權勢顯赫，既能推薦胡期恒為布政使、巡撫，有人把他當作賣官鬻爵的對象，也在情理之中。岳周竟那樣大手筆，一出手便是二萬兩，羹堯雖沒有接受，雍正却未能釋懷；一個隨時能接受二萬兩賄金的大臣，雍正哪能隨便放過，要進一步調查。剛巧岳周是雍正認為眼中釘的八弟允禩的親信。岳周根本沒有錢，曾在工部郎中任內虧空了數千兩銀，由允禩幫補代完，這二萬兩也是允禩解囊相助的（註八一）。岳周案發生於二年十一月十三日，二十五日就被判應斬監候。可是一個多月後，雍正突然諭大學士：『岳周之罪，本應即行正法，因係年羹堯所參，故改為監候』，因『朝廷威福之柄』，不是『臣下得而操之』的（註八二）。

此外，雍正二年十一月十五日的一道上諭，和年羹堯有關者頗多，摘要如後：

第一、薦人物存一市恩望報之心，則植黨營私，何所不至；受薦而懷顧私恩，黨同附和，致昧君臣大義，皆亂臣賊子，罪不容誅者也。所薦之人果能爲國爲民，則當與之同心協力；設所薦者負君負國，則是我之仇敵矣，尚可回護容隱甘與之同罪乎？凡有保舉，不過各就其平日所知，豈能盡保其將來。如廣西布政使劉廷琛，原係年羹堯所舉，今行罷斥矣。……在年羹堯，……不過一時誤舉，無大關係，而朕任使不得其人，費無數焦勞。

第二、用人理財之難，總莫難於使人人盡去其私心，私心一萌，狡詐百出。即如近日賞兵，則相與謠言曰：『此大將軍年羹堯所請也。』夫朕豈幼沖之君，必待年羹堯爲之指點，又豈年羹堯强爲陳奏，而有是舉乎？此不過欲設計以陷年羹堯耳。

第三、前朕所頒諭旨，發阿靈阿、揆叙之奸，乃朕數十年來眞知灼見，定成妥書，聞亦有疑爲年羹堯所爲者。……年羹堯之才爲大將軍、總督則有餘，安能具天子之聰明才智乎。朕因年羹堯爲藩邸舊人，記性甚好，能宣朕言，……故朕早有此意，待其來京陛見，令其傳達旨意，書寫上諭耳，外人遂造作浮言，加年羹堯以斷不可受之名，一似恩威賞罰，非自朕出者，妄謬悖亂，一至於此，深可痛恨（註八三）！

這道上諭有關年羹堯處，隱約其詞，表面似在爲他辯白，但從雍正一連串行動看來，顯然在警戒羹堯，指摘他市恩、植黨，奪君主恩威賞罰之權。這道上諭和前引李維鈞、王景灝硃批，及三十餘天內發生諸事，綜合起來看，可知羹堯的失寵，確在入覲這段期間。再以史傳印證，事實就更鮮明，「清史稿年羹堯本傳」說：「入覲令總督李維鈞、巡撫范時捷跪道送迎，至京師，行絕馳道，王大臣郊迎不為禮。」這可以說是他被整肅的導火綫。羹堯居邊地，擁重兵，受君主非常之知，不免濫用職權，只是過去無人敢揭發，即使有人敢言，也不會被接納。可是這次非徒得罪了王公大臣，而且居然在『大子御前箕坐，無人臣禮』（註八四）。這豈是雍正那樣的皇帝所能容忍。一年多前，為了表示對新君効忠，羹堯懇請陛見。當時其態度的誠惶誠恐，是想像得到的。這次自以為立下了豐功偉績，君主又對他無比寵信，少不免放肆恣縱，這一切都看在皇帝眼裏，只要有誰一進言挑唆，就會進行調查。大概自二年十一月起，就陸續有人報告，雍正曾經在李維鈞十一月十三日的摺上批道：『有人奏爾餽送年羹堯禮物過厚，又覓二女子相贈之說。』（註八五）此後諸如此類的硃批不一而足，雍正令臣下具摺報告，人別可以分為以下數類：

一、命疏遠或擺脫年羹堯（註八六）。
二、命奏報年羹堯劣蹟（註八七）。
三、命表白與年羹堯之關係（註八八）。
四、命查年羹堯事發後寄匿財產情況（註八九）。
五、命查年羹堯貶職後行跡（註九〇）。

起初，雍正只不過發現羹堯有擅權作威的跡象，如能改過，尚能曲賜保全，這可以從下列各摺中見到：

覽此奏朕心稍喜，過而能改，則無過矣，只恐不能心悅誠服耳。勉之！（年羹堯三年正月十八日摺）。（註九一）。

又如：

本年二月三十日，理藩院侍郎臣鄂賴，……口傳密旨，訓臣以改過自全之道。（年羹堯三年三月三日摺）。（註九二）。

又如：

朕惜其（指羹堯）才，尚用其力，自有保全他之道。他近日亦深知愧悔矣。（雲貴總督高其倬三年二月十二日摺）。（註九三）。

然而通過臣下的密摺，才知羹堯的劣蹟，多得出乎意外，且無悔艾之念：最初用言詞搪塞、敷衍，其後則盡量隱頓財物，除駐劄地西安外，數月間運到各省寄匿的，就有騾馱二千餘載，騾轎二百餘乘，人車數百輛（註九四）。三年四月，奉降職上諭後，羹堯如略知韜晦之道，就該輕車簡從赴任，從此謹慎自持，或能保全殘生，但他依然大模大樣，到任後『仍似大將軍氣象』（註九五）。隨從尚有千餘人，又另建房舍百餘間，才能容納（註九六）。雍正殺羹堯的決心，可能起於此時，署貴州巡撫石禮哈摺上的硃批有這樣的話：『大凡才不可恃，年羹堯乃一榜樣，終罹殺身之禍（註九七）。』時在雍正三年六月。及至三年七月十八日，降旨諮詢內外諸臣，應如何處置年羹堯（註九八）。這只是裝作，免貽「鳥盡弓藏」之譏罷了；至於因虎入年家，『羹堯朕正法之意決矣』云云（註九九）。實是掩天下耳目的欺人之談。

## 五　羹堯罹罪眞因

年羹堯雖『罪惡踰谿壑之深』（註一〇〇），但雍正也難免過寵之責，比方說令任意化費錢糧，命代擬上諭（註一〇一），硃批又過於親暱。其實羹堯在戡定邊亂上畢竟立下了汗馬功勞；後來臣僚把軍功說成『皆出於廟謨勝算所致』，或說都藉岳鍾琪之才，羹堯不過膺專閫之名，坐享其成，這也是偏頗之論。按理說，他未始不能援『議功』之例，罰從末減，然而雍正並不饒恕他，或說羹堯想做皇帝，最難令人君忍受，這就難逃一死了（註一〇二）。其實羹堯雖驕橫貪暴，却不至於謀反稱帝，史料中雖有此說，却有議論餘地，譬如年羹堯三年四月二十二日摺硃批：

朕聞得早有謠言云：『帝出三江口，嘉湖作戰場』之語，……朕想你若自稱帝號，乃天定數也，朕亦難挽。若你自不肯爲，有你統朕此數千兵，你斷不容三江口令人稱帝也（註一〇三）。

這不過是警戒之語，一開始就說明是『謠言』。而且，雍正七年所頒發的『大義覺迷錄』中也有提到：『即如從前妖言云：「帝出三江口，嘉湖作戰場」，此語已流傳三十餘年矣。』（註一〇四）既流傳三十餘年，當非指羹堯，雍正也斥之爲『誕幻荒唐』的妖言，前引硃批，只是一種恐嚇，非實有所指。

還有，三年十二月十一日，議政大臣、刑部等衙門題奏年羹堯罪狀，第一條便是『與靜一道人、鄒魯等謀爲不軌。』（註一〇五）『永憲錄』說得更清楚：

刑部等衙門審占象人鄒魯與年羹堯謀爲不軌。……問鄒魯：『你說年羹堯要做皇帝，爲甚麼只說要封王？……』據鄒魯供：『做皇帝的話，原是年羹堯想做皇帝，把讖語與靜一道人的說話講過，即問小的：「你看我數如何？」小的對他說：「果然要做皇帝。」……』（註一〇六）

這顯然是臣下希旨，鍛鍊周內，硬給羹堯安上一個大逆之名，連雍正也覺得過分，說：『鄒魯乃無知小人，相與謀逆之情雖實，而事蹟尚未昭著。』（註一〇七）由此可證稱帝之說自屬誣蔑之詞。我個人以爲雍正決意要殺羹堯，除了罪蹟昭彰之外（註一〇八），還有幾個原因：

第一是雍正賞罰分明的個性。

關於這個，且舉兩條例子。雍正有子弘時，雍正五年，年二十有三，爲生存諸子中最長者，已娶妻生子，忽於八月初六日，削宗籍賜死，罪名是『年少放縱，行事不謹』（註一〇九）。到底犯了什麼過失，不得而知，但從親生長子賜死上看來，可見雍正的『鐵面無情』。乾隆繼位後，才恢復弘時宗籍（註一一〇）。第二個例子是雍正最寵信的大臣鄂爾泰。任雲貴總督時曾平定苗亂。雍正十三年七月，諸苗復叛。此時爾泰已內升爲大學士，加伯爵銜。即引咎自責，請罷斥、削爵。雍正雖寵愛之念不變，却並不通融，允爾泰之請，說：

國家錫命之恩，有功則受，無功則辭，乃古今通義。今鄂爾泰請削伯爵，於情理相合，允其請。並即將前後情事宣諭中外，以示吾君臣公而無私、過而不飾之意（註一一一）。

第二是寵之切而責之深。

雍正視羹堯爲心膂股肱，沒料到對方竟如此負心，又氣又愧，必殺之而後氣消，這可以從年羹堯及其他諸臣奏摺的硃批中見到。如：『今書此諭與爾，朕亦愧之』，『朕實愧而下泣』，『朕惟愧之識人之明而已』，『年羹堯可謂第一負恩人也』等等（註一一二）。

第三是情報網癱瘓。

最沒有比雍正更生氣的是：年羹堯事件的發生，暴露了雍正手建的情報網的弱點。他即位後，爲了徹底粉碎皇族、官僚等的朋黨，爲了周知中外情況，在情報蒐集上，煞費苦心，終於採用了侍衞和密摺兩種特殊的方法。諜報機構歷代皆有，最可怕的當是明代的廠衞。雍正却不設機構，只遣侍衞，偏及閭閻，詗察官民行動，稗官野史中有關雍正朝侍衞的軼事頗多，雖不免涉於神奇，但並非全屬子虛烏有之談（註一一三）。雍正曾遣親信侍衞至年羹堯處，名爲効力軍前，實則不無監視之意。但這些人却聽羹堯指揮，爲之擺對、墜鐙，形同廝役，有關羹堯的作爲，竟一個字也沒報告，可能貪財而被收賣了，雍正氣憤之餘，斥這些人卑賤，令不必回京，隨羹堯至降職處（註一一四）。

另一種是利用密摺的方法。這早起於清初（註一一五），流行於康熙朝，雍正繼位後，將它擴大、加強，成爲制度化。所謂密摺，其實內容不限於秘密，譬如天候、水利、祥瑞、祀典等等也有。因爲這和公開的題本有別，是君臣間的私函，內容不能向第三者透露，所以稱爲密摺或奏摺。雍正一開始便在各地建立了一個龐大、嚴密的情報網，命大小文武官員隨時將見聞具摺密奏，因此千里之外，瞭如指掌（註一一六）。

密摺與侍衞相輔相成，雍正自以爲萬無一失，豈料羣臣於年羹堯威勢利誘之下，竟無人上密摺指摘其劣蹟。情報組織，失去了作用，整個癱瘓了。對於如此權傾人主的巨憝，豈是雍正那樣睚眦必報、乾綱獨斷的君主所能容忍，年羹堯無論如何都難免一死了。

## 六　結　論

世傳康熙病篤時原擬傳位於十四子允禵，爲四子雍正竄改而得位，當時允禵爲撫遠大將軍，身統大軍，原可揮兵爭位，但受制於川陝總督年羹堯，無能爲力，始帖然聽命。雍正纘基後，爲酬謝羹堯擁立之功，恩賞踰常，但早存殺年之念。雍正三年十二月，終臚列羹堯罪狀九十二款而賜自裁。拙見以爲允禵雖對雍正之繼位頗感不滿，却無兵變的意圖，自毋庸年羹堯箝制（註一一七）。羹堯於雍正朝所獲的恩寵，乃本於君主的用人政策，及其本身立功邊陲的關係。至於他的死，是驕橫貪暴的結果；更重要的是破壞了雍正自負的情報網。氣憤之餘，年羹堯自難逃過鬼門關了。

說到兩者間關係的曖昧不清，乃官書、秘檔芟略過多及籠統不清所致。拙見以爲雍正曾由衷地寵信過羹堯，宮中檔他人奏摺上之硃批可證。但遺憾的是『雍正硃批諭旨』付梓時，這些資料被刪除一清，因雍正對羹堯仍餘怒未息，豈料因此反蒙受殺『功臣』的汚名了。

一九七五年初稿，

一九七八年修訂。

於日本　廣島大學

註一：「清史稿」卷三〇一；「清史列傳」卷十三；「滿洲名臣傳」卷三二；「清史館年羹堯傳」（「年羹堯奏摺專輯」（以下簡稱「年專輯」）下，附錄，台北，故宮博物院，一九七一年十二月）。

註二：「大義覺迷錄」卷三，頁三四b，台北，故宮博物院藏本（「圖書季刊」四卷，一、二期，一九七三年七月、十月。）「清宮遺聞」頁四五、四六（「清朝野史大觀」卷一所收）；天嘏「滿清外史」頁十一（「滿清稗史」所收）；陳懷「清史要略」頁五六、五七，上海，中華書局，一九三一年。

註三：「清宮遺聞」頁四一。

註四：黃培「清世宗與年羹堯之關係」下，總頁一五八，台北，「大陸雜誌」十六卷五期，一九五八年三月。

註五：「上諭八旗」頁四一a，雍正二年十一月十五日。

註六：金承藝「從「永憲錄」來討論年羹堯的年歲」，台北，故宮季刊，十卷二期，一九七五年秋季。

註七：「燕行錄選集」下，頁四九二，韓國，成均館大學，一九六二年。

註八：朝鮮「肅宗大王實錄」卷四七，肅宗三十五年（康熙四十八年）五月辛巳條。

註九：語見蕭一山「清代通史」第一冊，頁八五七，台北，商務印書館，一九六二年九月修訂本。

註一〇：孟森「清世宗入承大統考實」（收於孟著「清代史」中，頁四八五、四八七）台北，正中書局，一九六〇年十一月。

註一一：王鍾翰「清世宗奪嫡考實」頁二四七、二五〇、二五四，「燕京學報」三十六期，一九四九年六月。

註一二：王鍾翰先生以為年入藩邸，當在幼年，因年於康熙四十八年出任川撫，「自是十數年間，久任川、陝，升至總督，果於四十八年始登雍府之門，豈有立談間，外放巡撫，即屬門下之理耶？」同註一一，頁二四八，註二八六。

註一三：康熙五十六年三月，有鑲藍旗逃人孟光祖，至各省請托賕利。赴川時，詐稱誠親王允祉使致餉遺。羹堯受而餽以銀馬。事發，羹堯當革任。得旨，著從寬革職留任效力。見「聖祖實錄」卷二七一，頁一七b 卷二七二，頁一一a；卷二七三，頁二a；「清史列傳」卷一三，頁九b、十a。

註一四：「文獻叢編」上，圖像頁一，「雍親王致年羹堯書」，台北，國風出版社重印本。一九六四年三月。

註一五：「聖祖實錄」卷二八一，頁一六b。

註一六：同上，卷二八一，頁十九b、二一b。

註一七：「掌故叢編」「年羹堯摺」頁三三b，台北，國風出版社重印本，一九六四年五月。

註十八：陳捷先「清世宗繼統與年羹堯之關係」，頁一七七，台灣，「成功大學學報」第十號，一九七五年五月。

註十九：如註十、一一，孟、王兩先生文；金承藝「從「胤禵」問題看清世宗奪位」，台北，「近代史研究所集刊」，第五期，一九七六年六月；金承藝「胤禎：一個帝夢成空的皇子」，同上，第六期，一九七七年六月。按：雍正是否易詔奪位，另有專文討論，此處從略。

註二〇：「同文彙考」補篇，卷四，「使臣別單」，頁二。

註二一：蕭奭「永憲錄」卷一，頁四九，香港，龍門書店，一九六九年一月。

註二二：「大義覺迷錄」卷三，頁三八b。

註二三：孟森「清代史」，頁四九五——四九九。

註二四：雍正朝宮中檔案原件（下簡稱「宮中檔」。現藏台北故宮博物院，絕大部份尚未發表。）六一八三號，鄂爾泰四年五月二十五日摺行批。按：刊本「雍正硃批諭旨」（下簡稱「諭旨」）改爲「朕之關心尤甚。」「宮中檔」與「諭旨」頗有出入，但內容無多大更動者，仍用「諭旨」，以便讀者檢閱。

註二五：「諭旨」第九函，鄂爾泰，四年九月十九日第一摺（以下，如同一提奏人，同日有數摺者，以羅馬字表示，如四年九月十九日c，即該日第三

註二六：「宮中檔」六二一二號，鄂爾泰摺，四年十二月二十一日。按：「諭旨」同日d改爲：「覽此奏甚爲嘉獎賞悅。」

註二七：「諭旨」，鄂爾泰摺，五年三月十二日b。

註二八：「宮中檔」六一〇七號，鄂爾泰摺行批，五年十二月十三日。按「諭旨」同日b改爲：「卿如此公忠，朕亦不肯負。」

註二九：「諭旨」，鄂爾泰摺，六年十二月八日b。

註三〇：「年專輯」下，頁七六〇。

註三一：「宮中檔」七六三五號，李衞摺，五年六月二十七日。按「諭旨」，第十三函，李衞同日b刪。

註三二：同上七六〇八號，李衞摺，四年十二月二十日。按：「諭旨」改爲「興自然之利美事也，安無籍之民善政也。能如是，方不愧封疆之寄。」

註三三：「文獻叢刊」上，「年羮堯奏摺」，頁七，二年，三月二十九日。

註三四：孟森「清代史」頁四九九。

註三五：「宮中檔」七二二四，李衞摺，八年一月十七日。按：「諭旨」改爲：「豈僅朕之功臣而已，即先朝之勳舊

也。」

註三六：同註三四，頁四九六。

註三七：「年專輯」下，頁八七八。

註三八：吳相湘「中秋詞與年羹堯」（收「清宮秘譚」中，台北，遠東圖書公司，一九六一年三月）。

註三九：同註一一，頁二六〇，註九六謂：「親信叛離爲胤禎失敗之最大原因。」

註四〇：同註一八，頁一七四。

註四一：「上諭八旗」頁三七，二年十一月十五日。

註四二：「諭旨」，鄂爾泰，四年八月六日a。

註四三：同上，第五函，常賚摺，四年十月二十六日硃批云：「傅鼐、博爾多已將朕用人於藩邸之顏面掃盡。」又同函，沈廷正，七年二月二十九日摺亦云：「人爲才限，亦屬無可如何之事，若更行不符言，少涉欺隱，則常賚、博爾多、傅鼐等皆可爲前車之戒。」又同第一函，孔毓珣，五年八月十九日d摺亦云：「官達、方願瑛二人皆深負朕恩，於中若少有瑕釁，切毋爲之隱蔽。」

註四四：同上，李衞摺，五年十二月三日b。

註四五：同上，李衞摺，六年八月八日b。

註四六：同註八云：「副勅年羹堯，即內閣學士，以文見用云，而見其詩句，僅知押韻而已。」「副敕稍能書，故士大夫因譯輩求其筆蹟者又多，識者駭歎。」按：年賦詩是否高明，不詳，但較「目不識丁」者，自有雲泥之別。

註四七：如「諭旨」，第十四函，高其倬摺，四年十月十三日b硃批：「宜兆熊（按：將任署直隸總督）……伊自奏不識字，此處稍爲之不足，然亦無妨。」又同第五函，杜濱摺，七年閏七月二十日b奏文：「署督查郎阿，……每自以不通漢文，專靠幕賓爲憾。」又同第八函，孫繼宗摺，四年三月四日b硃批：「聞爾竟不識字，何乃一切摺奏如此通順妥當耶！」又同第三函，劉世明摺，五年九月初六日a硃批：「馮允中似稍不勝。聞伊一字不識，信用一幕客。」等等，不勝枚舉。

註四八：袁枚「小倉山房文集」卷七「直隸總督兵部尚書李敏達公傳」。

註四九：「諭旨」，李衛摺，九年五月初六日c：「臣孤失學，不習章句。緣從母命，訪擇塾師，僅能講說通鑑，粗知古人行事。」

註五〇：錢儀吉「碑傳集」卷二二，頁十八b；昭槤「嘯亭雜錄」卷一「寵信大臣」條。

註五一：「掌故叢編」「年羹堯摺」，頁二五a，「奏謝賞荷包等物摺」；頁四六a，「奏謝賜物十種摺」；頁六三b，「謝賜肥鹿等物摺」。

註五二：「宮中檔雍正朝奏摺」第一輯，頁三八上、八六下，九六上，台北，故宮博物院，一九七七年十一月。按公開發售爲一九七八年夏。

註五三：同註五一，頁七九a，「報秋成摺」。

註五四：「文獻叢編」上，「年羹堯奏摺」，頁六b。

註五五：同上，頁十三b行批。

註五六：同上，頁十四a。

註五七：同上，頁十六a

註五八：「宮中檔」七五六八號。按「諭旨」改爲：「高其倬尚不克當此，少覺軟懦些，偏於自爲。」

註五九：同註五二，第二輯，頁三六二上，行批，一九七七年十二月。按：發售時期與第一輯同。

註六〇：同上，頁四五三下，四五四上。

註六一：同上，頁五九六下。

註六二：同上，頁七八〇上。

註六三：同上，頁六九二上。按：「諭旨」第十四函，嵇曾筠同日a摺硃批，及二年六月十八日奏文引此硃批時，將年羹堯云云刪去。

註六四：如「宮中檔」六二一六號，高其倬元年四月初五日摺硃批：「西藏兵馬之預備，一切調遣，若與年羹堯商量得及的事，與他商酌而行，再無有過不及之虞。……他這些年兵馬地方情形着實熟練，而兼才情居心，實出人頭第（當作「地」）者。」又如「諭旨」高其倬二年四月二十九日摺硃批：「此事當與年羹堯周詳商計，方可見諸措施。」又如蔡珽摺硃批云「：一切以年羹堯所傳朕旨奉行，不可絲毫另立意見，掣肘誤事。」（「故宮文獻」第三卷第三期，頁一三八上，台北，故宮博物院，一九七二年六月。）同頁一四四下，蔡珽摺硃批：「不必來，諸事與年羹堯商酌行，不得錯。」同頁一四八下，蔡珽摺硃批：「三府歛收，着實修省吏治。年羹堯十數年在川，未聞米價至此。……有弄不來的，領教年羹堯，不得錯。」

註六五：按：此文撰寫時，雍正朝宮中檔尚無發表之消息，故作此言。又自一九七七年至今，問世者惟三輯，而雍正朝奏摺估計約有三十餘輯之多，則全書恐非短時期能公諸於世。

註六六：孟森先生謂年「於世宗即位之始，即以叩謁梓宮，馳抵京師」，時在允禵返京之先。（「清代史」，頁四九四。）恐有誤。因雍正元年正月十二日，年有懇請陛見摺二（『掌故叢編』『年羹堯摺』頁七〇b、七一a。）則年陛見不得早於此時。而允禵返京，時在康熙六十一年十二月十七日（『世宗實錄』卷二，頁二九b），蓋康熙賓天之翌日，雍正即命允禵，限二十四日，馳驛來京，（『世宗實錄』卷一，頁九a；『永憲錄』卷一，頁六六）。

註六七：陳捷先『年羹堯死因探微』，頁一一五，台灣，『成功大學歷史學系歷史學報』第二期，一九七五年。

註六八：據年羹堯『奏報起程日期摺』（『文獻叢刊』上『年羹堯奏摺』，頁一六a，）謂：二年九月二十四日，自西安督署出發，預定十月十一日抵京，則途中當爲十七日。又據『奏報抵署日期並謝蒙陛見摺』（同頁十六b）謂：十二月初九日抵署，摺中復有『奔走御座之前三十餘日』句，依此推斷，年滯京約三十七、八天，離京當爲十一月十九日前後。

註六九：『文獻叢刊』上，『年羹堯奏摺』頁十六b。

註七〇：『諭旨』，李維鈞摺，二年十一月十三日。

註七一：同上，王景灝摺，二年十一月二日b。

註七二：同上，同日b。

註七三：見前引年抵署後所上摺，及李維鈞、王景灝三摺。又『清史列傳』卷一三，「李維鈞傳」頁二一b亦云：『維鈞尋疏劾羹堯，言羹堯上年進京回陝，過保定，曾有「大將軍印，我已交不出去之語」。』又『諭旨』第十一函，王朝恩二年十一月四日摺硃批亦云：『即日今隆科多、年羹堯亦不能爲汝致福降禍。』又『宮中檔雍正朝奏摺』第三輯（台北，故宮博物院，一九七八年一月。按：公開發售爲是年十一月。）頁四一六上，黃起憲二年十一月四日摺硃批亦云：「假若自不勉力，而惟他人是倚，倘有不妥處，即年羹堯亦豈能護庇汝耶！」由此可見年在京時已遭譴責、猜忌。

註七四：「世宗實錄」卷二五，頁十三a。

註七五：『上諭八旗』，頁二八，二年十月二十八日。

註七六：『世宗實錄』卷二六，頁十一b——十三a。

註七七：同上，卷二六，頁二二a。

註七八：同上卷三〇，頁三二a——三三a。

註七九：『文獻叢編』上，『年羹堯奏摺』，頁三七a。

註八〇：『世宗實錄』卷三九，頁二a。

註八一：『上諭八旗』，頁三九、四〇，二年十一月十五日。

註八二：『世宗實錄』卷二八，頁四b。

註八三：同註八一，頁三六——四二。

註八四：『嘯亭雜錄』卷九，『年羹堯之驕』條。

註八五：同註七十。

註八六：如「諭旨」第一函，齊蘇勒二年十二月十三日摺硃批：「近日隆科多、年羹堯大露作威福、攬權勢光景，爾等當疏遠之。」又如同第五函，李成龍三年正月十一日摺硃批：「近日年羹堯擅作威福，逞姦納賄，朕甚惡之，若畏勢比昵附和，則恐爲伊連累也。」又如『年專輯』下，頁八九六、八九七，何天培三年五月三日摺硃批：

「年羹堯甚作威福，大負朕恩，當絕跡遠之。」又如同頁九二五，李維鈞三年六月一日摺奏文：「臣與年羹堯向屬交好。自去年拾壹月貳拾日，蒙皇上硃批，令臣漸漸遠之。臣恪遵諭旨，遂與疏遠。」

註八七：如「年專輯」下，頁八九一，顏光旿三年三月十九日摺奏文：「年羹堯在西寧時，其尊榮權勢，中外無與倫比：出入以土墊街，以水壓塵。其巡撫、提督等官，名雖平行，實同屬下。」又如同頁八九八——九〇七，范時捷三年五月十日摺，參劾年欺罔、貪婪等罪六款。又如同頁九七一——九八一，紀成斌摺奏文：「（年）擅作威福，將奉發軍前効力御前侍衞，爲伊擺對墜鐙，出令總督、巡撫跪接，蒙古王等俱令下跪。」

註八八：如「年專輯」頁八八二——八八六，高其倬三年二月十二日摺。同頁一〇七八——一〇八五，李如栢三年八月二十四日摺。同頁一一二一——一一二四，法海無日期摺。

註八九：「年專輯」，頁九二一——九二三，田文鏡三年五月二十六日摺。同頁九八五——九八七，何天培三年七月七日摺。同頁一〇六八——一〇七三，張楷三年八月十五日摺。同頁九八八——九九一，岳鍾琪無日期摺。

註九〇：如「年專輯」，頁九〇九——一〇〇四，甘國奎三年七月九日摺。同頁一〇八六——一〇八八，岳鍾琪無日期摺。

註九一：「文獻叢編」上，「年羹堯奏摺」，頁三一a。

註九二：同上，頁三六b。

註八三：「年專輯」下，頁八八六。

註九四：同上，頁九七〇。

註九五：同上，頁一〇〇〇、一〇〇一，甘國奎三年七月九日摺。

註九六：同上，頁一〇八六，傅敏三年八月二十九日摺。

註九七：「諭旨」，第一函，石禮哈摺，三年六月三日b。

註九八：「世宗實錄」卷三四，頁十四b——十五b。

註九九：「故宮文獻」第三卷第三期，頁二一三、二一四，蔡珽摺硃批：「年羹堯之誅否，朕意實未決。四五日前，朕寬意已定。（不料有虎入年家，被兵丁札死事），年羹堯朕正法意決矣。」按：「諭旨」第七函，蔡珽第四十三摺，亦載此硃批，惟內容略有出入。

註一〇〇：「世宗實錄」卷三九，頁六b，三年十二月甲戌，議政大臣等題奏語。

註一〇一：「年專輯」中，頁七五九：「錢糧就費些，此事若定，仗天地慈悲，補足有日，憑你該怎麼料理，只管動用，朕豈忍怪你耗費錢糧之理！」又如：「此一事朕亦加恩典，但不詳此番兵弁効力之輕重，即諭恐有過不及處，爾可爲朕合宜擬一上諭來。不可藏貞，朕再無想你不知足之理。此番西海之事，實千古奇勳，朕必事事加以殊恩而籌之，方上下聲名皆全美也，少有缺典，不但天下後世議朕負功，亦不能鼓勵將來也。……」（按：此諭書於一左下角印有紫色花朵之信箋上，與「年專輯」資料置於同一大封套中，外書「無年月青海軍務諭旨五十六件，此項應歸雍正年間硃筆」。一九六九年，本人於故宮博物院蒐集資料時，曾抄錄。不知何以「年專輯」中漏載此件？

註一〇二：同註六七，頁一一四。

註一〇三：「文獻叢編」上，「年羹堯奏摺」，頁三九a。

註一〇四：「大義覺迷錄」卷三，頁四五，四六。

註一〇五：「世宗實錄」卷三九，頁七a。

註一〇六：「永憲錄」卷三，頁二四六。

註一〇七：「世宗實錄」卷三九，頁十三a。

註一〇八：大谷敏夫氏有文，分析年羹堯罪狀，可參考。「雍正帝の政治と年羹堯斷罪事件」，「史林」，五九卷，四號，一九七六年七月。

註一〇九：唐邦治「清皇室四譜」卷三。

註一一〇：「高宗實錄」卷五，頁三二a。

註一一一：「世宗實錄」卷一五八，頁十五b——十七b。

註一一二：「諭旨」，高其倬摺，三年二月十二日b；同王景灝摺，三年五月十九日b；「文獻叢刊」上，「年羹堯奏摺」，頁三七；「年專輯」，頁九二〇、九二一，岳鍾琪摺；同頁九二三，岳鍾琪摺。

註一一三：詳佐伯富「清代の侍衞につうて」，「東洋史研究」，第二十七卷，第二號，一九六八年九月。

註一一四：「世宗實錄」卷三二，頁十五b，十六a。

註一一五：清代「密摺」起於何時，不詳。現存宮中檔密摺最早者爲康熙十六年。然順治時已有密摺之名，「王熙自撰年譜」（收「王文靖集」中）云：「辛丑，三十四歲。……（正月）初三日，召入養心殿，上坐御榻，命至榻前講論移時。是日，奉天語面諭者關係重大，並前此屢有面奏，及奉諭詢問「密封奏摺」，俱不敢載。」此處所謂「密封奏摺」，當可視爲「密摺」。辛丑爲順治十五年（一六六一），其時君臣間已有密件往來，殆無疑問。惟此等事，前代文獻中亦間有發現，且舉一則爲例，如「明通鑑」卷十七，永樂十六年六月條載：成祖遺禮部侍郎胡濙巡江浙，陛辭時，諭曰：「人言東宮多失德，汝至京師，可多留數日，試觀何如，「密奏來，奏字須大，晚至即欲觀也。」」

註一一六：詳宮崎市定「雍正硃批諭旨解題」，「東洋史研究」，第十五卷，第十四號，一九五七年三月；黃培「說硃批諭旨」，台北，「大陸雜誌」，第十八卷，第三期，一九五九年二月；黃培「雍正時代的密奏制度」，台北，「清華學報」，三卷一期，一九六二年五月；莊吉發「清世宗與奏摺制度的發展」，台北，「師範大學歷史學報」，第四期，一九七六年四月。

註一一七：黃培亦嘗指出，年羹堯於雍正之繼位，無甚協助。見黃著「清世宗與年羹堯之關係」下，頁一五一，及"Autocracy at work: A Study of the Yung-cheng Period 1923–1935" (Indiana University Press, 1975)

# 晚清四川財政狀況的轉變

何漢威

## 一

根據一位學者的精密研究，就經濟成長的角度來看，清代中國實可分爲三地區：東部的已發展地區，中西部（陝西、甘肅、湖南、廣西、四川、雲南、貴州），東北及臺灣的發展中地區，極西和蒙古的低度發展地區。從十八世紀中葉到清末，不單在人口、耕種畝數，甚至土地生產力方面，都有利於發展中地區。另一方面，在發展中地區的諸省中，東北及四川最爲特出。（註一）有關東北地區經濟成長的研究，不在本文討論範圍內，茲不贅述。至於四川經濟成長的表現，可以從人口增長及田賦負擔兩方面充分反映出來。就人口增長的情況來說，「一七六一年四川人口不過二百七十八萬餘人，僅佔全國人口百分之一〇・二七。在不及一百年的時期中，無論就絕對數，或全國人口比重中，四川人口均躍居全國首位。其後至一八九八年，增達八千四百七十四萬餘人，其他各省更不能望其項背。如果以一七六一年數字爲基期，四川人口指數在一八五〇年上升至一、五八七，一八九八年更升至三、〇四五。」（註二）就賦稅負擔方面而言，四川在全國田賦負擔中所佔的百分比，從一七五三年的一・六%激增至一九〇八年的七・七%。（註三）因此，以四川作爲研究對象，對了解清季區域發展的情況，實有特殊的意義。

鑒於區域研究日益成爲學術界重視的課題，中央研究院近代史研究所早於數年前即有中國近代區域研究的龐大計劃。把全國分爲若干省區，由該所的專業研究學人，各就所擬定的目標，分頭鑽研。其中四川部份，即由該所所長呂實强先生擔任。經數年孜孜辛勤的耕耘，呂氏先後發表論文多篇，對四川的政治、經濟、敎育各方面，都有全面而深入的討論。（註四）又新西蘭 **Canterbury** 大學 **S.A.M. Adshead** 教授，曾發表論文提及川省的財政問題。（註五）但重點則在透過地方的收支狀況來看中央與地方二者之間的關係，且所用的中文資料有限，深刻翔實的分析似未達到，然開創之功，實不可沒。在本文中，作者擬以**「四川全省財政說明書」**、地方官奏議、方志及政府檔案爲主要材料，配合近代中、外學人的研究成果，對晚淸四川財政狀況轉變之經緯，作一較爲全面的討論。

## 二

明代萬歷（一五七三——一六二〇）年間，四川的人口約在三百萬以上；嗣後兵匪等禍亂相繼而至，人口自不免有所損失。但造成人口最大的損害，無疑由於流寇張獻忠的入川。張獻忠自崇禎十七年（一六四四）入川後，即大肆屠殺，所到之處，村社爲墟，民無孑遺。（註六）追剿張氏的滿淸軍隊又接踵而至，使飽遭蹂躪的四川，蒙受更嚴重的破壞。以該省的省會成都來說，「城中絕人跡者十五六年，惟見草木充塞，麋鹿縱橫，凡市廛閭巷，官民居址，皆不可復識。……城中豺、虎、熊、貐，時獵得知，……二、三年後猶然。」（註七）成都如此，其他的地區不問可知。戰火的洗禮，除了導致人口劇減外，田地也因兵鋒波及，乏人

耕種而致荒蕪。在亂後，該省向政府投報的田地畝數，僅及亂前的五七%，減幅在百分之四十以上。（註八）

由此可知，清初的四川，可說是一片眞空地帶。在秩序漸次恢復，招徠人民前往開墾以恢復生產，實爲當務之急。政府爲了獎勵他省人民移入四川，先後採取如下的措施：（註九）一、對前往開荒的人民，政府撥給耕牛、種子，任其開墾；康熙廿九年（一六九〇）又規定：「凡流寓墾荒居住者，將地畝給爲永業。」（註一〇）雍正六年（一七二八）進一步申明：「議准各省入川民人，每戶酌給水田三十畝或旱田五十畝，若有子弟及兄弟之子成丁者，每丁水田增十五畝或旱地增二十五畝，實在老少丁多，不能養贍者，臨時酌增；除撥給之數外，或有多餘三、五畝之地，亦准一並給墾。」二、放寬免賦年限。如康熙十年（一六七一）。「敕部議定招民開墾之例，以五年起科。」雍正九年（一七三一）規定，「荒田墾種六年起科，荒地墾種十年起科。」另一方面，對招徠人民入川開墾的官員，政府也予以獎勵。康熙七年（一六六八），題准給予招民墾荒的官員議敘；（註一一）三年後，又定四川墾荒升用例，議定：「如該省現任文武各官招徠流民三百名以上，安插得所，墾荒成熟者，不論俸滿即升，其各省候選州同、州判、縣丞及擧、貢、監、生有力招民者，以署縣職銜，係開墾起科，實授本縣知縣。」最後，政府又對川省移民，給與其他優待。康熙十年，「定各省貧民攜帶妻子入蜀開墾者，准其入籍。」康熙廿九年，又定入籍四川例。「凡他省民人在川墾荒居住者，即准其子弟入籍考試。」

此外，政府又對四川的田賦額徵，從寬辦理。雍正二年（一七二四），四川額徵的田賦銀不過是二二五，五三五兩；較早時，康熙皇帝已明言：「今四川之荒地開墾甚多，果按田起課，則四川省一年內可得錢糧三十餘萬；朕意國用已足，不事加徵。」（註一二）到乾隆卅一年（一七六六），四川的田賦額雖劇增至六六〇，八〇一兩，但就全國來說，除最爲貧瘠的甘肅、廣西、雲南、貴州及尚未開發的奉天外，四川無疑是田賦額最低的省份。（註一三）

四川的賦額本已偏低，政府還不時蠲免該省田賦，藉此減輕人民負擔，使生產能迅速恢復。從康熙中葉到嘉慶末期的一百三十多年，清廷先後蠲免四川全省田賦多次，（註一四）對該省部份地區的田賦，也予以全部或部份蠲免。（註一五）政府這種慷慨的態度，一方面反映出四川刼後滿目瘡痍的景況，另一方面也顯示出四川的田賦收入在全國歲入中所佔的比重有限，故不爲政府重視。

當日政府按各省的財政情形，把全國省份分爲三種：有餘、僅敷、不足。四川即屬不足省份之一。（註一六）雍正三年（一七二五），清廷即指定：「不敷本省需用之陝西、雲南、貴州等省，存留本省不解至京。……陝、甘、四川、雲、貴等省所需，不敷本省俸餉銀，於鄰省撥解。如……江西、湖廣鄰近四川、雲、貴浙江次近四川、雲、貴；凡撥、協先儘鄰近，再儘次近。」（註一七）四川不單不需解付京餉，還需鄰近財政較爲豐裕的省份接濟。（註一八）如乾隆年間對金川用兵，清廷於乾隆卅九、四十兩年（一七七四——七五）撥給四川作善後用途的協款爲數即達三，三〇〇萬兩。（註一九）道光廿二年（一八四二），四川不敷的銀數卅四萬兩，即由鄰省代爲協撥。（註二〇）

經過百餘年的休養生息，加上省移民不斷移入，努力開墾的結果，四川農業的生產漸復舊觀。除了本省的消費外，四川每年還有大量的米糧出口，供應長江下游各省。（註二一）除由米糧商人自行販運外，政府又每於江南米糧供應出現短缺現象時，撥發川米協濟。如乾隆十八年（一七五三），撥川穀十八萬石給江南；乾隆四三年（一七七八），將川省倉穀二、三十萬石碾米運赴江南備用；乾隆五十年（一七八五），又動用四川常平倉穀三十萬石，碾米接濟長江下游各省。（註二二）在雍正（一七二三——三五），乾隆（一七三六——九五）年間，川米外銷對於湖廣及長江下游米價的穩定，實有決定性的作用。（註二三）「川米貫於東南，視楚米尤多。……蓋四川不徒饒米，其山木又資舟楫，故商販易通，而下游歲仰焉。」（註二四）此外，四川在乾隆末至嘉慶（一七九六——一八二〇）年間，運赴京師及各地的軍米，總數在一六〇萬石以上。（註二五）

隨着時間的推移，四川的元氣漸次恢復，這可從人口及耕地面積的劇增反映出來。透過這些現象，可知四川在全國經濟活動中所佔的地位愈來愈重要。

就人口遞增的情況來說，乾隆朝以前的人口調查並不精密，遺漏甚多；因此，本節討論四川的人口，是以乾隆廿二年（一七五七）作爲起始。（註二六）該年四川的人口不過是二，六八二，八九三人，到嘉慶十七年（一八一二），該省的人口即激增至二一，四三五，六七八人，增幅幾達八倍。另一方面，同期全國的人口數目，不過從一九〇，三四八，三二八人遞增至三六一，六九一，四三一，增幅少於二倍。

表一　乾、嘉年間四川人口遞增的情況及其在全國人口所佔之比重：

| 年期 | 四川人口 | 全國人口 | 四川人口佔全國人口百分比 |
|---|---|---|---|
| 乾乾二十二年（一七五七） | 二，六八二，八九三 | 一九〇，三四八，三二八 | 一・四一 |
| 二十六年（一七六一） | 二，七八二，九七六 | 一九八，二一四，五三三 | 一・四〇 |
| 二十七年（一七六二） | 二，八〇二，九九九 | 二〇〇，四七三，二七五 | 一・四〇 |
| 三十二年（一七六七） | 二，九五八，二七一 | 二〇九，八三九，五四六 | 一・四一 |
| 三十六年（一七七一） | 三，〇六八，一九九 | 二一四，六〇〇，三五六 | 一・四三 |
| 四十一年（一七七六） | 七，七八九，七九一 | 二六八，二三八，一八一 | 二・九〇 |
| 四十五年（一七八〇） | 七，九四七，七六二 | 二七七，五五四，四三一 | 二・八六 |
| 四十八年（一七八三） | 八，一四二，四八七 | 二八四，〇三三，七五五 | 二・八六 |
| 五十二年（一七八七） | 八，五六六，六〇九 | 二九二，四二九，〇一八 | 二・九三 |
| 嘉慶十七年（一八一二） | 二一，四三五，六七八 | 三六一，六九一，四三一 | 五・九二 |

資料來源：李文治編《中國近代農業史資料》第一輯（中國科學院經濟研究所《中國近代經濟史參考資料叢刊》第三種，北京三聯書店，一九五七年），頁6－8；羅爾綱「太平天國革命前的人口壓迫問題」，載存萃學社編集《中國近代社會經濟史論集》（香港崇文書店，一九七一年），頁四八四。

（為了便於比較，現根據上表把四川及全國人口數目改為指數表示，作成下表。）

表二　乾、嘉年間四川及全國人口遞增指數　乾隆廿二年（一七五七）人口數目＝一〇〇

| 年期 | 四川人口遞增指數 | 全國人口遞增指數 |
|---|---|---|
| 乾隆二十二年（一七五七） | 一〇〇 | 一〇〇 |
| 二十六年（一七六一） | 一〇三 | 一〇四 |
| 二十七年（一七六二） | 一〇四 | 一〇五 |
| 三十二年（一七六七） | 一一〇 | 一一〇 |
| 三十六年（一七七一） | 一一四 | 一一三 |
| 四十一年（一七七六） | 二九〇 | 一四一 |
| 四十五年（一七八〇） | 二九六 | 一四六 |
| 四十八年（一七八三） | 三〇三 | 一四九 |
| 五十二年（一七八七） | 三一九 | 一五三 |
| 嘉慶十七年（一八一二） | 七九九 | 一九〇 |

資料來源：仝表一。

隨着人口的劇增，四川的土地大規模開墾，田賦收入相應增加。順治十六年（一六五九），全省瘠痍未復之際，四川的耕地面積不過是一一，八三三．五頃，到嘉慶十七年激增至四六五，四七一頃，增幅在卅九倍以上。同期的田賦收入則從二七，〇九四兩躍增至六六六，五七八兩，增幅在廿四倍以上。

表三　順治至嘉慶期間四川田地頃數及田賦收入佔全國百分比

| 年期 | 田地頃數 | | | 田賦收入（單位：兩） | | |
|---|---|---|---|---|---|---|
| | 全國 | 四川 | 百分比 | 全國 | 四川 | 百分比 |
| 順治十六年（一六五九 | 五，四九三，五七六．四 | 一一，八八三．五 | 〇．二二 | 二一，五七六，〇〇六 | 二七，〇九四 | 〇．一二 |
| 康熙二十四年（一六八五） | 六，〇七八，四三〇．〇 | 一七，二六一．一 | 〇．二八 | 二四，四四九，七二四 | 三二，二一一 | 〇．一三 |
| 雍正　二年（一七二四） | 六，八三七，九一四．二 | 二一四，四五六．一 | 三．一三 | 二六，三六二，五四一 | 二二五，五三五 | 〇．八五 |
| 乾隆十八年（一七五三） | 七，〇八一，一四二．九 | 四五九，四一六．七 | 六．四九 | 二九，六一一，二〇一 | 六五九，〇七五 | 二．二三 |
| 三十一年（一七六六） | 七，四一四，四九五．五 | 四六〇，〇七一．二 | 六．二〇 | 二九，九一七，七六一 | 六六〇，八〇一 | 二．二一 |
| 嘉慶十七年（一八一二） | 七，九一三，九三九．〇 | 四六五，四七一．〇 | 五．八八 | ——，—— | 六六六，五七八＊ | —— |

資料來源：《清通考》卷一，「田賦考」一，考四八六〇；卷二，「田賦考」二，考四八六五—六六；卷三，「田賦考」三，考四八七二—七三；卷四，「田賦考」四，考四八八八、四八九一；《中國近代農業史資料》，頁六〇。

＊《四川通志》卷六三，「食貨。田賦」下，頁2b。此數目表註明年份，僅云嘉慶元年（一七

九六）以後所徵，今姑繫於嘉慶十七年，俾資比較。

表四　順治至嘉慶期間全國及四川之耕地面積、田賦收入遞增指數　（基期：順治十六年＝一〇〇）

| 年期 | 全國 | | 四川 | |
|---|---|---|---|---|
| | 耕地面積 | 田賦收入 | 耕地面積 | 田賦收入 |
| 順治十六年（一六五九） | 一〇〇 | 一〇〇 | 一〇〇 | 一〇〇 |
| 康熙二十四年（一六八五） | 一一〇 | 一一三 | 一四五 | 一一九 |
| 雍正二年（一七二四） | 一二四 | 一二二 | 一，八〇四 | 八三二 |
| 乾隆十八年（一七五三） | 一二九 | 一三七 | 三，八六六 | 二，四三二 |
| 三十一年（一七六六） | 一三五 | 一三九 | 三，八七一 | 二，四三九 |
| 嘉慶十七年（一八一二） | 一四四 | — | 三，九一七 | 二，四六〇 |

資料來源：全表三。

以上各表所列四川的人口、耕地面積及田賦收入的數目，都一致呈現急劇增加的趨勢。這些現象，固然可能因採用作比較之基數過低而出現偏高，但綜合來說，四川無論在人口、耕地面積及田賦收入等方面增加的速度，要比全國來得快，其經濟重要性逐漸提升，卻是不可抹煞的。

## 三

四川雖然很快從重創中恢復過來，其發展的速度，且大於其他省分；可是，直到太平天國革命爆發前，該省在財政上仍需他省接濟。（註二七）太平天國革命爆發後，情形即爲之一變。「溯查川省額征賦額，自咸豐以前，本屬入不敷出，必賴鄰省接濟；至軍興後，鄰省協饟不至，復由川省撥濟各省軍饟每年不下二、三百萬。於是津貼不足，兼辦釐金；釐金不足，又辦常年捐輸。彼時因本省防勦、契緊，復援甘、援陝、援滇、援黔，征軍四出，供億浩繁。」（註二八）從這時起到滿清覆亡的六十年間，川省從一受協省分變爲支出省分。在這轉變過程中，又可劃分爲二個時期，以十九、二十世紀之交爲分界綫，每一時期各有其特色。十九世紀中葉到末葉，四川在初遇新的局面時，以甚麼方法去應付？在這個時期，該省的財政狀況有何特點？以上是本節所要討論的課題。

太平天國革命爆發後，東南財力較爲豐裕的省分，相繼被戰火燃及，自顧不暇，自然無力籌餉解川。同時，與四川毗鄰的陝西、甘肅、雲南、貴州等省，又發生了回、苗等少數民族的反清起義；甘、滇、黔諸省本較川省貧瘠，現又被兵燹波及，軍餉等開支只好就近向四川求援。該省因協餉無着，鄰省需索甚急，財政立即出現緊張局面。王慶雲蒞任四川總督不久，便發覺該省「計地丁鹽課，歲入不及晋四之一，不及秦二之一；邇年同爲軍餉仰給省分。又居荆鄂上流，湘軍復武漢，攻潯皖，軍火糧餉，無不取給於蜀；廷寄月恆數起，撥款急如星火。」（註二九）各地的反清活動被鎮壓後，川省對其他省分的協濟，不年沒有減少，相反，且愈益增多。

表五　一八七五——一九〇〇年四川的財政支出（單位：兩）

| 項目 | 一八七五 | 一八八六 | 一九〇〇 |
|---|---|---|---|
| 中央政府 | 一，一〇五，四三〇 | 一，一九五，四三〇 | 九六六，〇〇〇 |
| 其他省分 | 一，二五一，五〇〇 | 二，〇八八，〇〇〇 | 二，八九〇，六六七 |
| 對外賠款 | —— | —— | 九四〇，〇〇〇* |
| 本省開支 | 二，一二五，一三三 | 二，四九七，三六一 | 四，一九九，六〇四 |
| 總額 | 四，二八二，〇六三 | 五，七八〇，七九一 | 八，九九六，二七一 |

資料來源："Viceregal Government" 頁四三。

附註：*原作六六六，六六六兩，今據國立故宮博物院故宮文獻編輯委員會編輯《宮中檔光緒朝奏摺》（台北，民國六十三年，以下簡稱《宮中檔》），第十輯，頁四九八更正如上。九十四萬兩中，其中卅九萬兩爲俄、法償欵（見前引書第十七輯，頁四二六），餘下的是英、德償欵。

前表是 **S.A.M. Adshead** 教授根據『四川全省財政說明書』、『大清德宗（景）皇帝實錄』及『英國國會文書』中之「成都領事檔案」編製而成。由於內容過於簡單，不盡不實的地方在所難免。因有關材料過於零碎，要編成完整的四川財政收支表，實非易事，不過大概的趨向，仍可從上表略知一二。為了使資料更為完備有據，現在我們將「丁文誠公遺集」中，有關四川歷年財政支出的記載摘錄出來，編製成表，以資比較。

表六　光緒六、七、九、十、十一年川省財政支出（單位：萬両）

| 項目 | 光緒六年（一八八〇）1 | 光緒七年（一八八一）2 | 光緒九年（一八八三）3 | 光緒十年（一八八四）4 | 光緒十一年（一八八五）5 | 光緒十二年（一八八六）6 |
|---|---|---|---|---|---|---|
| 奉撥京、外協饟 | 二五五* | | 三〇〇 | 二五五* | 二六一b | 三八〇 |
| 本省旗、營兵俸 | 一五五* | | 三〇 | 一四〇 | 二六五c | 二六五* |
| 邊防兵勇口糧 | 八五* | | 八〇 | 五〇 | | |
| 東北邊防費 | 一七 | | | | | |
| 烏魯木齊饟銀 | 一二 | | | | | |
| 青海王公俸銀 | 一・八 | | | | | |
| 增撥甘餉 | | | | | 四九 | |
| 鄂省改接川、滇電綫 | | | | | 一〇 | |
| 南洋載甲船 | | | | | 二〇 | |
| 總額 | 五二五・八a | 四八六・五 | 四一〇 | 四四五 | 六〇五 | 六四五 |

資料來源：1.《丁集》卷二〇，頁十四，「覆陳司庫減成減平各欵無存摺」。
2.前引書卷二十三，頁四十九b，「查明收支庫欵並弁勇數目摺」。
3.仝上，頁四十八b－四十九；前引書卷二十三，頁四十六b，「解部減平減成籌欵仍留川備撥片」（光緒十年二月廿八日）。
4.前引書卷二十四，頁三〇，「遵旨覈計川省籌解海防需費摺」（光緒十年八月初三日）。
5.前引書卷二六，頁二八－二九，「甘饟籌款無可籌劃懇恩改撥摺（光緒十一年十一月十二日）。同書卷二五，頁四三，「查明川庫收支數目摺」（光緒十一年六月十六日）載川省是年歲出如下：本省歲支二，六五二，〇〇〇餘兩，奉撥京、外協饟銀三，〇七七，〇〇〇餘兩，滇、黔鹽務局奉撥代解各項銀六四九，〇〇〇餘兩，計共支銀六，三七八，〇〇〇餘兩。按《丁集》此處誤作六，三六八，〇〇〇餘兩。
6.前引書卷二六，頁四五，「川省撥欵過多請飭部酌覈摺」（光緒十二年四月初三日）。
附註：＊原分別作二五〇－六〇萬、一五〇－六〇萬、八〇－九〇萬及二六〇－七〇萬兩，今取平均值如上。
a原作四，五六四，六〇〇兩，疑誤，今更正如上。
b計京餉、邊防、因本銀七七萬兩、甘肅協餉七九兩萬、貴州協餉四九萬兩、雲南協餉五六萬兩。
c包括旗、綠各營兵俸餉、文職養廉、役食並臺費、屯防一切雜費銀一八八・二萬餘兩、機器局歲需製造工料銀六－七萬兩、留防兵勇口糧、鍋帳、藥鉛等項七〇萬兩。

大致說來，丁寶楨奏摺記載四川財政支出數目，與 **S.A.M. Adshead** 教授所示，相去不遠。

表五、六所示的，不過是川省的通常支出，突發性的支出並不包括在內。光緒十年，中、法因越南問題發生衝突後，清廷即諭令鮑超率軍開赴前綫作戰，清廷且令丁寶楨悉力籌措該軍餉項。在二月之內，川省共撥解該軍餉款二五二，〇〇〇兩。丁氏指出：「竊計軍興以來數十年，各省軍營撥款至多且速，恐未有如此之甚者。」（註三〇）此外，四川機器局撥給新招募霆軍十二營的武器彈藥，計有：火藥四萬觔，銅帽四十萬顆。（註三一）總計該省支付霆軍援越的軍餉，款額在八四八，六三〇兩以上。（註三二）

中法戰爭後十年，中、日又因朝鮮問題而兵戎相見。在戰爭期間，四川先後籌措軍餉一四〇萬兩，以支援前綫作戰。（註三三）

十九世紀末葉，基督教在四川積極傳播的結果，引起民、教衝突，教案頻頻發生。（註三四）川省補償傳教士損失的賠款，爲數不菲。以光緒廿一年（一八九五）來說，該省議結法國教案的恤款，計有：省城等六處共市平銀七十萬兩，省城外樂山等縣二一八，〇〇〇兩，新津等六州、縣四一，三二四兩，制錢二百千文。另因巴塘、樂至等地的教案而賠償的款項二四，〇〇〇兩；全部折合庫平銀九四三，五九八兩，另給制錢二百千文。（註三五）除法國外，英、美傳教士也是被攻擊的目標。因此而賠償給美教堂的款數爲三〇，三二五兩，賠給英國的則爲七二，五九七兩。（註三六）綜計損失在百萬兩以上。

天災的出現，除引致生命、財產的損失外，更因賑濟的展開而增加了川省的財政支出。光緒廿二、三年（一八九六——九七），四川夔州、綏定、忠州、酉防一帶霪雨成災，山崩迭見，災民數以百萬計；該省用

於賑濟的開銷共計二百餘萬両。（註三七）

上述突發性的支出，固然使四川財政負擔百上加斤；另一方面，經常性的支出亦有增無已。中法戰爭結束後，鮑超的霆軍全行裁撤，川省的開支並不因此而減少。清廷着令該省於原解甘餉七九萬両外，再加解四九萬両，新舊協款共一二八萬両，佔甘肅協款總數四八〇萬兩的四分一以上。（註三八）四川解赴雲南的兵餉銀，亦從原撥的一五六，〇〇〇両，增至三六萬両，增加幅度超過二三〇%。同時，該省撥濟東北邊防經費，從原來的每年二三萬両，遽增至二七萬両。（註三九）

四川財政支出日超浩繁，與當日中國的政治不上軌道，息息相關。自咸豐（一八五一——六一）、同治（一八六二——七四）年間開支，財政機構的系統紊亂，報銷制度之敗壞，以致解、協款制度因中央無法明瞭各省財政實況而不能照舊推行。中央既無法控制各省收支，只好放棄「撥」的原則，改爲以「攤」的原則去處理財政問題。前者是按各省有餘、不足以指撥，若沒有盈餘，則不負解、協的責任；後者即不問各省實際收支盈虧，而僅視其財力以攤派解、協款，一經攤定，應即照額繳解，如無的款，祇有另行設法籌措。四川支出突然激增，很多項目都本非原來所有；關鍵在於中央沒有確定財源，加以國用劇增，結果，款額愈大，愈覺攤派方法之重要。（註四〇）清廷因攤派的施行而得苟延殘喘，四川的財政負擔却因轉嫁而日益沉重。

對於四川財政支出不斷增長的情況，光緒廿一年，川督鹿傳霖有如下的描述：「近來京、外協餉愈撥愈多，即以光緒十年計之，維時京餉奉撥四十八萬；今則五十四萬，東北邊防奉撥二十三萬，今則二十七萬；

從前協濟金營西征、廣西餉軍、淮軍、滇、黔各餉由司庫協撥者一百二十餘萬，今除官運局協濟滇、黔不計外，司庫應撥甘、滇、黔餉、鐵路，內務府等項經費已至一百三十餘萬，較前添撥將及二十萬兩之多。」（註四一）協濟的款額愈來愈多，以致「歷年銖累寸積之款，羅掘一空。」應付經常支出，尚且「挪後掩前，無從彌補。」一旦驟遇突發性的支出，便更形棘手。（註四二）較早前，丁寶楨已說過：「夫川省之力，接濟已半天下，到處搜刮，力盡筋疲。」（註四三）

根據前述，我們可知四川的支出有增無已，如以一九〇〇年的支出與一八七五年的比較，前後增加達一倍以上。川省能夠應付日益浩繁的開支，主要是透過田賦的浮收，食鹽、商品及土藥的增加稅釐，以取得足夠的財源。田賦的浮收表現爲二種方式，即津貼與捐輸的施行。食鹽稅釐收入中，濟楚鹽釐及鹽觔加價是最重要之項目；同時，鹽政之整頓改革，對鹽稅收入的增加也大有幫助。

津貼的徵收，始於嘉慶五年（一八〇〇）。當時清廷爲了剿滅盤踞於四川、陝西、湖北等省的白蓮教徒，耗費甚鉅。川督勒保鑒於四川每年額征正、雜各款，尚不足以應付滿、漢官兵薪俸等各項開支，於是向清廷奏請每正糧一兩，加徵津貼銀一兩；一則可以支援軍事需要，一則可藉此把滋擾民間的夫馬等費裁撤。白蓮教活動被鎮壓後，此項措施亦告停止。太平天國革命爆發後，隨着戰火的蔓延，軍食需急，清廷於咸豐三年（一八五三）諭令四川、山西、陝西三省，預徵下年度的地丁錢糧，名曰「借征」或「接征」。同時，川督裕瑞也請援前例，議罷借征而辦津貼。清廷爲了防止假手胥吏，致生弊端，特飭令川省當局遴選公正士紳設局經收。全省除邊瘠的廳、州、縣三十處免征外，幾乎「無縣無之」。津貼初辦時，原議反清活動敉平

後，即行停止。（註四四）

捐輸即勸令人民捐銀助餉。此項措施在四川各地推行的時間前後不一，有自咸豐初年便已開辦，有遲至光緒年間（一八七五——一九〇八）才開始徵收。辦法就是：「按全省州、縣大小貧富區別攤派，奏准指令分辦，文告全係勸諭，著名瘠苦及新報災荒之區豁免。一戶捐至若干兩，獎虛銜封典；次者功牌；其不及獎額者，合併計算。全省捐至若干兩，廣鄉試中額一名；一州、縣捐至若干兩，廣學額一名，但以後即爲定數而額不而廣。藩司先一年秋季行文出示預辦，限本年冬季解半，次年春季全解，能於本年冬季掃解，官紳持別獎勵。」（註四五）「地或旱澇凶荒，藩司則量其輕重之分數爲減免而均派于他州、縣，故常無定數。」（註四六）跟津貼一樣，捐輸初辦時，當局只認爲是一項臨時的措施，亂事平息後即可停止征取。

事實上，津貼及捐輸不僅沒有因太平天國的覆亡而停止征收；反之，至清朝傾覆前，這兩項收入的數額愈益增多，且爲四川應付各方需索最主要的財源。四川總督劉秉璋認爲：「川省收錢糧，向不敷年例供支，年來京、外協餉，全賴津貼、捐輸兩項以資接濟。」（註四七）「川省每年應解京餉、固本兵餉、東北邊防經費、甘肅、新疆要餉、各省協餉二百餘萬，大半即出津、捐，……一經停止，餉即無出。」（註四八）津貼、捐輸之重要，由此可見一斑。

表七　十九世紀後半至本世紀初四川津貼、捐輸收入欵數（單位：両）

| 年期 | 津貼 | 捐輸 | 津、捐合共 |
|---|---|---|---|
| 咸豐八—九年（一八五八—五九） | 五〇〇，〇〇〇 | 六三〇，〇〇〇* | 一，一三〇，〇〇〇 |
| 咸豐四年至同治三年（一八五四—六四）② | | | 五，〇〇〇，〇〇〇 |
| 同治五年至十一年（一八六六—一八七二）③ | | 五，一一二，五六三+ | |
| 光緒元年（一八七五）④ | 六六八，〇〇〇 | 九一七，五〇〇 | 一，五八五，五〇〇 |
| 三年（一八七七）⑤ | 六六八，〇〇〇 | 九〇〇，〇〇〇㈠ | 一，五六八，〇〇〇 |
| 開辦起至光緒三年⑥ | 一六，五〇〇，〇〇〇△ | 一七，五〇〇，〇〇〇△ | 二九，〇〇〇，〇〇〇 |
| 光緒六年（一八八〇）⑦ | 五〇〇，〇〇〇 | 七五〇，〇〇〇 | 一，二五〇，〇〇〇 |
| 六至九年（一八八二—一八八三）⑧ | 二，三八七，〇〇八 | 三，六三〇，六七一 | 六，〇〇八，六七九 |
| 十一年（一八八五）⑨ | 五八五，〇〇〇 | 九〇〇，〇〇〇 | 一，四八五，〇〇〇 |
| 十九年至二十年（一八九三—一八九四）⑩ | 一，一九三，五二〇 | 二，〇〇一，六六五 | 三，一九五，一八五 |
| 二十年至二十一年（一八九四—一八九五）① | 一，二〇〇，三一五 | 二，〇八三，七四三 | 三，二八四，〇五八 |
| 二十四年至二十五年（一八九八—一八九九）⑫ | 一，二〇六，三七五 | 二，四〇四，五三四 | 三，六一一，二六九 |
| 二十六年至二十七年（一九〇〇—一九〇一）⑬ | 一，二〇四，四三三 | 三，〇九二，六二七 | 四，二九七，〇六〇 |

資料來源：①《王文勤公年譜》，頁52b、64b、66—67。

②《新都縣志》第二編，「政紀」，頁8b，賦稅。

③《申報》（吳相湘主編《中國史學叢書》之17，台灣學生書局據國立中央圖書館藏本影印，民國54年），第二七五號，同治癸酉三月初八日，頁5b。

④"Viceregal Government"，頁42。

⑤《丁集》卷13，頁6b，「瀝陳川省敗壞情形並設法整頓摺」（光緒三年五月卅日）。

⑥前引書卷14，頁26，「籌欵修理都江堰工摺」（光緒三年十二月廿八日）。

⑦前引書卷20，頁14，「瀝陳司庫減成減平各欵無存摺」。

⑧《劉奏議》卷5，頁21，「奏川省請辦廣一次文武鄉試中額疏」。

⑨《丁集》卷25，頁47，「查明川庫收支數目摺」。

⑩《宮中檔》第十輯，頁六四二。

⑪前引書第十一輯，頁五七三。

⑫前引書第十七輯，頁一八七。

⑬中國科學院歷史研究所第三所主編《錫良遺稿・奏稿》（《中國近代史資料叢書》，北京中華書局，一九五九年），卷5，頁五七六，「光緒二十六、七等年津捐請廣優貢摺」（光緒卅二年閏四月初二日）。

附註：＊包括省垣、重慶江西紳富捐銀廿三萬両、湖廣紳富捐銀四十萬両。
十彭澤益「十九世紀五十至七十年代清朝財政危機和財政搜刮的加劇」作九，七三七，九六八両。見歷史研究編輯部編《歷史學》（北京中國社會科學出版社）一九七九年第二期，頁一四七。按彭氏誤將實收捐給銀與雙流、彰明等廿一州、縣不敷加廣捐輸銀一〇，五五八両（此項應歸下屆辦理）及未經請獎銀四，五二四，六四八両，混在一起，致得出前述的供誤數目。　△此係平均數。

津貼、損輸的開徵，每年給四川帶來大宗收入，這筆可觀的收入，主要是透過對田賦的附加而取得。「川省州、縣，每錢糧一両外，有所謂秤頭、官封，以及捐輸各款，共徵至七、八両之多；」（註四九）「巧立名目，不一而起；向完銀一両者，今完銀七、八両等；」（註五〇）「無非取之於賦稅之中，遂致地丁一両，加征各款，多則至於十七、七両，少亦至於十一、二両；」（註五一）「每地丁一両，加征至十二、三両；」（註五二）「還於正賦之額，幾有十倍不止者。」（註五三）奇怪的是田賦的徵額比以前多出很多，但並沒有激起川人的反對。這是什麼緣故呢？

首先，在清代初期，四川據向政府投報的畝數而徵收的賦額，是全國最低的。另一方面，耕種的畝數遠高出投報的畝數。換句話說，四川是徵稅過低的省分。其次，有清一代，四川是中國本部發展至為迅速的省分，該省明顯的具有應付賦稅增加的潛力。（註五四）四川有一得天獨厚之處，就是土地肥沃，生產力特別高。據說「川省膏腴，每田種一石，可收穀百餘石。」（註五五）在本世紀三十年代初年，由美國農業專家卜凱（ **John Lossing Buck** ）領導調查的結果，「本區〔四川水稻區〕作物產量指數為一〇八，超過全國平均數百分之八，每人所產穀物爲七一三公斤，爲各區之冠。」（註五六）另一項報導也說：「四川稻穀播種面積，佔糧食作物三分之一以上，一向是我國最重要的稻米產區。……生產力也最穩定。這一方面因爲本省有較爲充足的勞動力，農民對稻作經營非常細緻。同時各年自然災害也不甚嚴重，……即成都平原，也因都江堰的排水系統，很少受到漬澇之患。……一般年份，單產高於兩湖、兩廣（均指一般稻），并高於長江下游的江浙。」（註五七）都江堰因日久失修，致水患頻仍，鄰近各州、縣的田地被水淹沒而不能耕種的，在廿六、七萬畝以上。（註五八）光緒三年，川督丁寶楨從各州、縣寄存藩庫應領各款內，撥銀九萬兩，作修理都江堰工程之用。（註五九）翌年三月，工程完成，先後涸復的田地，共八五，二九〇畝之多；（註六〇）「穀價頓賤，是年冬間糧價，較三年前每石減少銀二兩五、六錢不等；……至〔光緒〕五年，堰工自三月開堰，至八月秋成；江堰順流，年穀大豐，比四年收數有加。……穀價較四年各間加賤。」（註六一）耕地不斷開墾，土地生產力藉灌溉之利而提高，相對來說，農民因收入的增加而有餘力繳納重於正賦數倍的津、捐。

徵收津貼、捐輸以外，川省當局又向食鹽打主意，透過以下三種措施：抽收鹽釐、整頓鹽政，推行官運商銷及鹽觔加價，從中獲取大量財源。

川省鹽釐的興辦，始於咸豐年間，名目繁多，較主要的有夔釐、廠釐、餘釐、渝釐。（註六二）夔釐辦於咸豐三年，專權濟楚無引及挾帶的私鹽，每鹽百斤，加鹵耗、皮索共十五斤，免其完納，稅率是每百斤榷銀〇．一三兩。廠釐辦於咸豐五年（一八五五）十二月，川督黃宗漢在富順、榮縣、犍爲等鹽廠設局，按斤抽釐，止鹽每斤抽九七平足色銀〇·〇〇一兩；餘鹽多由零星小販販賣，難以援例徵銀，故每斤只抽錢四文。後者即餘鹽。廠釐在咸豐十一年（一八六一）並有增收之舉。（註六三）咸豐十年（一八六〇），四川因財政窮窘，總督曾望顏奏請設局於重慶，徵收有引濟楚川鹽及計岸引鹽，（註六四）此即渝釐。稅率是濟楚引鹽，花鹽（註六五）每包重二百斤，抽釐錢一，二五〇文，（註六六）每水引（註六七）一張（配鹽五十包）抽釐六二，五〇〇文；巴鹽（註六八）每包重一六〇斤，抽釐錢六五〇文，水引一張，抽三一，五〇〇文。餘鹽則每包抽一，五〇〇文。至於本省計岸食鹽，由渝城經過的，每水引一張，抽庫平銀二兩。

表八　咸豐末至同治年間四川鹽釐每年收入之估計（單位：両）

| 項目 | 王守基估計① | 羅玉東估計② |
|---|---|---|
| 夔釐 | 一二〇，〇〇〇 | |
| 廠釐 | 七五五，〇〇〇* | 六七五，四一一a |
| 渝釐 | 二五五，〇〇〇* | 一六五，〇〇〇 |
| 合計 | 一，一三〇，〇〇〇 | 八四〇，四一一 |

資料來源：①王守基前引書，頁58，「四川鹽務議略」。
②羅玉東《中國釐金史》（台北學海出版社影印本，民國59年），頁四一九—四二〇。

附註：＊此爲平均數值。

a廠釐自咸豐六年（一八五六）至同治十二年（一八七三）共收銀九，四五五，七五八兩，此爲每年平均值。

初期四川的鹽釐收入，除了就廠抽釐外，要以濟楚川鹽的稅釐爲最重要。川釐正式輸往湖北（沿邊州、縣除外），始於咸豐三年。在此以前，湖北除近邊八廳、州、縣外，向食淮南鹽。（註六九）這時，因太平軍與清軍作戰，交通梗阻，淮南鹽場也被戰火波及，致淮鹽不能上達湖北。（註七〇）署湖廣總督張亮基奏請借銷鄰引官鹽以資接濟，其中川鹽即有二千引。（註七一）同年六月，署戶部右侍郎王慶雲疏言建議：「凡川、粵鹽斤到楚，許民販鬻，不必官運；祇須扼要設關，或稅本色，或納折色，十取一二，稅後給照放行，由各該省權宜辦理，併飭川、粵督、撫招販運赴鄰封，減半完課，外費不得派攤以輕成本。」（註七二）自此，川鹽即源源輸入楚境，濟楚稅釐收入，且成爲川、楚兩省的重要財源。

咸豐七年（一八五七），王慶雲出任四川總督後，對濟楚鹽釐的征收，大加整頓，竭力杜絕浮收中飽，務使涓滴歸公。在他任內，此項收入每歲達三十餘萬兩。（註七三）四川人民依賴輸楚川鹽爲生的，數以萬計。如川省最大的產鹽中心富順自流井，「道光以前，縣產鹽無多，咸、同間濟楚始盛。」到光緒三年，該廠每日最高的產額在百萬斤以外，通年計算，每日總在八十萬斤左右。（註七四）另一產鹽中心的犍爲鹽廠，亦因食鹽源源輸楚而呈現出蓬勃的氣象。據『犍爲縣志』記載：「川中以犍、富兩廠產額較旺，因濟楚而求過於供，同時又增多新井，銷售極暢；兼以……邑人於例案較熟，消息較靈，是以濟楚之利，往往能捷足先得焉。時有『金犍爲，銀富順』之諺，似謂吾邑人獨擅利權，目爲黃金時代矣。」（註七五）

早在咸豐七年，湖廣總督胡林翼即估計入楚的川鹽，「以旺月計算，每月約合川省水引九百餘張，一千萬斤上下。」（註七六）當局勢漸次穩定，兩江總督曾國藩即積極地展開恢復淮南鹽銷楚引地的運動，在他的要求下，川鹽日後的銷場，在湖北，局限於素稱滯岸的安陸、襄陽、鄖陽、荊州、宜昌、荊門；在湖南，只准銷澧州一處。（註七七）川鹽的銷場雖受限制，可是，川省每年的鹽稅收入，仍屬不貲。據光緒二年（一八七六）湖北巡撫翁同爵的奏議，川鹽入楚，在四川每鹽六百斤收銀三両六錢，每年所收鹽釐約銀四、五十萬両。（註七八）又四川總督文格奏稱：「當同治初年，川省釐金極旺之時，歲收鹽釐百萬有餘，以濟楚一項鹽釐爲最多。是以本省剷平大亂，以及援陝、援甘、援黔、援滇，糧餉賴以無缺。……迨同治五、六年間，兩淮規復楚岸，加重川鹽釐金，……川引因之阻滯，釐數已爲減色。……而川中近收濟楚一項釐銀，猶不下六十萬兩。」（註七九）繼文格任四川總督的丁寶楨認爲：「如云楚運一停，則淮岸可復，豈非幸事？不知楚運停後，廠鹽無處出銷，井竈必因之竭業；則目前川省數十萬貧民託此爲業者，一旦生機頓絕，後患尤不堪設想。」（註八〇）給事中戈靖的奏議則指出：「數年來入〔湖北〕境之川鹽，分布各處，徧地山積。到埠之川鹽足供三、四年銷食。……鄂岸……荊、宜等五府一州爲滯銷之區，歲行額引祇八萬道，……川商以八萬引之滯區歲運至十五萬引，可謂勇矣。」（註八一）即使到了光緒十七年（一八九一），濟楚鹽釐因受到各種限制，以致收入大減，其對四川的重要性，仍不可漠視。當時川督劉秉璋即說：「伏思川省歲解京、協各餉，全賴釐捐撥濟，而釐金以鹽爲重，尤以濟楚爲大宗。濟楚鹽釐之衰旺，實關川餉之盈絀；當此行鹽益少，收釐益絀，誠恐江河日下，勢將不支，不但滇、黔餉需恐有貽誤，即緊要如京餉、暨東北邊防經費，歲共撥銀四十萬両，亦將無所籌解。」（註八二）

四川重年從輸楚的川鹽抽取巨額稅釐，對穩定川省的財政有很大的幫助。可是好景不常，這筆收入有逐漸縮減的趨勢。首先是川鹽在楚的銷場，局限於湖北西部的五府、一州和湖南澧州一處。加上稅釐不斷增加，川省鹽商負擔益重；丁寶楨雖將廠、渝各處釐金一再核減，每引一張，減收釐銀四十六両，但銷楚鹽引每張仍需銀三百七、八十両，（註八三）鄂省日後又一再加釐，（註八四）致成本日漲，利潤日減。（註八五）在代表淮南鹽商利益的兩江總督沈葆楨一再請求下，光緒六年，丁寶楨將運楚川鹽的重量從每包五百餘觔減爲二二〇觔，又限定濟楚鹽引每月減爲七、八百張；換句話說，亦即將濟楚鹽引數額大幅度削減，從每年的三萬餘引，減至八千引上下。（註八六）二年後，他又將濟楚川鹽引張，每月減至六、七百引。（註八七）嗣後，稅釐不斷加增，濟楚川鹽的銷路愈疲；光緒十六年（一八九〇），僅將額引四千餘張勉强銷竣。（註八八）這時，濟楚川鹽的銷路，恰如强弩之末，實難有發展的餘地。

濟楚銷路未如理想，對四川財政的穩定影響甚大。在濟楚川鹽的收入開始走下坡時，勇於任事的川督丁寶楨（註八九）對腐敗不堪之四川鹽務，及時作出大刀闊斧的改革，推行「官運商銷」政策，使四川鹽務走上康莊的坦途，並給川省帶來可觀的收入以應付各方需索。

丁寶楨到川蒞任前，四川鹽務積弊重重，銷路疲滯。主要的原因有以下數點：一、改配舞弊盛行。最初川省當局以鹽商實力厚薄量爲斟酌調劑，「向有以此岸之商而兼領彼岸之引，又有以此岸之引而另配彼岸之鹽。」結果，奸商藉此把持漁利，重照影射；甚至「改包加觔，一引行兩引之鹽，」（註九〇）「各處代行商人，多係異縣隔籍，不歸本岸地方官管轄，……變遷靡定，無從稽查。」（註九一）該省財源因此而損失不少。二、款項轇轕不清，尤以羨截（註九二）一項最爲明顯，「名爲止款，實同虛設。……日積月累，遂成鉅欠。」（註九三）統計先後積虧至一三六萬餘兩。（註九四）三、官吏苛索重重。川省遍設關卡，稅目層出不窮，「計一引鹽實抽釐銀百兩。」（註九五）鹽商爲彌補他們的損失，便私自加觔作爲補償，「計每引二百觔加至三百數十觔及四百數十觔不等，……而加觔又屬違例，關卡倍肆留難，于是加觔又不足以獲利，又因而取盈于民食。」（註九六）在盛產食鹽的犍爲，即有如下的情況出現：「積弊纍纍，名爲設法疏銷積引，實則愈積愈多；甚至引張可以宕發，口岸可以宕改，是濟楚雖獲利而官吏年利愈甚，商家耗費愈增。在此二十餘年間，地方經濟一時雖呈繁富現象，然每年陋規需索，上而道署，下而地方官吏，繁費滋多，終至商人負欠，國帑相繼受累，而官吏已飽颺去矣。故彼時縣缺之優，在川以犍爲爲首選，『金犍爲』之稱，似宜專指官缺言之爲當也。」（註九七）四、銷場縮減。太平天國革命爆發前，川鹽多銷于雲（東北一部分）、貴二省。單就貴州一省而論，每年即銷引數萬張。自貴州發生回變，「人民離散死亡，十不存一，商人竭業，引滯岸懸，直同廢棄，而川省之利盡失，所賴濟楚一舉稍資安集。」（註九八）當日在川中的邊引積至八七，○○○張以上，未完的羨截銀達一，三六六，○○○餘兩；所積計引則超過四六一，○○○張，未完的稅、羨銀達四七九，○○○餘兩。（註九九）

四川鹽務即疲敗至極點，（註一〇〇）濟楚的前途又因各種限制而蒙受陰影，若不力加整頓，川省今後大宗的財源，可能化爲烏有。在候補道唐炯的幫助下，丁寶楨遂決意推行官運商銷的政策，希望能重振鹽務。光緒三年七月，唐炯議定鹽務章程十五條。大旨在：「局運商銷，力裁浮費，疏通引岸，禁止需索爲扼要之圖，且清釐積引以杜重照之萌；兼辦計岸以遏影射之漸，裁局卡、立船行以暢運銷之路；嚴交盤、愼出納以絕侵欺之源，而又酌核帶銷以清積滯，分認奏銷以專責成。」在瀘州設立官運總局，於產鹽的富順、犍爲兩廠設立購鹽分局，另在綦江、涪州、永寧、江津、南川、合江六處設售鹽分局，計劃先於黔邊試辦，俟有成效，再推廣至滇岸刱辦。（註一〇一）銷鹽方面，先以積滯過多之產引（註一〇二）專配濟楚，俟潼引銷竣，再依次帶銷計岸積引。（註一〇三）「先于黔邊試辦官運，設局分銷，俟有規模，鹽本可敷騰挪，再籌滇岸，期復舊制。」（註一〇四）

官運初辦時，需要厚集資本以資周轉，丁寶楨先後向山東當局及本省藩、鹽兩庫籌借，另撥借各屬寄省閒款，犍、富各局鹽票釐銀共六五九，六五四兩，作爲經營資本。（註一〇五）在官運範圍不及的地區，爲了使廠紳、兵役無法詐索貧民，則撤銷鹽垣，改作票釐局，減輕釐錢，定每挑八十觔爲限，不准加多。每挑發給護票一張，隨挑抽釐；准予在歸丁州縣（註一〇六）售賣，沿途關卡驗票放行，不得再行苛索。（註一〇七）

川鹽官運初期遇到不少困難，（註一〇八）可是，丁寶楨不顧各方壓力，堅持原則到底；結果，成效漸見，成績十分理想。官運於光緒三年十二月正式開辦，翌年四月，行銷的黔邊額引及近邊計引達一〇，八三四道，佔全部額引（一四，六三三道）的七四%，實收稅、羨截、釐共銀卅八萬兩。（註一〇九）到該年十二月，已將應銷的光緒三年正額邊引及近邊計引全數銷竣，並帶銷光緒元、二年積引八成，共一〇，二八四道之多；計收正款達六四九，九一七兩，另雜款三十餘萬兩，總數在九十五萬兩以上。「較之未辦官運以前，邊、楚兼從，每年銷引不過七、八千張，多銷幾及三倍，而富、犍兩廠票釐及楚、計兩岸鹽稅、羨截、釐共八十七萬九千兩，尚不包括在內。」（註一一〇）翌年，並開辦滇邊鹽務，成績比上年更進一步。

表九　滇、黔官運戊寅綱行銷成績

| 岸別 | 邊計額引（張） | | 積引（張） | | 征收欵項（兩） | |
|---|---|---|---|---|---|---|
| | 水引 | 陸引 | 水引 | 陸引 | 項目 | 欵額 |
| 黔岸 | 一四，〇三五 | 一三，一六一 | 六，九二五 | 一〇二 | 稅、羨截銀 | 二一三，一三一 |
| 滇岸 | 一，一五一 | 三五，四九九* | — | 二五一 | 各廠局邊、計引釐 | 四七六，一五三 |
| | | | | | 代收黔釐護本、防邊勇糧、鹽驗局費 | 五一〇，〇二四 |
| 合計 | 一五，一八六 | 四八，六六〇 | 六，九二五 | 三五三 | 合計 | 一，一九九，三〇八 |

資料來源：《丁集》卷16，頁46b—47，「滇黔官運戊寅綱行銷引數經徵各欵摺」（光緒六年二月初十日）。

附註：*包括行邊額引二五，一五四道，計額陸引一〇，三四五道。

表十　官引票釐局丁丑、戊寅綱營業成績

| 時期 | 富榮官引局 引數(張) 濟楚潼引 | 計引 | 總額 | 經收銀數(兩) 釐銀 | 稅、羨、截 | 合計 | 犍、樂官引局 經收釐銀(兩) |
|---|---|---|---|---|---|---|---|
| 光緒三・一一—四・一一a | 九,六六○* | 六,四八○ | 一六,一四○ | 二九○,七○○△ | 八四,三○○ | 三七五,○二○ | 一○七,九九○+ |
| 四・一二—五・一二b | 一六,四○七 | 三,六○二 | 二○,○○九 | 三六○,一八九 | 一四三,二○○ | 五○三,三八九 | 九一,二四四 |

資料來源：a《丁集》卷16，頁1b—2，「考核官引票釐各局徵收欵項片」。
b前引書卷18，頁43，「官引票釐局戊寅綱徵收豐旺片」（光緒六年二月初一日）。

附註：*比官運實施前，多銷七千餘張。
△即潼引收釐二九五，三二六兩，計岸收釐六四，八六三兩。
+共行水引三，六五八張，陸引一七，六三九張。

表十一　官運施行後富、犍兩廠餘鹽稅釐遞增情況

| 時期 | 鹽觔稅率（文） | | 經收釐銀（兩） | |
|---|---|---|---|---|
| | 巴鹽 | 花鹽 | 富廠 | 犍廠 |
| 官運前 | 五 | 四 | 七九，九〇一＊ | 一〇，〇〇〇 |
| 光緒三・一一－四・一一 | 四 | 三 | 九五，五六三 | 五七，五〇〇 |
| 四・一二－五・一二 | 四 | 三 | 一二六，八〇二 | 六一，八九六 |

資料來源：《丁集》卷16，頁3，「考核官引票釐各局徵收欵項片」；卷18，頁44－45，「官引票釐局戊寅綱徵收豐旺片」。

附註：原作十三萬串，今以一兩＝一，六二七文折算如上。

表十二　官運實施二年來渝城鹽釐局之銷售成績

| 時期 | 每引完稅（兩） | 引數（張） | 經收釐銀（兩） |
|---|---|---|---|
| 官運前 | 三七・五 | 一四，〇〇〇－一五，〇〇〇 | 二六〇，〇〇〇－二七〇，〇〇〇 |
| 光緒三・一一－四・一二 a | 二五・〇 | 一七，六五〇＊ | 三四二，〇八〇 |
| 五・一－五・一二 b | 二五・〇 | 一八，一〇七（水引）＋七，五七四＋（陸引） | 三六四，七一七 |

資料來源：a《丁集》卷16，頁2，「考核官引票釐各局徵收欵項片」。

b前引書卷18，頁43b—44，「官引票釐局戊寅綱徵收豐旺片」。

附註：＊計過潼水引一三，九七七張，代銷水引四八一張，陸引一，四○五張，各計岸水引三，六四九張，陸引六，一六九張。除特別註明外，表中所列俱爲水引。

十計運楚潼引及湖北長樂八屬楚商鹽引一二，一八○張，下游各州、縣計引五，四七○餘張。

官運實施前，川省抽收鹽釐不過九十餘萬両，官運實施後，通省鹽釐收入增至一百六十餘萬両，（註一一）比以前的收入，增加幾近一倍。「總計丁、戊、己、庚（一八七八——八一）四綱，實征正、雜款銀四百八十一萬八千六百両有奇，歷年抬解專支餘存一百八十餘萬両，每綱額行帶銷約三萬道。」（註一一二）光緒八年，丁寶楨把從前所借本省及山東的開辦資本五○三，○○○両全部償還，並以前述四綱的餘款一，八九四，七七七両，留局永作成本，「俾後來辦理不虞拮据。」（註一一三）官運的範圍並陸續推廣，從光緒五年（一八七九）正月始，把巴縣江北廳的引鹽改爲官運；（註一一四）其後，又以忠州、石砫、酆都、長壽四處計岸，改歸官運。（註一一五）翌年，丁氏再奏請將湖北所轄的鶴峯一州及長樂、恩施、宣恩、利川、建始、咸豐、來鳳七縣改歸官運。（註一一六）爲了劃清界限，永杜轇轕，丁寶楨奏請將「永無收回之日，徒以虛懸款項爲吏胥揜詐需索之端」的積欠羨、截銀五十五萬両，全行豁免。（註一一七）丁氏又與唐炯議定善後章程六條，以求官運的施行更臻完善。（註一一八）

川鹽官運實施後，由於刪除浮費，杜絕需索，商人的利潤增加；每引一張，鹽商「坐獲二十餘両之利。」

（註一一九）地方鹽價下跌，「從前價貴至一百數十文者，今則落至七、八十文；貴至七、八十文者，今則落至四、五十文。」（註一二〇）官運施行不久，富順鹽廠即增鍋一千餘口，犍爲則增數百口。「工作窮民藉以生活者，無慮數萬，」（註一二一）「而井、河及沿江船戶添造船隻，認官運者，更數十家。」（註一二二）因人民熱烈的支持，官運遂能堅持下去，而且成績斐然。「其入款一項，幾與司庫之地丁、稅羨、津貼三項相等；是其款項繁鉅，實爲川省大宗。」（註一二三）「迄今（光緒三十年）二十七年，總入四千數百萬；滇、黔窮乏，賴以支持。川省公費于是取給民間，無形中歲省錢數百萬緡。……自蜀入黔，所在店棧工作力役，蜀民藉運鹽以生活者，通四岸無慮數十萬人；而移家就食，買田置地，貴州彫敝之區，因之塡實開墾，是又隱爲黔善後招徠。」（註一二四）

川鹽官的收入，在清季四川對他省協款中，佔有重要的地位。如光緒三年，川鹽官運入黔，嚴禁黔省州、縣私設局卡需索，議定由四川每年認解黔釐銀六萬両。（註一二五）三年後，又協議川鹽輸入貴州，在永、仁、綦、涪四岸，由川省代徵，每年認解黔釐十八萬両，（註一二六）佔四川對貴州全部協款四九萬両的三分一以上。官運的丁、戊、己、庚四綱征收的正款，撥解雲南、貴州兩省協餉、抵款，另北洋鐵甲船價的數目共八六四，七五〇両；至於辛巳綱（一八八二）以後所收的正款，除撥解雲、貴兩省二五一，〇〇〇両，接濟藏中公費一二，〇〇〇両外，又加撥雲南餉銀二十萬両。（註一二七）

除協濟地方省分外，四川鹽稅對中央政府的協濟有貢獻。自戊寅綱（一八七九）冬季起，「每年提撥官運鹽務徵收項下銀二十萬両，每季分解銀五萬両，按時解交部庫，以備要需。」（註一二八）

「就川省而論，軍運濟楚每引徵收正、雜各款五十三兩零，每歲以六千引計之，共徵銀三十二萬二千餘兩。……就雲、貴而論，近十餘年來，該兩省的餉項全恃川鹽為有著之款，每年認解雲南抵捐、協餉八萬五千兩，練餉二十萬兩，稅釐一萬四千兩；認解貴州抵捐、協餉十六萬六千兩，稅釐十八萬兩，共合六十四萬五千兩，均取給於官運。……復就湖北而論，湖北每引向收釐錢一百八十串，又江防、海防錢五十串，以官運每歲六千引計，共錢一百三十八萬串，折合銀百萬兩；本年（一八九五）每斤加釐二文，尚不在內。」（註一二九）透過四川總督鹿傳霖這一奏摺，川鹽官運在四川財政上的重要性，由此可見一斑。

表十三　清代各區每年鹽稅的分配

| 鹽區 | 十八世紀初葉① | | 十九世紀中葉④ | | 十九世紀末葉 | |
|---|---|---|---|---|---|---|
| | 兩數 | 百分比 | 兩數 | 百分比 | 兩數 | 百分比 |
| 兩淮 | 三，四五一，二〇七 | 四四・四 | 二，一二八，三〇一 | 四二・三 | 五，二九九，九〇二 | 四二・三 |
| 四川 | 三〇二，二四七 | 三・九 | 一五一，六九九 | 三・〇 | 二，〇三一，八四八 | 一六・二 |
| 兩浙 | 一，〇二一，二八一 | 一三・一 | 四二三，八三九 | 八・四 | 一，五九三，八八〇 | 一二・七 |
| 長蘆 | 六六〇，三七三 | 八・五 | 五〇二，五五三⑤ | 一〇・〇 | 九四五，六四七 | 七・五 |
| 兩廣 | 七二〇，〇三四② | 九・一 | 六〇三，八五一⑥ | 一二・〇 | 九一〇，四五九 | 七・三 |
| 河東 | 五四一，一四七 | 七・〇 | 五三九，八三六 | 一〇・七 | 五八二，二四三 | 四・六 |
| 雲南 | 三七三，七七一 | 四・八 | 三四七，三五〇 | 六・九 | 四五六，三三〇 | 三・三 |

| | | | | | | |
|---|---|---|---|---|---|---|
| 福建 | 三四七，〇一〇 | 四．五 | 一四七，三八六 | 二．九 | 三八一，二一六 | 三．〇 |
| 山東 | 三二五，〇六七 | 四．二 | 一五三，四二九 | 三．一 | 二八二，九九七 | 二．三 |
| 陝甘 | 三八，二九五 | 〇．五 | 二七，九二七 | 〇．六 | 四七，八二二 | 〇．四 |
| 合計 | 七，七七二，四三三③ | 一〇〇．〇 | 五，〇二六，一七一 | 一〇〇．〇 | 一二，五三二，三四四 | 一〇〇．〇 |

資料來源：姜道章「清代的鹽稅」，載《食貨月刋》（台北），復刊第六卷第七期（民國65年十月），頁3。

附註：①康熙末年。

②包括晋北土鹽稅額一七，八〇〇兩。

③包括灶課二七九，八八〇

④一八四一—四二年，一八四五及一八四九年實際稅額的平均數。

⑤包括貴州七，九三三兩，廣東五四八，三〇一兩及廣西四七，六一七兩。

⑥包括晋北土鹽稅額一七，八〇〇兩。

表十四　一九〇〇年全國鹽區產、銷情況（單位：萬擔）

| 鹽區 | 鹽產、銷量 |
|---|---|
| 奉天 | 三六〇 |
| 長蘆 | 四〇〇 |

| | |
|---|---|
| 山東 | 三〇〇 |
| 河東 | 一五〇 |
| 淮北 | 一四〇 |
| 淮南 | 五〇〇 |
| 兩浙 | 三五〇 |
| 福建 | 一三〇 |
| 廣東 | 四〇〇 |
| 雲南 | 五〇 |
| 西北 | 五〇 |
| 四川 | 五五〇 |
| 總產量 | 三，三八〇 |

資料來源：轉引自：S.A.M. Adshead The Modernization of the Chinese Salt Administration 1900–1920 ( Harvard East Asian Series 53 Cambrige, Mass: Harvard University Press, 1970,

以下簡稱 The Modernization ) P, 11.

川鹽濟楚及官運商銷，雖然給川省帶來大宗財源，但隨着支出日趨龐大，各方需索有增無已，單靠這兩宗收入來應付，顯然力有不逮。鹽觔加價是最易推行的增加收入方法，川省當局自然不會捨此他求。在甲午戰爭期間，四川除撥助款項支援戰費外，爲了籌措軍餉，川督劉秉璋奏請自光緒廿一年起，全省食鹽一律每觔加價二文，約計每年可折收銀四、五十萬兩。（註一三〇）光緒廿五年（一八九九），爲備撥英、德、俄、法償款鎊價，又加價一次，加幅與上次相同。（註一三一）估計這兩次加價，每年給該省帶來了近百萬両的收入。

四川的釐金大致可分二類：鹽釐及貨釐。其中鹽釐的收入，尤爲大宗。貨釐開辦於咸豐六年，初辦時，收入不多；咸豐十一年以後，經川督駱秉章力加擴張整頓，釐定通省釐金章程，在各交通孔道增設關卡，情況益趨改善。同治元年（一八六二），單是夔州一局，每年的稅釐收入，即達六、七十萬兩。咸豐六年至同治十二年間，四川貨釐的收入每年平均約五十餘萬両；光緒年間，每年收入不過四、五十萬両，（註一三三）業務顯然未如理想。

表十五　四川省歷年釐金收入總數

咸豐六年——光緒二十三年（單位以両計）

| 年次 | 鹽貨釐 | | 鹽釐 | | | 貨釐 |
| --- | --- | --- | --- | --- | --- | --- |
| | 原報實數 | 平均數 | 廠釐 | 渝釐 | 合計 | |

| | | | | | | |
|---|---|---|---|---|---|---|
| 咸豐六年 | 二一,一〇三,九九六 | | 二七〇,四一一① | | 二七〇,四一一 | 五一八,七九一④ |
| 七 | | | 二九〇,五八五② | | 二九〇,五八五 | 五一八,七九一④ |
| 八 | | | 二九〇,五八五② | | 二九〇,五八五 | 五一八,七九一④ |
| 九 | | | 三一〇,七五九 | | 三一〇,七五九 | 五一八,七九一④ |
| 一〇 | | | 二〇六,一三七 | 一六五,〇〇〇③ | 三七一,一三七 | 五一八,七九一④ |
| 十一 | | | 二六五,九一九 | 一六五,〇〇〇③ | 四三〇,九一九 | 五一八,七九一④ |
| 同治元年 | | | 六四六,五四二 | 一六五,〇〇〇③ | 八一一,五四二 | 五一八,七九一④ |
| 二 | | | 七〇一,三六〇 | 一六五,〇〇〇③ | 八六六,三六〇 | 五一八,七九一④ |
| 三 | | | 七一七,二三七 | 一六五,〇〇〇③ | 八八二,二三七 | 五一八,七九一④ |
| 四 | | | 七一九,四二四 | 一六五,〇〇〇③ | 八八四,四二四 | 五一八,七九一④ |
| 五 | | | 六八三,七七四 | 一六五,〇〇〇③ | 八四八,七七四 | 五一八,七九一④ |
| 六 | | | 五七五,九七七 | 一六五,〇〇〇③ | 七四〇,九七七 | 五一八,七九一④ |
| 七 | | | 六六〇,二七四 | 一六五,〇〇〇③ | 八二五,二七四 | 五一八,七九一④ |
| 八 | | | 六六一,一〇八 | 一六五,〇〇〇③ | 八二六,一〇八 | 五一八,七九一④ |
| 九 | | | 六九八,六三五 | 一六五,〇〇〇③ | 八六三,六三五 | 五一八,七九一④ |
| 一〇 | | | 六二九,〇八九 | 一六五,〇〇〇③ | 七九四,〇八九 | 五一八,七九一④ |

| | | | | | | |
|---|---|---|---|---|---|---|
| 十一 | | | 五九三，八七四 | 一六五，〇〇〇③ | 七五八，八七四 | 五一八，七九一④ |
| 十二 | | | 六一三，〇六三② | 一六五，〇〇〇③ | 七七八，〇六三 | 五一八，七九一④ |
| 十三 | | | 六三二，二五二 | | | |
| 光緒元年 | | | | | | |
| 二 | | | | | | |
| 三 | | | | | | |
| 四 | | | | | | |
| 五 | | | | | | |
| 六 | | | | | | |
| 七 | 二，三九二，一九七 | 一，一九六，〇九八 | 四四八，五〇二 | 一七七，三一四 | 六二五，八一六 | 五七〇，二八二 |
| 八 | | 一，一九六，〇九八 | 四四二，五三三② | 一七四，四三五② | 六一六，九六八 | 五七九，一三〇 |
| 九 | 一，〇四八，二八〇 | 一，〇四八，二八〇 | 四三六，五六三 | 一七一，五五六 | 六〇八，一一九 | 四四〇，一六一 |
| 一〇 | 一，〇三〇，四七〇 | 一，〇八〇，四七〇 | 四三一，〇二六② | 一八三，〇七一 | 六一四，〇九七 | 四六六，三七三 |
| 十一 | 二，一五九，九八〇 | 一，〇七九，九九〇 | 四二五，四八八 | 一七九，八八八 | 六〇五，三七六 | 四七四，六一四 |
| 十二 | | 一，〇七九，九九〇 | 四二二，六〇一 | 一三八，一三三 | 五六〇，七三四 | 五一九，二五六 |

| | | | | | | |
|---|---|---|---|---|---|---|
| 十三 | 二，一一三，三七九 | 一，〇五六，六八九 | 四五二，九七七 | 一四七，一七六② | 六〇〇，一五三 | 四五六，五三六 |
| 十四 | | 一，〇五六，六八九 | 四二三，四四九 | 一四七，一七六六② | 五七〇，六二五 | 四八六，〇六四 |
| 十五 | 二，九六七，四〇七 | 九八九，一三五 | 四二一，九一三② | 一五六，二一九 | 五七八，一三二 | 四[illegible]，〇〇[illegible] |
| 十六 | | 九八九，一三五 | 四二〇，三七七 | 一三七，六一七 | 五五七，九九四 | 四三[illegible]，[illegible]四[illegible] |
| 十七 | | 九八九，一三五 | 四三四，四三七 | 一九二，九二三 | 六二七，三六〇 | 三六[illegible]，七七五 |
| 十八 | 一，九一二，四七二 | 九五六，二三六 | 四四五，一一八 | 一七五，四八五 | 六二〇，六〇三 | 三三五，六[illegible] |
| 十九 | | 九五六，二三六 | 四一五，三二八 | 一四三，六二六 | 五五八，九五四 | 三九七，二八[illegible] |
| 二〇 | 一，九九二，〇四一* | 九九六，〇二〇 | 四三五，三八二 | 一六三，三八一 | 五九八，七六三 | 三九七，二五七 |
| 二十一 | | 九九六，〇二〇 | 四三〇，五一七② | 一七三，六七七② | 六〇四，一九四 | 三九[illegible]，八[illegible]六 |
| 二十二 | 二，一三八，九九四 | 一，〇六九，四九七 | 四二五，六五二 | 一八三，九七二 | 六〇九，六二四 | 四五九，八七[illegible] |
| 二十三 | | 一，〇六九，四九七 | 四二七，四五七 | 一三七，七一〇 | 五六五，一六七 | 五〇四，[illegible] |



註：①此數根據《清鹽法志》，四川志》「徵榷門」三。

②本年收數缺，此係採用上下相鄰二年總數相加之平均數。

③此係估計數。

④此係咸豐六年至同治十二年鹽貨釐金總數後減去鹽釐總數後，用十八年除出之平均數。

資料來源：羅玉東前引書，頁六二〇—六二一，表一二五。

附註：*原書作四，九九二，〇四一，疑誤，今更正如上。

川省釐務未如理想的原因主要有二。一、缺乏考成制度。「征解一切，非若關稅之確有定準，悉聽管局委員隨意報解，各上司皆視爲調劑差使，全無考核；」（註一三四）二、洋票盛行。如在四川的夔關，每年額征正餘雜稅銀一八三，七四〇·五兩，另帶征渝關額稅銀五，一〇六兩。可是，從光緒三年十一月到翌年三月的一年多內，該關驗過放行的洋票共三，二九九張，免稅銀共一〇八，五六〇兩，超過夔關每年額稅銀的一半；又從光緒四年（一八七八）正月至五年三月，所免稅銀更增至一一四，〇〇〇餘兩。（註一三五）丁寶楨曾力謀補救，（註一三六）但收效不大。（註一三七）

在貨釐收入短絀，川省財源出現問題時，雅片的廣泛種植，給四川帶來不菲的收入，彌補了貨釐短絀的損失。雅片的抽收稅釐，始於咸豐九年（一八五九）。翌年，以歲入不及萬兩，除夔州局外，川省當局於是將釐局裁撤，責成地方官按糧帶徵，每年收入約九萬餘兩。「徵之於商者十之二、三，徵之於農者十之七、八。」同治十年（一八七一），清廷因御史吳鎮之奏，諭令禁止攤派民田。光緒三年，丁寶楨再度酆州、叙永、巫山等六處設專抽土釐局，於越雋、漢州、金堂、廣元等十一處設兼抽土釐局，議定每百斤抽銀三兩，翌年九月，再加抽一兩八錢，即百斤共抽四兩八錢。每年的藥釐收入，仍低於十萬兩。（註一三八）光緒十七年，清廷議定：「川省土藥每百觔在內地收落地稅銀四兩八錢，到重慶出口，收出口稅銀二十兩；……至雲、貴等省，土藥經過川境，即照川土出口之數，每百觔收銀二十兩。」（註一三九）同年六月，四川當局又發行短敗釐票。凡小販以碗盛裝煙土在本境附近市場零售的，大碗納釐錢五五文，小碗納四四文；以重量計算，大約每百觔納釐錢二，一一二文。（註一四〇）

由於雅片販賣本少利大，很多人都從事這項活動，（註一四一）種植雅片因之十分普遍；在雅片產區徵收的畝稅，也要比種植其他農作物爲高。（註一四二）據估計，在一八六四年，全川三分二的土地用於種植雅片。（註一四三）五年後，上海總商會的「長江上游報告」估計全川雅片產值年達三百萬両之多，產量則在十二萬擔上下。（註一四四）翌年，英駐上海領事 **Markham** 認爲四川所產雅片，只有二五%用於本地消費，餘則全部外銷，計輸往華北諸省的，佔總產量四〇%，出口到長江流域各省的，則佔三五%。（註一四五）到了十九世紀八十年代，川省約有八五〇，〇〇〇英畝土地用於種植雅片，年產量達到一七七，〇〇〇擔之多，其中五四，〇〇〇擔是於本地消費。（註一四六）雅片在四川經濟中所佔的地位愈來愈重要，出口數量愈來愈多。

一八六八年，四川雅片從漢口轉輸其他口岸的不過一一〇，八九擔，以後幾年數量上落不定，至一八七五年，劇增八三九．五擔。（註一四七）根據『一八八二——九一十年海關報告』指出：雅片稅與鹽稅是川省最重要的兩種歲入來源。（註一八四）一八九三年，從四川輸出的雅片達二，二五〇噸之多。川、滇、黔三省雅片的大量輸出，迫使沿長江逆流而上的洋藥，運至漢口便卻步不前。(註一四九)在叙州，吸食雅片的人數甚多，以至問題的癥結不在誰吸食雅片，而是誰人拒絕吸食。（註一五〇）一八九七年，四川每年的土藥出口值爲一八〇萬鎊，佔該省全部出口值三三〇萬鎊的五四．五%，爲川省出口的最大宗。（註一五一）十九世紀九十年代初期，英人 **Parker** 估計四川約有一〇%的農人，八〇%的商人及九〇%的政府官員吸食雅片。從一八九二——一九〇〇年，經重慶輸出的四川雅片數量增加達四倍。事實上，雅片已變

成加速四川經濟發展的必需成份及該省的一種都市風尚。（註一五二）

自從光緒十七年，川省調整土藥稅率，該項收入即逐年增加。新稅率實施後，從光緒十七年十一月起，到十九年（一八八九）九月底止，共徵收稅銀六十萬兩有奇。（註一五三）自光緒十九年十月至二十年（一八九四）九月止，該省共收土藥稅銀三八二，六一〇兩；（註一五四）到光緒廿四年（一八九八），此項收入每年增至六十餘萬兩。「逐年征收，有增無減。……川中解部備撥之款，以此爲大宗。」（註一五五）

此外，契稅也是四川較爲重要的財源之一。與津貼、捐輸、鹽稅、土藥稅不同，契稅收入主要作地方開支之用。最初，川省原額田房稅契，不過徵銀二一，三八〇餘兩。嘉慶十五年（一八一〇），川督常明奏請加徵盈餘銀六四，七八〇兩。（註一五六）光緒廿二年（一八九六），川督鹿傳霖以州、縣侵漁契稅，「若必將稅契切實追求，强令全數實解，無論其所謂畩稅（註一五七）者，一時紛至沓來，隱漏萬難稽查，即欲逐一考核，勢難盡調取民間之契紙一一核對，不惟經年累月不能查清，且使地方官既無廉俸可支，更無他項贏餘，豈能令其枵腹從公？」因此奏請自該年開始，每年再增契稅銀十萬兩。（註一五八）

甲午戰爭後，四川每年又須負擔鉅額的賠款，爲了籌措這筆款項，於是有肉釐的徵收。（註一五九）每宰豬一隻，加收肉釐錢二百文，每年可收銀五十餘萬兩。（註一六〇）

從同治八年（一八六九）起，四川每年動撥爲數可觀的歷年扣減文武養廉及各項減平、減成銀兩，作京、協要餉及奉撥本省防、剿經費之用。

表十六　川省初期減成、減平各欵收支情況（單位：両）

| 時期 | 收入項目 | 欵額 | | 撥解京、協各餉 | 結存 |
|---|---|---|---|---|---|
| 同治八年至光緒五年（一八六九—七九） | 一両平銀 | 三六〇，〇〇〇 | 一，一九〇，〇〇〇 | 一，一五〇，〇〇〇 | 三五，〇〇〇 |
| | 添扣六分平及核減二成銀 | 五九〇，〇〇〇 | | | |
| 光緒二至五年（一八七六—七九） | 武職廉俸等項、免搭官票、減搭六分平銀 | 二四〇，〇〇〇 | | | |
| 咸豐三年至光緒四年（一八五三—七八） | 文武職養廉減成 | | 九一九，七〇〇 | 八八〇，一五〇 | 三九，〇〇〇 |

資料來源：《丁集》卷20，頁12b—13，「覆陳司庫歷年減成減平各欵無存摺」。

表十七　光緒年間四川的財政收入（單位：両）

| 項目 | 一八七五 | 一八八六 | 一九〇〇 |
|---|---|---|---|
| ①a田　賦ⓐ | 六六九，一三一 | 六六九，一三一 | 六六九，一三一 |
| b一五火耗 | 一〇一，一〇七 | 一〇一，一〇七 | 一〇一，一〇七 |
| c津　貼 | 六六八，〇〇〇 | 五八五，〇〇〇 | 六六八，〇〇〇 |
| d捐　輸 | 九一七，五〇〇 | 九〇〇，〇〇〇ⓑ | 一，五四六，三一三ⓒ |

| | | | |
|---|---|---|---|
| ②a鹽稅 | 二二五，〇六四 | 七二五，〇〇〇ⓓ（a、b合計） | 三一五，〇六四 |
| b羨截 | | | 三四四，九三六 |
| c鹽釐 | 九〇〇，〇〇〇 | 一，一二七，六一七ⓔ | 一，三四〇，〇〇〇ⓕ |
| d舊加價 | — | — | 一，一一六，六六六（d、e合計） |
| e新加價ⓖ | — | — | |
| ③a土藥稅釐 | 一〇〇，〇〇〇 | 一〇〇，〇〇〇 | 九六〇，〇〇〇 |
| b洋藥稅 | — | — | 四〇〇，〇〇〇 |
| ④釐關 | 一八三，〇〇〇 | 一八三，〇〇〇 | 一八三，〇〇〇 |
| ⑤茶稅 | 七六，二〇八 | 一六八，三〇九ⓗ | 一二〇，〇〇〇 |
| ⑥貨釐ⓘ | 五一八，七九一 | 四七四，六一四 | 四七一，三九八 |
| ⑦契稅ⓙ | 八六，一七七 | 八六，一七七 | 一八六，一七七 |
| ⑧肉釐 | — | — | 五〇〇，〇〇〇(?) |
| ⑨減成、減平ⓚ | — | 四〇一，九七六 | — |
| 總額 | 四，四四四，四七八 | 五，五二一，九三一 | 八，九二一，七九二 |

資料來源：除特別註明外，大體依據"Viceregal Government"頁42。

a《財政說明書》，頁2，「地丁」。

b參考表七，註9。

c取表七註13光緒廿六、七兩年之平均值。

d《丁集》卷25，頁47b，「查明川庫收支數目摺」。

e係據羅玉東前引書，頁六二一，表一二五及吳鐸前引文，頁二一九，表15所列數字相加得來。

f據"Viceregal Government"及註一三〇所列數目相加而得。

g有關一八八六年土藥稅釐，"Viceregal Government"作四十八萬兩，過於偏高，茲據註一三八、更正如上。

h參考b，頁46。

i此項"Viceregal Government"一律作六五七，〇〇〇兩，今據羅玉東前引書，頁六二〇—六二一更正如上。羅書缺一八七五及一九〇〇年貨釐收入，現分別以同治十二年及光緒廿三（一八九七）、廿八（一九〇二）兩年收入的平均值填補。

j參考註一五二。

k仝d，頁46—47。

根據表列的四川財政狀況，在十九世紀後半，大致達到收支平衡。用於省外的解、協各款，佔全部支出的五五%以上。這種情形的出現，太平天國革命的發生可說是其中的關鍵。自此，四川即從一不足省分，轉變爲有餘省份，對各方的供支有增無已。省外支出迅速增加，與當日中央政府與地方，及地方與地方之間的財政關係，從「撥」的原則蛻變爲「攤」的原則，息息相關。爲了應付各種經常及突發性的支出，四川的解決辦法是增加各種可資利用的稅源，透過對田賦浮收、鹽課、土藥抽釐等措施，從而得到大宗的收入以應付各方的需索。上述財源的徵取，也明顯的帶有「攤」的色彩，與當時財政原則的轉變相應。十九世紀後半，四川省外開銷，解協地方的款額，遠較供應中央爲多。以一八七五年爲例，川款解往中央的數目爲解往地方的八八・三二%；到了一八八六年，這個比例更劇降至五七・二五%。一位學者認爲四川對其他省分的慷慨協濟，是一種確定的區間相互補償體系存在的明證。這種體系並不意味地方分權，控制各種資源運用的「地方主義」的出現；反之，似更接近於「超地區的組合。」從一八七五——八六年，川省對其他省分的支援對象，主要是西北（甘肅、新疆）及西南（雲南、貴州）各省。一八八六年以後，四川雖仍繼續支持西北、西南諸省，另一方面，川省財源也出現流向東部省分，特別是直轄下的趨勢。（註一六一）一九〇〇年該省解給中央的款數，與解往地方的比較，比例提升至六五%以上，實與前述現象的出現有關。總而言之，四川在十九世紀中葉以後，收支較前激增，從不足省分轉爲有餘省分，是與當日已發展地區及發展中地區比重轉移相一致的。（註一六二）

## 四

進入二十世紀，四川的財政收支，跟前一時期大不相同。支出方面，在前一時期，四川用於本省以外的支出，主要供鄰近省分的需要，解付中央政府的款額則較少。以一八八六年爲例，川省解付北京的款餉只有一，一九五，四三〇兩；反之，接濟雲、貴、甘、新、西藏的，則有二，〇八八，〇〇〇兩之多。從一九〇〇年開始，中央政府接受四川的解款數額，首次多於川省協濟其他省份款項。同時，四川本身的支出劇增，到一九〇九年，幾佔該省財源的一半。收入方面，原有的財源已不足應付此日趨龐大的開支；因此，四川當局不得不在原有的收入之外廣開財源，俾財政問題得以解決。

在解付中央的款項方面，庚子賠款是此時期最重要的項目。『辛丑和約』訂立後，四川即被指定每年須認解賠款二二〇萬兩，成爲全國認解賠款數額僅次於江蘇的省分。（註一六三）光緒廿九年（一九〇三）以後，川省每年又被攤派北洋練兵經費銀八十萬兩。同時，清廷諭令各省飭查浮收，酌提中飽，指定四川每年將此項所得認解卅萬兩。（註一六四）賠款的解付，經常因銀價下跌，另須籌措款項彌補鎊價不敷，以致增加額外的負擔。如光緒卅年（一九〇四）年底，該省即籌解七十萬兩解交江海關，以應付此一非經常性的支出。（註一六五）同時，鄰省貴州本已異常窮乏，每年須靠四川大量協款接濟，一旦加上每年攤派賠款廿萬兩，（註一六六）自然不勝負荷。光緒廿九年，貴州護理巡撫曹鴻勛請求招集粵商運鹽至黔境黎平、古州銷售，使黔省賠款有着。這項措施一旦實行起來，對川鹽在黔的銷路，自有莫大影響。爲了防止這種局面的出現，川督錫良答應每年代黔加認賠款十萬両。（註一六七）不久，黔省又以賠款無法籌措，請求將銷黔川鹽加價，從光緒卅一年（一九〇五）起，四川每年徵收鹽觔加價入款十萬両解黔。（註一六八）換句話說，即貴州每年的賠款，全由四川承擔。

本省的開支方面，此時期最大的負擔爲籌辦新政。新政各項中，以修築川漢鐵路、訓練新軍及營辦新政各局的經費爲最重要之項目。這時，又因西藏醞釀分離獨立的運動，英人乘機從印度伸展其勢力入藏，企圖控制西藏內政。爲了鞏固西部的邊疆，遏止英人的侵略野心，清廷即時作出反應，命趙爾豐爲川滇邊務大臣，負責經營西康。（註一六九）趙氏到任後，於光緒卅二年（一九〇六）上疏，請求清廷先撥款二百萬両，作爲初步經營費用，以後則按年撥付三百萬両，用作常年支出，度支部只提供經營費之一百萬両，至於每年經常支出，則撥助原來要求款額的三分之二。（註一七〇）

表十八　光、宣之交四川財政支出情況（單位：萬両）

| 項目 | 支欵 |
|---|---|
| 滿營、制營兵餉 | 一〇〇 |
| 防營薪餉 | 一四〇 |
| 新軍餉項 | 一五〇 |

| | |
|---|---|
| 甘、新協餉 | 二〇〇 |
| 雲、貴協餉 a | 八〇 |
| 京餉及東北固本餉 b | 六〇 |
| 大小各官署公費 c | 二七三 |
| 各局所開支及學校經費 | 三六〇 |
| 賠　欵 d | 三三四 |
| 總　額 | 一，六九七 |

資料來源：呂平登《四川農村經濟》（《社會經濟調查所叢書》），上海商務印書館，民國二十五年，頁7—8；周詢前引書卷一，「制度類」上，頁29，歲出歲入。

附註：a包括雲南協餉銀三十餘萬兩，貴州協餉銀五十萬兩。

b其中京餉佔四十八萬兩，東北固本兵餉佔十二萬兩。

c包括文武官俸、養廉銀十三萬餘兩，各州、縣公費銀一一〇萬兩，將軍、總督以至各府公費銀四十萬兩，彌補攤捐用銀七十餘萬兩。

d計庚子賠款二二〇萬兩，甲午俄法、英德償欵九十四萬兩，代解貴州賠欵二十萬兩。

表十九　一九〇九年四川財政支出（單位：両）

| 項目 | 支欵 |
| --- | --- |
| 中央政府 | 五，二三六，三四〇 |
| 其他省份 | 四二三，九六〇 |
| 對外賠欵 | 二，四〇〇，〇〇〇 |
| 本省開支 | 一〇，二八二，三三一 |
| 合共 | 一八，三六二，六三一 |

資料來源："Viceregal Government" 頁43。

附註：此表不單在支出總額方面，即使在內容方面，都跟前表大不相同。現一併列出，以資比較。不過，兩表均有類似的地方：一、本省支出超過解付中央及其他省分的欵數；二、解付中央的欵額比解付他省爲多。前表京餉等項只佔六十萬両，而甘新、雲貴協款却達二八〇萬両，驟看似地方解款多於中央；惟加上付給中央轉支的賠款，則全數超出地方協款一百萬両以上。

面對一連串日趨龐大的新支出，川省原有的財源，當然不足以應付。該省解決財政困難的辦法，是從開源方面入手。這可分兩方面來說：一、增加原有稅項稅額；二、開徵新稅。在舊的稅源中，田地及食鹽是最重要的收入來源；同時，雅片的重要性也不容漠視。新增加的稅收方面，包羅甚廣，自榨油以至演戲，都要徵收捐稅。（註一七〇）

從土地收入所得的財源，主要有二項：新加捐輸及租股，分別用於償付庚子賠款及修築川漢鐵路。光緒廿七年（一九〇一），清廷諭令川省於原派捐輸之外，按年加派畝捐銀一百萬兩，名曰「新加捐輸」，用作償付庚子賠款。（註一七二）為了發展四川的交通運輸，於是有修築川漢鐵路的計劃。川省因為土地生產力較高，農業較為發達，地主的田租收入也較多，（註一七三）所以川督錫良在籌議修築該路時，議定：「就通省田租歲抽百分之三，名為租股。」「凡業田之家，……收租在十石以上者，均按年實收之數，百分抽三。假如收租十石者，即抽穀三斗，……以次遞加照算。……其收租不及十石者免抽。」「各業戶應抽租穀，若敢違抗不完，即由經理之紳董團保稟請州、縣官提案追究，以為吝惜私財，阻撓公益者戒。」（註一七四）可知川省每年收租在十石以上的地主，都要按年提出百分之三來購置租股，而後者是具有強迫性質的。

表二十　四川若干地區租股徵收數額（單位：兩）

| 地點 | 時期 | 每年數額 | 總額 |
|---|---|---|---|
| 巴縣 | 光緒三十一年（一九〇五） | 四一，三七六 | |
| | 三十二年（一九〇六） | 四一，三七六 | |

| | | | |
|---|---|---|---|
| | 三十三年（一九〇七） | 四一，三八九 | 二三四，九〇〇 |
| | 三十四年（一九〇八） | 四一，七九〇 | |
| | 宣統　元年（一九〇九） | 三四，七一〇 | |
| | 二年（一九一〇） | 三四，二五九 | |
| 三台 | 光緒三十年（一九〇四）至宣統三年（一九一一） | | 一四〇，〇〇〇 |
| 犍為 | 三十一年（一九〇五）至宣統三年（一九一一） | | 一〇四，八〇〇 |
| 溫江 | 三十年（一九〇四）至宣統三年（一九一一） | | 一六二，〇五〇 |
| 宣漢 | 三十二年＊（一九〇六）至宣統三年（一九一一） | | 若干萬 |
| 大足 | 三十一年（一九〇五） | 一三，七六八 | |
| 大竹 | 三十一年（一九〇五）至宣統三年（一九一一） | | 二〇二，〇三〇十 |
| 江津 | 三十一年（一九〇五）至宣統三年（一九一一） | | 二三三，二四九(十)△ |
| 渠縣 | 三十二年（一九〇六）至宣統二年（一九一〇） | 四一，七四三 | 二一六，二九五 |

資料來源：「清季的商辦鐵路」，頁一六六；《宣漢縣志》卷六，「財政志」，頁27b－28，賦役；《大足縣志》，頁二六一，卷三，「諸稅」；《大竹縣志》卷四，「賦役志」，頁十，雜稅；《江津縣

志》（台北四川文獻研究社據民國十二年木刻本影印，民國五十五年），卷五，「田賦」頁5b；陳銘勳修《渠縣志》（方志，華中，三六八，台北成文出版社據民國二十一年渠縣平民敎養工廠鉛印本影印，民國六十五年），卷二，頁4b，「食貨」一。

附註：＊《宣漢縣志》載光緒卅四年川督錫良議辦租股籌集路款，疑誤。因錫良早於光緒卅三年三月調任雲貴總督。

十包括租股解銀一七〇，八七〇兩，購股解銀一五，六〇〇兩，罰款解銀五，四六〇兩，土藥稅釐解銀一〇，一〇〇兩。

△除外，尚有購股銀五五，一三四兩。

表廿一　川漢鐵路股款中租股與其他股款的比較（單位：兩）

| 時期 | 商股 | 鹽、茶股 | 租股 | 官股 | 土藥股 | 總額 | 租股佔全部股款的百分比 |
|---|---|---|---|---|---|---|---|
| 光緒卅年至卅三年五月 | | | | | 六〇〇，〇〇〇 | 八，一七五，七八九 | |
| 卅四年至宣統元年 | 六九，四二〇·五八四 | 五六，六六〇·五 | 一，五一九，二五九·九三五 | 三七，三七五 | 二五〇，〇九九(一) | 一，九三二，八一五 | 七八·六〇 |
| 宣統元年 | 三六，五八九·八四一 | 六四，二八一·五 | 一，三四三，四五九·四六四 | 九，八七五 | 一九六，七九七(十) | 一，六五一，〇〇二 | 八一·三七 |

資料來源：「清季的商辦鐵路」，表六。

如前期一樣，食鹽是四川的主要財源之一。在這時期，川省當局先後採取兩項措施——擴大官運商銷範圍及鹽觔加價以增加收入。丁寶楨推行的官運商銷政策雖取得可觀的成果，但實施的範圍主要是滇、黔邊地及近邊計岸各州、縣。光緒廿八年，川督岑春煊以訓練新軍，款項無着，於是援引丁寶楨的官運成法，奏請將成、綏等屬卅八廳、州、縣自翌年始，全數改爲官運商銷，（註一七五）預計每年可增收銀三十萬兩。（註一七六）

表廿二　清末各省每年鹽稅的分配

| 省別 | 一九〇一年左右 兩數 | 一九〇一年左右 百分比 | 一九一〇年 兩數 | 一九一〇年 百分比 | 一九一二年（預算） 兩數 | 一九一二年（預算） 百分比 |
|---|---|---|---|---|---|---|
| 湖北 | 三，七七七，四三〇 | 一六·〇 | 一，七六〇，一七七 | 三·七 | 一，七六八，五八四 | 三·七 |
| 四川 | 三，五〇〇，〇〇〇 | 一四·八 | 六，二六一，二六九 | 一三·二 | 六，七二一，九九三 | 一四·一 |
| 江蘇 | 二，六〇〇，〇〇〇 | 一一·〇 | 一三，八六〇，四七四 | 二九·三 | 一四，〇一四，六九〇 | 二九·五 |
| 安徽 | 二，三〇六，一七三 | 九·八 | | | | |
| 湖南 | 一，六〇七，七六七 | 六·八 | 一，五四九，六六九 | 三·三 | 二五一，九二五 | 〇·五 |
| 廣東 | 一，三五七，七〇〇 | 五·七 | 四，九〇〇，三四六 | 一〇·三 | 五，四八六，九六二 | 一一·五 |
| 直隸 | 一，三三三，〇〇〇 | 五·六 | 五，一七〇，〇三〇 | 一〇·九 | 五，二三六，八一八 | 一一·〇 |
| 江西 | 一，三二〇，〇五四 | 五·六 | 七二，一二〇 | 〇·二 | 七二，一二〇 | 〇·二 |
| 雲南 | 一，一八五，三〇〇 | 五·〇 | 一，一六四，五九五 | 二·四 | 一，三四三，五〇一 | 二·八 |
| 浙江 | 九〇〇，〇〇〇 | 三·八 | 二，三八四，三二九 | 五·〇 | 二，四〇六，三二九 | 五·一 |
| 福建 | 七五〇，〇〇〇 | 三·二 | 一，〇八四，三七二 | 二·三 | 一，〇八八，二一三 | 二·三 |

| | | | | | | |
|---|---|---|---|---|---|---|
| 山西 | 六八四,四五二 | 二·九 | 一,三四六,一六二 | 二·八 | 一,三四六,一六二 | 二·八 |
| 山東 | 六〇〇,〇〇〇 | 二·五 | 一,四二一,八三八 | 三·〇 | 一,七二五,六六二 | 三·六 |
| 廣西 | 四九〇,〇〇〇 | 二·一 | 五六七,五二八 | 一·二 | 四八九,九七九 | 一·〇 |
| 奉天 | 四八〇,〇〇〇 | 二·一 | 一,六五五,六九四 | 三·五 | 一,六五五,六九四 | 三·五 |
| 河南 | 四〇〇,〇〇〇 | 一·七 | 二九六,三三三 | 〇·六 | 二九六,三三三 | 〇·六 |
| 貴州 | 二〇〇,〇〇〇 | 〇·八 | 四三四,一二八 | 〇·九 | 一三,六四〇 | 〇·〇三 |
| 甘肅 | 七〇,〇〇〇 | 〇·三 | 一六七,五一八 | 〇·四 | 一六七,五一八 | 〇·四 |
| 陝西 | 六〇,〇〇〇 | 〇·三 | 四四一,三三三 | 〇·九 | 四四一,三三三 | 〇·九 |
| 新疆 | 一〇,五〇〇 | 〇·〇四 | | | 一九,六一八 | 〇·〇四 |
| 察哈爾 | | | 八,〇五〇 | 〇·〇二 | 八五,五九九 | 〇·二 |
| 吉林 | | | 五,一七〇,〇三〇 | 一〇·九 | 一,八六五,七六五 | 三·九 |
| 黑龍江 | | | 一,〇一三,七三五 | 二·一 | 一,〇一三,七三五 | 二·一 |
| 熱河 | | | 五五,三八一 | 〇·一 | 六三,三三五 | 〇·一 |
| 合計 | 二三,六一三,三七五 | 一〇〇·〇 | 四七,四五三,三六九 | 一〇〇·〇 | 四七,五七五,四八六 | 一〇〇·〇 |

註：一九一〇年及一九一二年預算，安徽數額包括在江蘇省內。

資料來源：轉引自姜道章前引文，頁4。

在前一時期川省已先後實施兩次鹽觔加價，現在又因需款孔急，鹽觔加價自然不可避免。綜計這一時期共有三次加價之舉。四川雖加派畝捐銀一百萬兩以償付庚子賠款，但與額定的二二〇萬兩，相差仍遠；該省決定每鹽一斤，加價三文，藉此彌補差額，估計每歲可折收銀六十餘萬兩。由於籌練新軍需款，不得不從鹽觔加價打主意；結果，每鹽一斤議定加價二文，每年約折收銀四十餘萬兩。雅片蔓延的禍害，有目共覩；爲了杜絕外人輸入雅片的口實，清廷決定於光緒卅二年起的十年內，把雅片完全禁絕。雅片稅是當日四川的稅收大宗，一旦禁絕，通省的財政自然出現捉襟見肘的現象。彌補這筆損失，只好從鹽觔加價入手。於是食鹽一斤，又再加價四文，每歲約可收銀九十萬兩。（註一七七）這三次鹽觔加價，加上以前二次加價所得，四川每年從這項目提取的收入在三百萬兩以上。

表廿三　一九〇三—一九一〇年川鹽每年銷售及收入情況

| 銷場 | 銷鹽量（千擔） | 百分比 | 收款（兩） | 百分比 |
|---|---|---|---|---|
| 邊岸 | 一，三四二 | 二四 | 二，七四〇，九一七 | 四〇 |
| 計岸 | 一，七九三 | 三三 | 八九九，九九九 | 一四 |
| 濟楚 | 九九〇 | 一八 | 二，三七五，一〇六 | 三四 |
| 崇岸 | 一，三七五 | 二五 | 八七一，九六一 | 一二 |
| 四川 | 五，五〇〇a | 一〇〇 | 六，八八七，九八三b | 一〇〇 |

資料來源：The Modernization 頁22，Table 2。

附註：a據A. Hosie記載，一九○四年四川每年產鹽在五百萬擔以上。其中九六七，四○四擔經長江出口至宜昌供湖北銷費，另一三六，二○○擔以陸運供宜昌以西的湖北地區食用。輸往貴州的則有五三四，八○○擔，往雲南東北部的八萬擔，專供本省消費的三六○萬擔。此外，尚有五，三九○擔運往湖南西部的澧州。以上見 Alexander Hosie, On the Trail of the Opium Poppy ( London & Liverpool: Geoge Philip Son Ltd., 1914 ) Vol. 1, PP. 285–286.

b又內閣侍讀學士甘大璋奏稱：「川鹽除本省各州、縣及滇、黔邊計各岸外，僅湘、鄂十餘州、縣之地行銷，而統計歲入額數已達六、七百萬兩。」見劉錦藻纂《清朝續文獻通考》（上海商務印書館《萬有文庫》第二集，民國二十五年，以下簡稱《清續通考》），卷三十九，考七九三四，「征榷考」11，鹽法。

十九世紀末川省雅片的種植已很普遍，到了本世紀初年，種植面積蔓延更廣。據估計，四川在一九○四年的雅片產量達到二十萬擔，其中十分之九消耗於本省，另十分之一則輸往他省。到一九○六年，產量更增至二三八，○○○擔；大致來說，多年以來四川一省每年的雅片產量，相當於印度輸華雅片量的四倍。（註一七八）英領事 Sly 即指出：「雅片是川省最發達和最具價值的資產。對該省來說，雅片就是金錢；因爲全省與外界所有貿易，實際上是控制棉紗入口，絲與雅片出口的商業資本家手中的貨物交換。」（註一七九）因爲種植雅片的利潤非常之大，在雅片普遍種植的地方，地租加倍增值。「（一八○）根據國際雅片委員會的調查，一九○六年四川一省雅片的產量，即佔全國產量四○%以上。

表廿四　國際雅片委員會對一九〇六年中國各省雅片產量估計（單位：擔）

| 地區 | 產量 | 地區 | 產量 | 地區 | 產量 |
|---|---|---|---|---|---|
| 合計 | 五八四，八〇〇 | 廣東 | 五〇〇 | 陝西 | 五〇，〇〇〇 |
| 滿州 | 一五，〇〇〇 | 湖南 | 一，〇〇〇 | 甘肅 | 三四，〇〇〇 |
| 直隸 | 一二，〇〇〇 | 湖北 | 三，〇〇〇 | 四川 | 二三八，〇〇〇 |
| 山東 | 一八，〇〇〇 | 江西 | 三〇〇 | 雲南 | 七八，〇〇〇 |
| 江蘇 | 一六，〇〇〇 | 安徽 | 六，〇〇〇 | 廣西 | 五〇〇 |
| 浙江 | 一四，〇〇〇 | 河南 | 一五，〇〇〇 | 貴州 | 四八，〇〇〇 |
| 福建 | 五，〇〇〇 | 山西 | 三〇，〇〇〇 | 新疆 | 五〇〇 |

資料來源：李文治編前引書，頁四五七。

附註：查雅片每畝產量大約在五十兩左右，如按五十兩估計，五八四，八〇〇擔應佔耕地一八，七一三，〇〇〇畝。

四川雅片產量既居全國之冠，川省當局對於這項財源當然不會放鬆。光緒廿七年，議定土藥加徵稅、釐各一成；即每百斤徵出口稅廿二兩，落地釐五兩二錢八分。川漢鐵路的修築需費浩大，因此，光緒三十年，土藥每百斤又加收五兩二錢八分，作爲附加鐵路經費。二年後，四川改辦統稅，取消本銷、外銷、短販的分別；土藥每百斤統收庫平銀一百兩，附加經費銀十五兩，至於川漢鐵路的附加徵釐仍照舊收取。翌年，停止統稅，由川省自辦川稅。「無論產銷處所一切稅釐並徵，於是止稅爲廿七兩二錢八分，在重慶關報稅者，補完川稅七兩二錢八分，並帶收鐵路經費。」不久，又恢復短販釐，並增加稅率一倍，即大碗納釐一一〇文，小碗納釐四四文；以重量計，每百觔納釐錢四，二二四文。統計四川土藥稅釐，每年收款約一百餘萬兩之多「至於此款之支銷，原本以濟軍需，而因他事隨時挹注，不盡符於原則。」（註一八一）可知此款在川省財政調度中的重要。

表廿五　四川每年籌措庚子賠款的收入

| 收入類別 | 款額（萬兩） |
|---|---|
| 隨糧捐輸 | 一〇〇 |
| 鹽斤加價 | 四〇 |
| 酒稅 | 一四 |
| 田房稅契 | 一二 |
| 肉釐 | 二〇 |
| 合計 | 一八六 |

資料來源：轉引自王樹槐前引書，頁一四八—一四九。

附註：光緒廿七年四月二十日，川督奎俊為籌措賠款，曾初步草擬如下措施：「查川省田房契稅一項，……出自得業之家，其力既能置業，今擬酌量加多，每年約可得十數萬，又川省肉釐，……擬飭每肉一斤，加錢二文，取自食肉之人，不致偏累，而積少成多，每年約可得銀二十餘萬。又續奉電旨，飭加鹽課鹽釐。……現擬將川鹽每斤再行加價一文，每年可得銀二十餘萬，此外再將各局支款及原有防營，略加裁併，每年或可節省銀數萬，綜計按年約可籌集六七十萬之譜。」見故宮博物院明清檔案部編《義和團檔案史料》（北京中華書局，一九七九年），頁一一九一—一九二。

表廿六　川漢鐵路股款籌集情況

| 股款類別 | 款額（萬両） |
|---|---|
| 商股 | 二六〇㈩ |
| 租股 | 九五〇 |
| 土藥股 | 二〇〇 |
| 雜項 | 三三〇㈩ |
| 總額 | 一七四〇㈩ |

資料來源：「清季的商辦鐵路」，頁，表4。

舊有的稅收，在這一時期幾一律大幅度增加稅收額，作為解決本省財政問題的手段。以田房契稅為例，光緒廿二年，本已加派銀十萬兩，光緒廿七年，又加派銀卅萬兩以償付庚款。至此，四川田房契稅每年徵銀達四十八萬餘兩。（註一八二）以這一時期的稅收額與光緒廿二年的比較，增幅在二・六倍以上。光緒卅三年，趙爾巽到任四川總督後，以全省契稅入款只有四十八萬餘兩，主要關鍵在於地方官紳中飽，並無比較可言，因此奏請設立經徵局徵收，務使涓滴歸公。光緒卅四年，全年收入止雜各款二百餘萬兩；宣統元年二，三九二，〇〇〇兩，二年共收二，〇五一，五八五兩，三年則收入二八〇餘萬兩。（註一八三）與從前比較，這項收入顯然作大幅度的增加。

其他較為重要的財源，尚有肉釐、酒稅、糖捐、油捐等。『辛丑和約』簽訂後，川省被指派巨額賠款，該省雖從田地、食鹽等項目打主意，藉以增加收入，又將稅契大幅度提高，可是所得與所須支付的數目，仍有很大的距離。為了籌措更多款項，光緒廿七年開始，每屠豬一隻，加徵新釐錢二百。宣統元年，因大力推行禁種雅片運動，四川財源損失甚大，於是再有續加肉釐的徵收，以減輕財政損失，規定每宰豬一隻，收錢二百。（註一八四）「又自光緒末年，新政迭興。除辦學外，尚有警察、勸工局、習藝所等事，各邑咸請就地加收肉釐濟用。雖所加之數，參差不一，然每豬一隻，合三費及兩次賠款統計之，大致總須納釐錢一千。」估計這項收入，每年達百萬兩以上。（註一八五）

除增加舊有稅捐數額外，又有新稅項的徵收，其中較重要的有：糖捐、酒稅、油捐等。在未辦糖捐以前，川省食糖「只就過道落地及出口躉批者，抽收稅釐。」至於出產的地方，並沒有糖稅的徵收。光緒卅四年，因籌辦邊務，議辦糖捐，在產糖的各州、縣設立徵收機關，按漏棚（熬糖之地）徵收捐稅。捐率的輕重不一，平均每糖一斤，抽取捐錢十文，每年約共銀三十萬兩。（註一八六）

酒稅的徵收始於光緒三十年四月。在此以前，酒類皆列入貨釐徵收，歲入約三萬餘兩。酒稅因酒類的品質及重量的不同而分爲兩種：一、大麴酒、仿紹酒每斤稅錢八文；二、小麴酒、老酒每斤稅錢四文。收入所得主要供北洋練兵經費及充禁衞軍兵餉。（註一八七）以江津、瀘州、什邡、綿竹等處收數最多，綜計全省每年收銀，約在九十萬兩上下。（註一八八）

川省未辦油捐以前，先有榨課的征取。成都、甯遠、嘉定等府、州、廳，每年額徵銀一，五一二兩；另有油釐附於百貨，由過道釐卡徵收，稅率輕重不一，以油類爲區別，每觔徵錢自七、八毫至一、二文不等。光緒卅三年九月，川滇邊務大臣趙爾豐兼任護督，以經營川、藏邊務，提議辦理油捐，不分何種油類，每觔抽錢四文，每年約徵銀三十餘萬兩。（註一八九）

表廿七　一九〇九年四川財政收入

| 項目 | 收款（兩） |
|---|---|
| 1. 田賦：地丁 | 六六九，一三一 |
| 火耗 | 一〇一，一〇七 |

| | |
|---|---|
| 津貼 | 五四〇，〇〇〇 |
| 捐輸 | 一，九〇〇，〇〇〇 |
| 新捐輸 | 一，〇〇〇，〇〇〇 |
| 2. 鹽稅：稅釐 | 一，七八六，七六〇 |
| 加價 | 三，五三九，五七八 |
| 官運收入 | 一，一三二，三四八 |
| 雜捐 | 五，八八〇 |
| 雜款 | 二四二，四四八 |
| 3. 土藥稅釐 | 三四八，四九六 |
| 4. 契稅 | 二，五〇〇，〇〇〇 |
| 5. 貨釐 | 六五七，〇〇〇 |
| 6. 菸、酒稅 | 一，〇〇〇，〇〇〇 |
| 7. 肉釐 | 一，〇〇〇，〇〇〇 |
| 8. 糖、油捐 | 六〇〇，〇〇〇 |
| 9. 關稅、雜稅及礦稅 | 六〇〇，〇〇〇 |

| | |
|---|---|
| 總　額 | 一七，六二二，七四八 |

資料來源：“Viceregal Government”，頁42，周慶雲《鹽法通志》（戊辰鴻寶齋聚珍第三版），卷六十九，頁30b—32；呂平登前引書，頁六—七；周詢前引書卷一，「制度類」上，頁29，歲出歲入。

四川的財政支出，一半以上用於他省或解往北京，在一九〇七年後，這種現象迅即改變。因川漢鐵路修建計劃的提出，加上銳意經營康、藏，川省財源消耗於本省的超過一半。這時，四川迫得取回協解雲、貴、甘肅的解款，且向重慶、漢口的海關，廣東鹽政當局及度支部求取協濟。（註一九〇）

這時期川省原有及新增的財源，一方面給該省帶來了巨額的收入，以供各種用途，同時，某些消極性因素的出現，抵消了新、舊財源的作用，並限制其進一步發展。

表廿八　一九〇八年四川田賦估計

| 項　目 | 收集款項約數（千兩） |
|---|---|
| 定　額 | 六六九 |
| 耗　羨 | 一〇〇 |

| | |
|---|---|
| 平餘 | 二六八 |
| 捐津 | 四，二〇〇 |
| 租股 | 二，〇〇〇 |
| 其他浮收 | 六六九 |
| 共計 | 七，九〇六 |

資料來源：Yet-Chien Wang, An Estimate of the Land-tax Collection in China 1753 and 1908 (Harvard East Asian Monograph 52, Cambrige Mass.: East Asian Research Center 1973), Table 19, n.P. 以下簡稱 An Estimate

表廿九　一九〇八年四川津、捐數額

| 地區 | 田賦正額（兩） | 津、捐數額（兩） | 津、捐佔正額百分比 |
|---|---|---|---|
| 新都 | 三，六一〇 | 二八，七八〇 | 七九七 |
| 三台 | 一〇，八九三 | 五二，〇〇〇 | 四七七 |
| 雲陽 | 一，五四三 | 二三，七七九 | 一，五四三 |
| 邛崍 | 一四，〇二四 | 七三，二七一 | 五二二 |
| 西昌 | 一，三八三 | 一，九四〇 | 一四〇 |

| | | | |
|---|---|---|---|
| 鄷都 | 二，四九三 | 二〇，〇九三 | 八〇六 |
| 綿州 | 七，七四八 | 五七，六〇四 | 七四三 |
| 綿竹 | 七，二九八 | 七七，一四〇 | 一，〇五七 |
| 富順 | 一二，三六六 | 八四，六〇二 | 六八四 |
| 南溪 | 六，一三五 | 四二，一三五 | 六八七 |
| 南川 | 二，四六一 | 二五，四〇〇 | 一，〇三二 |
| 南充 | 九，〇一二 | 二七，九二二 | 三一〇 |
| 華陽 | 八，一九五 | 三一，六六九 | 三八六 |
| 安縣 | 五，一八四 | 四一，九九〇 | 八一〇 |
| 中江 | 九，五〇四 | 六〇，九〇四 | 六四一 |
| 犍爲 | 六，〇五四 | 五五，三一四 | 九一四 |
| 峨嵋 | 五，三七三 | 二一，七五〇 | 四〇五 |
| 崇慶 | 一〇，一六七 | 五五，一八四 | 五四三 |
| 樂至 | 六，〇四七 | 七四，〇九〇 | 一，〇六〇 |
| 溫江 | 五，九〇九 | 三一，二〇九 | 五二八 |
| 江安 | 三，九六九 | 二八，九六九 | 七三〇 |

| | | | |
|---|---|---|---|
| 瀘州 | 一二,六〇〇 | 九五,四九三 | 七五八 |
| 遂寧 | 二〇,一五四 | 八〇,〇〇〇 | 三九七 |
| 達縣 | 九,〇一九 | 四五,五一九 | 五〇五 |
| 資州 | 五,六四五 | 七三,一六四 | 一,二九六 |
| 南江 | 一,六六九 | 一,五八二 | 九五 |
| 大邑 | 八,五四五 | 四五,八八七 | 五三七 |
| 大竹 | 一三,二二四 | 五四,二二〇 | 四一〇 |
| 巴州 | 四,〇二七 | 二二,三五七 | 五五五 |
| 眉州 | 一〇,三〇九 | 五五,二六〇 | 五三六 |
| 巴縣 | 六,七八一 | 五八,二二〇 | 八五九 |
| 金堂 | 六,〇六〇 | 六六,六六〇 | 一,一一〇 |
| 合江 | 五,八三〇 | 三八,三三〇 | 六五七 |
| 劍州 | 二,四五六 | 、二,二二〇 | 九〇 |
| 簡州 | 一〇,二五三 | 七二,八五三 | 七一一 |
| 敘永 | 三,一四一 | 七,七四一 | 二四六 |

| | | | |
|---|---|---|---|
| 滎縣 | 八，三八六 | 五二，八八六 | 六三一 |
| 江津 | 五，九九六 | 五七，一九六 | 九五四 |
| 大足 | 六，四八三 | 四〇，〇一三 | 六一七 |
| 夾江 | 四，六七三 | 三一，三〇九 | 六七〇 |
| 武勝 | 四，二七五 | 三一，二七五 | 七三一 |
| 萬源 | 一，五四四 | 二，〇四四a | 一三二 |
| 合川 | 四，九九八 | 五六，四九八 | 一，一三〇 |
| 秀山 | 九四〇 | 九三九 | 一〇〇 |
| 渠縣 | 六，四五八 | 三八，九五八 | 六〇三 |
| 什邡 | 六，二七二 | 六一，四六五 | 九八〇 |
| 宣漢 | 二，九八一 | 一七，三五一 | |
| 威遠 | 三，七〇〇 | 一二，一七三c | 三二八 |
| 彭縣 | 七，〇八二 | 一九，九四四d | 二八一 |
| 內江 | 七，一三六 | 二一，五〇〇 | 三〇一 |
| 廣安 | 九，八〇九 | 六八，八〇九 | 七〇一 |
| 長壽 | 三，〇二八 | 三，〇二八e | 一〇〇 |

| | | | |
|---|---|---|---|
| 綦江 | —— | 數千f | —— |
| 總額 | | | |
| 加百分之五浮收 | | | |
| 全部 | | | |

資料來源：**An Estimate, Table 21, n.P.** ;劉作銘等纂修《夾江縣志》（四川，9，台灣學生書局據民國廿四年成都維新印刷局刊本影印，民國五十六年），卷四，「賦役志」，頁6—7，田賦；《大足縣志》，頁二五七、二五九—六〇，卷三，「諸稅」；《武勝縣新志》卷四，「田賦」，頁2b—3；劉子敬等修，賈維翰等纂《萬源縣志》（方志·華中，三六三，台北成文出版社據民國廿一年大中印務局鉛印本影印，民國六十五年），卷三，「食貨門」，頁49b，田賦；張森楷纂修《合川縣志》（四川，廿五，台灣學生書局據民國九年刊本影印，民國五十七年），卷十四，「賦稅」，頁4b、6b—7、9；王壽松、李稽勳等纂《秀山縣志》（方志·華中，三八六，台北成文出版社據光緒十七年刊本影印，民國六十五年），卷五，「賦役志」，頁4b；《渠縣志》卷二，頁3b—4，「食貨志」一，田賦；王文昭修，曾慶奎等纂《重修什邡縣志》（四川，十七，台灣學生書局據民國十八年球新印刷廠鉛印本影印，民國五十六年），卷五下，「食貨·津貼、捐輸」，頁1、2b；《宣漢縣志》卷六，「財政志」，頁十—十二，賦役；吳曾輝、吳容

纂修《威遠縣志》（四川，廿四，台灣學生書局據光緒三年抄補本影印，民國五十七年），卷二，「食貨志」，頁34b－43，軍需；張龍甲等修，龔世瑩纂《彭縣志》（方志·華中，三九一，台北成文出版社據光緒四年刊本影印，民國六十五年），卷四，頁34b－38，「賦稅志」，朱襄虞等纂《內江縣志》（四川，廿二，台灣學生書局據民國十四年重刊本影印，民國五十七年），卷二，頁五、十四，「田賦」；《廣安州新志》卷十六，「賦役志」，頁6b－7；貢課；《長壽縣志》卷三，「食貨」，頁10b、11b；戴綸喆纂《綦江縣續志》（四川，廿六，台灣學生書局據民國二十七年刊本影印，民國五十七年），卷二，頁28b，「兵事·軍需」。

附註：a捐輸數目以光緒十四年（一八八九）所定（每年五百両）計算。

b、e只計算津貼，並不包括捐輸。

c此數是光緒三年徵收所得。

d此爲光緒四年所收數目。

f此係咸豐、同治之交的收數。

表三十　一九〇八年四川平餘、租股及其他附加佔田賦正額的百分比

| 地區 | 平餘佔正額的百分比 | 租股佔正額的百分比 | 其他附加佔正額的百分比 |
|---|---|---|---|
| 富順 | 四五 | 二九五 | |
| 南川 | 一二七 | | |

| | | | |
|---|---|---|---|
| 南充 | 一五 | | 一九+ |
| 新都 | 二一 | | 五〇+ |
| 雲陽 | 三九 | | |
| 邛崍 | 三五 | | 一三+ |
| 綿州 | 五一 | | |
| 滎縣 | 三〇 | | 三〇+ |
| 滎經 | 七三 | | 四〇+ |
| 合江 | 三二 | | |
| 大邑 | 三五 | | |
| 大竹 | 八 | | |
| 峨嵋 | 四五 | | |
| 峨邊 | 六五 | | |
| 犍爲 | 四四 | 二八九 | |
| 溫江 | | 三九二 | |
| 巴縣 | | 五六四 | |

| | | | |
|---|---|---|---|
| 三台 | | | 四〇十 |
| 江津 | | | 三六六 |
| 劍州 | | | 二五四十 |
| 綿竹 | | | 一四三十 |
| 估計平均百分率 | 四〇 | 三〇〇 | 一〇〇 |

資料來源：**An Estimate Table 20, n.p.**

表卅一　清季四川部分地區津貼、常捐、新捐租股估正糧的比數

| 縣名 | 合川（川東） | | 武勝（川東） | | 大竹（川東） | | 雲陽（川東） | | 南川（川東） | | 江津（川東） | | 合江（川南） | |
|---|---|---|---|---|---|---|---|---|---|---|---|---|---|---|
| 田賦 | 數額* | 比 | 數額 | 比 | 數額 | 比 | 數額 | 比 | 數額 | 比 | 數額 | 比 | 數額 | 比 |
| 正糧 | 四，九九八 | 一·〇 | 四，二七六 | 一·〇 | 一三，二二四 | 一·〇 | 一，五〇〇 | 一·〇 | 二，四六二 | 一·〇 | 五，九九六 | 一·〇 | 五，八二九 | 一〇 |
| 津貼 | 四，九九八 | 一·〇 | 四，二七六 | 一·〇 | 一三，二二四 | 一·〇 | 一，五〇〇 | 一·〇 | 二，四〇〇 | 一·〇 | 五，九九六 | 一·〇 | 五，八二九 | 一〇 |
| 常捐 | 三七，五〇〇 | 七·五 | 二，七〇〇 | 六·三 | 三〇，〇〇〇 | 二·三 | 九，六八〇 | 六·五 | 一四，〇〇〇 | 五·七 | 三五，五〇〇 | 五·九 | 一九，五〇〇 | 三 |

| 新捐 | 計 | 鐵路租股 |
|---|---|---|
| 二四,〇〇〇 | 七一,四九六 | 五二,九八〇 |
| 五·八 | 一四·三 | 一〇·六 |
| | 三五,五五二 | 四四,八九四 |
| | 八·三 | 一〇·五 |
| 一〇,〇〇〇 | 六六,四四八 | 二八,四七八 |
| 〇·八 | 五·〇 | 二·二 |
| 五,五〇〇 | 一八,一八〇 | 不明 |
| 三·七 | 一二·一 | |
| 九,〇〇〇 | 二七,八六二 | 二〇,〇〇〇 |
| 三·七 | 二一·三 | 八·一 |
| 一五,二〇〇 | 六二,六九二 | 四一,七四三 |
| 二·五 | 二〇·五 | 七·〇 |
| 一三,〇〇〇 | 四四,一五八 | 不明 |
| [illegible] | 七·六 | |

<table>
<tr><th>縣名</th><th>出賦</th><th>止糧</th><th>津貼</th><th>常捐</th><th>新捐</th><th>計</th></tr>
<tr><td rowspan="2">富順（川南）</td><td>額數</td><td>一二,三六六</td><td>一二,三六六</td><td>四五,〇〇〇</td><td>二六,〇〇〇</td><td>九五,七三二</td></tr>
<tr><td>比</td><td>一·〇</td><td>一·〇</td><td>三·六</td><td>二·一</td><td>七·七</td></tr>
<tr><td rowspan="2">榮（川南）</td><td>額數</td><td>八,三八六</td><td>八,三八六</td><td>二八,五〇〇</td><td>一六,〇〇〇</td><td>六一,二七二</td></tr>
<tr><td>比</td><td>一·〇</td><td>一·〇</td><td>三·四</td><td>一·九</td><td>七·三</td></tr>
<tr><td rowspan="2">溫江（川西）</td><td>額數</td><td>五,九〇九</td><td>五,九〇九</td><td>一六,三〇〇</td><td>九,〇〇〇</td><td>三七,一一八</td></tr>
<tr><td>比</td><td>一·〇</td><td>一·〇</td><td>二·八</td><td>一·五</td><td>六·三</td></tr>
<tr><td rowspan="2">簡陽（川西）</td><td>額數</td><td>一〇,二五三</td><td>一〇,二五三</td><td colspan="2">六二,六〇〇</td><td>八三,一〇六</td></tr>
<tr><td>比</td><td>一·〇</td><td>一·〇</td><td colspan="2">六·一</td><td>八·一</td></tr>
<tr><td rowspan="2">中江（川北）</td><td>額數</td><td>九,五〇四</td><td>九,五〇四</td><td>三二,四〇〇</td><td>一九,〇〇〇</td><td>七〇,四〇八</td></tr>
<tr><td>比</td><td>一·〇</td><td>一·〇</td><td>三·四</td><td>二·〇</td><td>七·四</td></tr>
<tr><td rowspan="2">樂至（川北）</td><td>數額</td><td>六,四〇八</td><td>六,四〇八</td><td>一一,二九〇</td><td>五七,八〇〇</td><td>八一,一八六</td></tr>
<tr><td>比</td><td>一·〇</td><td>一·〇</td><td>一·九</td><td>九·六</td><td>一三·四</td></tr>
<tr><td rowspan="2">廣安（川北）</td><td>數額</td><td>九,八〇九</td><td>九,八〇九</td><td colspan="2">五九,〇〇〇</td><td>七八,六一八</td></tr>
<tr><td>比</td><td>一·〇</td><td>一·〇</td><td colspan="2">六·〇</td><td>八·〇</td></tr>
</table>

| | | | | | | | | | | | | | | |
|---|---|---|---|---|---|---|---|---|---|---|---|---|---|---|
| 鐵路租股 | 三六，五〇〇 | 三·〇 | 不明 | | 三三，一五〇 | 三·九 | 二一，六二七 | 二·一 | 不明 | | 不明 | | 不明 | |

資料來源：轉引自西川正夫前引文，頁一一二。

附註：＊單位以兩表示。

在四川各項收入中，津貼、捐輸及租股都是來自耕地所得，透過浮收或強迫的手段，加以徵收。津捐的數額，一般比正賦高出數倍，現在再加上租股一項，對川省人民來說，負擔自然比前期百上加斤。單在一九〇八年，租股款額使佔該省全年田賦總數的四分一，若加上津、捐，所佔的比重更上升到近百分之八十。人民負擔的沉重，由此可見。而租股一旦推行起來，即發現很多問題存在。例如川省留日學生說：「收租十石之人，一家八口，糊口已不敷，更從而徵收之，其生計必益艱窘。」（註一九一）度支部主事杜德輿的奏摺指出：「穀捐之害，每不在上戶而在中、下戶。查川民歲收穀數十石至百石者最爲普遍，中、下戶大都有糧戶之名，無糧戶之實；或責新穀以救急，而收穫無餘者有之，或押借款於富家，而田去糧存者有之。若概從十石以上抽捐，則與絕流而漁何異？……其尤害者，各州、縣嫌抽穀之煩瑣，每加入正糧同徵，謂之鐵路捐，而其實與加賦無異。凡納糧者，均勒令先上鐵路捐，而後准其納糧。若小民無力上捐，只能納糧，各州、縣敢以所納之正糧，硬派爲鐵路捐，而嚴科以抗糧之罪，鞭笞箠楚，監禁鎖押。藉抗糧之題目，辦愚柔之百姓，復何愛惜？慘無天日，無縣無之；以此賣妻鬻子，傾家破產者，不知凡幾。故民之視鐵路也，不以爲利己之商業，而以爲害人之苛政。」（一九二）

此外，四川地方志也透露出各縣人民的沉重負荷和對租股徵收的不滿，茲摘錄如下：

光緒末及宣統初之鐵路租捐，每糧一兩，納穀一石，每石作價二兩四、五不等，亦係按糧照派，另設局所委紳收解。綜此計算，正糧一兩，徵糧至十四兩左右。（註一九三）

鐵路集股捐……州牧顧思禮因章程內有集股最多者，調劑優缺或嘉獎，遂稟請認辦一千二百股。乙巳冬，嚴催掃解。已認買之股及半，無法彌補；按糧攤派，出差鎖押勒繳。有數十人共認一股，不願領股票，但乞免累而已。連年旱災，公事浩繁，動以糧計，致田無人典買，稱貸亦絕；無故勒紳糧，認購足數，係從未有之苛酷。（註一九四）

鐵路租股……年有盈縮，約征銀三萬六、七千兩，至庚戌年止。川省正徵輕于他省，而津、捐、均輸之數，亦略相當。……比至鐵路租股，更加正徵四倍有半，百年之末政，概其可知矣。（註一九五）

若夫貸民給息者，則清末之……鐵路租捐，皆紹給符信，旋擲虛耗。……富者破其慳囊，中戶廢其事蓄，貧弱乃倍于昔。（一九五）

鐵路股票……本商務招募性質也，不過假名官督商辦而已。縣紳奉行不善，按場誅求，選肥勒派，以蕞爾宣漢竟派至九百五十股之多，甲於全川。（註一九七）又按催收正糧，前由甲長，繼有糧差，歷無蒂欠。自光緒末……辦鐵路租股，由〔糧有〕二錢五分起派，人圖規避，多撥糧柱爲分以下小戶。（註一九八）

又鐵路租股的徵收，對巴縣的農民來說，可算是百上加斤的負擔，計正糧一兩，加徵租股銀五至六兩不

等。徵收租股以外，該縣每年又強迫認解鐵路股款四萬兩。（註一九九）總之，當時的輿論，莫不以租股爲援民的苛政。（註二〇〇）

從徵收食鹽稅釐所得的收入，這時也呈現出不穩定的跡象。官運商銷政策的推行，固然成效顯著，可是，川省官運食鹽奏銷的數目，並不十分照實開報。「這是因爲滇、黔官運局銷行引張，實際上，並不能將各年份之引完全在各年份內銷完，往往前後套搭。」（註二〇一）結果，「套前搭後，〔引〕愈積愈多，……引滯鹽停，徵款盡壓於成本。」（註二〇二）不單滇、黔邊岸如此，本省計岸也有同樣的情形出現。（註二〇三）宣統元年，川督趙爾巽向度支部奏稱：「計岸運奏銷引數，均係先後報銷，本屬不實不盡。自癸卯（一九〇二）開辦至今，每年實祗能銷引七千餘道。首屆即預計造銷浮列引數，愈積愈多，中間竟空一綱。見若遵照部議仍以八千五百引爲額，加以帶銷積引數百道，是較前此五綱，浮列造報，引數更增。」結果，度支部飭令「將計岸官運戊申（一九〇八）全綱及己酉〔一九〇九〕綱實銷引數，准於庚戌年〔一九一〇〕三月併案奏銷，不得再逾期限，嗣後每年額引暫以七千五百道爲額，不准再有短銷。」（註二〇四）可知川鹽前後積壓的嚴重。

此外，官運衰滯的原因，尚有鹽貴及私盛兩端。鹽價昂貴主因是生產減少，徵款過多等因素造成。一九〇四年富順鹽廠遭洪水浸淹，破壞火井五口，使煎火灶數百鍋停工；以後兩年，犍爲鹽廠又遇牛瘟，元氣大傷，廠產艱難，產量日減，而出產成本愈高。（註二〇五）從川鹽稅、羨、截的收數與鹽釐雜課的收數比較，即可清楚的看出川鹽徵款過高。據吳鐸的研究指出，川鹽「自光緒九年至光緒二十年，鹽釐及雜課的收數大都佔總收數的百分之八十三、四，而稅、羨、截收數則佔百分之十六、七，變動很少。可是到了光緒二十一年，前者所佔百分數，即突增爲八八・四%，此後且繼續增高，直增至宣統元年的九三・八%，而後者則於同時期由一一・六%，遞減至六・二%。由此更可看清：光緒二十一年以後滇、黔官運局稅收總數的增加完全由於鹽釐及雜款的收數增加而然。……稅、羨、截雖是正課，但在鹽務收入逐漸增加的過程中，其所佔的位置則日益減低，而鹽釐及雜款——特別是雜款——所佔的位置則日益增高。由此又可見到在官運時代後半期內，正課以外的苛歛是非常煩重的了。」（註二〇六）另一方面，價格增高也刺激鹽價上漲。四川在光緒卅三年以後，銀錢比價由一千一、二百文，增至一千四、五百文。鹽的零售價由銀折錢，售價自然隨着增高。（註二〇七）

表卅二　清末滇、黔官運局徵收鹽釐、雜課、加價銀數（單位：兩）

| 年代 | 綱別 | 鹽釐 | 雜課 | 加價 |
|---|---|---|---|---|
| 光緒二十六年（一九〇〇） | 己亥 | 六三三，〇五七・二八 | 六〇六，四二七・九九 | 五二九，五三九・二一 |
| 二十七年（一九〇一） | 庚子 | 六三一，八五九・二〇 | 六〇六，四四〇・三五 | 五二九，〇四四・二六 |
| 二十八年（一九〇二） | 辛丑 | 六二九，七六二・二八 | 六二〇，三九一・九九 | 九二二，一八六・七二 |
| 三十年（一九〇四） | 癸卯 | 六二八，八六九・二一 | 七三八，〇五九・九八 | 九一七，五一九・七三 |
| 三十一年（一九〇五） | 甲辰 | 六二九，二九八・六一 | 八四五，四〇三・五六 | 九一七，八〇三・七九 |

| | | | | |
|---|---|---|---|---|
| 三十二年（一九〇六） | 乙巳 | 六三三，一〇七·一〇 | 八九七，九五〇·五六 | 一，二三八，九四九·六〇 |
| 三十三年（一九〇七） | 丙午 | 六二八，二二五·一六 | 八四五，九六四·七三 | 一，二二九，五一二·四九 |
| 三十四年（一九〇八） | 丁未 | 六二九，二二三，九二 | 八四四，七四九·三九 | 一，四七九，七四六·九一 |
| 宣統元年（一九〇九） | 戊申 | 六三三，八二八·六九 | 八五一，〇〇三·三九 | 一，七二六，一九六·九七 |

資料來源：吳鐸前引文，頁二一九，表十五

早在光緒廿九年，川督錫良即指出：

川省鹽務，今昔情形迥異；連年水潦饑饉，米貴錢荒，井竈時虞不支。今年火井又多堙塞，鹽價騰起。檢查現行數綱，與初辦官運時核本各册逐細比較，每引鹽價貴至七、八十両。長撥各船運費，亦復逐漸詳增。約計鹽本運費合之，三次加價暨滇、黔通攤之款，較初辦時，每引核本增至百餘両，鹽價每斤貴至廿餘文；方求平價以敵私販，實難屢加，以滯銷路。加之票販人衆，弱者繞越偷漏，强者恃衆恣橫；今如票釐一律照加，深恐貧民失利，狡徒走險。若竟不問票販，專辦引岸，則引鹽成本偏重，立見票私充塞，而邊地尤虞滇、粤私鹽侵逼，防不勝防。……大抵加價之難，辦引鹽而外，尤有二端：一則五十餘屬盡食票鹽，貧民挑負成羣，艱難數貫之資，俯仰一家之計，錙銖必較，利害無擇，屢次因加釐聚鬨，見於章奏，載於案牘。現在票鹽每斤抽正釐，加價十餘文，買本佔多，運銷利薄，非越山踰嶺以改道，即糾夥併包而闖關，人數實繁，刑不能止。故再加則弊愈甚，不加則引鹽又偏重矣。一則鹽課歸丁州、縣初辦加價，仍令接引隨糧攤收。所食票鹽既加價，乃復重徵不已，而梁山、新甯等縣，輒至倍增於額賦，士民嗟怨。……今剔除之，則解不足數；若一律加派，其勢斷不可行。（註二〇八）

在官運未及施行的票鹽地區，「本輕價廉，較引鹽幾減一倍，小民趨利食賤，官引大受其害。」（註二〇九）宣統元年，川督趙爾巽於是提出廢票復引，改行官運辦法。（註二一〇）趙氏的提議引起部份官員的反對，如都察院代表四川京官上奏，奏議指出：「川鹽收票改官，其弊害必至井竈受虧，販負失業。人民淡食，井竈受虧，則倒閉日多，卒有不能追比之官款；販負失業，則嘯聚滋擾，或有不時支出之軍需。縱無慮此，而六十八州、縣以官鹽運貴之故而淡食，則在民間需用一斤者，只用半斤；即在官局應銷十載者，只銷五載。所謂將來收數約可歲增數百十萬者，亦萬無增收之實。」（註二一一）結果，清廷諭令將票運地區食鹽全改官運一事，須待詳細調查後，再行辦理。（註二一二）

上述的原因，固然影響此期官運成績不如理想，同時又因官運制度是一種官僚政治，在當初營辦時，由於丁寶楨大刀濶斧的勵行整頓，歷盡艱辛才開始走上軌道。到了清末，辦理鹽務的人，缺乏丁氏的魄力，加上吏治腐敗，官吏苟且偷安，自然不足以應付日益艱困的局面。（註二一三）在這種情況下，四川更難期望從食鹽的收入可獲進一步的發展。

另一方面，對康、藏的銳意經營及新政的繁興，使川省不穩定的情況進一步惡化。康、藏經營的最大支出在於軍食及運費。「自打箭鑪以外，五穀不生，兵米全由轉運。又值雅州屬頻年荒歉，必赴邛州、嘉定分途採買；其運較遠，其費倍常，優價以僱夫、騾，設站以資遞送；到鑪之費率兩、三石而致一石，關外千餘里數更過之。」（註二一四）「徼外用兵，費之最鉅者，莫如運糧。遠從嘉、邛等屬採辦抵鑪，其價已倍；加以出關僱用烏拉（西藏土民服役支差者）之數，石米需銀三、四十兩；水潦漂失，雨溼霉腐，又往往有之。烏拉本不爲多，軍事煩興，艱昂特甚。且值巴、裏塘旱荒之際，營中僱一夫役，購一芻茭，率較平時三倍。」「鑪邊自去春用兵，徵募紛繁，饋運險遠，一切餉需，視內地何啻倍蓰。……一年以來，無非審緩急以挪移，藉籌借爲周轉，約計支款已近百萬。」（註二一五）這不過是經營康、藏開始時的情形，到了趙氏兄弟大規模的着手部署籌辦康、藏，問題便更爲棘手。

經過庚子事變的教訓後，清廷即銳意厲行新政，希望藉此苟延殘喘。訓練新軍是川省新政一重要項目。四川將計岸卅八州、縣撥歸官運，目的即在將該等計岸官運所得的年利銀三十萬兩，用作籌練新軍。不過據川督錫良的估計，「計岸一款，以之備付現練陸軍常年額支之餉，不敷銀三十餘萬兩，活支者尚不在內；若欲以次擴充編練，更無論矣。」（註二一六）新軍而外，新政繁興，稅捐層出不窮。如廣安州因川漢鐵路的修築，除徵收租股外，又設鐵路捐，每屠豬一隻，抽錢五百文。（註二一七）「肉釐開收之始，祇限于售肉者始照納釐，……後因行之既久，釐率又逐次加重，較開辦時增至十餘倍之多。」（註二一八）新政的推行，需要大筆支出，但一般人民並不能享受新政的果實，反因其推行而身受其累，從而惹起人民的反感。茲摘錄當日記載一、二條如下：

籌款者動藉新政名目，竭澤而漁。如於稱、雞稱、羊布、公市、糞捐、花捐等，雖皆瑣屑不經，弟猶勸導而巧取之，未嘗迫勒而竟奪之也。近日辦理新政，各種專用一般游閒無賴，偵探各處僧寺神會，虛報影響，密請查辦。一得硃單諭帖，即往統摟搜索，探囊胠篋，與賊無殊。……偶有地方團保過問，則以阻撓新政誣請究治。……然使其果用之新政，則雖燒經劈佛，賣兒貼婦，猶是爲我國民供犧牲也。夷考其實，乃派局費各貼錢千餘串，派各戶出門牌八十、六十文，又約數百串。取之無藝，用之不惜，民獨何罪？驅飽貪狠，尤可怪者，勸業、礦務、農會各員，一事未辦，需索尤豐，勸業竟有歲至八百餘金者。代價如此，成績幾何？豈將以萬人膏血，空給此……數人咀嚼乎？不平謂何，言之髮指。（註二一九）

其實所支者未必盡屬應支，不過宰斯土者爲保全地位計，不免事事逢迎，而三費局遂變爲百費局矣。又自前清光緒三十年以還，新政迭興，用款浩大。除開辦學堂外，早已羅掘一空。近復辦統計處、蠶桑傳習所以及鄉、鎮巡警，在在需款，無處可籌，乃議於肉釐項下復加肆百；……合之新加，續加，而肉釐遂重至一千貳百之數。（註二二〇）

新政的推行不善引起人民的不滿，因此，爲辦新政而設立的稅捐局，自然成爲四川人民攻擊的目標。內江、資州等地，都是當日該省的產糖中心，川省當局在上述地方，設立機關徵收糖捐。結果，「或因辦理不善，或因遇事操切，糾衆反對之案，層見迭出，且有毆傷調查委員者。」（註二二一）

雅片是四川的重要作物，土藥課稅帶給川省大宗財源。隨着清廷在清末厲行煙禁，這項收入也呈現不可靠的跡象。最初，四川原定在一九〇七——〇八年，將雅片的種植減少一半，然後分期完全禁絕。可是，這項計劃，不久便放棄，清廷決議從一九〇八年七月二五日起全面禁煙。因雷厲風行的實施禁煙措施，川省出口的雅片量逐漸遞減。一九〇八年川、滇、黔三省經長江輸出的雅片量爲五一，八二七擔，一九〇九年爲五一，八一七擔，到一九一〇年劇減至二八，三五〇擔，（註二二二）減少的幅度在百分之八十以上。

表卅三　宣統二年禁煙實施後各省雅片產銷情況。

| 地區 | 雅片產額（擔） | 土煙消費額（擔） |
|---|---|---|
| 直隸 | 六，〇四〇 | 五，七六八 |
| 江蘇 | 三，四三七 | 六，一三〇 |
| 安徽 | 九，八五七 | 一一，〇三四 |
| 山東 | 四，五三四 | 四，四一七 |
| 山西 | 一一，六二〇 | 一一，八八〇 |
| 河南 | 三，九六二 | 二，七六〇 |
| 陝西 | 一〇，七七九 | 四，六五〇 |
| 甘肅 | 六，四〇三 | 四五 |
| 新疆 | 一六六 | 一六六 |

| | | |
|---|---|---|
| 福建 | 五，〇〇七 | 六，一六二 |
| 浙江 | 四，二二〇 | 五，二一一 |
| 江西 | 七八 | 九，〇八二 |
| 湖北 | 二，五四七 | 一〇，九五一 |
| 湖南 | 一三九 | 三，三四九 |
| 四川 | 五四，二九九 | 二五，八一七 |
| 廣東 | 八三 | 八，〇七五 |
| 廣西 | 一 | 四，〇六二 |
| 雲南 | 七，三五一 | 四，七四四 |
| 貴州 | 一二，二四一 | 三，六七二 |
| 奉天 | 三，三七一 | 三，三七一 |
| 吉林 | 五九五 | 六〇〇 |
| 黑龍江 | 一，七七五 | 一，七七五 |
| 合計 | 一五八，五〇五 | 一三八，六二一 |

資料來源：《清續通考》卷五十五，考八一〇四，「征榷考」二十七，洋藥。

雲南、貴州是四川以外最大的雅片產地，這時因禁煙運動的推行而致雅片出口減少，結果，間接使川省財政蒙受重大損失。由於「雲、貴等省土藥販運下江，大半須經川省，」（註二二三）並須向四川繳納通過稅。對這二省來說，雅片是支付入口所需的交換媒介，（註二二四）現在一旦禁運，固然使川省損失徵稅所得的收入，另一方面，雲、貴購買力的降低，對四川商品銷往二省也有不利的影響。（註二二五）因之，川省出現經濟嚴重失調的現象。一九〇九年英領事 **Sly** 指出：「禁煙將四川捲進一商業與財政革命。」又據一九一一年的『海關報告』報導：「它（雅片）的消失影響以百萬計的人，他們一定全部預見及經歷了財政的損失。」有些地方甚至爆發了暴力行動。一九〇七年在「全省最大的雅片產區」開縣，四個徵收新禁煙稅的辦事處被搗毀，執行禁煙工作的軍隊與種煙的農民之間的衝突，時有所聞。（註二二六）全省呈現一片動蕩不安的景象。

在清末數年間，四川物價有迅速上升的趨勢。造成物價上漲的一個原因，是苛捐雜稅的繁興。如盛產食鹽的富順，鹽價「易錢攤本，每斤價值平均爲二十餘文；光、宣之際，市鹽增至四十餘文者，則釐稅重疊使然也。」（註二二七）又如叙永的鹽價，從光緒五年至十年的每斤三十文，劇增至光緒卅四年的一百文，增幅在三倍以上。（註二二八）一九一一年據駐在成都的『北華捷報』記者報導，鹽稅增加對誘導下層人民支持原來主要由士紳發動的保路運動，具有特別的重要作用。（註二二九）

表卅四　清季南川、合江主要物價激增情況

# 南川縣主要物價

| 年份 | 米一小斗 價格 | 米一小斗 指數 | 玉蜀黍一小斗 價格 | 玉蜀黍一小斗 指數 | 麥一小斗 價格 | 麥一小斗 指數 | 鹽一斤 價格 | 鹽一斤 指數 | 白布一件 價格 | 白布一件 指數 |
| --- | --- | --- | --- | --- | --- | --- | --- | --- | --- | --- |
| 光緒元年(一八七五)至二十年(一八九四) | 文 三六〇至三〇〇 | 一〇〇・〇至八三・三 | 文 二六〇 | 一〇〇・〇 | 文 二五〇 | 一〇〇・〇 | 文 五〇 | 一〇〇・〇 | 文 八〇〇至一,二〇〇 | 一〇〇・〇至一五〇・〇 |
| 光緒二十一年(一八九四)至三十四年(一九〇八) | 三〇〇至三八〇 | 八三・三至一〇五・六 | 二八〇 | 一〇七・七 | 二六〇 | 一〇四・〇 | 六〇至八〇 | 一二〇・〇至一六〇・〇 | 同上 | 同上 |
| 宣統元年(一九〇九)至三年(一九一一) | 四六〇 | 一二七・八 | 四〇〇 | 一五三・八 | 四〇〇 | 一六〇・〇 | 八〇至一〇〇 | 一六〇・〇至二〇〇・〇 | 一,三〇〇至一,六〇〇 | 一六二・五至二〇〇・〇 |

| 年份 | | | 光緒元年（一八七五） | 至二十年（一八九四） | 光緒二十年（一八九四） | 至三十四年（一九〇八） | 宣統元年（一九〇九） | 至三年（一九一一） |
|---|---|---|---|---|---|---|---|---|
| 毛尖茶一斤 | 價格 | 文 | 四〇〇 至 | 五〇〇 | 同上 | | 同上 | |
| | 指數 | | 一〇〇·〇 至 | 一二五·〇 | 同上 | | 同上 | |
| 菜桐油一斤 | 價格 | 文 | 七〇 | 八〇 | 同上 | | 一〇〇 | 八〇 |
| | 指數 | | 一〇〇·〇 | 一〇〇·〇 | 同上 | | 一四二·九 | 一〇〇·〇 |
| 家山絲一斤 | 價格 | 文 | 一·〇〇〇 | 一·六〇〇 | 同上 | | 同上 | |
| | 指數 | | 一〇〇·〇 | 一〇〇·〇 | 同上 | | 同上 | |
| 漆一斤 | 價格 | 文 | 六〇〇 至 | 七〇〇 | 同上 | | 同上 | |
| | 指數 | | 一〇〇·〇 | 一一六·七 | 同上 | | 同上 | |
| 石炭十斤 | 價格 | 文 | 一〇 至 | 四〇 | 同上 | | 同上 | |
| | 指數 | | 一〇〇·〇 | 一〇〇·〇 | 同上 | | 同上 | |
| 鐵一斤 | 價格 | 文 | 一五〇 至 | 二〇〇 | 同上 | | 同上 | |
| | 指數 | | 一〇〇 至 | [illegible] | 同上 | | 同上 | |

(86)

## 合江縣主要物價

| 年份 | 米一升 價格（文） | 米一升 指數 | 玉蜀黍一升 價格（文） | 玉蜀黍一升 指數 | 小麥一升 價格（文） | 小麥一升 指數 | 鹽一斤 價格（文） | 鹽一斤 指數 | 棉布一尺 價格（兩） | 棉布一尺 指數 |
|---|---|---|---|---|---|---|---|---|---|---|
| 光緒元年（一八七五） | 四六 | 一〇〇·〇 | 三二 | 一〇〇·〇 | 四六 | 一〇〇·〇 | 二八 | 一〇〇·〇 | 〇·〇一四 | 一〇〇·〇 |
| 光緒十一年（一八八五） | 四八 | 一〇四·三 | 三八 | 一一八·八 | 四八 | 一〇四·三 | 三八 | 一三五·七 | 〇·〇一六 | 一一五·〇 |
| 光緒二十一年（一八九五） | 七〇 | 一五二·二 | 四二 | 一三一·三 | 七〇 | 一五二·二 | 四二 | 一五〇·〇 | 〇·〇一八 | 一二八·六 |
| 光緒三十一年（一九〇五） | 七〇 | 一五二·二 | 四六 | 一四三·八 | 八〇 | 一七三·九 | 五八 | 二〇七·二 | 〇·〇二 | 一四二·九 |

| 年份 | 薪百斤 價格 | 薪百斤 指數 | 木炭百斤 價格 | 木炭百斤 指數 | 菜油百斤 價格 | 菜油百斤 指數 | 石油一斤 價格 | 石油一斤 指數 | 桐油百斤 價格 | 桐油百斤 指數 | 粗茶一斤 價格 | 粗茶一斤 指數 | 細茶一斤 價格 | 細茶一斤 指數 |
|---|---|---|---|---|---|---|---|---|---|---|---|---|---|---|
| 光緒元年（一八七五） | 四〇 | 一〇〇·〇 | 二二〇 | 一〇〇·〇 | 四,〇〇〇 | 一〇〇·〇 | 無 | | 三,四〇〇 | 一〇〇·〇 | 三六 | 一〇〇·〇 | 七八〇 | 一〇〇·〇 |
| 光緒十一年（一八八五） | 六〇 | 一五〇·〇 | 二六〇 | 一一八·二 | 五,〇〇〇 | 一二五·〇 | 五〇 | | 四,〇〇〇 | 一一七·六 | 四〇 | 一一一·一 | 八四〇 | 一〇七·七 |
| 光緒二十一年（一八九五） | 八〇 | 二〇〇·〇 | 三〇〇 | 一三六·四 | 五,四〇〇 | 一三五·〇 | 五四 | | 五,〇〇〇 | 一四七·一 | 五六 | 一五五·六 | 九二〇 | 一一七·八 |
| 光緒三十一年（一九〇五） | 一〇〇 | 二五〇·〇 | 四三〇 | 一九五·五 | 八,〇〇〇 | 二〇〇·〇 | 七二 | | 七,四〇〇 | 二一六·五 | 八〇 | 二二二·二 | 一,二〇〇 | 一五三·八 |

資料來源：轉引自西川正夫前引文，頁一二二—一二三。

在清末的十年間，川省當局雖盡全力開闢財源，但收入的增加，仍不足以平衡龐大的支出。出入不平衡的主要關鍵，在於新政繁興及銳意經營康、藏。這時，四川財源已不像前期可有較大發展的餘地。新政的施行，並不給人民帶來什麼好處；反之，苛捐雜稅的巧立名目，加上物價的急劇上揚，卻使人民身受其害。無怪保路運動發生後，局勢即如星火燎原，一發不可收拾。人民的反抗力量融滙成一大洪流，滿清政權瞬即淹沒其中。

## 五

學者認爲清季川省的財政特色，可歸納爲以下數點：首先是稅收與支出的劇增。如以四川一八五〇及一九〇九年的收入作爲比較，前者，只爲後者的百分之八。收支的增加，顯示政府的功能日益擴大。其次是收入的增加，顯示出二要點：即多元化及商業化。如以一八五〇年前及清末兩時期來作比較，可看出後一時期的收入遠比前一時期爲多，稅收的範圍也比前期廣濶，徵稅的重心已從農業移向商業。田賦收入在絕對數目方面雖然不斷上升，但在全部收入中所佔的百分比則比前期減少。反之，其他收入發展的速度遠較田賦爲速。如鹽稅從一八七五年的一百萬両，激增至一九〇九年的六百萬両以上；關稅及雜稅的收入也增加甚速，顯示工、商、礦各業的發展，比從前更爲蓬勃發達，使川省當局不能漠視這些新的財源。這點與十九世紀八十年代以後明治時期的日本十分相似。最後，四川因中央政府指撥於省外的款目，除京餉外，尚有東北邊防費、固本兵餉、甘、新、雲、貴協餉、賠款等，數額均有增無已。這顯示該省對中央的向心力有增加的趨勢。就省內支出而言，不論前、後兩期，軍政費所佔比例都太高，能用於地方建設改善人民福利者甚少，是以川省浩繁的支出，無助於地方的經濟發展。相反，只徒然增加人民的負擔。（註二三〇）

對於清季（尤其是光、宣之交的數年）四川人民的賦稅負擔，一般記載都認爲十分沉重。如「雲陽縣志」說：

其後（津、捐）逐年增收，益之雜耗，遂溢鉅萬。（案雲陽的田賦額原只一，五〇〇餘両）當時士夫已歎其苛，小民或形于咨怨。……光、宣末運，西海方張。傾危之徒，咸言瓜分，讋脅朝局以使其聚斂之私；游士覘國，歸還逞雄，談輒謂歐、美人民負擔極重者，國益富強。言利之臣樂聞其誕，……而朘民諸政次弟興矣。趙爾巽帥蜀，毅行新政，権算嚴切，……未及搜括而清遂亡。（註二三一）

「廣安州新志」則載：

自兵戍繁授，歲額不支，初加津貼日省里夫之累，繼加捐輸助邊餉之資；且鹽、茶數加正則，稅契三增舊額，典課十倍向章焉。……酒、肉之課未終，鐵路之捐又起。民力幾何，庸能堪乎？……轉輸潰變，耗折大半。……通年綜計，正賦一之，捐款七之，歲額且八萬而雜徭不與焉。（註二三二）

「富順縣志」的記載，有如下述：

迄咸、同軍興，釐金徧天下。四川又以津貼，捐輸按糧攤徵；富順所派至于季年已十倍糧額，計口賦則戶增十倍有奇，丁口增至四十倍。（註二三三）

川道人民在清季的賦稅負擔，是否如上述記載所說的那麼嚴重？我們認為透過四川在民國初年的財政負擔，與清季比較一下，或可更為客觀的了解清季該省人民的實際情況。

根據我們所能接觸到的資料，都一致顯示民國初年四川人民的生活情況，遠比清季惡劣，財政負擔也遠比清季繁重。最能確實反映上述景象的，無過於田賦預征的頻仍，貨幣價值的下跌及百物價格的激增。

民國以還，中央政府徒有虛名，地方盡為軍閥把持割據；軍閥之間互相攻伐迄無寧歲。四川由民國元年至廿二年（一九一二——三三），發生戰事四七九次，平均每年達二十次以上。民國十一年（一九二二），川省有八個軍、三十個師、卅三個混成旅，兵額達卅餘萬人。（註二三四）兵員數目既如此龐大，軍費支出自然不菲，且有不斷上漲的趨勢。

表卅五　四川省軍費（單位：元）

| | |
|---|---|
| 一九一三 | 七，〇四三，八三二 |
| 一九一四 | 五，二九三，〇二一 |
| 一九一九 | 五，八〇五，五一八 |
| 一九二三 | 二一，〇〇〇，〇〇〇 |

| | | | |
|---|---|---|---|
| 一九一五 | 六，〇二四，〇七八 | 一九二五 | 二六，五一四，九一八 |
| 一九一六 | 六，〇二四，〇七八 | 一九二六 | 三八，八〇三，八五三 |
| 一九一八 | 六，一四六，一〇四 | 一九三〇 | 三一五，〇〇〇，〇〇〇 |

資料來源：陳志讓《軍紳政權》（香港三聯書店，一九七九年），頁一二二；王國棟《巴縣農村經濟之研究》（蕭錚主編《中國地政研究所叢刊，民國二十年代中國大陸土地問題資料，以下簡稱《土地問題資料》，五十四，台北成文出版社，〔美國〕中文資料中心合作，民國六十六年），頁19。

按：民國十九年（一九三〇）僅廿一軍軍費支出即達二二，〇五九，四一九元，翌年即增至二六，三一六，五一六元，較民國十四年（一九二五）全省軍費尚多二萬餘元。

軍費既然歷年遞增，若照平時的稅額徵稅，當然不足以供軍士的給養及彈藥武器的消耗。四川軍閥的最大收入爲糧稅預征及其附加。預征的次數及附加的沉重，且出現日益爲甚的趨勢。如巴縣「軍事繁興，勢供預征之舉日出而未已，而隨糧帶征國家與地方兩稅，其額遠倍昔年。……二十三年（一九三四）三月，有田賦一年一征，軍事未整理前，按照糧額加征三倍之命。于是巴民以一年之所入而有四年之支出。」（註二三五）「二十三年以前，糧稅雖先期征借，然屆時可以抵除，以後則有征無除；預征三十八、三十九（一九四九——五〇）兩年田賦外，并收剿赤費抵作四十年（一九五〇）糧稅。」（註二三六）瀘縣在川、滇戰事發生後，「預徵事起，始一年兩征，漸至三征、四征。今年定一征，惟剿匪期間，仍徵剿匪軍費三倍。」（註二三七）大邑「自十六年（一九二七）財務會議後，改墊爲征，一年開征兩次。今十九年七月已預徵至三十二年（一九四三）。」（註二三八）長壽「自四、五年（一九一五——一六）至十三、四年（一九二四——二五），防區分治，內戰時起，所謂軍餉也、軍服也、開拔費也、鎗支子彈費也、菜蔬炭費也，名目繁多，……一年之中有墊四五十萬，七八十萬不等者。於是額征不足，始行月征，月征不足，復行預征；有一年預征至二、三年者，不數年已預征至二十七、八年（一九三八——三九）者。」（註二三九）萬源縣自民國九年（一九二〇）以後，「餉款重疊，初則全縣四萬元，年年逐漸增加，以至八萬、十萬、十六萬、二十萬，現則全縣擔款二十四萬元矣。」（註二四〇）大足縣自民國十四年由廿八軍駐防後，「舉辦借墊，按月配發借墊劵十二萬元，以之抵納正賦。……後乃改辦預征，初每年預征一年，遽增至每年預征四、五年不等。迄二十年（一九三一），預征至三十八（一九四九）年止。二十年廿一軍接防，停辦預征。自是年起，分上、下兩季征糧。每季照原額加倍，共爲四倍；以一倍作正額，餘三倍名三倍軍費。」（註二四一）什邡縣則「預征兩、三年，甚至五、六年，抬墊未已，借墊又來。」（註二四二）民國廿二年（一九三三），四川東部的達縣，每斗糧有徵至七三元之多，跟清末每斗四元九角比較，前後不過二十多年，增加負擔卻在十五倍以上。雖然沒有預征之名，實際上已預征至民國八、九十年（一九九一——二〇〇一）。自從劉湘的防區採用此種辦法後，四川其他軍閥皆師其故智，一一推行。崇慶一地，竟然在一年之中，征收十三年的糧稅，（註二四三）眞可謂古今中外所罕有。另一報導則指出：「在廿一年度（一九三二）廿一軍的防區內即預征至四十八年（一九五九），廿軍征至四十三年（一九五四），而二十八軍亦每年預征三次；總之平均

起來，各軍防區預征糧稅每年在四次以上。」（註二四四）

表卅六　一九三四年四川各軍防區田賦預征

| 軍區 | 預征至 | 每年征收次數 |
|---|---|---|
| 二十八軍 | 二〇〇八年 | 一四 |
| 二十九軍 | 二〇〇〇年 | 一二 |
| 二十三師 | 一九九一年 | 一三 |
| 新六師 | 一九九二年 | 一〇 |
| 二十軍 | 一九八三年 | 六 |
| 黔軍教導師 | 一九六七年 | 三 |
| 二十四軍 | 二〇〇九年 | 二 |
| 二十一軍 | 一九五六年 | 四 |

資料來源：《四川月報》，廿八至廿九號，《中報月刊》，IV卷，六號；轉引自陳志讓前引書，頁一二三，附表五。

表卌七　四川華陽縣田賦預征

| 年份 | 預征至 | 每年征收次數 | 收款（千畝） |
|---|---|---|---|
| 一九二二 | 一九二三 | 二 | 二〇〇 |
| 一九二三 | 一九二五 | 二 | 二〇〇 |
| 一九二四 | 一九二七 | 二 | 二〇〇 |
| 一九二五 | 一九二九 | 二 | 二〇〇 |
| 一九二六 | 一九三一 | 二 | 二〇〇 |
| 一九二七 | 一九三四 | 三 | 三〇〇 |
| 一九二八 | 一九四一 | 七 | 七〇〇 |
| 一九二九 | 一九四六 | 五 | 五〇〇 |
| 一九三〇 | 一九五〇 | 四 | 四〇〇 |
| 一九三一 | 一九五五 | 五 | 五〇〇 |
| 一九三二 | 一九六六 | 一一 | 六〇〇 |

資料來源：《華陽縣志》卷四，「賦役」，頁10，田賦。

表卅八　四川新都縣的田賦預征

| | | |
|---|---|---|
| 一九二〇／十二 | 征收 | 一九二二 |
| 一九二一／十 | | 一九二三 |
| 一九二二／六 | | 一九二四 |
| 一九二三／三 | | 一九二五 |
| 一九二三／六 | | 一九二六 |
| 一九二三／十二 | | 一九二七 |
| 一九二四／二 | | 一九二八 |
| （一九二六田賦，大火災免） | | |
| 一九二五／二 | | 一九三〇 |
| 一九二五／四 | | 一九三一 |
| 一九二五／五 | 征收 | 一九三二 |
| 一九二五／七 | | 一九三三 |
| 一九二五／十 | | 一九三四 |
| 一九二五／十一 | | 一九三五 |
| 一九二六／三 | | 一九三六 |
| 一九二六／六 | | 一九三七 |
| 一九二六／九 | | 一九三八 |
| 一九二六／十二 | | 一九三九 |
| 一九二七／五 | | 一九四〇 |
| 一九二七／十二 | | 一九四一 |

資料來源：《新都縣志》，《四川文獻》，V一二八號，十四；轉引自陳志讓前引書，附表三。

表卅九　一九一二—三四年犍爲縣田賦征收增加情況

| 時期 | 每年征收田賦次數 | 每年征收所得（圓） |
|---|---|---|
| 一九一二—二四 | 一 | 八二，九二一·三九 |
| 一九二五—三一 | 三 | 二四八，七六四·一七 |
| 一九三二—三四 | 六 | 四九七，五二八·三四 |

資料來源：轉引自 Richard Gunde, "Land Tax and Social Change in Sichuan, 1925–1938 in Modern China (Beverly Hill & London: Sage Publication Inc.), Vol. 2, No. 1 (Jan. 1976) P.28.

表四十　蘆山縣民國廿二年之征糧情形

| 時間 | 預征至 |
|---|---|
| 一至二月 | 一九五〇 |
| 三至四月 | 一九五二 |
| 五至七月 | 一九五六 |
| 八至九月 | 一九五九 |

資料來源：李錚虹《四川農業金融與地權異動之關係》（《土地問題資料，89，台北成文出版社，〔美國〕中文資料中心合作，民國六十六年），頁70 b。

表四十一　四川田賦預征的次數

| | |
|---|---|
| 一九二一—一九二四 | 每年一征 |
| 一九二五—一九三一 | 每年三征 |
| 一九三二—一九三四 | 每年六征 |

資料來源：西華近代文獻征集處：《四川農村崩潰實錄》；《四川農村賦稅負擔之概況》，一九三五/5/二六．二—三；轉引自陳志讓前引書，頁一二三；又參考王國棟前引書，頁19b。

至於地方行政經費的支銷，最方便的籌款方法莫過於徵收田賦附加稅。中央政府本規定田賦附加不得超過國稅百分之三十。事實上，地方當局鮮有遵守這項規定的。以南川為例，田賦附加超過國稅兩、三倍的屢見不鮮。（註二四五）秀山縣更是變本加厲，附加竟超出正稅定額十四倍半，峨邊縣則超出卅九倍，鹽源縣卅四倍，北川縣五十五倍，而雷波縣更達到七十三倍。（註二四六）涪陵縣正糧雖一年兩征，但雜派、附加卻各佔廿二種之多。（註二四七）另合川、武勝、綦江等縣地方附加，每收糧一両，征洋四十八元以上。（註二四八）萬源縣「附加一貼經費……及本縣團、學費，各區團辦事經費，以及一切振興事業，無不取辦民間。……全年合計五十餘萬元。加以團保之浮濫、差委之苛虐，又不下二十萬元。連此團課正供、地方附加各種稅率計算，全縣人民負擔年在百萬以外。」（註二四九）民國廿一年，順慶縣一年附加費竟達卅萬元之鉅。（註二五〇）

表四十二　四川劍閣縣田賦附加稅

正稅　一九一五　三，九二二・二六元

解費　三九二・二二六元

捐輸　一九一五　三，五二〇・〇〇元

解費　三五二・〇〇元

共計　八，一八六・四九元

| 附加稅 | 每元正稅附加 | |
|---|---|---|
| 一九一〇 | 二，〇六二文 | 二・〇六元 |
| 一九一二 | 二，九三八 | 二・四五 |
| 一九一三—四 | 三，三一三 | 二・五五 |
| 一九一五 | 三，七五〇 | 二・三四 |
| 一九一六 | 四，九〇〇 | 二・八八 |
| 一九一七 | 五，二五〇 | 二・九二 |
| 一九一八 | 五，五〇〇 | 二・七五 |
| 一九一九 | 七，五〇〇 | 三・七五 |
| 一九二〇 | 八，一二五 | 三・六九 |
| 一九二一 | 一一，二五〇 | 四・八九 |

| | | | |
|---|---|---|---|
| 一九二三 | | 一四，三七五 | 五．五二 |
| 一九二四 | | 二五，〇〇〇 | 七．三五 |
| 一九二六 | | 二七，五〇〇 | 四．九一 |

資料來源：張政等纂修《劍閣續志》（四川，19，台灣學生書局據民國十六年成都協昌鉛印廠刊本影印，民五十六年，卷六，「賦役」，一一二。（両改元）

附註：呂平登，前引書，40－1，大洋合銅幣表。

表四十三　一九三三年四川部份地區附加佔正糧的百分比

| 地　　區 | 百分比 |
|---|---|
| 巴　　縣 | 二，九四三% |
| 江　　北 | 二，七五〇% |
| 涪　　陵 | 一，八七五% |
| 合　　江 | 一，一三〇% |
| 雲　　陽 | 七四三% |

| | |
|---|---|
| 興文 | 一，二五〇% |
| 萬縣 | 三，一二五% |
| 宜賓 | 一，一三〇% |
| 彭山 | 六二五% |

資料來源：轉引自**R. Gunde**，前引文，頁28

表四十四 一九二七—一九三三年江津縣附加稅率

| 時期 | 每糧一両附加（圓） |
|---|---|
| 一九二七 | 三 |
| 一九二八 | 六 |
| 一九二九 | 九 |
| 一九三〇 | 一二 |
| 一九三一 | 二二 |
| 一九三二 | 二六 |
| 一九三三（上季） | 三六 |

資料來源：李鋒虹前引書，頁71。

表四十五　四川劍閣縣臨時軍費

| | |
|---|---|
| （始於一九一八） | |
| 一九二〇/五 | 三，〇〇〇元 |
| | 一，〇〇〇 |
| 一九二〇/七 | 一〇，〇〇〇 |
| | 一〇，〇〇〇 |
| | 一〇，〇〇〇 |
| 一九二二 | 二八，〇〇〇 |
| | 六七，〇〇〇 |
| 一九二三 | 一五九，五〇〇 |
| | 四，七六二 |
| 一九二三 | 一三，〇〇〇元 |
| | 三六，〇〇〇 |
| | 一三〇，〇〇〇 |
| | 一六，六六七 |
| 一九二二 | 一七九，一〇〇 |
| | 二一，三七一 |
| 一九二五 | 八九，四〇〇 |
| | 三二，〇〇〇 |
| 一九二六 | 八一，〇〇〇 |

資料來源：《劍閣續志》，卷六，「賦役」，頁1b—5。

表四六　四川萬源縣、宣漢縣臨時軍費(單位:元)

| 時期 | 萬源 | 宣漢 |
| --- | --- | --- |
| 一九一四 | 一〇,〇〇〇 | |
| 一九一六 | | 五〇,八一六* |
| 一九一七 | | 一,九〇〇 |
| 一九一八 | 一八〇,〇〇〇 | 三一,五一二 |
| 一九一九 | | 一二六,〇〇〇 |
| 一九二〇 | | 一五〇,〇〇〇 |
| 一九二一・一 | 八〇,〇〇〇 | 五〇,〇〇〇 |
| ・七 | | 五〇,〇〇〇 |
| ・九 | | 三五,〇〇〇 |
| ・一〇 | | 二六〇,〇〇〇 |
| 一九二二・七 | | 二五,〇〇〇 |
| 一九二三・ | 一〇〇,〇〇〇 | 二五,〇〇〇 |
| ・四 | | 六〇,〇〇〇 |
| ・八 | | 三五〇,〇〇〇 |

資料來源：《萬源縣志》卷三，「食貨門」，頁五十五，軍餉；《宣漢縣志》卷六，「財政志」，頁36b—40，賦役。

附註：＊此外，尚有籌餉銀一三二，〇〇〇兩，錢三二〇餘兩。

由以上各表，即可知當日田賦預征及附加奇重。據日本駐漢口總領事武官的秘密報告指出：一九三二年，省預徵數最多的地區，竟然征至二〇三一年，亦指以武力強制預征九十九年的稅款。（註二五一）其他的記載也說四川名義上征至民國六、七十年（一九七一——一九八〇）以上的地區，概居半數，臨時抽收的苛捐雜稅，尚不包括在內。（註二五二）「一年之內，納糧數次至十數次之多。其預征期限，在川西各縣，征至民國六十二年（一九七三），川南各縣征至民國五十七年（一九六八）。川西各縣，按前清規定每條糧一兩者，每次加至二十六元餘；川南各縣前清例規每糧一升，每次加至一斗有奇。農民對於糧稅負擔，較之前清不啻已增數十倍，而每次催繳急於星火，不拘年歲豐歉，農耕緩急，勒繳押交，不稍寬假。」（註二五三）「每年糧上加征，俱在正額五倍上下；……比江、浙諸省之田賦，每畝負擔約重一倍。」（註二五四）估計本世紀三十年代中期，四川農產值的一半至四分三以上，消耗於交納田賦。（註二五五）

軍閥割據，不僅農人身受其害，其他各業亦莫感到苛捐雜稅的困擾。從重慶到渠縣，即有關卡不下廿餘處。（註二五六）民國十五年（一九二六）成都商務印書館將書籍、文具從嘉定運往成都，路程不過三九五里，沿途經過的收稅機關共四四處，亦即平均不到十里便有一關卡。（註二五七）藥材由碧口運往重慶，全程須經關卡八三處。食糖由資中運至重慶，共經關卡廿一處。海帶由重慶運往瀘州，全程約四百里，經關卡一三四處。（註二五八）犍爲製造的玻璃，均係以斤論價，每百斤約值洋九元。由產地運至成都，稅捐即佔產值十分之四；若運往更遠的地方出售，捐稅當然更高。（註二五九）自萬縣至成都，沿江關卡多至二百餘處。「迨後雖明令裁撤，但或裁一機關，另設兩卡，否則汰去員司，兩卡合併，另立名稱，……本質未變也。」（註二六〇）據估計，川中「進出口貨稅之重，多至百分之四十乃至七十。」結果，「物價奇昂，民衆購買力減縮，……不特商業凋敝，金融枯竭，尤以原料亦不能盡量輸出之故，農村經濟亦瀕於破產。」（註二六一）

表四十七　每百斤桐油從重慶—萬縣運至漢口的捐稅

| | |
|---|---|
| 關稅 | 〇·三〇海關兩 |
| 二五附稅 | 〇·一五海關兩 |
| 省稅 | 〇·一五海關兩 |
| 統捐 | 〇·二〇元 |
| 馬路附加 | 〇·〇四元 |
| 商埠附加 | 〇·〇八元 |
| 樂捐（以件計） | 〇·二二元 |
| 市政捐 | 〇·一一元 |
| 護商費（以件計） | 〇·三〇元 |
| 附加學捐 | 〇·〇四元 |
| 附加市政捐 | 〇·〇六元 |
| 以件計統捐印花稅 | 〇·〇四元 |
| 以件計樂捐印花稅 | 〇·〇二元 |
| 以件計護商印花稅 | 〇·〇六元 |
| 重慶夔州護商（以件計） | 〇·〇二元 |
| 以擔計手續費 | 〇·一〇海關兩 |
| 共計海關兩 | 一·五兩 |

| | |
|---|---|
| 重慶萬縣馬路費 ○・一二元 | 厘金 一・三一二四元 |
| 附加女學捐 ○・○○二四元 | |

資料來源：李昌隆，《桐油》，45—5；轉引自陳志讓前引書頁一二五，附表八。

軍閥的搜刮還不止上述一端。在軍閥的防區內，濫發貨幣，造成幣值下跌，物價上揚，把人民推進水深火熱的深淵中。最初，川省當局發行軍用票，作爲貨幣使用。後因兌現基金無着，幣值劇降，人不樂用，以之完納稅糧，稅局亦拒絕不收。民國四年（一九一五），又由濬川源銀行發行兌換券，以收回不兌現的軍用票。兌換卷發行初期，使用與現銀無異；後來因兌換基金被軍閥提去，兌換劵變成不兌現紙幣，與軍用票同樣受人賤視。（註二六二）當時四川流通的紙幣在千萬元以上，民衆蒙受極大的損失。民國十二年（一九二三），軍方所設立的四川銀行、四川官銀號等，濫發紙幣三六〇餘萬；隨着戰事的發生，此兩機構亦歸消滅，因未及收回所發行的紙幣，致市面遭到極大損失。（註二六三）

民國十年（一九二一）以後，防區制遍設川省，各軍之間互設私廠結果劣幣盛行，銀價急漲，潼川一帶，每大洋一元，可兌換三十千文之多，民生困苦益甚。（註二六四）『宣漢縣志』記載：「十二、三年（一九二三——二四）（銅元）始有當二百者。其初皆成、渝兩廠出版，質料色澤，雖遜清末銅元，尚大致不差也。近數年來，各軍自鑄，私人盜鑄，幣制愈紛，幣質愈濫。于是市面通行概屬雙面銅元矣。……于是向之當十、當二十、當五十、當一百之銅元皆絕跡。」（註二六五）酆都縣自民國以降，「兵多餉浩，改造當百大錢，……銅沙錯雜，工亦惡劣。因之百物騰貴，而滿清制錢一半鎔鑄，一半私運出境。市場交易，直以當百錢爲單位。政府以一錢抵百錢，而百姓視百錢爲一錢；貧者艱貧萬狀，富者到手即空。」（註二六六）瀘縣的銀錢比價，更驟增至銀一兩，可兌換十四、五千文。（註二六七）渠縣的情況，比瀘縣有過之而無不及。自從民國十三年（一九二四）後，陸軍第一師羅澤州部購機自造二百銅元，「每銀元一大枚，其價值由二十千遞漲至二十五、六千，匪特小錢絕跡，即當五、十、一百銅幣亦不易見。于是物價以二百爲單位。銀價之昂，生活之高，爲眇古未有。」（註二六八）合江則「當百、當五十銅幣日盛月增，銀價因緣增漲，銀両至錢二千；邇年吸收制錢及當十、當二十銅幣鎔鑄爲當百、當二百，而生銀之價益騰躍，銀両至錢三、四千以上，……今日〔一九二九〕銀両至錢六、七千以上。」（註二六九）名山縣因貨幣貶值而出現的混亂情況，有如下述：「自當五十者出而前之值一者吸盡；當一百、二百者出而前之當十、當二十者吸盡；自小當二百者競鑄而前之大當二百幾乎又絕于市。」（註二七〇）萬源縣「戊午〔一九一八〕以後一枚當制錢二百之大銅幣始來，……癸亥〔一九二三〕以後，制錢漸次稀少。當二百之大銅幣充斥市面。百物漸增高，上年值制錢文者，今則以一百起碼。現在制錢絕跡，每銀一圓，易錢拾五、六串以至拾八、九串不等。」（註二七一）大竹縣的情況也不樂觀：「自銅幣盛行，由當十、當五十以至當百。近則雙面銅元充滿市壥，直以一、二百爲單位而制錢絕跡矣。銀每両前漲至八千餘，每元換錢七、八百，今漲至六千餘。」（註二七二）當日四川金融紊亂的一般情形，實可摘列下面一段話來作綜結：

九、十（一九二〇——二一）兩年，軍隊愈多，餉源愈絀。省局專鑄當二百銅元以發月餉，更收制錢及小銅元改鑄；物價遂騰漲數倍，銀元亦漲至四、五千文。十二年某軍駐潼，又造紙幣以當銅元，其弊更甚。……十五年又出一種小二百銅元，而銀元忽漲至六、七千文；十六年更漲至八、九千文。百物之貴，皆視此爲準。時因銀元價高，……市面惶惶，交易停滯，……公私益困。……至十八年（一九二九）更漲至十千以上。（註二七三）

表四十九　四川人民所用的貨幣（%）

| 年份 | 一九二二 | 一九二三 | 一九二四 | 一九二五 | 一九二六 |
|---|---|---|---|---|---|
| 紙幣 | 〇 | 〇 | 二 | 八 | 一五 |
| 制錢 | 四〇 | 三五 | 二〇 | 五 | 〇 |
| 銀幣 | 三〇 | 三五 | 三三 | 三〇 | 三四 |
| 銀錠 | 五 | 三 | 一 | 〇 | 〇 |
| 當十文銅元 | 一〇 | 六 | 三 | 一 | 〇 |
| 當二十文銅元 | 三 | 二 | 二 | 〇 | 〇 |
| 當五十文銅元 | 二 | 三 | 二 | 一 | 一 |
| 當一百文銅元 | 六 | 一〇 | 一七 | 二〇 | 七 |
| 當二百文銅元 | 四 | 六 | 一〇 | 三五 | 四二 |
| 當五百文銅元 | [illegible] | [illegible] | [illegible] | [illegible] | [illegible] |

資料來源：黃主一《川北農民現況之一班》，《東方雜志》，24卷，16號，（一九二七年八月二十五日出版），頁35－6。

在苛捐重稅、貨幣貶值的影響下，物價有如脫韁之馬，難以控馭。以人生日用的必需品食鹽來說，宣統年（一九〇九——一一）間，敘永的鹽價，每斤不過一百文，但到民國十一至廿二年（一九二二——三三）間，竟陡增至一，四〇〇文。（註二七四）渠縣鹽價在清代每觔約四八文，民國廿一年激增至三，六〇〇文。（註二五七）安縣「近數年來，鹽高於昔百倍，油七十倍，肉六十倍。」（註二七六）什邡縣的米價在有清二百餘年中，每斗不過五、六百文；即遇荒旱，也不過一，三〇〇文上下。民國以還，百物騰貴，「物價逐漸增高，……幾由十倍以至五、六十餘倍者。」每遇災荒，斗米售價常在錢十七、八千之間。（註二七七）萬源縣「豬肉一斤，昔值錢四十文，今則二、三釧矣。舉一可例其餘，即穀米一項，最高亦有超過昔年四十倍。」（註二七八）宣漢縣的人民，在清代的生活費用，「所須不過百錢，即可度日。」民國以後，物品最賤的，「皆以兩百爲單位，稍貴者則以洋元爲單位；循是以推，有漲至十倍者，有並不止十倍者。」（註二七九）合江則「隊伍多于工商，粟米、布縷、樵蘇日用之品，竹木、甓瓦、丹堊建築之材，金木、土石、皮革製造之工，價值乃增至二十倍以上。」（註二八〇）如果說清末的物價上揚速度是緩和穩健，無妨人民生活的改善，在某一程度上，且有助於農、工、商的穩定發展，那麼，民國五年（一九一六）以後的物價飛漲，不單無助於民生的改善，反深切的影響到川民生活陷於困境，當是絕無疑問的。（註二八一）

稅捐繁重、貨幣貶值、物價騰貴，在此情況下，四川重要商品的生產水平，若以本世紀三十年代與清末比較，前者要比後者減少二〇—三〇%，（註二八二）人民生活益形痛苦。即使生活較爲優裕的地主，也因軍閥的苛捐濫派而備受困擾。安縣佃農在清季只要佃耕土地十餘畝，即可贍養家庭。可是民國以後，「稅釐重重，中人之家有山田百餘畝而常斷炊者。」無怪『安縣志』的編者有「以今視昔，其消長不可同日語矣」的感慨。（註二八三）瀘縣自民國以後，「物價增高，收入有限，糧稅墊款，層出不窮。……故年來變產者多而置產者少。其迫而出外謀生，窮而在家受窘者，又不僅在農民，而亦在糧戶也。」（註二八四）華陽縣預征頻仍，附加繁重，以致「凡小康之家有田百畝或數十畝者，大都破產不能自存矣。」（註二八五）巴縣的地主，每租百石，「以糧額一兩為適。平歲賦即應納二百餘圓，催租之吏，絡繹道途，偶一愆期，科罰立至，不以銀鐺拘繫，即以暴軍恫嚇。……益以金融紊亂，百物騰踴，……中產之家有不立成窶人者幾希矣。」（註二八六）

表五〇　一九三八年巴縣地主佔田數額

| 情況 | 新地主 | | | | 舊地主 | | | |
|---|---|---|---|---|---|---|---|---|
| | 軍人 | 官僚 | 其他 | 合計 | 大地主 | 中地主 | 小地主 | 合計 |
| 佔田最高數（畝） | 三，〇〇〇餘 | 一，〇〇〇 | 五〇〇 | | 無 | 二〇〇 | 四〇 | |
| 佔田平均（畝） | 二，五〇〇 | 五〇〇 | 一〇〇 | | 無 | 一〇〇 | 三〇 | |
| 戶數百分比 | 六．六 | 一四 | 一一 | 三一．六 | | 六六 | 六三* | 六九．六 |
| 佔田百分比 | 六〇．〇 | 二六 | 四 | 九〇．〇 | | 二．〇 | 六．〇 | 八．〇 |

資料來源：王國棟前引書，頁73。

附註：*原誤作六．三，今更正如上。又張肖梅前引書，A23引譚儀文在民國廿四年作四川十縣新、舊地主調查的結果：「平均十縣，新舊地主所佔土地百分率之總和比較：新興地主所佔土地為百分之九十六，舊地主所佔土地為百分之九．

七，……而在戶數比較上：新興地主佔百分之五八・五，舊地主佔百分之三九・五，……新興地主中，以軍閥，官僚、地主，戶數最少而佔地最多；以百分之一・八之戶數，佔百分之三〇・九之田土。」

在苛徵重稅壓迫下，原有的地主階級都日趨貧困，有些竟被迫完全拋棄土地，流離異鄉。代之而起的是由軍閥、官僚、豪紳、團首所組成的一個殘酷的「新興地主階級」。這些特權階級都不用繳納田賦，苛捐負擔自然落在無政治勢力保護的地主身上。（註二八七）據中央農業實驗所調查，民國元年（一九一二），四川佃農佔農民總數的五一％，約與自耕農數相等；可知民國以前，四川小農經濟佔絕對優勢，土地並不顯著集中，階級問題尚未十分嚴重。到本世紀三十年代，川省農民階層分化現象加劇。民國二十年佃農已增至百分之五六；翌年，增至百分之五八，民國廿二年，百分率增至五九，佔全國第一位。由於中、小農沒落，使自耕農大量淪為佃農，小農經營徹底破產；土地集中，耕地日形縮小，農民生活惡化，農民的「中間階級」消滅殆盡。（註二八八）農民貧困日甚，即帶有「高利貸」性質的典當業亦因失去剝削的對象，從而漸趨沒落之途。（註二八九）民國十八年以後，軍閥（特別是劉湘和劉文輝）相互火併；捐稅過重，田無利潤；災荒連年；利息高漲，投資農田不合化算；內地資金集中城市，不但通過田地購買以流通於農村；農田生產力降低，共軍入川，人心騷動不安；邊區土匪猖獗，除軍閥官僚外，社會階層一般貧困，無力購置田地等原因，使四川地價日趨下跌。（註二九〇）以巴縣為例，採用民國二十年為基期，則每畝購田價格低落情形如下：民國廿一年比二十年低落二・三四％，廿三年低落一二・六六％，廿五年（一九三六）更低至三〇・一六％，

（註二九一）部份土地竟出現送人亦不要的情況，田地買賣幾成絕跡。（註二九二）民初以來，川省政綱瓦解，匪氛甚熾，土豪劣紳除自衞外，同時憑藉勢力，向農村發展武力以作土皇帝之迷夢。他們藉防匪的名義，把持團練，豪霸一方，生殺自由，視民命如草芥。甚而藉匪自衆，或借民衆名義，反抗政府。爲禍之烈，遠甚於天災、戰禍及軍匪。（註二九三）綜計川人流爲兵、團、匪的，在民國二十年以後，爲數達一五○萬，佔四川農民人口百分之六以上。（註二九四）在昔日土匪只搶地主，不侵農民；但現在地主遷離土地，流亡他方，土匪又不敢向軍閥、官僚、團保階級組成的新興地主攖其鋒，自然便跟農民爲難了。（註二九五）整個四川的混亂情形，以「有財無政」（註二九六）四字形容，最爲貼切不過。

在民窮財盡的情況下，即使竭澤而漁，殘民以逞的軍閥，本身也嘗到苦果。軍閥中勢力最大的劉湘，其轄下廿一軍在一九三三年的軍費支出，爲一九三一年的二倍，同年的財政赤字則爲一九二九——三○年的四倍。收支的虧損再也不能以加賦彌補。一方面釐卡重重，又因世界不景氣的影響，四川出口商品的銷場日益縮小。一九三二年，四川桐油的出口值幾乎下跌一半，一九三三年雖稍爲復原，但至一九三四年又再暴跌。南充的絲產量，一九三五年低跌至一九二九——三○年產量的五分一。同時，共軍徐向前部入川，對川系軍閥構成莫大的威脅。在內外交困的局面下，劉湘只好與南京的中央政府妥協。一九三五年以後，中央勢力伸入川省，已是既成事實，無可挽回。（註二九七）

根據上述，我們可知清季四川人民的賦稅負擔，實在不如記載所說那麼沉重。當日清廷雖巧立名目設立稅捐，可是與軍閥時期比較，卻不可同日而語。以田賦而論，該省人民可以忍受軍閥瘋狂的預征，即可推知清季的津、捐等稅項，尚不足對人民生活構成嚴重的威脅。這點當與清季四川當局未能像軍閥般以强有力手段壓榨人民所得有關，從此也可了解滿清覆亡前夕川省當局未能應付省內外日趨龐大的支出之關鍵所在。

最後，我們可透過四川地方志對清季、民初的生活情況作一比較，藉此清楚的瞭解清末四川人民的眞正負擔，並作爲本文的結束。

軍興以來，田地荒蕪，鳥暴獸横，政繁賦重。……加之幣制混亂，物價頻增，較之光、宣以來或相什百，或相千萬，不可以倍蓰計矣。（註二九八）

近年捐款重重，農村枯竭，催科之擾，雞犬爲驚；不得昔日之寧靜矣，爲之一歎！（註二九九）

建元以來，川禍獨烈，十年九戰，兵驕匪橫，羣盜滿山，劫掠如洗；加以戰事頻仍，兵多餉絀，暴征苛歛，有加無已，預徵多至數年，釐卡密如棋布，圜法窳壞，銀幣複雜；二百銅幣充斥闤闠，銀貴銅賤，影響百物價日踴。苛征日亟，富者竭杼柚之藏，貧者感事蓄之艱，里咨戶嘆，不聊于生。……同憶昔時家給戶足，秋報春祈，……夜無犬吠，道遺不拾，恍如別一世界。（註三〇〇）

咸、同軍興以後，雖有菸、酒、肉、油、船筏、牛、羊諸雜稅更起迭興；大抵稅率從輕，不爲苛虐陵夷。至于民國，頭會箕歛，名目繁多；益以防區建制，惟務養兵供億，所資人民脂膏已竭，將革命順應之謂何耶？（註三〇一）

洎清中葉藍賊肇亂，人民雖遭流離，……閭閻仍無虞饑饉；即至末世，既見天災，又行新政，吾民生計尚能略維現狀者，豈非休養生息之有素哉？殊民元以來，政體雖尚共和而應有其名，政綱失統，一般人之生活遂無正軌可遵循。……降至民十以後，政局愈紛，土匪愈夥。雖有農工以自養而食粟用器恆十倍于農工，道路不靖而商賈輟，校舍駐兵而學荒，更屬根本之摧殘；正供一歲數征，雜派層見迭出，尤為骨髓之敲吸。（註三〇二）

（本文得以完成，有賴於陳荊和、劉殿爵兩教授的支持及鼓勵；付梓前，荷蒙業師全漢昇教授詳閱一過，惠正良多，謹此致謝！）

註一：**Yeh-chien Wang, Land Taxation in Imperial China 1750–1911 (Harvard East Asian Series 73, Cambrige Mass Harvard University Press 1973) P. 89.**

註二：全漢昇先生（與王業鍵合著）「清代的人口變動」，載氏著『中國經濟史論叢』（香港新亞研究所，一九七二）頁六〇四。

註三：**Yeh-Chien Wang** ，前引書，頁九〇，**Table 5. 2.**

註四：參考「近代四川的移民及其所發生的影響，」載中央研究院『近代史研究所集刊』第六期（台北，民國六十六年）；「近代四川的農民生活，」載前引刊物第七期（民國六十七年）；「晚清四川省的政治變遷——趨向近代化的過程（一八六〇——一九一一），」載『總統蔣公逝世周年紀念論文集』（台北中央研究院，民國六十五年）；「清末民初時期四川城市的發展，」載『中央研究院成立五十周年紀念論文集』（台北，民國六十七年）第二輯，

「人文社會科學」；「晚淸時期基督教在四川的傳教活動及川人的反應，」載「歷史學報」（台北，國立臺灣師範大學），第四期（民國六十五年）；「近代四川人口密度與人口壓力的分析，」載前引刊物第五期（民國六十六年）。

註五：“Viceregal Government in Szechwan in Kuang-hsu Period (1875-1909),” 以下簡稱 “Viceregal Government”, in Papers on Far Eastern History (Dept. of Far Eastern history, The Australian National University, Sept. 1971); “Sikang and the Revolution of 1911,” (March, 1973). 載前引刊物 (March 1973)

註六：參考「近代四川的移民及其所發生的影響，」頁二二三； Ping-ti Ho, Studies on the Population of China (Harvard East Asian Series 4, Cambridge, Mass: Harvard University Press, 1959). pp139, 236. 據另一估計，四川人民在明末淸初之交死於戰亂的數目或低於一百萬，但因疾病、出生率降低等因素，可能使川省人口大大減少，倍於百萬之數。見Dwight H. Perkins, Agricutural Development in China 1368-1968 (Edinburgh: at the University Press, 1969), p.24, n.18 龐麟炳，汪承烈等纂修「宣漢縣志」（「中國方志叢書」，華中地方，以下簡稱方志，華中，第三八五號，台北成文出版社據民國二十年石印本影印，民國六十五年），卷六，「財政志」，頁一　，戶口引「蜀龜鑑」云：「川東死於獻者十二、三，……死於瘟虎者十二、三，而遺民數萬不存一。」孫國藩纂「武勝縣新志」（四月文獻研究社編「四川方志」，以下簡稱四川，三二，台北學生書局據民國二十年重慶長安寺進化印刷社鉛印本影印，民國五十七年），卷七，「兵防」，頁二，「縣民死於賊者半，死於明兵者亦半。……是歲（順治元年）冬，……獻忠降僞旨差四將軍剿洗川東，慘殺甚衆。……居民少孑遺矣。」早在一九五七年，美國學者 Janes B. Parson 認爲張獻忠入蜀，被殺的人口不過略多於百萬（此承李文治說法），生存的，仍佔全人口總數三分二至四分三左右。見氏著 “The Culmination of a Chinese Peasant Rebellion “Chang Hsien-chung in Sze chwan,” in Journal of Asian Studies

川人，清初四川社會殘破，人口銳減，主要在於「張獻忠犧牲之後，殘明官軍，地主武裝的反撲，清軍的鎮壓，南明與清軍之間的爭鬥，以及吳三桂的叛亂，先後長達三十四年（其中集中的大規模的軍事活動也有二十五年）。參考胡昭曦「『張獻忠屠蜀』與『胡廣塡四川』考辨」，載中國農民戰爭史研究會編『中國農民戰爭史研究集刊』第一輯（上海人民出版社，一九七九年），頁一七六——一九五。

註七：曾鑑修、林思進等纂『華陽縣志』（四川，台灣學生書局據民國二十三年刊本影印，民國五十六年），卷三五，「事記」，頁六〇b。

註八：Ping-ti Ho，前引書，頁二三六。

註九：參考「清代的人口變動」，頁六〇五；Ping-ti Ho，前引書，頁一三九——四〇。

註十：『清朝文獻通考』（上海商務印書館『萬有文庫』本，民國二十四年，以下簡稱『清通考』。）卷二，「田賦考」二，考四八六六將「二」字誤刻爲「三」。

註一一：『欽定大清會典事例』（台北啓文出版社据國立中央圖書館藏光緒廿五年刻本影印，民國五十二年），卷一六六，「戶部，田賦開墾」一，頁二b。

註一二：『清通考』卷二，「田賦考」二，考四八六八。

註一三：Yeh-Chien Wang，前引書，頁七〇，表四．一。

註一四：清廷先後蠲免川省康熙廿六（一六八七）、卅三（一六九四）、四三（一七〇四）、五十（一七一一）、五一年（一七一二），雍正八年（一七三〇）及乾隆卅六、四三年的田賦；另從乾隆五六年（一七九一）起，分三年豁免該省一年的田賦；又於乾隆六十年（一七九五）及嘉慶十五年（一八一〇）分別豁免四川是年賦額的五分一。詳見『清通考』卷四四，「國用考」六，考五二五九——六一，五二六六——六七；楊芳燦等撰『四川通志』（『中國省志彙編』之七，台灣華文書局據嘉慶廿一年重修本影印，民國五十六年），卷七三，「食貨，蠲賑」，頁七b、八b—九、一二、一二、一三、一七b—一八、三三b、三九、四〇、四二b；王慶雲『石渠餘紀』（沈雲龍主編『近代中國史料叢刊』，以下簡稱『史料叢刊』，第八輯，七五冊，台北文海出版社，民國五十六年），卷一，頁一二—一四、一五b—一六、一八b，「紀蠲免」。

註一五：『四川通志』卷七三，「食貨，蠲賑」，頁三一b—三二、三五—三八、四〇、四三—五八。

註一六：彭雨新「清末中央與各省財政關係」，載李定一等編纂『中國近代史論叢』第二輯第五冊（台北正中書局，民國五十二年），頁四。

註一七：『大清會典事例』卷一六九，「戶部。田賦」，頁一四b—一五。

註一八：周詢『蜀海叢談』（『史料叢刊』，第一輯，七冊，台北文海出版社，民國五十五年），卷一，「制度類」上，頁二七，歲入歲出載乾隆時代，四川每年解京餉四八萬兩，揆諸當日川省財政狀況，決不能承此負擔，故所記疑誤。

註一九：『石渠餘紀』卷三，頁四〇，「紀會計」。

註二十：前引書卷三，頁四六b，「直省歲出總表」。

註二一：詳見全漢昇先生「清朝中葉蘇州的米糧貿易，」載『中國經濟史論叢』，頁五七八—七九。

註二二：『四川通志』卷七二，「食貨．倉儲」，頁三三—三五。

註二三：同註二一。

註二四：『石渠餘紀』卷四，頁三七b—三八，「紀鄰穀協濟」。

註二五：同註二二，頁三五—三六。

註二六：參考「清代的人口變動，」頁五八四—八五。按乾隆廿二年，保甲制度又經一番改進，規定士紳之家與齊民一體編入戶口，各地客戶與土著一體編列，以儘可能將全部人口納入保甲。

註二七：據四川署布政使如山在光緒十年（一八八四）的調查，太平天國革命發生前，該省「額徵地丁課稅並一切雜款，歲僅收銀一百三十餘萬兩，而每歲例支之款，共需銀一百六、七十萬兩，故川省向爲留備省分，所入不敷所出，歲需鄰省協銀二、三十萬以濟供支。」見羅文彬編『丁文誠公遺集』（『史料叢刊』，第八輯，七四册，台北文海出版社據光緒十九年京師刻本影印，民國五十六年，以下簡稱『丁集』），卷二三，頁四八b，「查明收支庫款並弁勇數目摺」（光緒十年四月廿九日）。

註二八：前引書二十，頁一三b，「覆陳司庫歷年減成減平各款無存摺」（光緒六年七月十七日）。案四川爲了支持政府軍在貴州的軍事行動，先後撥解釐金達一百數十萬兩之多。見同書卷二一，頁一b，「動撥歷欠黔餉歸還投黔的餉摺」（光緒七年一月廿七日）。

註二九：王傳璨述『王文勤公（慶雲）年譜』（『史料叢刊』，第一四輯，一三八册，台北文海出版社，民國五十六年），頁四八b——四九。

註三十：『丁集』卷二四，頁三八，「續籌鮑超軍餉催令啓程並請飭部等撥接濟摺」（光緒十年九月十八日）。

註三一：前引書卷二四，頁一九，「酌添鮑超勇營並撥餉項軍火摺」（光緒十年七月二十日）。

註三二前引書卷二六，頁三一，「海防捐輸撥還借支霆軍款項摺」（光緒十一年十二月初六日）。

註三三：『宮中檔』第九輯，頁三三五。

註三四：參考呂實强「義和團變亂前夕四川省的一個反教運動——光緒二十四年余棟臣事件」，載中央研究院『近代史研究所集刊』第一期（民國五十八年）；「重慶教案：一八六三、一八八六」，載前引刊物第三期（民國六十一年）。

註三五：『宮中檔』第九輯，頁三九一。

註三六：前引書，頁六一八。

註三七：前引書第十一輯，頁八三六——八三七。

註三八：『大清德宗（景）皇帝實錄』（台北華聯出版社，民國五十三年），卷二一六，頁一一b，光緒十一年九月庚申；『丁集』卷二六，頁二七b，「甘饟籌款無可籌劃懇恩請緩撥摺」。

註三九：『丁集』卷二六，頁四四b，「川省撥款過多請飭部酌覆摺」。

註四十：彭雨新前引文，頁一〇、一二。

註四一：『宮中檔』第九輯，頁三三四——三三五。

註四二：前引書，頁四九九。

註四三：『丁集』卷二四，頁三八b，「續籌鮑超軍饟催令啓程並請飭部籌撥接濟摺」。

註四四：陳習刪修，閔昌術等纂『新都縣志』（四川，四，台灣學生書局據民國一十八年鉛印本影印，民國五十六年），第二編，「政紀」，頁八b，賦稅；王祿昌修，高覲光等纂『瀘縣志』（四川，二，台灣學生書局據民國二十七年鉛印本影印，民國五十六年），卷三，「食貨志」，頁四b，賦稅；周克堃纂修『廣安州新志』（四川，三一，台灣學生書局據民國十六年廣安縣教育廳藏版影印，民國五十七年），卷一六，「賦稅志」，頁六b，貢課；盧起勳等修，劉君錫等纂『長壽縣志』（方志・華中，第三七四號，台北成文出版社據民國三十三年影印本影印，民國六十五年），卷三，「食貨」，頁一一b，田賦。羅綬香等纂『犍爲縣志』（四川，二八，台灣學生書局據民國二十六年鉛印本影印，民國五十七年），「財政志」，頁一七b將津貼之起緣，繫於道光二十九年（一八四九），疑誤。

註四五：柳琅聲等修，韋麟書等纂『南川縣志』（方志・華中，第三八九號，台北成文出版社據民國十五年育都明明印刷局鉛印本影印，民國六十五年），卷四，「各稅」，頁四。另參考『新都縣志』第二編，「政紀」，頁九b，賦稅；『長壽縣志』卷三，「食貨」，頁一二，田賦。

註四六：陳步武、江三乘纂，鄭國翰、曾瀛藻修『大竹縣志』（方志・華中，第三八〇號，台北成文出版社據民國十七年鉛印本影印，民國六十五年），卷四，「賦稅志」，頁六，田賦；『宣漢縣志』卷六，「財政志」，頁一一，賦役。

註四七：朱孔彰編次『劉尚書（秉璋）奏議』（『史料叢刊』，第二二輯，二一四冊，台北文海出版社據光緒戊申江寧刊本影印，民國五十七年，以下簡稱『劉奏議』），卷五，頁二一，「奏川省請加廣一次文武試中額疏」（光緒十四年三月十三日）。

註四八：前引書卷六，頁一七b——一八，「奏四川津貼捐輸勢難遽停疏」（光緒十六年五月十六日）。

註四九：『申報』第九五一號，頁一，光緒乙亥五月初一日，「書邸抄廣、夔二公覆奏查辦川省諸事疏後」。

註五十：前引第九四一號，頁五，光緒乙亥四月二十日。

註五一：前引第一四〇二號，頁一，光緒丙子十月初二日，「論四川袁廷蛟事。」

註五二：文明「請除四川省勸捐流弊疏」（光緒二年），載『道咸同光四朝奏議』（國立故宮博物院『清代史料叢書』，台灣商務印書館，民國五十九年），頁二九八〇。

註五三：薛福成『庸菴文編』（史料叢刊，第九五輯，九四三册，台北文海出版社，民國六十二年），卷一，頁一〇b；「應詔陳言疏」（乙亥）。

註五四：Yeh-Chien Wang，前引書，頁九一。文明也說：「聞川省賦則本輕，加至三、四倍，與中則省份相等。」見註五二。又胡林翼積極活動，替曾國藩謀取川督之職，主要原因在於：「蜀中財賦可以自贍，……西蜀之富丘倍於兩淮，十倍於江西。軍務平定，必能每歲協濟京餉二百餘萬。」見鄭敦謹、曾國荃纂輯『胡文忠公遺集』（台北華聯出版社據光緒二年湖北崇文書局本影印，民國五十四年），卷六四，「撫鄂書牘」，頁一四——一五，致官秀峯揆帥（乙未五月初六日）。

註五五：「硃批諭旨」（台灣文源書局影印本，民國五十四年）「鄂彌達奏摺」下頁二四。

註五六：卜凱主編，黃席羣等譯『中國土地利用』（『中國史學叢書續編』一八，台灣學生書局據金陵大學農業經濟系出版版本影印，民國六十年），頁九二。

註五七：孫敬之主編『西南地區經濟地理』（四川、貴州、雲南）（中國科學院「華中地理志」，『經濟地理叢書』之六，北京科學出版社，一九六〇年），頁二六——二七。

註五八：『丁集』卷一七，頁四八b，「都江堰穩固安瀾各州縣涸復田畝片」（光緒五年九月廿三日）。又同書卷一四，頁二五b，「籌款修理都江堰工摺」記載：「小民竭蹶供億，無力兼顧，專恃官工補苴罅隙；又以經費短絀，顧此失彼。致二十餘年來，江底愈淤愈高，水漲輒多泛濫，衝刷隄堰沿江田畝，時報坍淹。小民失業，空賠糧賦。……又每逢雨水稍多之年，省城城內即須行船。」

註五九：前引書卷一四，頁二七，「籌款修理都江堰工摺」。

註六十：前引書卷一七，頁五〇，「都江堰穩固安瀾各州縣涸復田畝片」。

註六一：前引書卷一九，頁三三b——三四，「都江堰涸出田畝並無虛飾片」（光緒六年四月十六日）。

註六二：參考吳鐸「川鹽官運之始末」，載存萃學社編集「中國近代社會經濟史論集」（香港崇文書店，一九七一年），頁一三四——一三六；王守基「鹽法議略」（「百部叢書集成」之六八，「滂喜齋叢書」，台北藝文印書館），頁五七b——五八，「四川鹽務議略」。

註六三：該年川督駱秉章接納知府何成宜的請求，議准巴鹽每斤增釐銀〇．〇〇一五兩，每引榷銀一九．五兩；花鹽每斤增釐銀〇．〇一兩，每引榷銀廿五兩。參考吳鐸前引文，頁一三五。

註六四：據吳鐸前引文，頁一二六，計岸的名稱起於雍正朝的計口授監。在當時的額引中，有部份是行銷沿邊廳、州、衞所、土司及雲南、貴州兩省的，這就是邊引；其餘的便是計引，凡行銷計引的地方便稱計岸。計岸有二範圍，即本省計岸，包括四川所屬之一三九廳、州、縣，湖北計岸，即配食川鹽之建始、鶴峯、長樂、恩施、宣恩、來鳳、咸豐、利川等八州、縣。

註六五：花鹽又名魚子鹽，「散碎如雪，水氣大而耗多，宜銷於平原居民，」以本省及湖北爲主要銷場。參考吳鐸前引文，頁一二〇；王守基前引書，頁五三，「四川鹽務議略」。

註六六：王守基前引書，頁五八，「四川鹽務議略」作一，三五〇文。

註六七：水、陸引的分別在於運送的不同：由水道運輸的鹽，其引稱爲水引；由陸路運輸的，則稱陸引。「水引多行於黔、楚而腹地少；陸引多於腹地而黔、楚少。」水引每引配鹽五十包，陸引配鹽四包。每包規定配正鹽一百斤，耗鹽十五斤。參考吳鐸前引文，頁一二五；王守基前引書，頁五二b——五三，「四川鹽務議略」。

註六八：巴鹽堅凝如冰塊狀，「水氣淨而耗少，宜銷於山陬邊境，」以滇、黔及四川邊境爲主要銷場。同註六五。

註六九：參考除泓「清代兩淮鹽場的研究」（嘉新水泥公司文化基金會「研究論文」第二〇六種，民國六十一年），頁一四〇，趙爾巽等纂「清史稿」（香港文學研究社鋟版）志九八，「食貨」四，鹽法，頁四四八，「兩淮……行銷江蘇、安徽、江西、湖北、湖南、河南六省。」

註七十：參考何維凝「中國鹽政史」（台北自印本，民國五十五年），頁三六五——三六九。

註七一：參考「國史列傳，王慶雲傳」，附於「石渠餘紀」，頁五b、六b；吳鐸前引文，頁一三〇。

註七二：「國史列傳．王慶雲傳」，頁六b——七。

註七三：「王文勤公年譜」，頁六七、六八b。

註七四：盧翊廷等纂修「富順縣志」（四川，一二一，台灣學生書局據民國二十年刋本影印，民國五十六年），卷五，「食貨」，頁二六，鹽法。

註七五：「經濟志」，頁七b——八。又「長壽縣志」卷三，「食貨」，頁二八b——二九有如下記載：「咸、同軍興，川省疊加鹽釐，私鹽充斥，商人加包夾帶，一引幾行兩引之鹽，遂將正引積壓，無法疏通；會長江逆阻，湖北以淮鹽不至，奏請川鹽濟楚，戶部題准商民均許自行販鬻。於是本縣鹽商因而呈請將積引改銷濟楚，壅積始得疏竣。」

註七六：「胡文忠公遺集」卷一六，頁一二，「奏疏。奏陳楚省鹽法乞酌撥引張疏」（咸豐七年四月初五日）。又翰林院侍讀龍燦霖指出：「湖南……一省之中，食川者十之四，食粵者十之四，食淮者不及二三。」見「請將川粵鹽引改爲以裕餉源疏」（光緒十年），載「道咸同光四朝奏議」，頁五四八四。

註七七：李瀚章編輯校刊「曾文正公全集」（沈雲龍主編「近代中國史料叢刊續集」，第一輯，台北文海出版社據光緒二年傳忠書局本影印，民國六十三年），「奏稿」，卷三〇，頁六七b、六九，「楚岸鹽引淮川分界行銷摺」（同治十一年正月廿八日）。按荊、宜等五府一州，因屬滯銷之區，歲行額引祇八萬道。見朱壽朋編「光緒朝東華錄」（北京中華書局，一九五八年），光緒六年十二月丁未戈靖奏。

註七八：「禁川復淮利害攸關摺」，載「道咸同光四朝奏議」，頁三〇七二。

註七九：「覆陳川鹽難禁止入境疏」（光緒二年），載前引書，頁三一〇四。

註八十：「丁集」卷一四，頁三一，「濟楚川鹽礙難加抽釐金摺」（光緒四年二月二十日）。

註八一：「光緒朝東華錄」，總一〇二四——二五，光緒六年十二月丁未。

註八二：「劉奏議」卷七，頁一〇b——一一，「奏江楚兩省加抽川鹽釐錢請立限停止疏」（光緒十七年三月）。較早前，丁寶楨也有類似的見解。見註八十，頁三〇。

註八三：運楚川鹽，「每引一張，完稅、羨銀九兩零，需鹽本銀一百二、三十兩，運費銀五、六十兩，川釐減成釐銀四十六兩，楚省按舫抽釐以錢合銀計一百二十餘兩；加以商號人工費用，共需銀三百七、八十兩。」見註八十，頁二九b——三〇。

註八四：如光緒十年，署湖廣總督卞寶第因籌辦江防款項無着，奏請將行銷湘、鄂引地的川、淮食鹽，每斤加抽釐錢二文。見「丁集」卷二四，頁四〇，「江省加抽濟楚鹽釐事多窒礙摺」（光緒十年十月初一日）；「光緒朝東華錄』，總二二三七——三八，光緒十三年二月壬午裕祿奏。

註八五：「查川鹽近年成本過重，每引萬觔運至宜昌，實需本銀三百餘兩。在楚售鹽，每百觔價僅三両一、二錢上下；是川商每引獲利，不過數兩，多至十餘兩而止。」見『丁集』卷二四，頁四〇b，「江省加抽濟楚鹽釐事多窒礙摺」。

註八六：前引書卷一四，頁三〇b，「濟楚川鹽礙難加抽釐金摺」；卷一八，頁四一b，「川鹽濟楚請減引辦理片」（光緒六年二月初一日）；卷二〇，頁一八b，「川鹽濟楚未能即停仍減引辦理片」（光緒六年七月十七日）；卷二二，頁三一，「川鹽濟楚未能驟行摺」（光緒八年五月廿四日）。

註八七：前引書卷二二，頁三一b——三二，「川鹽濟楚未能驟行摺」；彭祖賢「兩淮議減濟楚川鹽引張事多窒礙難行疏」（光緒八年），載葛士濬輯『皇朝經世文續編』（台北國風書局據光緒戊戌上海官書局石印本影印，民國五十三年），卷四六，「戶政」二三，鹽課五，頁六。

註八八：『劉奏議』卷七，頁一〇b，「奏江楚兩省加抽川鹽釐錢請立限停止疏」。

註八九：參考周詢前引書卷三，「人物類」，頁二九——三五，丁文誠公條記載：「公（丁氏）督川十年，興利除弊。苦心毅力，始終不懈。吏治財政，秩然一新。言官屢與公爲難，公夷然不顧。」堪爲寶楨治川政績之實錄。

註九十：『丁集』卷一五，頁五，「改設官引票釐局片」（光緒四年六月初五日）。又參考同書卷一七，頁一五，「委員請釐鹽務片」（光緒五年五月初五日）；唐炯『成山老人自訂年譜』（史料叢刊，第一六輯，一五七冊，台北文海出版社據宣統二年京師刻本影印，民國五十七年，以下簡稱『自訂年譜』），卷五，頁二b。

註九一：『丁集』卷一八，頁一三b，「清查鹽務妥議章程片」（光緒五年十二月十九日）。

註九二：羨即羨餘，起緣是由於官吏的私徵，後來改爲隨稅納公；截即於繳引截角時交納銀両，可算是一種手續費。參考吳鐸前引文，頁一三二——一三三；王守基前引書，頁五三，「四川鹽務議略」。

註九三：『丁集』卷一八，頁一四，「清查鹽務妥議章程片」。

註九四：前引書卷一七，頁五六b，「清查鹽務大概情形摺」（光緒五年十一月十日）。

註九五：『自訂年譜』卷五，頁五b。

註九六：『丁集』卷一六，頁二六b——二七，「官運辦法有成效未可更改摺」（光緒五年閏三月初七日）。

註九七：『犍爲縣志・經濟志』，頁八，「鹽業」。

註九八：『丁集』卷一三，頁二三，「籌辦黔岸鹽官運商銷摺」（光緒三年七月廿二日）。

註九九：同上，頁二六b。

註一〇〇：丁寶楨對當日鹽政腐敗的情況，有極深刻的描述：「惟鹽務之壞已歷數十載，引紙案卷塵封山積，且歷年引張，有積存道庫者，有已發各屬而乏商承領者，有已經發商尚未行銷而商人竟自携帶回家者，又有已行而未截繳者。」見前引書卷一七，頁一五b——一六，「委員清釐鹽務片」。

註一〇一：前引書卷一三，頁二五，「籌辦黔岸鹽務官運商銷摺」；又參考『自訂年譜』卷五，頁三。

註一〇二：包括潼川府屬的三台、監亭、遂甯、蓬溪、中江、樂至、安岳的鹽引。見吳鐸前引文，頁一二一；王守基前引書，頁五一b，「四川鹽務議略」。

註一〇三：『自訂年譜』卷五，頁三b；『丁集』卷一五，頁五，「改設官引票釐局片」。

註一〇四：『丁集』卷一三，頁二三b，「籌辦黔岸鹽務官運商銷摺」。

註一〇五：前引書卷一七，頁八b——九，「遵旨覆查官運局收支確數摺」（光緒五年七月初五日）。

註一〇六：四川行鹽除用引外，雍正年間，尚有「照票」的使用。最初只是支取餘鹽，正額仍配配引。「其後本省各州、縣商亡課懸，即由水販持票，赴附近鹽廠買餘鹽以給民食，課稅由糧戶併入地丁納官，稱爲『歸丁』。於是歸丁票地廢引不行，其引留鹽道處不發，白截存庫，以待招商行引。」歸丁的辦法，最初僅行於巴州，本爲權宜措施，後來逐漸推廣，到了光、宣之交，歸丁州、縣數目增至六十八。光緒一朝，川省地方多數改行官運，惟此六十八州、縣始終未改。參考吳鐸前引文，頁一二七。

註一〇七：『丁集』卷一五，頁六，「改設官引票釐局片」；『自訂年譜』卷五，頁四。垣鹽的解釋有如下述：「歸丁州、縣無商行鹽，向有窮民赴廠購販。咸豐中，大吏委員會廠紳設垣，按斤抽釐，謂之垣鹽。」

註一〇八：丁寶楨的鹽政改革引起許多既得利益者的嫉視，他們對丁氏百方搆陷，大肆掊擊，必欲去之而後快。詳參『自訂年譜』卷五，頁七；『大淸德宗（景）皇帝實錄』卷一四一，頁一〇b——一一，光緒七年十二月壬午；『光緒朝東華錄』，總一四二五——二六，光緒八年十月乙卯萬培因奏；「查明川省官運款目並原奏情形不符疏」，載盛康輯『皇朝經世文編續』（史料叢刊，第八四輯，八三九册，台北文海出版社據光緒二十三年武進思補樓刋版影印，民國六十一年），卷五四，「戶政」二六，鹽課五，頁七四——八〇。在此疏中，負責調查官運利弊的欽差大臣恩承、童華竟認爲：「邊引之是否暢行，……不在乎法之變不變也。……滇、黔邊岸，本係川省引地，亦無所謂開辦也。要在守成法，體商情，節冗費，因勢而利導之，無欲速，無見小利，逐漸整飭，則滇、黔各引自能暢行，漸歸舊制。……與其徒增冗費，又病商民，無如恪守舊章，漸圖規復。」（頁八〇b——八一）

註一〇九：「丁集」卷一五，頁一b——二，「黔邊鹽務形片」（光緒四年六月初五日）。

註一一〇：收入中，計正款六四九，〇〇〇餘兩，雜款三十餘萬兩。參考「前引書卷一五，頁五三b——五四，「黔邊官運丁丑綱行銷引數經徵各款摺」（光緒五年二月初八日）；卷一六，頁一，「考核官引票釐各局繳收款項片」（光緒五年二月初八日）；卷一七，頁一〇，「遵旨查覆官運局收支確數摺」；「自訂年譜」卷五，頁六b——七。

註一一一：「丁集」卷一六，頁四b，「考核官引票釐各局徵收款項片」。

註一一二：「自訂年譜」卷五，頁一七b——一八。

註一一三：「丁集」卷二二，頁三三b——三五，「官運鹽務帑本還清餘款分別存留備撥摺」（光緒八年五月廿九日）；「自訂年譜」卷五，頁一七b。

註一一四：「丁集」卷一五，頁四〇b，「江北廳巴縣計引改歸官運片」，（光緒四年十一月廿三日）；「自訂年譜」卷五，頁一七b。

註一一五：「丁集」卷一七，頁五九——六〇，「忠州石硅等處計引改歸官運片」，（光緒五年十一月廿三日）；「自訂年譜」卷五，頁一七b。

註一一六：「丁集」卷一九，頁五五，「湖北八州縣計岸鹽務改歸官運摺」（光緒六年五月十九日）；「自訂年譜」卷五，頁一七b。

註一一七：「丁集」卷二一，頁一九b——二〇，「查明鹽務無引羨截請予豁免摺」（光緒七年三月廿八日）；又參考「自訂年譜」卷五，頁二二b。

註一一八：內容主要爲：「嗣後發引必新後舊，不准新陳套搭；徵稅必先課復引，不准挪移虧欠；收發鹽引，責成鹽道，不准假手吏胥；改代引張，責成州、縣，不容奸商朦混；繳殘則嚴定限期，以杜重照影射；辦公則優給公費，不准暗收陋規。」見『丁集』卷一八，頁一四，「清查鹽務妥議章程片」。按『自訂年譜』卷五，頁二一b——二二載此善後章程，訂於光緒六年（庚辰）七月。

註一一九：『丁集』卷一六，頁二八，「官運辦有成效未可更改摺」。

註一二〇：前引書卷一六，頁五「考核官引票釐局徵收款項片」。又『自訂年譜』卷五，頁五b——六載官運施行後，「自爾〔鹽價〕多不過八十文，少止六十文。計岸近如瀘、合止三十餘文，遠如酉、秀四十餘文或五十文以爲常。」

註一二一：『自訂年譜』卷五，頁六。按官運未辦前，犍廠僅存鍋二百餘口。

註一二二：『丁集』卷一五，頁二b，「黔邊鹽務情形片」。

註一二三：前引書卷一六，頁一九，「請頒官運鹽局銅質關防摺」（光緒五年二月廿二日）。

註一二四：『自訂年譜』卷五，頁一八b。

註一二五：參考『丁集』卷一三，頁二六，「籌辦黔岸鹽務官運商銷摺」；卷二〇，頁二二，「黔省鹽稅各款由川徵解片」（光緒六年八月十九日）。

註一二六：前引書卷二〇，頁二二，「黔省鹽稅各款由川徵解片」；卷二五，頁八，「行黔鹽釐請仍由川徵解摺」（光緒十年十二月十六日）。

註一二七：前引書卷二二，頁三四b——三五，「官運鹽務將本還淸餘款分別存留備撥摺」。

註一二八：前引書卷一五，頁四九，「請提官運鹽務繳收抵撥京捐摺」（光緒五年二月初八日）。

註一二九：「宮中檔」第九輯，頁二三一。

註一三〇：「劉奏議」卷八，頁三一，「奏遵飭辦理鹽觔加價疏」（光緒二十年十月）；又參考周詢前引書，「制度類」上，頁二一a，鹽稅。

註一三一：「四川全省財政說明書」（北京經濟學會，民國四年，以下簡稱「財政說明書」），頁一二，「鹽觔加價」。

註一三二：光緒廿一年，在官運範圍內鹽觔加價的收入是二五三，〇八〇兩，到了光緒廿六年更突過五十萬兩，佔全川鹽觔加價收入之一半。詳見吳鐸前引文，頁二二一。

註一三三：羅玉東前引書，頁四二〇、四二三。

註一三四：「丁集」卷一九，頁二〇，「覆陳戶部籌備餉需摺」（光緒六年四月十六日）。

註一三五：前引書卷一七，頁四二——四三b，「夔關收數短絀核實辦理摺」（光緒五年九月廿三日）。又光緒五年全年免稅的款數為一五七，〇〇〇餘兩。見同書二〇，頁四五b，「夔關短徵額稅由宜漢兩關劃抵摺」（光緒六年十二月廿三日）。

註一三六：補救的辦法如後：「重定上、下各局卡互驗釐票章程，通飭各局按月造報收支實數清冊，臣（丁寶楨）督同司道逐月比較近三年對月收數，以收數之多寡定委員之功過。」見前引書卷一九，頁二〇，「覆陳戶部籌備餉需摺」。

註一三七：「劉奏議」卷六，頁二六b，「奏重慶開關請留支洋稅以供京協各餉疏」（光緒十六年九月廿四日）指出：「川省釐務，惟恃夔關為大宗，其完釐與納稅相等；即以近年論，各海關每年代征稅銀將及十萬兩，夔局復免正釐銀十萬兩，統計每歲少收銀在二十萬兩上下。各處釐局一見洋票，即予免抽；商販趨利，咸以洋票爲便，而京、協各餉暨解各雜款有增無減，何以爲繼？」

註一三八：「財政說明書」，頁三三，「土稅」；「丁集」卷二一，頁三〇b——三一，「議抽煙釐大概情形摺」（光緒七年七月十一日）；「劉奏議」卷六，頁三一——三二，「奏川省土藥礙難加征稅釐疏」（光緒十六年九月十四日）。按清廷諭令禁止攤派民田一事，「丁集」繫於同治十一年。「南川縣志」卷四，「食貨」，頁一四，雜捐載：「清咸豐九年，邑奉大憲扎辦洋藥釐金一千兩；自十一年至同治十年，共解一一，〇〇〇兩，嗣後停止。」鄧鴻厚，陳習刪等纂修「大足縣志」（方志．華中，三八四，台北成文出版社據民國三十四年鉛印本影印，民國六十五年），頁二六〇，卷三，「諸稅」：「洋藥釐金始於咸豐十年加派，本縣派額銀一，一〇〇兩。……十一年開始設局抽收，不敷解款。同治三年知縣桂徵亭稟請隨糧攤征，每畝征錢二文五毫，至同治十年裁撤。」據「財政說明書」云：「土藥爲川產大宗，舊名爲洋藥。」可知前述兩志所述，都專指土藥而言。

註一三九：「宮中檔」第九輯，頁五四〇——五四一；「劉奏議」卷七，頁二〇b，「奏酌擬籌餉辦法疏」（光緒十七年十月十三日）。除繳納落地稅四．八兩，出口稅二十兩外，若雅片運到他省通商口岸尚須納銀四十兩，以湖北爲目的地則只須納三四．七兩。一般而言，川省土藥運出省外共納稅六四．八兩，故四川爲雅片稅最重之省分。如以一擔雅片征收土藥稅六四．八兩除以土藥價二七〇兩，則四川土藥法定的從價稅爲二四%，與一八八七年以後洋藥稅釐的從價稅爲二七．五%已相去不遠。參考林滿紅「晚清的雅片稅」，載「思與言」（台北），第十六卷第五期（一九七九年一月），頁四四一。

註一四〇：「財政說明書」，頁三四——三五，「土稅」。

註一四一：「蓋土煙為物較輕而價值較重，攜帶極便，不比他項笨重之物，難於掩藏；故一人之身，即可夾帶二、三十觔之土。此二、三十觔之土，姑以每觔一兩六錢計之，一人即可得價五、六十兩。加以偷漏釐金，即可得銀百餘兩，所獲甚多。……而川省販賣土煙之人，絕少巨商，多係少本營生之徒；以土煙較他物本小利大，每不憚禁令，甘於嘗試，希冀厚獲。當其出境販運之時，率皆結伴夥行，多則數百人為一起，少則數十人為一起，謂之煙幫。」見「丁集」卷二一，頁三二，「議抽煙釐大概情形摺」。

註一四二：劉秉璋認為雅片種植的普遍，實由於四川「地丁外加派津貼、捐輸每年一百數十萬，掃數完納，民力萬分拮据辛苦；」只好「于崎嶇山谷間開種罌粟，澆灌收割，其費用十倍於農田。」若一旦竭業，「不為餓莩，即為盜賊。」見「劉奏議」卷七，頁七，「奏楚省洛川土加增稅釐礙難照行疏」（光緒十七年二月）。又「宮中檔」第十一輯，頁七七四載：「川中……罌粟一種，種植多在山僻瘠區，培植採割，最為艱苦。小民合終歲之營謀，殫合家之心力，乃能得此衣食之資。」何嗣焜「存悔齋文稿・入蜀紀程」，頁一五：「川東無處不種罌粟，自楚入蜀，沿江市集賣雅片煙者，十室中不啻六七。……蜀地凡山林磽瘠之區不植五穀者，自資罌粟為生計。」轉引自李文治編前引書，頁四五八。一八七四年的英國領事報告指出：四川種植雅片的畝稅由地主繳納，約為穀物稅之四倍，佃農向地主繳納實物租。轉引自林滿江前引文，頁四三四。

註一四三：**Alcock to Stanley, 11.2.1869 (FO 17/519),** 轉引自 **W.S.K. Waung, "Introduction of Opium cultivation to China"** 載「香港中文大學學報」（香港中文大學出版社），第五卷第一期（一九七九年），頁二一二。

註一四四：轉引自前引文，頁二一四。

註一四五：轉引自前引文，頁二一五。

註一四六：轉引自 Jonathan Spence, "Opium Smoking in Ching China," in Frederick Wakeman Jr & Carolyn Grant Leds), Conflict and Control in Late Imperial China (Berkeley, Los Angeles & London: University of California Press, 1975), p.154, 另參考 W.S.K. Waung, 217 前引文，頁二一七。

註一四七：計一八六九年爲四三三．九擔，一八七〇年二二．〇五擔，一八七一年一〇．五七擔，一八七二年三二三．四二擔，一八七三年一五五．一四擔，一八七四年一〇九．八一擔。見 W. S. K. Waung 前引文，頁二一三。

註一四八：林滿紅前引文，頁四四六。

註一四九：G.E. Morrison, An Australian in China (Taipei: Ch'eug-wen Publishing Company, 1971, reprinted.), pp.47–48. 頁四七——四八。

註一五〇：前引書，頁七二。

註一五一：I.L. Bird, The Yangtse Valley and Beyond (Taipei: Cheng-wen Publishing Company, 1972, reprinted), pp 149, 496, 509.

註一五二：參考S.A.M. Adshead, "The Opium Trade in Szechwan 1881-1911," 以下簡稱 "The Opium Trade" in Journal of Southeast Asian History (Singapore: Mc Gran Hill Far Eastern Publisher Ltd.) Vol.7, No.2 (Sept. 1966), pp94, 96. 又據英駐重慶領事 Fraser 的估計，在十九世紀末，重慶的人口約爲二十萬，其中四十到五〇%的男性及四—五%的女性都是癮君子。於是，雅片成爲該市主要財源之一。見 Morrison 前引書，頁四五。

註一五三：「宮中檔」第九輯，頁四三九。又「劉奏議」卷八，頁五b——六，「再請酌留土稅買還倉穀片」（光緒十八年十二月）載光緒十八年（一八九二）土藥稅全年的收入約為二十餘萬兩。

註一五四：「宮中檔」第九輯，頁五四一。

註一五五：前引書第十一輯，頁七七四。

註一五六：「四川通志」卷六七，「食貨・榷政」，頁二一b、二五b；「財政說明書」，頁二六，「契稅」；「宮中檔」第九輯，頁六七〇。

註一五七：礅稅的定義有如下述：「至各州、縣徵收稅契，……其平時誠不能盡遵定例，然各處多寡又復不同，誠有納稅至四、五分者，特常稅為然。而民情趨利，希圖輕減，平時報稅多方延匿，甚屬寥寥；必待官將交卸之時，減價招徠，始紛紛投稅，有減價不及三分者，有減至二分及一分餘者，名為礅稅。」見「宮中檔」第九輯，頁六七〇。

註一五八：同上；「財政說明書」，頁二六，「契稅」。

註一五九：肉釐的開收，始於光緒初年。四川各地原有三費局之設，專供緝捕盜賊、命案、驗屍及犯人招解之用。費用則按糧攤派，頗為民累。丁寶楨到任川督後，嚴訂章則不准濫費，革除按糧攤派的措施，改抽肉釐以供開支。「惟其時各邑三費局收支，例由地方官遴委紳衿管理；每屆年終，邀集邑中士紳清算後，報經地方官核銷，即為最終之結束。因是全省每年共收肉釐若干，無從統計。」見周詢前引書卷一，「制度類」上，頁一一，肉釐；卷三，「人物類」，頁三三，丁文誠公。據「財政說明書」，頁二八，「肉釐」載：「光緒二十七年，川省攤解庚子償款，經前制府奏准於各廳、州、縣之舊釐外，每屠一豬，徵新釐錢二百，由藩司規定章程，頒行各屬，責成地方官徵解，是為徵收正釐之始。」按肉釐正式躋入國稅之列，是否始於光緒廿二年？殊不敢必。今列出僅作參考而已。

註一六〇：周詢前引書卷一，「制度類」上，頁一一，肉釐。

註一六一　**Viceregal Government**　頁四六——四八。在此文中，**Adshead** 教授爲一八八六年前後，四川財源對西南、西北省分及東部（包括中央政府）協濟的消長，與川督人選具有密切關係。屬於陸防論一派的丁寶楨當然對經營西北的措置力加護持，反之，繼任的劉秉璋是李鴻章舊部，自然一反前任所爲，將支持的目標轉到李鴻章轄下的直隸去。

註一六二：詳見 **Yeh-Chien Wang** 前引書，**Ch. 5**。

註一六三：「宮中檔」第十七輯，頁二九六；王樹槐「庚子賠款」（中央研究院「近代史研究所專刊」(三一)，台北，民國六十三年），頁一五三，表二八，按江蘇的賠款爲二五〇萬両。

註一六四：「錫良遺稿・奏稿」卷五，頁四九九，「按期解足練兵經費摺」（光緒卅一年七月初四日）；頁五一六——五一七，「光緒三十一年七八兩月練兵經費片」（光緒卅一年九月初四日）。有關指定四川認解事項，詳見「光緒政要」卷二九，頁四一b——四二。

註一六五：前引書卷五，頁四四八，「籌解鎊價請劃抵賠款摺」（光緒卅年十二月初三日）。

註一六六：王樹槐前引書，頁一五一，表二六；一五三，表二八。

註一六七：「錫良遺稿・奏稿」卷五，頁三四七——三四八，「請停罷黎平官運摺」（光緒廿九年八月廿一日）。

註一六八：前引書卷五，頁四七四，「黔省停運粵鹽賠款無措擬再辦川鹽力價疏」（光緒卅一年三月初七日）。

註一六九：有關中、英西藏交涉及中國經營西藏的情形，參考郭廷以「近代中國史綱」（香港中文大學出版社，一九七九年），頁三五七——三五八，Robert H. G. Lee, "Frontier Politics in the Southwestern Sino-Tibetan Borderlands during the Ching Dynasty," in Joshua A. Fogel & William T. Rowe(eds): Perspectives on a Changing China (Boulder: Westview Press, 1979), pp63–68. 中國近代史編寫小組「中國近代史」（北京中華書局，一九七七年），頁五五一——五五五，另參閱沈桐生輯「光緒政要」「『史料叢刊』，第三五輯，三四五冊，台北文海出版據宣統元年刊本影印，民國五十八年，卷三〇，頁六，「駐藏大臣有泰奏陳川藏情形及藏印近事」（光緒三十年二月）；卷三一，頁六三b，「四川將軍綽哈布四川總督錫良等奏平藏亂」（光緒卅一年八月）。

註一七〇：Sikang and the Revolution of 1911 頁六五——六八；Robert H. G. Lee 前引文，頁六四——六五。據「光緒政要」卷三四，頁七b——八，「諭西藏大臣趙爾豐等辦理西藏事務」（光緒卅四年正月）則載清廷諭令「度支部歲撥銀五、六十萬以應要需，又責成四川總督無分畛域，隨時接濟。」較早前，即有人奏請「劃出四川雅州、甯遠、打箭爐府廳；雲南麗江一府，永北一廳，永甯一土府之地，附以巴塘、裏塘、明正，瞻對各土司之地，設爲建昌行省。」預算每年須支出行政費五十萬兩，軍政費一五〇萬兩，教育費一百萬兩，交通費一百萬兩，合共四百萬兩，擬以開荒地價，銷鹽、煙、酒、茶、糖稅收入應付所須開支，見同書卷三一，頁五三，「內閣中書尹奏爲擬語酌收川滇土司添設建昌行省以固邊防事（光緒卅一年六月）。

註一七一：參考西川正夫「四川保路運動——その前夜の社會狀況」，載「東洋文化研究所紀要」（東京大學），第四五冊（昭和四十三年三月），頁一一三。

註一七二：周詢前引書卷一，「制度類」上，頁三b，田賦；王樹槐前引書，頁一五一，表二六。「財政說明書」，頁六，「新加捐輸」誤作一百兩。

註一七三：據 **Perkins**，前引書，頁一七七指出四川出租的耕地達百分之六、七十，而主要作物產量的三〇——三五%屬地主收益。本世紀初，四川或能生產出去殼穀物一，五〇〇萬噸之多；其中地主所得約五〇〇萬噸上下（相當於五千萬石有殼穀物），與中央政府田賦收入不相上下。

註一七四：參考全漢昇先生「鐵路國有問題與辛亥革命」，載氏著『中國經濟史研究』（香港新亞研究所，民國六十五年），下册，頁二五八；「清季的商辦鐵路」（與何漢威合著），載香港中文大學中國文化研究所學報，第九卷（一九七八），上册，頁一二六，表二註一。

註一七五：『財政說明書』，頁一九，「計岸官運」。

註一七六：『宮中檔』第十七輯，頁四二八載計岸官運：「鹽價較前頓減十數文，而新徵勇餉……等項，每年約增銀三十萬。」又『錫良遺稿·奏稿』卷五，頁四二二，「酌保開辦計岸官運各員摺」（光緒卅年八月初五日）載計岸官運，「菴查癸卯全綱結報，除額引銷竣外，配銷積引至二千九百餘道之多，……計共增收銀三十二萬餘兩。」同書頁五四〇，「籌辦陸軍新餉摺」（光緒卅一年十一月廿九日）說：「查計岸官運每年餘利三十萬兩。」據此可知周詢前引書卷一，「制度類」上，頁二〇，鹽稅載計岸官運，每年可增入款一百萬兩，實過於偏高，不足信。

註一七七：『財政說明書』，頁一二——一三，「鹽觔加價」；周詢前引書卷一，「制度類」上，頁二二b——二二，鹽稅。經過前後五次鹽觔加價，滇、黔官運局每年增加收入在一四〇萬兩以上。見『財政說明』，頁一八，「滇黔邊計官運」。

註一七八：**A. Hosie** 前引書，**Vol. I**，頁二一三；**Vol. II** 頁二六五。

註一七九：轉引自 The Opium Trade 頁九六。

註一八〇：轉引自前文，頁九七。

註一八一：「財政說明書」，頁三四——三五，「土稅」；「錫良遺稿·奏稿」卷五，頁四五四，「加收一倍土釐片」（光緒卅年十二月十三日）。

註一八二：「財政說明書」，頁二六，「契稅」。

註一八三：「清續通考」卷四八，考八〇三三，「征榷考」二〇，雜征；周詢前引書卷一，「制度類」上，頁九，契稅。收入部份，光緒卅四年、宣統三年據周詢前引書；宣統元、二年收入，則據「財政說明書」。又宣統元年收入，周詢前引書作二七〇餘萬兩，二年的則作三百萬兩。

註一八四：「財政說明書」，頁二八，「肉釐」。

註一八五：周詢前引書卷一，「制度類」上，頁一一b，肉釐。

註一八六：前引書卷一，「制度類」上，關稅及菸酒糖油稅；「財政說明書」，頁三一——三二，「糖捐」。後者所載糖捐稅率，與周詢前引書略有出入。自光緒卅四年，糖捐專於出產地抽收，每糖一斤，徵錢四文。

註一八七：「財政說明書」，頁二九——三〇，「酒稅」。早在光緒廿九年十一月，清廷以直隸抽收煙、酒兩稅，成效卓著，於是諭令各省整頓抽收煙酒稅事宜，指定四川每年應派稅銀五十萬兩。參考「光緒政要」卷二九，頁四一。

註一八八：周詢前引書卷一，「制度類」上，頁二四，關稅及菸酒糖油稅。

註一八九：同上，頁二五b；「財政說明書」，頁三〇——三一，「油捐」。

註一九〇：Viceregal Government 頁四九。

註一九一：「改良川漢鐵路公司議」（光緒卅二年），四川省藏日本東京排印原件；原文未見，轉引自戴執禮編『四川保路運動史料』（北京科學出版社，一九五九年），頁五一。

註一九二：「都察院代奏度支部主事杜德輿川漢鐵路呈摺」，載『川漢鐵路改進會第六期報告』，光緒卅四年二月十七日，日本東京出版，轉引自戴執禮編前引書，頁五七。

註一九三：陳邦倬纂『崇寧縣志』（四川，二一，台灣學生書局據民國十三年刊本影印，民國五十七年），卷三，「食貨門。田賦」，頁四。

註一九四：『廣安州新志』卷一六，「賦稅志」，頁一四b——一五，雜捐。

註一九五：『富順縣志』卷五，頁六b——七，「食貨」。

註一九六：朱世鏞修，劉貞安纂『雲陽縣志』（四川，三〇，台灣學生書局據民國二十四年鉛印本影印，民國五十七年），卷九，「財賦」，頁三。

註一九七：『宣漢縣志』卷六，「財政志」，頁二七，賦役。

註一九八：蔣德勳纂修『樂至縣志』（四川，三四，台灣學生書局據民國十八年刊本影印，民國五十七年），卷三，「賦稅志」，頁四b，田賦。

註一九九：王鑑清修，向楚纂『巴縣志』（四川，六，台灣學生書局據民國二十八年刊本影印，民國五十六年），卷四上，頁一七b——一八，一九b，「賦役．田賦」。

註二〇〇：「清季的商辦鐵路」，頁一六三——一六四，註一七八。

註二〇一：吳鐸，前引文，頁二二五。

註二〇二：同上，頁二二九。此外，交通不便也可能是川鹽積壓的主要原因。從自流井運鹽到瀘水需時一月。Wolf 在一九〇一年即指出「笨拙而冗長的運輸方式」，是川鹽貿易最沉重的負擔。這種情形，如與京漢鐵路築成後的長盧鹽運比較，意義當更明顯。在鐵路築成後，從北京運貨至漢口只需兩天；反之，若以傳統郵騎運送則需十四天。貨物流通快，亦即可減輕資金被束縛，增加盈利率。詳見 **The Modernization** 頁一九二。

註二〇三：按計岸官運，自光緒廿八年設局開辦，至卅四年底共行銷水引四四，五九四道六則八包，尚積壓水引七，九〇二道四則八包。積滯的原因，除了私鹽盛行外，主要在於癸卯綱創辦之初，各岸舊商存鹽甚夥。其未配之鹽，雖已飭繳代行，而已配之鹽，勢必先儘銷竣；且上、下游各岸運道皆係逆流，飛挽匪易，以川省報銷例限計算，是以數月之期令銷一年之引，其勢已難。況該局癸卯綱奏銷一、二千道造入銷冊，無怪多所積壓。」見「清續通考」卷三九，考七九三三，「征榷考」一一，鹽法。

註二〇四：前引書卷三九，考七九三八，「征榷考」一一，鹽法。

註二〇五：「財政說明書」，頁一八，「滇黔邊計官運」。又「錫良遺稿・奏稿」卷五，頁五〇〇，「籌撥經費開銼火井片」（光緒卅一年七月初四日）載富廠「自光緒二十九年夏間大火，井火頓衰，……出鹽日絀，廠竈皆艱；十餘萬無業之民生機欲絕，數千里行引之地淡食堪虞。」同書，頁五〇六，「叙州府等處驟被水災片」（光緒三十一年八月初六日）載該年七月，「叙州、瀘州之金、沱兩江同時並發，……瀘人以其災爲道光丁未（一八四七）以後所未見。該州對河小市歷建裕濟倉，滇、黔官運局購存富廠鹽觔以備轉運，歷次水未淹及；今則全倉被水，勢又猛急，無從提運，上、下游鹽倉亦有浸化，共計鹽二百五十餘引之多。」頁五五八，「滇黔鹽局提款維持廠務片」（光緒三十二年正月初八日）記犍廠「去各〔三十一年〕牛瘟盛行，牛隻倒斃；

今春犍爲匪亂，竈戶驚逃。迨夏間繼以人疫，秋間又復水災；場市凋疲，炭礦浸沒。不特前之所積者未疏，而本綱所購已慮不敷配運；不料十一月以來，牛瘟又起，倒斃者日或八、九隻，二、三十隻不等。已行者既未開火，現燒者又將停煎；各岸催鹽急於星火；既無廠產，何有岸銷？艱窘情形，實堪憫惻。」另參考頁五一八，「滇黔鹽局倉鹽被水淹化籌辦情形摺」（光緒三十一年九月初五日）。

註二〇六：吳鐸前引文，頁二二四。

註二〇七：前引文，頁二三一。

註二〇八：「錫良遺稿・奏稿」卷，頁三四九——三五〇，「滇銅本川鹽難再加價摺」（光緒二十九年九月初二日）。

註二〇九：「清續通考」卷三九，考七九三八，「征榷考」一一，鹽法。趙爾巽亦指出：「官運各屬罔不與歸丁行票各州、縣毗連，銷場多爲侵佔。」見同書，考七九三三。

註二一〇：內容主要如下：「第一清季廠岸。其目四：曰嚴限井竈；編聯團圖；改征鍋課；查勘運道。第二權衡銷量，其目四：曰統計產額銷數；通攤水陸引羨；酌計運本雜款；融消兩局積引。第三推行官運，其目七：曰畫路分廠，逐段推辦，回配富廠，騰出引地；分立廠局，酌增驗卡；分岸招商，先課後鹽；報販歸店，領運給力；試辦三月，續報成立；隨同銷冊，造報成本。第四統一鹽法，其目五：曰裁併局所，統歸鹽運；設立公所，分科治事；添設鹽官，專管井竈；原額陸引，通改水引；提前發引，預運到岸。」見前引書卷三九，考七九三三，「征榷考」一一，鹽法。 **S.A.M. Adshead** 教授認爲趙氏的提議具有明確的現代特色，並預示日後丁恩企圖對陸運食鹽課稅的行動。見 **The Modernization** 頁五四。

註二一一：「清續通考」卷三九，考七九三四，「征榷考」一一，鹽法。

註二一二：前引書卷三九，考七九三八——三九，「征榷考」一一，鹽法。

註二一三：吳鐸前引文，頁二三二——二三四。

註二一四：『錫良遺稿．奏稿』卷五，頁四九二，「鑪邊軍務浩大請勸收捐款准獎實官摺」（光緒三十一年五月十五日）。

註二一五：前引書卷五，頁五九四，「請准巴塘等案軍需開單報銷片」（光緒三十二年六月初二日）。

註二一六：前引書卷五，頁五四一，「籌辦陸軍新餉摺」。

註二一七：『廣安州新志』卷一三，「貨殖志」，頁七b，物類。

註二一八：周詢前引書卷一，「制度類」上，頁一三b，肉釐。

註二一九：『合川縣志』卷六二，「序傳」上，頁三八。

註二二〇：張趙才等纂修『榮經縣志』（方志．華中，三六九，台北成文出版社據民國四年刊本影印，民國六十五年），卷六，「賦役志」，頁六。

註二二一：周詢前引書卷一，「制度類」上，頁二四b——二五，關稅及菸酒糖油稅。

註二二二：A. Hosie，前引書，Vol. I，頁二六六。又一九一〇年經過重慶關出口的雅片，計四川四，六三三擔，雲南二，七八〇擔。見同書，頁二六二。有關清廷預期於十年內禁絕雅片的法令及措施，參考『光緒政要』卷三二，頁三三，「諭准革除雅片煙禍事宜」（光緒三十二年八月）；頁四六——四八，「政務處奏擬禁煙章程」（光緒三十二年十月）；卷三四，頁八b，「諭派禁煙大臣並設立禁煙所事」（光緒三十四年三月）。頁九b——一一，「外務部奏籌議禁煙與各國商定辦法暨另籌抵補藥稅事宜」（光緒三十四年三月）。

註二二三：『宮中檔』第九輯，頁五四一。

註二二四：**I.L. Bird** 前引書，頁五一五。

註二二五：據雲貴總督李經羲奏：「查滇中出產，向以雅片爲大宗，鄉民賴售土以資日用。自縮限禁煙而後，貧者日用無資，半甘淡食，即稍堪自給者，亦抱定節衣縮食主義。加之煙土盛行以前，湘、粵等省之土商齎金入境年不下數千萬，市面賴以流通，而邊民購鹽，鹽商繳課，又多半以煙土交易；今則銀源已涸，銀根奇緊，商民交困。」見『清續通考』卷四〇，考七九四五，「征榷考」一二，鹽法。

註二二六：轉引自 **The Opium Trade** 頁九八。

註二二七：『富順縣志』卷五，「食貨」，頁二八，鹽法。

註二二八：宋曙等纂修『敘永縣志』（四川，一四，台灣學生書局據民國二十二年鉛印本影印，民國五十六年），卷六，「交通篇」，頁一五b——一六，商業。

註二二九：**The Modernization** ，頁六六。

註二三〇：**Viceregal Government** 頁四四——四七；「晚清四川省的政治變遷」，頁九六八。

註二三一：卷九，「財賦」，頁一b——二。

註二三二：卷一六，「賦稅志」，頁一——二。

註二三三：卷五，「食貨」，頁三b——四，田賦。

註二三四：戴玄之『紅槍會』（一九一六——一九四九）（『食貨史學叢書』，台北，民國六十二年），頁一八。四川因缺乏一位能統一全川的領袖，彼此混戰的軍閥都致力於防止其屬下投奔敵方；結果，四川軍隊以三特色名聞於世：一、軍官多於士兵；二、士兵多於武器；三、武器多於彈藥。參考 **His-sheng chi, Warlord Politics in**

China 1916-1928 (Stanford, Calif; Stanford university Press 1976 PP. 83-84. ) 四川軍隊數目增加之速度，計民國元年，全川陸軍僅五師。民國三至七年的四年中，增至八師之多；此外，尚有民團，計大縣三百名，小縣二百名。民國九至十四年間，軍數激增至二十九師及三十七混成旅，各縣民團也較前增加五、六倍。參考呂平登前引書，頁一一——一二；王國棟前引書，頁一八b。案後書作三混成旅。又四川軍隊數目急速增加，與成都兵工廠生產力擴大有密切關係。清末該廠初設時，每日造鎗不過二十枝，民國初年，每日出產增至百枝以上。民國十四年四川善後會議即指出：「軍隊膨脹，……此其原因雖衆，要以鎗多爲兵增之一大原因。」見葉茂林編『四川善後會議錄』近代中國史料叢刊續編第三一輯，三〇六册，台北文海出版社據昌福公司刊本（影印，民國六十五年），「軍政案」，頁一八，請停止兵工廠造鎗案（十二月十八日議決）。民國十四年，四川軍隊「建制名額，已任全國三分之一，而其他司令等號，尚不計焉。」見同書「軍政案」，頁三一b，請立行禁止招撫及招募一案（十二月十八日議決）。

註二三五：『巴縣志』卷四，「賦役」上，頁一五，田賦。

註二三六：同上，頁一七。

註二三七：『瀘縣志』卷三，「食貨志」，頁四b，賦稅。

註二三八：解汝襄修，龔維錡等纂『大邑縣志』（四川，七，台灣學生書局據民國十九年鉛印本影印，民國五十六年），卷三，「建置志」，頁三b。

註二三九：『長壽縣志』卷三，「食貨」，頁一二b——一三。

註二四〇：『萬源縣志』卷五，「教育門」，頁四六，禮俗。

註二四一：「大足縣志」，頁二六三，「諸稅」。

註二四二：「什邡縣志」卷七上，「禮俗，風俗」，頁一一b。又大竹縣在民國十四年，即預徵至民國二十年的出賦。見「四川善後會議錄，軍政案」，頁三九，「請禁大竹駐軍造鎗枝鑄銀幣收招潰軍預征糧稅案」（一月十八日議決）。

註二四三：朱偰「四川省田賦附加稅及農民其他負擔之眞相」，載「東方雜誌」（台灣商務印書館影印本，民國六十年，第卅一卷第十四號（一九三四年七月十六日出版），頁八七、九一——九三。

註二四四：李白虹「二十年來之川閥戰爭」，載存萃學社編集「民國以來四川動亂史料彙編」（「中國近代史資料叢編」之二，香港大東圖書公司，一九七七年），頁四。另參考李錚虹前引書，頁六八b——六九。

註二四五：「南州縣志」卷四，「食貨」，頁一二，各稅。

註二四六：戴玄之前引書，頁四〇。

註二四七：李錚虹前引書，頁七〇b。

註二四八：李錚虹前引書，頁七〇。

註二四九：「萬源縣志」卷五，「教育門」，頁四六，禮俗。

註二五〇：同註二四三。又如大竹縣，「每年正、雜各稅原額不過十六萬之譜，乃自陳（國賓）旅來駐，每月所籌及魏師長（第六師魏甫臣，民國十四年）八月到縣親自所籌各種款項，全年合計已達七十萬之鉅。」見「四川善後會議錄：軍政案」，頁三九，「請禁大竹駐軍造鎗枝鑄銀幣收招潰軍預征糧稅案」。另參考同書「財政案」，頁二二——二三，申請厲行禁止臨時自由籌款案（十二月十三日議決）；頁二四，請禁止臨時自由籌款案（一月十一日議決）；頁二六，請禁止簡陽駐軍臨時自由籌款案（一月二十日議決）。情形嚴重者莫如南溪縣，該縣糧稅年僅七萬餘元，但在數月間，人民所出款項已達三二三，五○○餘元，「城中舖面關閉幾及一年，日惟供應軍米，軍餉是事。凡縣中所有公私各款及神會、廟款、學款、團款、倉穀、積穀等項，羅掘一空。甚至於孤貧、養濟、育嬰之穀，亦搬刮殆盡而猶不足。……各軍委員到縣守提款項者足有二十餘人之多，……突有二十二師黃旅及何十師補充隊兩營到縣駐紮，終日勒索錢米，……扣留縣、局兩長及團練局長，情勢洶洶，……法團機關覩此情形，召集會議全縣人民每日減粥一餐以供軍食。」見同書「財政案」，頁三一，請制止南溪縣預征案（一月二十一日發）。又民國二十二年，成都田賦預徵至民國六十八年（一九七九），廣元縣預徵至民國一百年（二○一一）。見戴玄之前引書，頁三九。

註二五一：田尻撰，楊凡譯「四川動亂概觀」，載『民國以來四川動亂史料彙編』，頁一二八。

註二五二：朱偰前引文，頁八八。對於四川軍閥在戰時供墊軍費的事例，李白虹前引文，頁四——五有如下記載：「二十九軍在廿年度令其十餘縣防區籌臨時費一百餘萬元，并按縣區之大小加派月捐。……二十一軍於二十年度在重慶發行公債一百二十萬元，梁山一縣派臨時費三十萬元，萬縣亦發行公債三十萬元，又在戍區各縣……籌派墊款一百四十萬元。二十八軍於二十一年在澎縣、崇慶、郫縣、灌縣等四處籌開拔費二次，每次三十萬元，而川、陝邊防軍亦在其戍區四縣內籌撥開拔費五十萬元。……至於二十四軍在目前的川戰中，各戍區、各縣籌國防捐二千萬元。……其他各軍的臨時派款，尤難列舉。」

註二五三：李錚虹前引書，頁一六八。又王國棟前引書，頁一九b指出：「自民八防區制度形成，漸開自由抽收之風，開征糧稅之次數亦逐年增加。……過去四川西北所屬各縣，預征糧稅，或一歲三征，或一月一征。其一歲三征者，每征亦竊照常額三倍而平均計之，實際無異一年十二征，與一月一征無異，而地方附加稅則隨糧稅依次並征。」

註二五四：李錚虹前引書，頁七〇

註二五五：一九三四年，在劉湘的防區內每斗耕地徵稅九〇——一〇〇圓，而每斗地約可生產廿擔米，如收售即可獲一二〇圓；以此推算，徵稅即佔出售所得的七五%。同年，重慶五十畝中等土地的稅契共二百圓，以這五十畝地用於生產，可望有八十擔收穫，市值約在三百圓之間。換句話說，收入的三分二給稅收消耗掉。見 **R. Gunde** 前引文，頁二九。

註二五六：「渠縣志」卷二，頁二七b，「食貨志」六。

註二五七：戴玄之前引書，頁四〇。

註二五八：李白虹前引文，頁五。

註二五九：「犍為縣志．經濟志」，頁一四b，「玻璃業」。

註二六〇：李錚虹前引書，頁一六八b。又「重慶絲業公會總董溫少鶴副董李奎安請議截撤苛捐案」（一月八日議決）指出：「以敝絲幫而論，由潼至渝之絲，每箱須上納五十五處，去數共洋八十餘元之多，其他無名目，無票據之勒收，尚難勝數。」見「四川善後會議錄．財政案」，頁二三，另參考頁二三b——二九。

註二六一：張肖梅「四川經濟參考資料」**Washington DC: Center for Chinese Research Material Association of Research Libraries** 據民國二十八年上海中國國民經濟研究所刊本影印），c八。

註二六二：參考「渠縣志」卷二，頁三五b——三六，「食貨志」八，錢法；張開文等纂修「合江縣志」（四川，一三，台灣學生書局據民國十八年鉛印本影印，民國五十六年），卷二，「食貨」，頁二六，錢幣；「犍爲縣志・經濟志」，頁三〇，「貨幣」；「南川縣志」卷四，「食貨」，頁三六b，商業；「榮經縣志」卷六，「賦役志」，頁一七，錢法。

註二六三：易甲瀛「犍爲農村經濟之研究」（「土地問題資料」，五三，台北成文出版社，（美國）中文資料中心，民國六十六年），頁九七b——九八；呂平登前引書，頁四一。

註二六四：呂平登前引書，頁三八。

註二六五：卷五，「職業志」，頁一五，貨幣流通及變遷情形。

註二六六：郎承銳、余樹堂纂「酆都縣志」（四川，二九，台灣學生書局據民國十六年重慶新文化社鉛印本影印，民國五十七年），卷九，「食貨志」，頁一七，銅幣。

註二六七：「瀘縣志」卷三，頁九，「食貨志・幣制」。

註二六八：「渠縣志」卷二，頁三七，「食貨志」八，錢法。

註二六九：「合江縣志」卷二，「食貨」，頁二六b，錢幣。

註二七〇：趙正和等纂「名山縣新志」（四川，二七，台灣學生書局據民國十九年刋本影印，民國五十七年），卷八，「食貨」，頁一b——二。

註二七一：「萬源縣志」卷三，「食貨門」，頁三五，幣制。

註二七二：「大竹縣志」卷一三，「實業志」，頁七，商業。

註二七三：謝勷等纂修「三台縣志」（四川，一五，台灣學生書局據民國十八年新民印刷公司鉛印本影印，民國五十六年），卷一二，「食貨志」一，頁三四，錢法。

註二七四：『敘永縣志』卷七，「實業篇」，頁一五——一六，鹽業。

註二七五：『渠縣志』卷二，頁二七b，「食貨志」六，鹽法。鹽價陡漲，與當日四川政治情況息息相關。據「鹽業專案」（二月六日議決）所說：「近年川亂發生，水陸通衢，兵匪林立，三里一卡，五里一關，任意勒捐，附加名爲『護商』、『保商』、『水道警察，江防印，種種名稱，南北各場均所不免，多或索銀數元，少亦需錢數百，如富營引鹽一載，苛派附加浮於正稅致使灶商積鹽難銷，行商裹足莫前，……而產鹽之場灶，又受種種蹂躪，如軍隊佔住房舍，佔索柴米，佔用夫役，佔拉牛馬。稍不遂意，則施其蠻橫手段，或戕騾、馬以示威，或塞井眼以洩憤。……川鹽之大銷場，全恃此三岸（滇、黔、濟楚）；軍興以來，道路既多梗阻，川省與中央，兩湖之感情亦若即若離。」以致鹽商人人自危，多存觀望。以上見『四川善後會議錄・財政案』，頁三六b——三七。

註二七六：劉公旭纂『安縣志』（四川，三六，台灣學生書局據民國三十二年石印本影印，民國五十七年）卷五六，「禮俗」，頁四，社會風俗，物價。

註二七七：『重修什邡縣志』卷五下，「食貨」，頁七，物價。

註二七八：『萬源縣志』卷五，「教育門」，頁四七，禮俗。

註二七九：『宣漢縣志』卷五，「職業志」，頁一三，商業，貨物輸出輸入及價格。

註二八〇：『合江縣志』卷二，「食貨」，頁二八b。

註二八一：「近代四川的農民生活」，頁二一八、二二二——二二三。又參考全漢昇先生（與王業鍵合著）「近代四川合江縣物價與工資的變動趨勢」，載「中國經濟史論叢」，頁七七五——七七六。

註二八二：R. Gunde 前引文，頁二九。

註二八三：卷五六，「禮俗」，頁三b，社會風俗，農工商業。

註二八四：「瀘縣志」卷三，頁六四b，「禮俗志。風俗」。

註二八五：「華陽縣志」卷四，「賦役」，頁一〇b，田賦。

註二八六：「巴縣志」卷一一，「農桑」，頁一四，農別。

註二八七：參考 R. Gunde 前引文，頁三〇——三三。

註二八八：呂平登前引書，頁一七〇——一七一，一八四。張肖梅前引書。

註二八九：前引書，頁四四八；王國棟前引書，頁二三；李錚虹前引書，頁一〇七b。又張肖梅前引書，M二一指出：

「灌縣之富商，認爲自利五分，方免虧累；瀘縣富商，因月利減爲三分，竟至停業。」

註二九〇：王國棟前引書，頁七五——七六；呂平登前引書，頁九七——九九。

註二九一：王國棟前引書，頁七五。

註二九二：呂平登前引書，頁九六。

註二九三：前引書，頁五八八；李錚虹前引書，頁二八——二九。

註二九四：王國棟前引書，頁五五b；張肖梅前引書，B二三。

註二九五：王主一前引文，頁三八。

註二九六：張肖梅「四川經濟參考資料」據民國二十八年上海中國國民經濟研究所本影印。頁c2

註二九七：Robert A. Kapp, Szechwan and Chinese Republic: Provincial Militarism and Central Powar 1911–1938 (New Haven & London Yale University Press 1973), PP 92–95.

註二九八：「安縣志」卷二四，「食貨」，頁一。

註二九九：「犍爲縣志・經濟志」，頁三，「農業」。

註三〇〇：「合江縣志」卷二，「食貨」，頁二八。

註三〇一：「渠縣志」卷二，頁一三，「食貨志」二。

註三〇二：「重修什邡縣志」卷五上，「食貨・人民生計」，頁一三b——一四。

# 讀羅著「國父家世源流考」存疑

孫甄陶

## 一　前文

興甯羅元一（香林）教授所著「國父家世源流考」一書，旁徵博引，資料甚豐。復得當代顯要，如孫哲生、鄒海濱、吳鐵城、陳立夫諸先生爲之撰序；而尤以　國父哲嗣之孫哲生先生對其書所論述，頗爲稱許。宜乎出版後風行一時，而當代對此未經詳細研究之學者，固亦不敢稍持異議矣。本文作者與羅教授爲知交，其書面世後，嘗蒙兩次持贈。閱竟即覺可疑之點甚多；惟時值抗日，無暇及此，且反證一時亦不易彙集，遂將此事暫擱。國家多故，喪亂頻仍，余亦不遑寧處，轉瞬三四十年。歲月催人，修名不立，而老冉冉忽然已至矣！

竊念　國父爲國人所崇敬，其家世源流，似不宜任其含混不清。我今於此縱不能提出眞憑實據足以推翻羅教授謂　國父先世非系出東莞孫族而系出紫金孫族之說，然至少尚能指出羅教授之說亦非持有眞憑實據足以證實　國父先世確非源出東莞而是源出紫金。即此便足使後世研究　國父家世源流者，增加若干意見不同之參考資料；由是或亦足使　國父先代祖宗不至蒙李戴張冠之寃，即其爭認爲　國父同族者，經此一度澄清，當不復有「自從元老登庸後，天下諸胡盡帶令。」之誚，爲溫飛卿者流所訕笑也。

## 二　羅教授謂　國父上世非源出東莞孫族而是源出紫金孫族之理由

羅教授謂　國父上世之在廣東者，非源出東莞之孫族，而實源出於紫金忠壩公舘背之孫族。其自認爲理由中最充分者，即以美人林百克氏 **PAUL LINBARGER** 所著「孫逸仙傳記」**SUN YAT-SEN AND THE CHINESE REPUBLIC** 一書，所引　國父口述孫氏家廟在東江公舘一語，爲最有力證據。　國父此語，其英文原文之一段，載在開智書局譯本第一章，翠亨，譯成中文如下：

「記得有一天，著者問孫博士道：「博士，人家說你是生在火奴魯魯的，這話確不確」？他笑着——當他說到同志的時候，總是笑的。——說道：「這種傳說，確是有的；我的幾個過於熱心的同志，以爲我倘若說生在火奴魯魯，便可以得到美國政府的保護，而同滿清反抗。我也確是在那裏住過幾年，所以他們便這樣說。其實我和我的幾代祖，的確是生在翠亨村裏的。不過我家住在那裏，祇有數代。我們的家廟，却在東江的一個龔公（**KUNG KUN**）村裏」。」

羅教授便就林百克氏所引　國父口述家廟在東江 **KUNG KUN** 一語考之，以爲　國父之先世居地，亦似不在東莞。何則？東莞爲清廣州府屬地，平日皆與南海、番禺、順德等縣並稱，所謂「南番東順」是也。雖其地爲東江最下游所經，然依粵中舊俗，自博羅、惠陽、以至紫金、河源、龍川等縣，始稱東江屬縣。如　國父上世居地確在東莞，則以東莞一名之易使人明曉，即但稱家廟在東莞，或東莞某一村足矣，何必復冠以東江一詞乎？至上沙鄉則更在東莞南部濱海之地，冠以東江，更不類矣。」云云。

羅教授既從林百克著「孫逸仙傳記」所引　國父口述家廟在「東江公舘」一語，而得到上述論據；於是即持此論據以否定　國父上世源出東莞之說。微論胡去非先生「總理事略」第一章第二節「家世述略」謂其系出東莞。「西南黨務月刊」第十四期，函中央黨史史料編纂委員會，請核辦上沙鄉（東莞縣屬）代表孫繩武等請修正　總理始遷祖案，第八段載「總理世系圖」，亦謂其系出東莞。「越風」第二卷第一期，載葉溯中先生作「中山先生之先世」一文，列「孫公世系簡表」，亦認其系出東莞。又「西南黨務月刊」第二十六期，載中央黨史史料編纂委員會廣州辦事處主任鄧慕韓先生致西南執行部函，亦稱　總理家譜所載五世祖禮贊公，由東莞遷居香山。而吳稚暉先生於民國二十九年十一月十二日　總理誕辰紀念會演講「總理與中國革命」，亦稱其先世從東莞搬到香山縣，再移到翠亨村云云。凡此皆羅教授書中所曾引述，而俱謂其由於根據不健全之資料而未加詳考，故一律予以否定。

羅教授既以　國父先世源出東莞之說為非是，於是即以林百克氏所引　國父口述家廟在「東江公舘」一語為根據，從東江流域訪尋有名為「公舘」之地。結果在紫金縣訪尋得有地名「忠壩公舘背」者，今稱「中心壩公舘背」，地在上下孫排之間。下孫排今無孫氏屋宇，蓋已移為他族居地。上孫排今稱「孫屋排」，其南有孫氏宗祠，與公舘背相接，即所謂「黃牛挨磨」祖祠也。此與　國父對林百克氏所述家廟在公舘村之一事實，完全相合云云。

羅教授復查閱其所發現之紫金忠壩孫氏光緒二年重修族譜舊鈔本，所列十二世祖之璉昌公，與　國父家藏孫氏列祖生歿紀念簿之十二世祖連昌公，名字與世數皆甚相符，認爲同屬一人。璉昌之「璉」，雖視翠亨總理故居所藏孫氏列祖生歿紀念簿，所載十二世祖連昌公之「連」，多一偏旁，然此類偏旁，或加或不加，爲粤中命名與家譜著錄之常例，絕非相異之二名。觀該譜舊鈔本之書增城作曾城，知其鈔手本非能文之士，其非僞作冒充之文籍，正亦在此。羅教授又云：璉昌公在增城，似居殖未久，即輾轉遷居中山縣涌口門村。故在增城，未留若何明顯痕迹，而其卒年與葬所，則已在涌口門村。忠壩孫氏族譜所以記云「移居曾城，於後未知」者，意即因此失去聯絡之故也云云。

國父故居所藏孫氏列祖生歿紀念簿，於記述翠亨孫氏世次，僅起自十二世祖連昌公，而連昌公以後十三世祖以至現代二十世祖，名諱班班可考。惟連昌公上代十一世祖以前之列祖列宗名諱及何時始遷入香山涌口門村之紀載，則皆付闕如。紫金中心壩公舘背村孫氏光緒二年重修族譜舊鈔本，其十二世祖以前，從自閩入粤始祖友松公起至十二世祖璉昌公止，世代相傳，名諱亦班班可考。惟十二世祖璉昌公以後，則又盡付闕如。故羅教授得以紫金忠壩孫氏之始祖友松公以至「移居曾城于後未知」之十二世祖璉昌公，以接駁中山翠亨孫氏之十三世祖迥千公，以迄於今之二十世祖，如移花接木然。遂使　國父上世之在粤者，世系傳統，歷代相承，完整無缺。表面觀之，此一接駁，宛然天衣無縫，誠似一新發現之傑作；而不知其亦無健全之資料爲根據者也。

## 三　羅教授謂　國父上世源出紫金孫族之説爲吾人所懷疑之理由

本文作者系出中山東鎮沙邊鄉孫族，與左埗頭孫族，翠亨孫族，近支雖葉散條分，而上世入粵始祖，則同爲一人。由此一點，引起我輩對　國父上世源出紫金孫族之說，極爲懷疑。而羅教授所提出　國父上世源出紫金孫族之最有力證據，僅憑藉林百克氏著「孫逸仙傳記」所引述　國父口述家廟在「東江公舘」一語。按此語在林著「孫逸仙傳記」中，其英語原文云：**The Village of our ancestral temples is at Kung Kun on the East River**

此語若譯作中文，並假定以**Kung Kun**二字譯作「東莞」，則應是：

『吾人祖祠所在之鄉村，乃在東莞，屬東江水域。』

如此全句文義，簡單明瞭，更無須加以註釋說明。若譯作「公舘」，則恐無人能了解到屬東江水域之紫金縣內「忠壩公舘背村」，是即羅教授所簡稱之「東江公舘」也。而羅教授又云：

『……原文**Kung Kun**之**Kung**，聲母從K，至東莞之「東」，拚音如**Tung**，聲母從T，K與T絕不相混。如別無資料得以證明林氏以K爲T，或以T誤K，則**Kung Kun**一名，絕非東莞英文拚譯。……』

（見羅著「國父家世源流考」，「復版再跋附錄，致孫院長答鄧慕韓君書」）。

吾人以爲林百克氏此傳記原稿之**Kung**字，未必非**Tung**字，其T字誤植K字，或屬手民之誤，而非林百克氏之誤。此其一。「東莞」二字，英譯爲**Tung Kun**，是譯音。中國地名之英文譯音者，有從國語而來，亦有從方言而來。中原及華北各地譯名，其音多從國語。華南及東南沿海，則頗雜當地方言。例如汕頭之英文譯音爲**Swatow**，廈門之英文譯音爲**Amoy**，蓋皆從潮福方言略帶訛誤轉音而成。亦猶**Canton**爲廣州之譯名，其始乃由「廣東」二字從廣州方言說出，外人因不習聽，訛誤轉音而成。或者當日　國父與林百克氏對語時，林百克氏誤聽　國父之發音，以 **Tung** 字爲 **Kung** 字，亦未可知。此其二。中國地名之英譯，有從音譯，亦有從義譯者。如東莞，則與北京、上海、南京、蘇州、漢口等都市之英譯，皆從音譯者也。東江之英譯爲 **East River**，與珠江之英譯爲 **Pearl River**，黃河之英譯爲 **Yellow River**，黃海之英譯爲 **Yellow Sea**，東海與南海之英譯爲 **East sea** 與 **South sea**，則皆從義譯者也。大抵　國父與林百克氏對話時，爲使林百克氏對東莞在廣東之地理位置瞭然於胸，故以屬東江水域一語以詮釋之。不意羅教授反謂　國父之先世居地似不在東莞。蓋東莞爲清代廣州府屬地，平日皆與南海、番禺、順德等縣並稱。雖其地爲東江最下游所經，然依粵中舊俗，自博羅、惠陽，以至紫金、河源、龍川等縣，始稱東江屬縣云云。吾人以爲羅教授此說非也。按「辭源」（商務印書舘出版）「東江」條云：

『東江……在廣東境，即古湞水，一名龍川水，珠江之東源也。出江西定南縣南之九連山，西南流入廣東境，至龍川縣曰龍川江；又西南流，合新豐、城泗二江；至東莞縣，合增江；西南流至波羅南海神廟前，合珠江；由虎門入三角江，注於南海。』

觀此可知東莞縣非止「爲東江最下游所經」，如羅教授言；且實爲東江主流之所經，其爲東江屬縣，自應毫無疑問。然則　國父對林百克氏所云：『吾人祖祠所在之鄉村，乃在 **Kung Kun**，屬東江水域。』之 **Kung Kun** 二字，殆必爲東莞矣乎？

抑　國父對於東莞與東江之地理關係，瞭如指掌。在其所著「建國方略」內「實業計畫，第三計劃」，

「第二部，改良廣州水路系統」，「丁、東江」，第二段云：『……自新塘上游約一英里之處，應鑿一新水道直達東莞城，而以此悉聯東江左邊在東莞與新塘間之各支流爲一。……』又在同計畫「第二部，改良廣州水路系統」內，並附第十四圖與第十五圖，圖中所示東江主流，皆經東莞而後入海者（第十四與十五兩圖附）。即此　國父所謂：『吾人祖祠所在之鄉村，乃在**Kung Kun**，屬東江水域。』之**Kung Kun**兩字，殆必指東莞而言，於此又可作一旁證矣。

國父上世源出東莞之說，如再尋出歷史事實足資證明，則其源出紫金忠壩公舘背之說，自必不攻自破。今姑勿論　國父上世是否源出東莞，但羅教授謂其源出紫金中心壩公舘背之歷史事實，亦非有確切證據，而屬於臆測者甚多。茲擇要一一列舉如下：羅教授謂紫金忠壩公舘背孫氏重修族譜舊鈔本所列之十二世祖璉昌公，與　國父家藏孫氏列祖生歿紀念簿之十二世祖連昌公，名字與世數皆甚相符，認爲同屬一人。吾人認爲此說有不足置信之點六：璉昌與連昌之「璉」與「連」字各異，若必强同，則上述**Kung Kun**之**Kung**字，其第一個字母之「K」字，亦可强斷其必爲「T」字之誤，而不必求確證也。此其一。璉昌公與連昌公，俱爲十二世祖，世次相同一節，殊不足爲奇。即如本文作者爲中山第四區沙邊村孫族，其世次爲十八世，與現代翠亨孫族及紫金中心壩公舘背孫族之世次，亦非不相符；大抵入粵後之孫族，其世次或皆約略相同也。此其二。羅教授謂：『國父十二世祖諱連昌公（附註：羅教授强將紫金孫族十二世祖璉昌公之「璉」字，改用「連」字，以自圓其假設臆測之說。）始自紫金忠壩，移居增城，繼於康熙中葉，再遷中山縣涌口門村。』云云，茲據紫金忠壩孫氏光緒二年重修族譜舊鈔本所記，僅言：『十二世祖諱璉昌公，移居曾城，於後未知。』如此而已。而羅教授謂其『繼於康熙中葉，再遷中山縣涌口村。』此語若非假設，即屬臆測。否則有何眞憑實據，足資證明？復查紫金忠壩孫氏族譜舊鈔本所記，十二世祖共有四人。一諱道元公，未傳；二諱璉盛公，未傳；三諱璉昌公，移居曾城，於後未知；四諱璉橋公，移走他方未知。蓋其地時值明清之際，戰禍頻仍，民多流徙，乃至父母兄弟妻子離散。故紫金忠壩孫氏族譜所載十二世諸族人，多明注「未傳」。而璉昌公與璉橋公兄弟二人，則竟遠離鄉井，一則「移居曾城，於後未知」；一則「移走他方未知」。可知當日二公流離情狀之慘，其不爲「老弱轉乎溝壑」者幾希，而尚能遠走高飛至中山濱海之涌口門村，爲　國父中山縣之始基祖乎？此其三。縱退一步言，紫金忠壩孫族之璉昌公，果另有奇蹟出現，使其能從增城遠至中山涌口門村，開基立業，成爲中山翠亨孫族之始基祖矣。顧何以於其能開基立業之後，不能與故鄉忠壩族人通聲氣，取得聯繫；乃竟任令消息隔絕，使忠壩族人，只知其「移居曾城，於後未知」乎？紫金縣爲客家籍人地區，客籍人士，重鄉族之情，敦團結之誼。璉昌公乃客籍人，倘能作中山翠亨孫族之始基祖，豈有不懷念故鄉客家宗族，使其子孫知木本水源之有自；而翠亨孫族之源出紫金忠壩，如璉昌公之祖諱宗榮，父諱鼎標，其兄若弟諱璉盛與璉橋，即不祀之於祖祠，亦當列之於家譜。否則最簡略亦當敘明璉昌公系出紫金忠壩公舘背村孫族，其父乃諱鼎標公者。今竟全無記載，使人對其來自紫金忠壩，毫無跡象可尋。數典忘祖，豈一始基祖及其嗣續所應忽略至此者乎？此其四。若更以常理言之，　國父生前，未嘗言其上世源出客籍。其革命黨同志中，客籍聞人不少，其著者如廖仲愷，鄒魯，古應芬，謝英伯，姚雨平，謝良牧諸先輩，皆屬客籍，其中亦有僅先世系出客籍者，無不以客人自居；未聞有謂　國父亦客籍中人；而在粵各客籍社團，更從

未聞有以　國父同屬客籍而特予招待或開會歡迎蒞臨指導者。反之，只聞東莞上沙，員頭山，二鄉孫族爭認　國父世系原出於其鄉族而後遷往中山者。然則　國父先世似非源出紫金忠壩公舘背孫族，於情於理，或較可信歟！此其五。璉昌公自紫金忠壩公舘背村流移至增城，其時客籍人士之流寓增城者正多，若迫於生事，似應投向增城客人聚居之地區求助，爲何捨近圖遠，竟至中山沿海一陌生地區之涌口門村，後且竟成爲　國父在中山縣之始基祖乎？似又非人情之所近也。此其六。

客籍人士，爲中華民族中之一優秀種族。才略出衆，耀於史册者，代有其人。民國以來，文治武功，膾炙人口者，尤更僕難數。倘有極可靠之歷史資料，能證明中山翠亨孫族　國父上世，果屬客人，則　國父與客籍先賢之光榮，互相輝映，相得益彰；即凡屬中山孫族，其遠祖與翠亨孫族同氣連枝者，固亦與有榮焉矣！惟研討譜牒，首貴其史料之眞，在眞史料尚未能發現前，只有存疑待證，絕不宜牽强附會，以構成一種跡近冒濫頂替之譜牒。若羅教授僅藉清初廣東瀕海遷界所影響於　國父上世族譜混淆顚倒脫漏之缺憾，而强以紫金忠壩公舘背孫族十二世祖璉昌公及其上世自入粤始祖以至十一世祖全部移充補償。又藉紫金義士鍾丁先於明末清初，率衆抗清，屯重兵於忠壩凹口，戰禍所及，忠壩孫氏受其影響，後裔離散。至十二世祖璉盛，璉昌，璉橋三人，或子嗣未傳，或移走他方，於後未知之情況之下，遂硬指璉昌即中山翠亨孫族十二世祖之連昌，而以連昌公之後，即作爲紫金忠壩孫氏十二世祖璉昌公之後。遂使　國父世系，成爲一個移花接木之世系，以人工造成，如植物之「駁枝」者然。凡此皆由於未嘗取得眞確健全史料之支持，自難遽視爲可信。此吾人對於羅教授雖費十易寒暑之悠長時間所研求，而獲致　國父家世源流之結論，仍不能無疑，故亦不敢苟同者也。

羅教授言：『今按　國父先世，既未必與左埗頭孫氏爲同一本源，亦未必即出於東莞上沙或員頭山，則其入粵始祖之是否與左埗頭或上沙，員頭山之孫氏入粵始祖爲同屬一人，亦未能以片言肯定。考廣東各地孫氏，多自外省遷入，其源流派別，不一而足。例如中山縣小欖孫氏，即不以常德公子孫同派。民國「香山縣志續編」卷三，輿地氏族：「孫族始祖永奇，由南雄珠璣巷，遷居羊城。爰及有明，三衞兵移居小欖，永奇與弟永源，同隸後衞陳憲旗下，遂家焉。分三房，現歷二十四代，丁口二百有奇。」可知即就中山縣之孫氏而論，亦派別不一，未可悉以常德公子孫目之也。』（見羅著「國父家世源流考」，「三、　國父上世與左埗頭孫氏同源說之非是」，末段。）云云。上述羅教授所言，謂：『國父先世，既未必與左埗頭孫氏爲同一本源，亦未必即出於東莞上沙或員頭山；則其入粵始祖之是否與左埗頭或上沙員頭山之孫氏入粵始祖爲同屬一人，亦未能以片言肯定。』玩其「既未必」與「亦未必」，「是否」與「亦未能」等語氣，可知其尚未敢斷然否定　國父上世與左埗頭孫氏爲同一本源及即出於東莞上沙或員頭山，更不敢以片言肯定其入粵始祖之是否與左埗頭或上沙，員頭山之孫氏入粵始祖同屬一人。於此足覘羅教授以　國父上世源出紫金忠壩公餡背孫氏之論據，自身尚立足不牢也。

## 四、中山各鄉孫族之入粵始祖似同爲一人

上述羅教授云：『考廣東各地孫氏，多自外省遷入，其源流派別，不一而足』；事實或然。惟謂『即就

中山縣之孫氏而論，亦派別不一』；則又似未盡然。曩聞之本鄉父老言，吾族之在粤始祖，諱恒所，仕南宋爲諫議大夫，卒葬廣州白雲山。其後裔子孫，分入東莞，中山，新會三縣定居。每當春秋佳日，如清明重陽等節，三縣裔孫，按年輪流赴廣州白雲山省墓。即在三年之內，每一年由東莞縣子孫前往一次，中山縣及新會縣子孫，亦各前往一次。舟車轉運，往復頻繁，此禮至民國卅七年未嘗或廢。先君（諱璞，字仲瑛）嘗語余，民國初年，中山孫族赴廣州省墓，哲生先生曾應邀參加。茲復就余所知，民國三十六七年間，中山孫族赴廣州省墓，西村士敏土廠廠長孫滿（德彰公嫡孫，　國父姪孫。）與焉。並嘗借出廠車數輛以助交通。此外，余又嘗從本鄉昆仲借閱沙邊孫族不完整之家譜殘本，首稱：

『第一世太祖宋將仕郎，諱天球，字汝球，號恒所，孫公，先爲南雄府保昌縣沙水里人。仕理宗朝，爲廣州府路官，因家居於羊城華寧巷焉。公生於南宋寧宗慶元元年，歲次乙卯四月十三日辰時，終於景定四年，歲次甲子十一月二十日未時，享壽七十歲。妣氏梁，生於慶元丁巳三年六月十三日酉時，終於咸淳乙丑元年三月初四日卯時，享壽六十九歲。生二子，長希文，次希武。公與氏合葬於省白雲土名后厄山第三臂，坐中寅兼坤艮之原。』

按此家譜所記載，與曩所聞於本鄉父老者，尙無大異。然則民國「香山縣志續編」卷三輿地氏族所載，小欖孫族始祖永奇，由南雄珠璣巷遷居羊城，與吾族來自南雄之始祖恒所公，未必非世系相同。可見中山孫氏，固未必如羅教授所言，派別不一也。惟上述余所見聞，尙非中山各鄉孫族來源極健全之資料；然而中山，新會，東莞三縣孫族遞年輪值前赴廣州白雲山掃墓，其規模之大，陣容之盛，謂非全無族譜之眞實資料爲根據而能歷年學辦不絕者其誰信之！

## 五　研討　國父家世源流要不存偏見乃可得正確之結論

如上所述，羅教授所著「國父家世源流考」之論據，除資料欠健全外，並頗有偏見。既不足以肯定　國父上世源出紫金孫族，亦不足以否定　國父上世源出東莞孫族。然則　國父上世之來源，自尚有留待吾人考求之餘地。故凡右源出紫金孫族之說者，似應研究何能證明中山翠亨孫族十二世祖連昌公即紫金忠壩公舘背孫族十一世祖鼎標公之次子，而其長子即璉盛，三子即璉橋。又紫金忠壩公舘背孫族十二世祖之璉昌公，既遷居增城，爲何又舍增城而遠走至中山涌口門村，亦應細尋其故，而求得其史蹟所在以資印證，庶幾　國父家世源流，乃得其眞。非然者，人若視同張冠李戴，只不過貽考據失實之譏；若視同以呂易嬴，則將使其子孫，永感難堪矣。至其主源出東莞孫族者，似亦應查明中山翠亨孫族十二世祖連昌公之先代十一世祖爲誰，是否即瑞英公；但瑞英公於乾隆時始由外地遷入，世數早於連昌公，而年代則在連昌公之後。爲何世數與年代，如此先後倒置若是；此則亟待吾人詳加考核正誤者也。

據羅著引述「西南黨務月刊」第十四期，函中央黨史史料編纂委員會，請核辦上沙鄉代表孫繩武等請修正　總理始遷祖案，第八段載「總理世系圖」，其第五世祖禮贊公，生二子禘兒，禘宗。禘兒，中山四區左埗頭始祖；禘宗，中山四區涌口鄉始祖。由涌口再支分六區翠亨鄉，而生十二世祖連昌。但此月刊同期，又載東莞縣長鄧慶史關於調查上沙孫氏源流之原呈有云：

「惟該譜支派圖上，關於立祖欄內紀錄之莫氏，禘宗，及生二子之「二」字，字跡與原筆跡不符，似屬後來加入。再查上沙孫氏宗祠先祖牌位，由貴華祖起，至禘兒祖止，依次排列，又未見禘宗牌位。似應向涌口村再行詳查，方能明確。」

同期月刊，又載　孫總理家譜序云：

「始祖二三四世，俱在東莞長沙鄉居住。五世祖禮贊公，在東莞遷來涌口村居住。妣莫氏太安人，長子樂千，次子樂南。樂千居左埗頭，樂南居涌口。樂千樂南祖，惟因糧務迫速，過回東莞，未曾回來，得存莫氏母牛路墳同墓。長子因馬賊潦亂，不能回來。茲於乾隆甲午年十一世祖瑞英公，即遷來逕仔蓢居住，建造祖祠。」

觀上文羅著所引述　國父上世之史料，如東莞上沙鄉代表孫繩武等請修正　總理始遷祖案，於其「總理世系圖」，已指明第五世祖禮贊公生二子，即禘兒與禘宗。禘宗爲中山四區涌口鄉始祖，由涌口再支分六區翠亨鄉而生十二世祖連昌。雖然東莞縣長鄧慶史調查上沙孫氏源流之原呈，謂上沙孫氏宗祠先祖牌位，由貴華祖起至禘兒祖止，依次排列，又未見禘宗牌位，似應向涌口村再行詳查，方能明確等語。但「孫總理家譜序」則竟謂禮贊公已從東莞遷來涌口村居住。妣爲莫氏太安人，長子樂千，次子樂南。樂千居左埗頭，樂南居涌口。樂南即禘宗，雖在上沙孫氏宗祠未見其牌位，要不能謂非涌口村孫氏始祖。何況在涌口村尚有樂千樂南立石之莫氏母墳墓遺留，更足使禘宗確爲中山四區涌口村孫族始祖之有力證據。至於羅教授謂：「自常德公至禘兒禘宗，據孫繩武所列世系圖，不過六代，下距第十二世連昌公，其間缺第七至第十一凡五代。罅漏如是，則連昌公非禘宗之本生子孫可知矣。』云云。吾人認爲羅教授所指出之罅漏，應予塡補。塡補之方，應從東莞縣上沙鄉及員頭山鄉，中山縣涌口村，左埗頭村，逕仔蓢村及翠亨村各孫氏祖祠詳細檢閱其族譜與孫氏列祖生歿紀念簿，祖先牌位，以及其他收藏文件，當必有所獲而足資補充。乃羅教授不此之圖，其最關重要之涌口村，究竟曾否經過調査，迄未提及；遂遽斷定連昌公非禘宗公之本生子孫，硬派紫金縣忠壩公舘背村流寓增城而名字不盡相同之璉昌公以補其缺。實則璉昌公自從紫金移居增城以後，生事如何；曾否到過香山縣（即今之中山縣），乃至到過涌口村，殊成疑問。而羅教授竟欲使之成爲翠亨孫族之始遷祖，多見其「强爲牽合」，「空疏無謂」也。

查孫繩武所列世系圖，自常德公至十二世連昌公，其間所缺第七至第十一凡五世。大抵其時適當明季東南沿海不靖及明末清初鄭成功據閩粤沿海各地抗清，而清廷亦有遷界之狠毒殃民政策以爲對付。以致粤東瀕海居民，流離失所，廬舍爲墟，祖祠爲官兵毀壞者所在多有。凡此慘狀，隨處可見。人民救死不暇，自難顧及族譜之完整保存。是故中山翠亨孫氏族譜之有罅漏，蓋時勢與環境之險惡所致。且應不僅翠亨孫氏一族爲然，即中山縣孫氏各族，如左埗頭，涌口，逕仔蓢，沙邊各村孫族，殆莫不如是。甚至粤東沿岸距海五十里內之各鄉各姓族譜，其間亦必有不少缺去數代之罅漏，一如上述中山縣涌口村及翠亨村孫族者，豈可即以此便遽決定連昌公非禘宗公之本生子孫乎？故凡主　國父上世源出東莞孫族者，似應搜集其源出東莞之眞材實料或確切證據，始足以徹底推翻羅教授謂其源出紫金忠壩公舘背孫族之說。此種資料與證據之蒐集，第一除東莞員頭山鄉，上沙鄉，中山涌口村，左埗頭村，逕仔蓢村，翠亨本村等處，各孫氏祖祠，須詳細檢閱其族譜，列祖列宗生歿紀念簿，祖先牌位，以及其他收藏文件，已如上述者外；次則宜從中山縣沙邊村孫族，小欖孫族，乃至新會縣各孫族，各宗祠，各祖先牌位，族譜，塚墓等處入手，作詳細之調查，亦當必有所獲。惟我中國大陸粵東沿海各地，自中共統治後，今非昔比。宗祠多已改作公社，祖先牌位及族譜，已遭燬滅，蕩然無存。墳塋塚墓，其能不被破壞與發掘者，亦極有限。因此今日惟有退而思其次，向中華民國台灣及海外各地規模較大之圖書舘及藏書家借閱各種地方志，如廣東通志，廣州府志，東莞縣志，中山縣志，新會縣志，乃至南海，番禺，順德，增城，惠陽，博羅，高要等縣縣志，詳加查考，或可於當日滿清政府遷界虐民之資料，發現更多；而孫族受禍之慘酷，以致由東莞遷入香山，一遷再遷三遷，何爲遷到如此頻繁，或亦可得其眞相，並得以證明　國父上世，確由東莞遷入中山者也。

惟是各縣縣志中，其紀實頗有甚不可靠者，厥爲「香山縣志續編」。是編倡修於民國乙卯年（即民國四年，公曆一九一五年），書成於民國癸亥年（即民國十二年，公曆一九二三年），冬月。香山知縣六合厲式金延邑紳汪文炳，張丕基爲總纂，林郁華，黃應樞，李麟昌，鄭鼒，黃佛頣爲分纂。修志在民國時代，而其書不以民國紀元。大抵受命編纂及董其事者皆滿清遺老。書中於輿地卷內新增「氏族」一門，其大鄉巨姓，如義門，南湖鄭族，長洲黃族，隆鎮高族，劉族，李族等，皆丁口逾萬數，故其族譜概略，俱得紀載於此一「氏族」門中，固無論矣。惟其中一族丁口，數僅十餘人乃至數人者，亦頗有紀載。例如欖鎮『曹族，始祖德章，原籍三水，遷居順德龍江鄉，後又遷居小欖；現歷四代，丁口四人』。『凌族，始祖炳林，由番禺深井鄉遷居小欖，現歷三代，丁口八人』。『大環林族，十二世祖紹芬，由栢山遷來，現歷十五代，丁口數人』。

『大環鄧族，十四世祖鎮東，由牛起灣遷來，現歷二十一代，丁口數人』。『涌口黎族，始祖從廣，由西椏鄉遷來，其後族姓支分，……現涌口黎族，丁口三十餘人』。『左埗頭袁族祖義華，由小欖遷居南葫墟，……自廷英徙左埗頭住，分東西兩堡，現歷八代，丁口六十餘人』。凡此氏族，雖式微至此，而續志氏族門中，仍俱有紀載。查「中山縣志續編」戶口門宣統二年本邑戶數表所列各區各段各鄉正戶總數，最多者如：第一區第三段西門外，正戶總數爲四千三百四十一；第二區第十段象角鄉，爲二千二百三十零；第三區第三段車公廟坊，爲三千七百六十九；第四區第卅二段張家邊鄉，爲一千三百四十四；第五區第一段平嵐鄉，爲一千九百八十七；第六區第八段官塘鄉，爲一千二百七十三；第七區第一段前山，爲一千二百八十四；第八區第十六段南水三灶，爲三千四百七十六；第九區第二十二段黃角鄉，爲三千二百九十九。其最少者如：第一區第十八段龍塘鄉，爲五十四；第十九段梅坪鄉，爲五十九；第四區第十五段長命水鄉，爲三十二；第十四段龍貢鄉，爲四十零；第五十九段稿獲鄉，爲三十一；第二十七段西陂鄉，爲四十七；第五十三段湖頭汕鄉，爲四十八；第五十五段井頭山鄉，爲四十三；第五區第十七段黃竹葫鄉，爲六十九；第二十二段獺山鄉，爲六十六。其中戶口最少之鄉，多屬第四區；而中山縣孫族亦以居第四區者爲多。惟孫族所居各鄉，則非正戶總數最少者。如第四區第六十二段左埗頭鄉，正戶總數爲七百二十四；第六十三段涌口鄉，正戶總數爲四百六十七，戶數已逾中鄉，且近大鄉矣。即第四區第二十五段之沙邊鄉，正戶總數爲三百七十三；人口比率，孫族佔絕大多數。第四區第七十六段翠亨鄉，正戶總數爲一百四十七；與全縣各區各鄉比較，尚非甚小之鄉。逕仔葫想亦非正戶總數極少之鄉，而其鄉名則竟爲本表所漏列。夫孫族之在中山縣所居各鄉，固非丁口極少之鄉；而其在左埗頭，涌口門，沙邊，翠亨，乃至逕仔蓢等鄉散居各族，亦非極式微之族（逕仔蓢鄉孫族蕃殖情況，現雖未確知；但據「孫總理家譜序」所言，則逕仔蓢孫族，固早已建有祖祠，似此自非極式微之族也。）；奈何本縣志續編之「氏族」門，對於孫族除在欖鎮者尚有紀載外，其餘散處各鄉者，不獨全無一字提及；甚些孫族所居之鄉，如「沙邊」，「翠亨」，「逕仔蓢」，其鄉名亦付缺如。即此可見「香山縣志續編」纂輯之疏闊，其紀實固不足使人置信，其資料抑更無足以供研究　國父家世源流者之采擇與參考，明矣！

## 六　總結語

胡漢民先生嘗云：『寫自傳，是一種歷史的紀述，每不免諱、飾、誣、枉。如數年來（作者按：大約是指民國二十二年以前數年而言。）出版的關於中國國民黨史作品，太半便犯了這樣的弊病。』所謂諱、飾、誣、枉，四字，任何一字施之於自傳，則自傳失其眞；施之於歷史，則歷史失其眞；施之於家乘族譜，則家乘族譜亦失其眞。家乘族譜者，一家一族之歷史也。羅教授所著之「國父家世源流考」一書，乃研討與紀述　國父孫中山先生家乘族譜之作。其撰述用意，至深且善；特其見解不免有所偏蔽，遂使其所撰寫國父之家族歷史，不能使人無疑有如上述。於是諱、飾、誣、枉、四字之中，必有所犯，以此致失其眞。而與著者撰寫此書之原意，大相逕庭矣。余與羅教授為知交，自讀其所贈書後，疑莫能釋，顧又不得其當以示有所異同；否則一得之愚，定蒙採納。而「國父家世源流考」，再版亦必改觀。今羅教授已悲宿草，余於此念，惟抱無窮之恨而已！

國父　孫中山先生政治道德之崇高，政治人格之偉大，當代人物無出其右，不獨在中國爲千古一人。乃其家族歷史，至今猶未能發現其全部眞實性。其第七世祖至十二世祖究爲何人，尙成問題而待考證。此我闡揚中華文化之負責者及研究中國近代史與譜牒專家所宜急起直追，以完成其未了之重要任務也。抑余猶有不能已於言者：羅教授此書，早經　國父哲嗣孫哲生先生以及鄒海濱、吳鐵城、陳立夫諸先生爲之撰序，復經教育部全國學術審議會送請吳稚暉先生審查，並通過給獎。於是羅教授遂有『國內外言國父家世史蹟者，遂多以拙書爲主焉。』之語，意者其所主　國父上世源出紫金而非源出東莞之說，至此可成定案矣！殊不知羅教授書中所論，滿紙假定臆測之辭，絕未能提出確證以支持其說。吾人若不及早將　國父家世源流考定，日久積非成是，則　國父家族歷史，所受諱、飾、誣、枉、之害，創鉅痛深矣！所望我中華民國國史舘及中國國民黨黨史會有關當局，即予重視此一問題，成立小組研究解決，使　國父家世源流，從此不失其眞。是則吾人此擧在精神上所以對　國父表示崇功報德者，當較在物質上建堂造像勒碑刻銘之紀念爲更有意義也。

本篇參考書

羅香林著：「國父家世源流考」台灣商務印書舘發行
孫　文著：「建國方略」上海民智書局發行
厲式金修：「香山縣志續編」台北市中山同鄉會印行

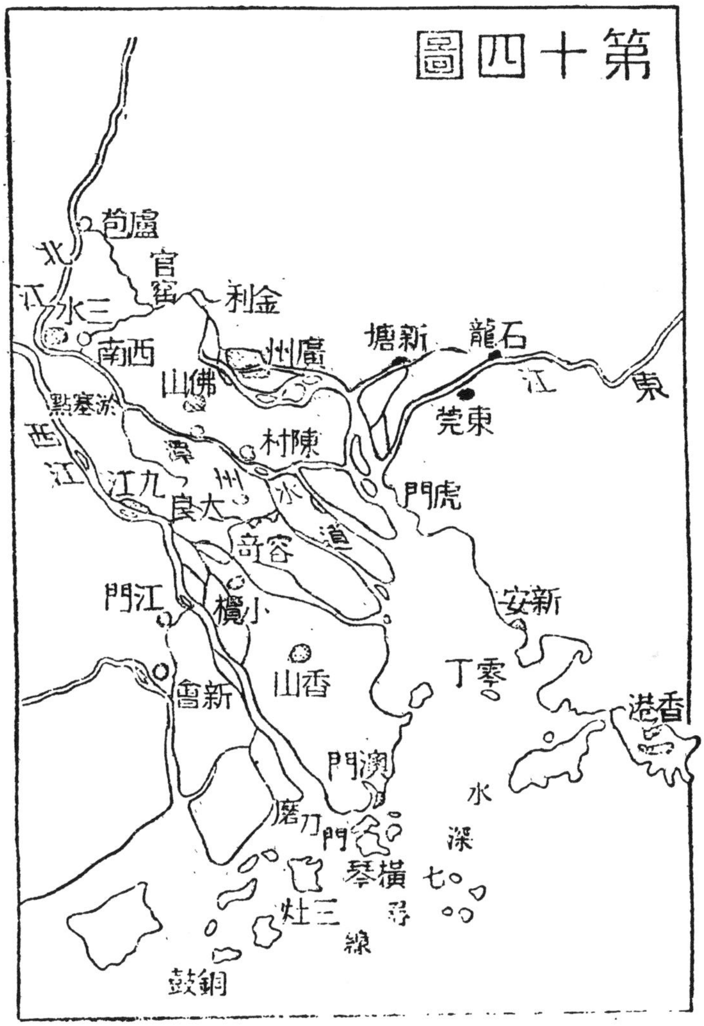
盧苞
北江
官窰
金利
三水
西南
廣州
新塘
石龍
東江
東莞
佛山
於塞點
西江
陳村
潭州水道
九江
大良
虎門
容奇
江門
小欖
新安
香山
零丁
新會
香港
澳門
深水
磨刀門
橫琴
三灶
線
銅鼓

第十四圖

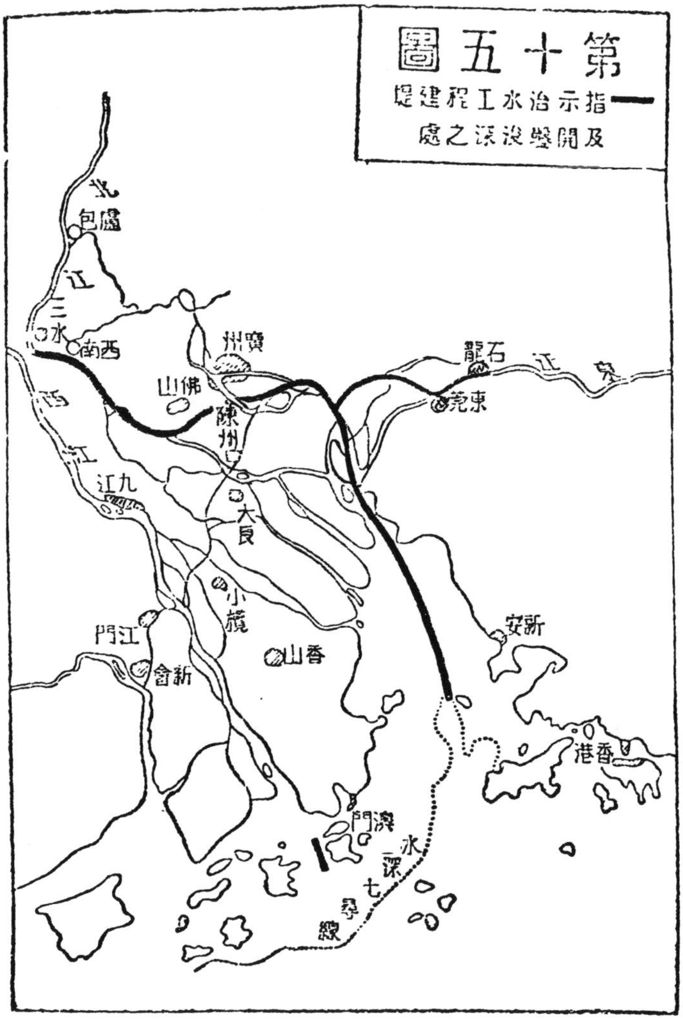


第十五圖

lineage of Suns in Chung-shan.

The conclusion is that Lo's work can not be accepted conclusively and the author appeals to historians and the Nationalist Kuo-min-tang archivists to pay attention to this issue concerning the origin of Sun Yat Sen's lineage.

# Questions on Lo Hsiang-lin's *Origins of Sun Yat Sen's Lineage*

# 讀羅著「國父家世源流考」存疑

By Tun T. SUN （孫甄陶）

Questions are raised over the arguments presented by the late Professor Lo Hsiang-lin concerning the origins of Sun Yat Sen's lineage. Lo Hsiang-lin argued that Sun's lineage had actually originated from Kung-kuan-pei Village of Chung-pa in the Tzu-chin County (of Kuang-tung), and not from Tung-kuan County as commonly held. The basis of this statement is Sun's own reminiscence, taken down in Linbarger's *Sun Yat Sen and the Chinese Republic,* that his ancestral hall was located in "Kung-kuan of Tung-chiang district". Lo presented the fact that there was an ancestral hall in the southern part of the Kung-kuan-pei village as a corroboration.

Lo further argued that the genealogy compiled by the Sun lineage of Chung-pa which shows that the lineage moved to Ch'ung-k'ou-men Village of Chung-shan County (via Tseng-ch'eng where they stayed for a brief while) during Lien-ch'ang's time, that is, the twelfth generation, should prove that the Sun had been a successor from this lineage as the genealogy of the Sun lineage of the Ts'ui-heng Village (renamed from Ch'ung-k'ou-men) started only with the twelfth generation and with also a person named Lien-ch'ang. Moreover, since the genealogy of the Chung-pa Sun ended with the twelfth generation and since that of the Ts'ui-heng Sun quite coincidentally, also started with the twelfth generation, Lo took the coincidences as a strong evidence that the two were connected.

The present author questions the ingenuity of Lo's work, because the arguments were grounded on coincidences and could not conclusively prove that the commonly-held belief that Sun had actually originated from Tung-kuan is wrong. Moreover, since the *Lien* of Lien-ch'ang in the two genealogies are written differently, Lo's statement that they were of the same person can not be accepted readily. Finally, the author also questions Lo's statement that there were more than one

prices of commodities soared, the livelihood of the Szechwan people was threatened. Local disturbances were ubiquitous, and these contributed to the collapse of the Manchu regime in 1911.

In reality, the financial burden of the Szechwan people was not so heavy as some scholars believe. This fact is obvious when a comparison with that of the early Republican period is made. The crux of the matter is that the Ch'ing officials were not as unscrupulous as those of the warlords in squeezing more revenue out of their victims.

bearable. The salt revenue included the imposition of likin on salt in the salt works and in transit to Hupei, the implementation of the policy of "official transportation and merchant sale", and the increase of the selling price of salt. The importance of opium tax is obvious as opium came to be profusely grown in Szechwan.

After 1900, in addition to its obligations to poor neighboring provinces and the central government, Szechwan was burdened with the Boxer indemnity and new constructions that were approved by the Ch'ing court as urgently needed reform measures. Among the various new projects implemented, the construction of the Szechwan-Hupei Railway was the most costly. Under these circumstances, Szechwan's domestic expenditure skyrocketed to an unprecedented degree. New sources of revenue again had to be found. These included the collection of new chüan-shu and tsu-ku 租股 , and the imposition of new taxes or likin on such commodities as sugar, meat, and wine. The price of salt, the opium tax and the contract fee were increased by leaps and bounds.

Unlike the earlier period, Szechwan now found that the increasing expenditure was beyond the capacity of its means. The surcharges on land tax, and the imposition of new taxes or likin on daily commodities for the payment of indemnity, new projects such as the railway were burdensome to the people, especially the peasants. Salt smuggling flourished as the price of salt rose incessantly. Moreover, officials of the salt administration were lax in discipline, and corruption was prevalent. In order to put a stop to the importation of foreign opium, the Ch'ing government sought to convince foreign governments of its determination to ban the drug by inaugurating a compaign to ban the cultivation of native opium in China. This measure affected Szechwan's finance seriously as opium was one of the most important sources of the provincial revenue. To make matters worse, British influence began to penetrate into Tibet and Sikang. There, separatist activities fermented and Chinese sovereignity was in danger. The viceroys of Szechwan, Chao Erh-hsün and Chao Erh-feng, dealt blows against the separatists before their subversion materialized. The expedition to Sikang was costly. As the burden of taxation was heavy and what was worse,

## The Changes of Szechwan's Financial Status in the Last Sixty Years of the Ch'ing Dynasty

## 晚清四川財政狀況的轉變

**By Ho Hon-wai** （何漢威）

During the early Ch'ing period Szechwan was the battlefield where the roving bandits led by Chang Hsien-chung fought against the Manchus. After the suppression of the roving bandits, the feudatory lord, Wu San-kuei, rebelled against the Ch'ing government and invaded Szechwan. As a result, Szechwan was devastated and depopulated. Once order was restored, the Ch'ing government undertook measures to heal the wounds of the province. The effectiveness of these measures can be gauged from the fact that the population increased rapidly and arable land acreages expanded many folds. Revenue from land taxation increased accordingly, and besides, Szechwan became the granary of the country as a large amount of rice was transported down the Yangtze River annually to satisfy the demands of Kiangsu and Chekiang. Compared with other provinces in China, Szechwan was indeed the most rapid developing area at that time. Nevertheless, Szechwan was classified as a deficient area; its financial deficits had to be covered by the surplus of other affluent provinces.

This situation was completely reversed once the Taip'ing uprising broke out. From that time onward, Szechwan no longer received any subsidies from other surplus provinces to make up for its deficits. On the contrary, it had to contribute a large amount of money to its poor neighboring provinces such as Yünnan, Kweichow, and Kansu, as well as to the central authorities in Peking. As the new expenditures were enormous, new sources of revenue had to be opened up; among these the most important were Chin-t'ieh 津貼 and Chüan-shu 捐輸, the salt tax and the opium tax. In practice, both chin-t'ieh and chüan-shu were surcharges on the land tax, at rates considerably higher than the tax quota. However, the land tax quota of Szechwan was low, and the productivity high, the land tax increase was

# The Entanglements between Emperor Ch'ing Shih-tsung and Nien Keng-yao

# 雍正與年羹堯的恩怨轇轕

By YANG Chi Ch'iao （楊啓樵）

On the thirteenth day of the eleventh moon of the 61st year of Emperor K'ang-hsi (1722), the Emperor passed away with the will to bequeath the throne to his fourth son, Yin-chen, who eventually was to become Emperor Shih-tsung. Since his accession, however, there had been various rumours, found over all kinds of unofficial private writings as well as respectable works by literati, that the succession was illegitimate because the will had been interpolated, with the successor's name changed from Yin-t'i (the fourteenth son) to Yin-chen. It has also been speculated that General Nien Keng-yao was involved in plotting to place Yin-chen in the throne. Nien Keng-yao allegedly withheld the forces loyal to Prince Yin-t'i from fighting against Yin-chen's army. Many suggested that Nien's rise to knighthood of the highest order was a consequence of his support to the new Emperor. Nien's eventual persecution by Shih-tsung was commonly believed as stemming from Shih-tsung's fear that Nien might break the truth.

The author, based on the Confidential Files of the Imperial Palace (Ku-kung mi-tang) and sources found in Korean histories, believes that Nien's knighthood was not a result of his participation in Yin-chen's usurping the throne, but was that of his military successes. The author also considers that his downfall was the result of his unchecked arrogance and negligence of proper respect of imperial precedence.

If it is clarified that Nien was not involved in the succession struggle, then the whole speculation that Shih-tsung had usurped his brother's throne will need to be reconsidered.

ship, whereas the remaining 72 were those for generals of the inner court. In short, the generals during the first half of the dynasty were almost all generals of war, while those in the second half were mainly generals of the inner court. The change occurred mostly during the regency of Huo Kuang who wanted to have more convenience in the exercise of power in the court. Generals were trusted not only to military duties in actual fighting, or in defending the capital, but were gradually also allowed to participate in the court politics. In the meantime, the terms of appointment of the generals of inner court were lengthened. After the death of Huo Kuang, the policy continued, because the emperors would like to see that their relatives and favourites be in charge of military affairs and take part also in court politics.

Thirdly, generals of war were appointed for purely military purposes, and their responsibility was to command army in military operations. Generals of the inner court were primarily persons trusted by the emperor. Besides commanding the capital's garrison, they could also give advice to the emperor, and participated in court discussions and deliberations of political matters. Often they were heeded more than the chancellor and grew to becoming the most powerful officials in the government during the second half of the Former Han Dynasty. Some of these generals could even exercise the imperial power in certain circumstances.

# The Generals and Their Political Significance in the Former Han Dynasty

# 試論西漢時期列侯與政治之關係

By LIU Pak-yuen （廖伯源）

The generals (chiang-chün) of the Former Han Dynasty can be divided into two categories: the generals of war and the generals of the inner court. All generals were commanding officers in the military forces; even generals of the inner court, who did not usually command army in actual fighting, were put in charge of the military garrison to defend the capital and the imperial palace. Each general had his own "mu-fu" – office of secretariate and staff.

There were three differences between the two categories of genrals. First, the generals of war were appointed only when needed, and were dismissed as soon as the war was over. Generals of the inner court were appointed because the emperor wanted to exercise firm control of the capital's garrison. Once a general of the inner court was appointed, he usually could occupy the post for a long time. During the second part of the Former Han Dynasty (87 B.C. – 5 A.D.), there were 64 generals; the average length of their service was 5.1 years; 22 of them occupied the posts of generals for a period between 5 and 20 years, and 23 generals kept their titles until they died. After the end of the Former Han, the post of generals became a permanent feature in the Han central government.

Secondly, most generals of war were professional military men, and were appointed on the basis of their military talent and merit. The generals of the inner court were often emperors' personal favourites, most of them related to the emperor by marriage and few of them had previous experience in commanding armies. During the first half of the Former Han (206–87 B.C.), there were a total of 113 appointments of the general's post. Out of these 113 appointments, 103 were those of war for commanding military operations. During the later half of the Former Han, however, only 13 appointments out of the total of 85 were for military commander-

North Wei times, when Chü-yung Pass was scarecely heard of.

This article addresses to the examination of the route and its importance in the transportation between the south and the north.

# The Fei-hu Route during the Han and T'ang Times

# 秦漢迄唐飛狐道考

By YEN Keng-wang （嚴耕望）

The most important northern frontier of China is the Heng-shan mountain range, which is connected, to the east, with the Minor Wu-t'ai mountain and the Yen-shan mountain range, and, to the west, with the Kuan-ts'an mountain range. The series of mountains make up a natural boundary of over 800 kilometers, which people of the old called as a separation under the heaven, separating China and the foreign territories.

At the western end of the Heng-shan mountains, where they come to join the Kuan-ts'an mountains, stood Yen-men Pass. To the east, at the junction between the Hen-shan mountains and Minor Wu-t'ai mountain and the Yen-shan range stood Fei-hu Pass. These two passes were the two major thoroughfares between the south and the north in ancient China. As for the now famous Chü-yung Pass, which is situated at the western end of the Yen-shan mountains, guarding the present Peking, it became prominent only after the Sung and the Yuan times. We are now familiar with this and the Yen-men Pass, but very few of us know the Fei-hu Pass of the Heng-shan mountains.

The Fei-hu Route of the Han and T'ang times was named after Fei-hu Pass, which was located in between the present Wei county and Lai-yuan County. During the Sui times, the Kuang-ch'ang county to the south of the Pass was renamed as Fei-hu county (present Lai-yuan county), reflecting the importance of the thoroughfare at the time. It led southward to the Yellow River Plain (including the entire plain on which various Yellow River courses ran through) and northward to the inner Mongolia (then commonly called "North of the frontier") and was the major route connecting the south and the north. Its importance was not second to Yen-men Pass before the Sung, and was even greater than the latter during the

# A New Idea and New Design for the Revision of *Yin-Li P'u*

# 修正殷歷譜的新觀念和新設計

By Kan Lao（勞　榦）

The *Yin-li p'u* of the late Tung Tso-pin is a monumental work and remains the most comprehensive reference work on the Shang history; all known events found in the existing oracle bones are meticulously culled and arranged chronologically in this almanac. It is a truly ingenuous work. However, there exist some basic defects which unfortunately make the universal acceptance of the work difficult.

Two problems are of rather serious nature. The first pertains to the date when the Shang was conquered by the Chou. The late Tung assigned the date as 1025 B.C. This author, however, after carefully presenting all relevant data, shows that 1111 B.C. is a more reliable date, and suggests that a revision be made accordingly.

Secondly, the author shows that the so-called "24 seasonal sections" used by the late Tung in his *Yin-li p'u* to be a rather late invention, probably developed during the Period of the Warring States. They had no thing to do with the Shang history. The author thus suggests that the "two solstices and two equinoxes system" be used to replace the present "24 seasonal sections". The "solstices and equinoxes system" was the standard method employed in the oracle bones for designating the leap months.

The revision of the *Yin-li p'u* according to the proposed new schemes is by no means difficult; the author has done the preliminary checkings.

中華民國七十三年（一九八四年）八月十五日初版

新亞學報 第十四卷

定價：港幣六十元
美金七元



編輯者 新亞研究所
九龍農圃道六號

發行者 新亞研究所圖書館
九龍農圃道六號

承印者 華南印刷製版公司
九龍長沙灣政府
工廠大廈五樓
四四一號

# THE NEW ASIA JOURNAL

Volume 14 August 1984



NEW ASIA INSTITUTE OF ADVANCED CHINESE STUDIES